西方通识丛书

WESTERN

西方通史

从古希腊到20世纪90年代

文聘元◎著

A General History of Western

江西美術出版社
JIANGXI FINE ARTS PUBLISHING HOUSE

图书在版编目（CIP）数据

西方通史 / 文聘元著 . -- 南昌 : 江西美术出版社 , 2019.5

ISBN 978-7-5480-6640-8

Ⅰ . ①西… Ⅱ . ①文… Ⅲ . ①西方国家—历史 Ⅳ . ① K10

中国版本图书馆 CIP 数据核字 (2019) 第 009848 号

出 品 人：周建森
企　　划：北京江美长风文化传播有限公司
策　　划：北京兴盛乐书刊发行有限责任公司
责任编辑：楚天顺　朱鲁巍
编辑助理：李小勇
版式设计：尹清悦
责任印制：谭　勋

西方通史

作　　者：文聘元

出　　版：江西美术出版社
社　　址：南昌市子安路 66 号江美大厦
网　　址：http：//www.jxfinearts.com
电子信箱：jxms@jxfinearts.com
电　　话：010-82293750　　0791-86566124
邮　　编：330025
经　　销：全国新华书店
印　　刷：廊坊市华北石油华星印务有限公司
版　　次：2019 年 5 月第 1 版
印　　次：2019 年 5 月第 1 次印刷
开　　本：710mm × 960mm　1/16
印　　张：28
I S B N：978-7-5480-6640-8
定　　价：59.80 元

本书法律顾问：江西豫章律师事务所　晏辉律师

“西方通识丛书”总序

General Preface

西方通识丛书”包括以下六部：历史是第一部，接下来依次是文学、哲学、艺术、科学、地理，构成整个西方文明的精髓。

一、《西方通史》

内容包括从特洛伊战争开始直至1990年海湾战争结束的西方历史。主要包括古希腊与古罗马的历史、中世纪与文艺复兴的历史，以及当今西方的主要几个大国美国、英国、德国、法国、俄罗斯、意大利的历史。不但讲述了其中的主要历史事件，还讲了那些历史上的名人的人生故事，例如亚历山大大帝、恺撒、屋大维、拿破仑、丘吉尔等。使我们不但能了解这些国家的历史发展脉络，还能了解这些国家历史上的伟人生平。

二、《西方文学通史》

其内容包括两大部分，第一个部分是这些作家的生平事迹，一个作家的生平与他们的作品是密切相关的，很值得我们了解与阅读。如古希腊三大悲剧家、但丁、塞万提斯、莎士比亚、巴尔扎克、雨果、狄更斯、托尔斯泰、劳伦斯、马尔克斯，等等。

第二个部分是西方文学史上的各大名作，那些我们所熟悉的西方文学名作，如荷马史诗、古希腊悲剧、《神曲》《哈姆雷特》《欧也妮·葛朗台》《大卫·科波菲尔》《战争与和平》《查特莱夫人的情人》《百年孤独》等，都包括在内，以讲故事的方式讲解了这些作品的主要内容，并且语言的风格也尽量遵循原作。

三、《西方哲学通史》

其内容同样包括两大部分，第一部分是西方哲学史上那些伟大哲学家们的生平事迹，如柏拉图、亚里士多德、奥古斯丁、托马斯·阿奎那、培根、洛克、笛卡尔、康德、黑格尔、尼采、叔本华、维特根斯坦、胡塞尔、海德格尔、萨特，等等。第二部分同这些哲学家们的思想一样，西方哲学史的内容是非常丰富的，所以我在这里也主要选取了那些既重要又有可读性的哲学家的思想。

我们知道，哲学著作一般而言是比较难的，不那么容易读懂，但在这里，所有哲学家，包括康德与黑格尔还有胡塞尔等人的思想都是以通畅明白的方式表达出来的，即使没有哲学的基础，也可以读得明白。

四、《西方艺术通史》

其内容同样包括两大部分，一是那些杰出的艺术家的生平事迹，如达·芬奇、米开朗琪罗、拉斐尔、提香、委拉斯凯兹、戈雅、大卫、伦勃朗、马奈、莫奈、罗丹、毕加索，等等。第二部分是这些伟大的艺术家们的作品，以形象的文字描绘了这些伟大作品的内容、特色与神韵等。对于古希腊罗马艺术，虽然没有具体的艺术家的生平可以介绍，但对于那些伟大的艺术作品也做了比较仔细的介绍，例如雅典卫城与罗马的大斗兽场等，甚至还以被火山埋葬的庞贝为例介绍了卓有特色的古罗马的家居装饰风格。

五、《西方科学通史》

其特色是将西方科学的内容分成六大基础学科，即天文、数学、物理、化学、地学与生物，分别讲述了这些学科的主要内容与发展历史。

而且，由于至目前为止，这些学科的主要内容都是西方人发展起来的，因此，我们在读了这本书之后，就对这些学科本身的内容与历史脉络都有了清晰的了解。此外还讲了那些伟大的科学家，如阿基米德、欧拉、牛顿、达尔文、居里夫人、爱因斯坦等人的生平事迹。

六、《西方地理通史》

这本书的内容与前面几本不大一样，它不是在讲人的故事，而是地理的故事。包括两大洲即欧洲与美洲的地理概况，主要内容则是西方历史与当今的几个主要国家，即希腊、意大利、法国、英国、德国、俄罗斯与美国的地理。

这些地理又包括三大部分，即自然地理、人文地理与游记，自然地理主要讲述自然方面的内容，例如地形地貌、山川河流、气候特征等等，人文地理则包括这些国家的语言、人口、民族、经济特色等。游记则讲述了这些国家的主要风景名胜与城市风貌等。例如当我们读了这本书中美国的部分之后，不但认识了美国的山川河流与气候特点，还会认识到美国虽然是多民族多种族的国家，但各个民族与种族都有自己相对独立的地盘，也会了解美国强大的经济实力以及很有特色的政府结构等。而最后将带我们去游览美国那些美轮美奂的风景名胜，如尼亚加拉大瀑布与黄石国家公园，还有我们慕名已久的城市，如纽约、好莱坞与拉斯维加斯，甚至还有著名的哈佛大学与麻省理工学院，等等，总之就像在美国多快好省地逛了一圈。

以上就是六部作品的大致内容介绍。

我之所以要写作这样的作品，目的其实就是两个字“通识”。所谓“通”就是全面、“识”就是知识，即我希望读者们通过阅读这样的作品，可以得到比较全面的知识。

我国著名的科学家钱学森曾经提出过一个相当尖锐的问题：“为什么我们的学校总是培养不出杰出的人才？”对于这个问题可以有各种各样的回答。在我看来，一个根本性的问题是我们的学校包括大学培养的学生缺乏全面的知识教育，对知识的提供太过于追求实用性，从而导致了相当严重的片面性，例如过于重视数理化而对于人文知识不够重视。因此我们培养出来的学生往往视野比较狭窄，有“知识”而少“见识”，于是思维也比较片面，这样子是很难成为杰出人才的。

而要解决这个问题，一个比较简单的办法就是开展通识教育，以培养学生们更加宽广的视野，使他们不但有“知识”，而且有“见识”，这对于他们未来成为杰出人才当然是大有帮助的。

要进行通识教育的途径也不止一种，例如可以广泛地阅读文学、历史、哲学与科学的经典名著，到全球各大博物馆欣赏名画雕塑，或者去世界各国环球旅行。但这些办法有一个共同的麻烦，就是太难。例如有多少人有足够的时间精力可以同时去读那么多文学与历史杰作呢？而亚里士多德与康德等的哲学杰作一般人又岂能读懂呢？更遑论牛顿与爱因斯坦的科学著作了，几人可以读懂呢？还有，我们一般人又哪有银子去世界各大博物馆欣赏那些艺术杰作、甚至作环球旅行呢？显然，对于绝大多数人，这样的通识教育是得不到的、行不通的。

而他们可以得到、也行得通的最简单的办法或许就是阅读这部“西方通识丛书”了，因为这部丛书有三个基本特点：

一是内容全面，这个特点前面已经做出了说明。

二是篇幅不长，每本都在35万字左右，400余页，大致是一本标准厚度的书籍，不难读完。

三是语言通畅，无论是历史、文学、艺术、地理，还是科学或者哲学，所有的内容都是以通畅明白的文字来表达的，即使那些一般而言是相当深奥的内容，例如亚里士多德与康德的哲学还是微积分或者爱因斯坦的相对论，也都表达得清楚明白，基本上一读就懂。

正因为这样，所以，在读完了这套丛书之后——这其实并不太难，你就可以说接受了最基本的通识教育，无论你只是想增长自己的见识，还是想成为杰出人才，都应当是大有裨益的。

前 言

Preface

关于历史的三重精彩

我从小就很喜欢历史，记得当初上中学的时候，我不少功课都很糟，但有三门课却是相当好的，就是语文、历史与地理。特别是历史，还是我心头最早的爱。证据之一就是从小读过不少历史作品，包括连环画或者说小人书。

这种小人书现在已经很少见了，和现在孩子们看的杂志样的动漫大不相同，只有它的一半甚至四分之一大小，一本就是一个小故事。这些小故事中，我最喜爱的就是与历史有关的故事了，典型代表就是《三国演义》，记得它一共分成48册。还在上小学一年级的时候，我就用身上仅有的一点零花钱买了一本《白门楼》，当时连这个书名都认不全，但莫名其妙地就是喜欢。后来好多年我都一直想收集全套的《三国演义》，直到初中毕业时也没有收集全，少了两本。

写到这里，我不由地打开电脑，随手搜索了一下，马上出现了全套《三国演义》的连环画广告，虽然是全新的，但样子包括价格与原来的都一模一样，也只标0.16元，全套7.68元，当然现在的实际售价要高得多，全套188元。

那时候，一毛六对于我可不是一个小数目，但对于现在的许多孩子，188元也不是一个大数目，如果孩子要的话，家长随时都会给他买。只是他们不要，他们要的是电子游戏或者日漫。但请问，小孩子看这些东西比看过去的连环画对他们更好吗？答案是否定的。这些游戏或者日漫对于孩子实际上不但无益，反而有害。从内容上来说，它们既不能传播精神的正能量，也不会传播多少知识，其中主要只是一些简单好看甚至煽动性的情节。而且由于孩子们大都是从手机或者电脑屏幕上看，看多了对眼睛还很有害。

所以，技术带给我们的并不总是有益与进步，也可能是有害与倒退，甚至有可能伤害到包括我们的下一代，这是我们一定要清楚地认识到的。

回过头来说历史。我们为什么喜欢历史呢？或者说历史为什么值得我们去喜欢呢？我想主要有以下三个原因。

一、历史是有料的

这是很清楚的。当我们放眼历史，无论是中国的还是外国的历史，那其中的“料”真是有若汪洋大海。为什么呢？原因是很简单的。请问什么是历史？所谓历史简言之就是过去发生的事。原则上来说，每一个人、每一个家庭、每一个国家所发生的一切事情都是历史，历史就是由这些构成的。而且这可不是一天、一年甚至百年，而是整个人类自从诞生以来所发生的一切，它们都属于历史。可以想象其内容有多么庞大吧！

不仅如此，现在还有一种新历史，就是将整个宇宙所发生的一切，例如太阳系的演化史等，都纳入历史，称为“大历史”。于是历史就变成了这样一个定义：历史就是一切曾经发生的事。

它的内容有多么浩瀚无边？想想都觉得头晕。

二、历史是有味的

历史本身是有料的，可以说浩瀚无边，当然不是所有的内容都会成为我们记载的历史，其中的绝大部分都会消失在历史的长河之中，不留下一点踪迹，仿佛从来没有发生过。而能够留下来的只会是那些最精彩、最有味道的。这当然也是必然的，就像我们自己一样，一生有过多少岁月？有多少年、多少天、多少小时甚至分钟与秒钟？不用说是极多的，但我们会记住其中所有曾发生过的事情吗？当然不会，我们只会记住那些最有味的。

当然，这味可能是“香味”，就是那些美好的日子，例如传统上的人生三大喜：他乡遇故知、洞房花烛夜、金榜题名时；也可能是“臭味”，传统上也有三大不幸：幼年丧母、中年丧偶、老年丧子。这样的人生大事件就构成了我们记忆中自己人生的历史。

个人如此，国家也是如此，只有那些大事情才会被纳入历史。

所以，历史之为历史，一旦成为被我们铭记的历史，当然是有味的、值得记住的。

三、历史是有用的

历史是有味的，不但有香味，而且有臭味。正是这些味道决定了它也是有用的。

为什么呢？因为香味表示那些事情是美好的。就像金榜题名时，这不用说是很香的。如我自己，当初本科考上了南京大学，博士考上了北京大学，拿到录取通知书的一刻，那是很高兴的。但仅仅是高兴一下而已吗？当然不是。它还给了我许多人生经验，例如只有努力学习才能考上好大学，简言之就是人生只有努力才有成功，一分耕耘一分收获。这样的经验当然是有用的。我还会把这些传给孩子们，当然对于他们也是有用的。这些经验就是历史。

不但有香味的经验如此，有臭味的那些不好的事情同样是有用的，只是那不是经验，而是教训。

我们每一个人的人生中总会发生一些不好的事情，这些也不会忘记，会成为个人历史的一部分，这些苦涩的记忆对于我们也都是有用的。例如我从小喜欢吃咸东西，后来就有了高血压，这就是教训了。正因为有了这样的教训，我现在就不会吃太咸的东西，不但自己不吃，还要从小教育孩子们不吃。不用说这样的教训是很有用的。

个人如此，国家同样如此，都有许多的经验与教训，同样都是很有用的。例如我们中国有五十六个民族，辽阔如新疆、西藏与内蒙古都是少数民族自治区。因此要特别讲究民族团结，绝对不能歧视少数民族，要平等相待、尊重每一个少数民族的风俗与利益，这样才能国家统一、长治久安，才合乎我们国家的根本利益。

从上面的分析可以清楚地看到，历史有着三个特点，就是有料、有味、有用，所以我说它是三重精彩，这样的历史不值得我们去喜欢甚至热爱吗？当然值得。

其实不止于此，我们可以更进一步地从哲学的角度看得更深一点，这时候历史就更加重要了。

为什么呢？因为历史就是我们自己，没有历史就没有我们自己。不但对于我们每个人如此，对于每一个国家与民族也是如此。

这又是为什么呢？个中的道理讲起来就深了。我只要举一个简单的、与我们每个人相关的例子就可以了。例如我是谁？我为什么是文聘元？我为什么是我自己？这都是因为我的历史。

这样的历史换言之就是记忆，历史当然是一种记忆，历史简言之就是那些过去发生了又被我们所记住的东西。而我之所以是我，就是因为有了这些记忆、记住了这些曾经发生的事，这样我才可能知道我是谁、我曾经存在过。

反言之，倘若我对过去发生的一切——也就是我的历史——全无记忆，那么即使它曾经有过，对于我也是毫无意义的。我都不会知道我叫什么名字、我是谁，不知道我曾经存在过。这等于把我给杀了，因为没有记忆的我等于是一个白痴，一个相当于从来没有存在过、也几乎等于是死了的人。

对于一个人如此，对于一个国家同样如此。要怎样保存一个国家或者民族呢？就是要保存它的历史，所以在我们中国，过去每一个新朝代诞生的时候，首先做的事之一就是要为前朝修史，并不会因为它是被新朝消灭的旧朝就一笔抹杀，将它抛弃在历史的垃圾堆里，这是最最要不得的。而是相反，要将它的历史记录下来，永志不忘。

为什么呢？就是因为前朝虽然朝代不同，但同样属于我们自己的民族，是我们自己民族历史的一部分。从这个角度上说，前朝与今朝是一样重要的，只有最短视与无知的统治者才会将前朝视为敌人，要将它的历史遗忘。而中华民族之所以昌盛千年，成为人类历史上迄今为止历史延续最久的民族，就是因为我们忠实地记录了每一个朝代的历史。

这是多么值得我们自豪的一件事啊！倘若贵族的标志就是悠久的历史，就像西方贵族世家所标榜的一样，那么我们中华民族就是世界上最古老的“贵族民族”。为何？就是因为我们有着现在全世界所有民族中最悠久的历史。

反言之，要怎样消灭一个国家或者民族呢？就是要消灭它的历史。这样的事情在过去曾经发生过多少！例如那许许多多的古代民族，它们消失在了历史的长河里，但它们的人民及其后裔真的被彻底消灭了吗？并没有，而是被别的民族同化了，它们的历史没有被记录，于是它们被遗忘了，好像从未存在过。对于一个民族，这是何等的悲哀啊！

简言之，世上的每一个人、每一个国家与民族之所以存在、曾经存在，就是因为历史。

历史的意义之大可想而知，这样的历史不值得我们喜欢甚至热爱吗？当然值得。

而我们要怎样表达我们对历史的喜爱呢？当然就是去了解历史了，要知道历史之所以成为历史，就是因为我们了解它，它才成为了历史。

而怎样才可以了解历史呢？途径当然有不少，例如上网查，这是很方便的，这也是现在我们了解历史最便捷的方法。但仅仅这样是不够的，因为网上查有三个比较大的毛病：

一是杂，网上的东西虽然多，但正因为多，所以杂，历史的内容本来就很丰富，这样杂起来就更多了，这对于我们想要系统地了解历史是很不利的。

二是乱，由于网络是公开的，谁都可以在上面添加点东西，发布点资料，这样人多嘴杂，乱是必然的。

三是缺乏权威性。由于谁都可以往上添加东西，当然不可能具有权威性。即便是百度搜索，它的历史内容的编辑是谁你知道吗？不知道，但肯定不是历史专家，更不会是名家，而是普通的编辑人员，他们编辑出来的东西当然不能说是错的，但具有权威性吗？当然不会有。

正由于网上的东西具有这三个明显的缺陷，所以当我们想要认识历史、获得历史知识的时候，虽然可以在网上查，但倘若真的想要比较严肃地了解历史，知道历史的本来面目的时候，还是要读书。要知道出版一本历史书可不同于在网上添加东西，那成本要高得多，所以至少一般情形之下没有谁会胡乱地把一些东西编成书出版，那是很不负责的。

当然，这并不意味着所有的历史书都是值得读的，总有一些书包括历史书是不值得读的，这和作者与编辑的水平有关。由于作者与编辑的水平太低甚至不负责任，会出版一些乱七八糟、没有营养甚至错误百出、误人子弟的书，这也可以说是必然的，就像人良莠不齐一样，书也是如此。

这样一来，我就要回到本书——《西方通史》了，请容许我简单地自夸一下。

大体来说，这本书由于是历史书，所以具备历史的三个特点，就是有料、有味、有用。并且没有网上历史所有的毛病，它的内容并不杂乱，而是有条不紊地记录了西方千年以来的历史。其中又以那些在西方历史上产生了重大影响的国家与民族的历史为主，例如古希腊与古罗马，还有现在西方主要的五大国——法国、英国、德国、俄罗斯与美国的历史，这些历史的内容本身就是精彩的，经过我的精心选择与安排之后，它们整齐有序地呈现出来。因为有序，所以更容易了解。

还有，本书的内容也是具有权威性的，来自专业历史著作或者百科全书，例如闻名于世的三大百科全书——《大英百科全书》《美国百科全书》与《世界百科全书》，此外还有《中国大百科全书》，所以其内容的权威性是可以得到保证的。

最后就是文字了，我的文字，即使写艺术、科学甚至哲学，也是比较通畅的，这是我的强项，写历史当然更是这样了，因为比起艺术、科学与哲学来，把历史写得通畅易懂当然更要容易一些。

最后，我还要引用一位名家对我的历史作品的评语来为这个序言结尾。他就是香港中文大学的郭少棠教授，他曾就读于哈佛大学与加利福尼亚大学伯克利分校，取得历史学博士学位，是国际著名历史学家。他曾经专门为我在香港出版的《西方历史》审稿及作序，在序言中说：

文聘元博士的《西方历史》卷，其叙述具吸引力，使读者逐步走进历史千变万化的故事中，每个故事结束的时候，读者可以回味幽默文字背后的历史教训，这些都值得世人去探索和观摩。

当然，我绝不敢说本书无毛病，和我所有的书一样，毛病必然是有的，这些都有待编辑朋友特别是广大读者给我指正了，我会在新版中加以修正，在此先行谢过！

是为序。

文聘元

2018年11月13日序于海口国贸之旧居新寓

目录

Contents

第一章　何谓西方

在我们这个小小星球（现在它的另一个名字叫“地球村”）的西方，有个地方叫欧罗巴，就是我们常说的欧洲。欧罗巴，好美丽的名字，为什么这样美丽呢？因为它原来就是一个美丽的姑娘的名字，它还有一个美丽的传说。

很久很久以前，在亚细亚的西部，有个叫腓尼基的国家。国王有个女儿名叫欧罗巴。她长得真是美如西施，身为万神之王的宙斯看上了她，决心把她弄到手。

有一天，欧罗巴和几个女伴到海边玩耍，突然看见一头漂亮强壮的公牛向她跑来，它的毛像金子一样闪闪发光，双角像轮弯弯的新月，这小姑娘倒是见过不少牛，但这么漂亮的可是头一回见到，更让她高兴得要命的是，这头最漂亮的公牛像只温柔的小猫咪般蹲在了她的身边。她像所有顽皮贪玩又勇敢的少女一样，快活得叫了起来，飞身跳上这头猫咪般温柔的公牛，她也许以为公牛会驮着她慢慢地在海滩漫步，但她真是太天真了，她一跳上牛背，那公牛就飞奔起来。欧罗巴吓得花容失色，只好死死抱住牛背。

不知带着她跑了几百几千里后，公牛终于停下来，摇身一变，变成了万神之王宙斯。他对哭泣的姑娘说：“亲爱的，你休要哭泣，你的名字将成为不朽，因为我要把这片土地叫作欧罗巴！”

这就是欧罗巴洲的来源，欧洲就是欧罗巴洲的简称。

很早以前欧洲就已经有人居住了，根据西班牙拉科斯洞窟发现的那些原始岩画来看，那里几万年以前就有人了，并且是挺聪明的人，会画画，还会用火。可惜的是，光会画画与用火的人还称不上文明人。根据历史书上的说法，要称之为文明，连会说话都是不行的，大概要会写字，最好还会建造一些大房子，不管是像古埃及人一样用来作坟墓也好，还是像苏美尔人一样用来住人也好，或者像印第安人一样用来杀人向太阳献祭也好。远古欧洲人这些都不会，所以称不上文明人。

他们的文明从哪里来的呢？是像我们中国人，或者埃及人、巴比伦人和印度人这四大文明古国的人们一样，百分之百或百分之九十靠自力更生、艰苦奋斗去创造文明吗？

NO！它们差得远呢！很早的时代，他们从非洲的埃及人那里借了建大房子的办法，又从亚洲的巴比伦人那里借了画画、搞雕刻等弄艺术的法子，又从亚洲的赫梯人那里学着炼铁，再过些日子，他们又从我们中国学到了四大发明，所谓西方文明就是从这一切的基础上才产生出来的。

那么欧洲是怎样把文明借进来的呢？是靠现在那些很神气的美洲和欧洲国家吗？美国、英国、法国、德国之类？

不！它们也差得远呢！要知道，当埃及文明与巴比伦文明欣欣向荣的时候，现在这些美国人、英国人、法国人、德国人的爷爷的爷爷都没有生出来。这些时髦国家的历史我们后面就会看到了，那是很短很短的。

文明究竟是通过何方神圣引到欧洲来的呢？我们前面已经提过了——是通过希腊人引进来的。

“希腊”这词儿大家肯定听说过，虽然现在的希腊不过是欧洲一个二流国家，但他们就像阿Q说过的一样：“我们家，从前比你阔多了！”这句话用在阿Q身上可能带点吹牛的味儿，因为他以前是什么样子，到底阔过没有，阔到什么程度，谁都不知道。希腊可不一样了，我们有数不清的事实证明希腊人以前的确很阔，说实话，从古到今，世界各国，除中国外，很难说有谁比希腊人更有阔气的从前。我们所说的古代西方文明很大程度上说的就是古代希腊文明。

我们下面将会讲古希腊的故事，但在此之前，我要先解释一个概念——西方。

欧洲在古代中国的祖先们眼中看来，是“戎”，所谓“东夷西戎南蛮北狄”中的西戎是也。

欧洲人也以自己为中心，将他们东边的世界按远近分成近东、中东和远东，他们自己则是西方。近东就是指现在的埃及、巴勒斯坦、叙利亚、沙特、伊拉克等阿拉伯国家，中东则是指伊朗和阿富汗，远东就是我们中国加上日本、朝鲜、蒙古以及东南亚诸国。

这就是地理上的西方。

除了这个西方外，还有一个文化上的西方。

文化西方的特点是范围比地理西方大一倍都不止，不但包括差不多整个北美洲，甚至还包括咱们亚洲的一大片土地。

有的读者也许会大怒：“什么？你要将咱们亚洲的一大片土地划到西方去！这不

但是‘叛国’，简直是‘叛洲’呢！”

我也没有办法，因为有那么一个国家，就土地面积来说是世界的老大，我们不得不把它叫作西方国家，这就是俄罗斯。我们总不能称它为东方或者亚洲国家吧？请您打开世界地图看看，它在亚洲的北部占了多大一片地方。再看看北美洲，那里有两个国家：美国与加拿大，一个是经济上的巨无霸，另一个面积经济都很行，它俩加起来不就占了差不多整个北美洲吗？它俩也都是典型的西方国家。

我们为什么称这些西方国家为“西方国家”，而不是别的什么？我想主要的根据是它们在文化上都有一条共同的根：古希腊文明，西方文明就是古希腊文明的直系后裔。

伟大的古希腊文明孕育了整个西方文明，这是再真不过的事实，就像夏商周文明是我们的文明祖宗一样的真。我们的故事也将从讲古希腊文明开始。

第二章　遥远的古代

海伦，你的美貌
仿若昔日尼西亚的小船，
在芬芳的海上轻泛，
疲惫的游子
转舵驶往故乡的海岸。
久经海上风浪，惯于浪迹天涯，
海伦，你美丽的容颜，你紫蓝的秀发，
你那仙女般的丰姿令我深信
光荣属于希腊，
伟大属于罗马。

这是爱伦·坡的一首赞美古希腊和古罗马的诗。

特洛伊战争　希腊位于欧洲南部，它的西面隔着亚德里亚海是意大利，东面是爱琴海，北面叫马其顿，南面则是辽阔的地中海。

地中海被西面和北面的欧洲、南面的非洲与东面的亚洲紧紧包围，像被塞在大块陆地的中间一样，所以叫地中海。地中海一年四季碧波万顷，少有惊涛骇浪，便于航行，希腊人很早以前就开始借着这个大海四处讨生活了，用另一个词说就叫“殖民”。它在小亚细亚半岛的西面、意大利南部的东面建立了许多的殖民地。

这些殖民地是一座座城市，它们通常比母邦富有，也不怎么爱母邦，有时还大打出手，著名的特洛伊战争就是这样发生的，这是大家最熟悉的古希腊故事了。

大家之所以熟悉特洛伊的故事，是由于一个叫荷马的老人家写下了两部伟大的史诗《伊利亚特》和《奥德赛》，荷马史诗就是对这场古代西方最辉煌的战争的记录，它是这样开头的：

女神啊，请歌唱佩琉斯之子阿喀琉斯的

致命的愤怒，那一愤怒给阿开奥斯人带来
无数的苦难，把战士的许多健壮英魂
送往冥府，使他们的尸体成为野狗
和各种飞禽的肉食，从阿特柔斯之子、
人民的国王同神样的阿喀琉斯最初的争吵中
分离时开始吧，就这样实现了宙斯的意愿。

荷马

这场战争是古代西方最有名的战争，从某个角度上来说，古希腊史、欧洲史甚至西方文学史都是从这里开始的，所以我们在这里要特意讲讲这场战争。

战争起因于帕里斯，因为他将据说属于最美女人的金苹果交给了爱神维纳斯，于是与维纳斯争美的天后赫拉与智慧女神雅典娜发誓要报复特洛伊人，这就是战争最早的导火线。

雅典娜

具体的起因是帕里斯有一次去斯巴达时，爱神用神力令斯巴达王墨涅拉俄斯的妻子爱上了帕里斯，使她离开丈夫而与帕里斯私奔到了特洛伊。

这斯巴达王的妻子就是人间最美丽的女人——海伦。

为了报夺妻之恨，墨涅拉俄斯就和他的哥哥、希腊最强大的城邦迈锡尼和阿尔戈斯的王——阿伽门农率领全希腊的勇士们乘船通过爱琴海前去讨伐特洛伊，特洛伊也奋起而抵抗，由此爆发了长达十年的特洛伊战争。

到了特洛伊后，希腊英雄们的营地就建在海滩上，而特洛伊城就建在海边附近。

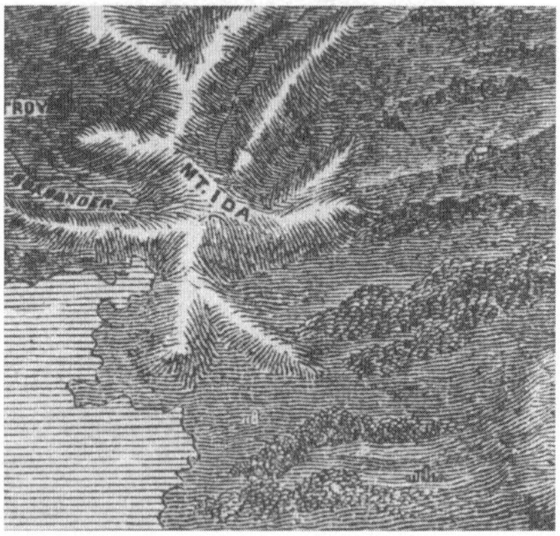

特洛伊平原

战斗主要发生在爱琴海岸及其附近，例如其中有这么一场重要战斗，战斗中特洛伊人最伟大的英雄赫克托耳像一头雄狮疯狂地扑向希腊人，他双眼血红，像喷着火焰，口里发出惊雷般的吼叫。希腊士兵吓得手脚发软，逃都逃不快。只有最勇敢的英雄们才能像平时一样飞快地跑动，躲开这位死神的追逐。就这样，赫克托耳和特洛伊人一直把希腊人驱赶到他们停泊在地中海中的船舷边，就像群狼奔逐群羊，一直到夜神藏起阿波罗的光亮，把大地同天空变得混沌未分时一般漆黑。

入夜，赫克托耳没有如往日一样让特洛伊人回城。他大声地宣告：他们无须回城，要就地驻扎，明天拂晓再向希腊人的船只猛攻，只要突破这最后的防线，希腊人就只能用双臂从宽阔的爱琴海游回老家了。

第二天，战争继续在海边进行，黎明一到，特洛伊人便杀上来了，今天对于希腊比昨天更惨。一会儿工夫，狄俄墨得斯——这位曾被雅典娜赋予神力，现在希腊英雄中最强大的战士，被帕里斯一箭射伤了脚背。那位最聪明的英雄奥德修斯和全体希腊人的统帅阿伽门农也受了伤，特洛伊人仍像追逐群羊的猎犬，凶猛地扑上来。

希腊人抵挡不住，不停地后退，一直退到了他们的船边，在甲板上抵抗特洛伊人。

现在希腊人当中剩下的最有力量的战士只有埃阿斯了。他也退到了战船上，同赫克托耳死命地争夺着：一个想保住这条船，这就是他的生命；另一个则想烧了它，知道一旦失去了船，希腊人就什么都完了。

他们在四处飞溅的血花中挥舞着已经被过多的屠杀砍钝的利剑，但见赫克托耳杀得口喷白沫，两眼在浓眉下闪着凶狠的光芒。

在如此疯狂的击打之下，连埃阿斯也抵挡不住了，不停地后退，赫克托耳则不停地前进，直到他把一支熊熊燃烧着的火炬扔到希腊人的战船上。

战船烧起的熊熊大火让正在希腊人最伟大的英雄阿喀琉斯船上的帕特洛克罗斯看见了，他知道希腊人今天遭受了惨重的挫败，甚至有被毁灭的危险，于是恳请他勇敢的挚友阿喀琉斯出战，——由于受到阿伽门农的侮辱，阿喀琉斯一直拒绝出战。所以现在也没有答应。但他也看到了希腊人已经面临毁灭之虞，便允许帕特洛克罗斯穿上他的盔甲，代替他出战特洛伊人，他知道在全军之中帕特洛克罗斯是仅次于他的勇士。

帕特洛克罗斯立即披上了阿喀琉斯由匠神精心打造的宝甲，连同那几匹由神所生的骏马，向特洛伊人冲去，虽然他从海滩上打退了敌人，但最后被杀死了。而这激起了阿喀琉斯的愤怒，他为朋友报仇而出战，杀死了赫克托耳，但最终自己也被太阳神阿波罗一箭射中了唯一可以被伤害的地方——脚踵，结果死去。

特洛伊战争中最有名的场面——木马计（Trojan Horse），也发生在地中海边，希腊人中的预言家卡尔卡斯想出了一个好主意，造出了一个巨大的木马，宣称这是献给神的祭品，然后率领大家扬帆出海，声称回希腊去，那些特洛伊人上了当，将木马从海边拖进了特洛伊城。夜里，英雄们从木马中跳出来，希腊的大军也从海上回到了岸边，直扑特洛伊城，里应外合，特洛伊城被攻陷了，长达十年的特洛伊战争也就此结束。

虽然每个西方人对特洛伊战争从小就听得耳朵都生茧了，但几千年以来的欧洲人，包括古希腊人自己，都把荷马史诗当作是一部“小说”，也就是说，对待它就像我们现在对待小说一样，从没有去想过历史上真有这样的事——就像我们不会真的去北京城里找大观园一样。为什么呢？因为荷马史诗里所说的这个希腊，在很早很早以前就消失了，迈锡尼等那些城市都很早很早以前就湮没在萋萋荒草之中，所留下的只是一部文学作品。甚至远到我们常称的古希腊，也就是亚里士多德与柏拉图的古希腊时，人们已经将荷马史诗当作纯粹的传说、当作与历史事实无关的神话了。

现在我们知道，荷马所说的一切，包括那些城市与战争，除了男女神位的事之外，都是再真实不过的历史事实。而将荷马史诗由美丽的传说变成真实的历史的人，他的名字叫海因里希·施里曼。

施里曼的发现　海因里希·施里曼出生在德国北部，后来入了美国籍，他本来是个穷小子，父亲是个牧师，像很多欧洲人一样，爱读荷马，所以施里曼从小就听惯了特洛伊的故事，知道了特洛伊的王普里阿摩斯是大阔佬，阿伽门农的迈锡尼城里也有数不清的金银财宝，他对史诗里所说的每句话都信以为真，发誓要找到特洛伊，发财致富。后来，他在俄罗斯发了笔战争财，又到美国西部的加利福尼亚加入淘金者的队伍，终于成了百万富翁。

这时候他记起了另一个更遥远的梦想，于是回到了欧洲。

他先到了当时土耳其帝国的首都君士坦丁堡，通过大把大把地送钱给土耳其的官员们，弄到了挖宝的通行证。

施里曼来到小亚细亚西部，靠近爱琴海的地方，该去哪里发掘呢？他知道有个法国学者勒舍瓦里曾经说古代特洛伊就在现在一个叫布纳尔巴希的村子。他到了那里后，却发现那里不可能是古代特洛伊的所在，那里的地形与荷马史诗所说的完全不一样。例如《伊利亚特》里说，一天之内，希腊战士可以在自己的海边军营与特洛伊城之间来回往返几次，他们甚至可以听到特洛伊人的幽幽长笛声。这说明特洛伊距离海边肯定不远。但布纳尔巴希却离大海足有十三公里之遥。而且布尔纳巴希周围有好多悬崖峭壁，这样的话，那被阿喀琉斯追得屁滚尿流的赫克托耳怎能围着特洛伊城兜圈子呢？

施里曼断定特洛伊肯定不在这里，他在小亚细亚半岛的爱琴海沿岸漫游起来，后来到了一个叫希萨尔雷克的小山脚下，他立即发现这里就是特洛伊的所在。因为它的地理位置、周遭环境与荷马史诗所说的简直一模一样！

施里曼开始发掘了，他的发掘过程是很啰唆的，这里不具体说，总之他的发现比他想要发现的多得多。他在这座不起眼的小山上一共找到了七座城市，这些城市不是一个挨着一个，而是叠罗汉一样一个压在另一个上面，它们每个都是在前一个毁灭之后在它的废墟上建立起来的。在第二层里，他发现这里宽阔的大街上到处铺满了灰烬，他认为这就是他要找的特洛伊——普里阿摩斯的家。不久，他又在那里找到了大量的金银珠宝。联想起荷马史诗所说的大阔佬普里阿摩斯，这里就更加无疑是特洛伊的故地了。

可怜的施里曼，到死都不明白，他所发掘的“特洛伊”，实际上与发生特洛伊战争的地方远着呢！当然不是空间上的远，空间上的确是同一个地方，不过就时间而言，就像汉朝与宋明之间一样远。他所谓的特洛伊实际上是比真正的特洛伊要早得多的另一种文明，那时人们对这种文明还全然无知。

施里曼死后，他的助手费尔德主持继续发掘，他写了一本叫《特洛伊与伊里翁》的书，将在特洛伊所发掘的城市分成了九层，也就是所有九个一个叠一个的城市或称居民点。他认为发生特洛伊战争的地方是第六层。费尔德与大老粗施里曼不一样，是一个训练有素的考古学家，他什么都对了，单单没有找对特洛伊。他的分层是正确的，但特洛伊不在他所说的第六层，而在第七层，精确地说，是在第七层的初期。这里才是真正的普里阿摩斯与帕里斯的特洛伊，是更伟大的阿喀琉斯把伟大的赫克托耳追得屁滚尿流、最后被箭射中脚踵而死的地方，是世上最美丽的女人海伦曾经生活过十年的地方，是最后被狡猾的希腊人用木马计占领并化为灰烬的地方。因为的的确确，考古学家们发现，这个一度伟大的城市于公元前一千二百年被一场大火毁灭！

我们知道，特洛伊战争中的一方是普里阿摩斯为王的特洛伊，另一方则是阿伽门农为统帅的希腊盟军。阿伽门农是迈锡尼的王，迈锡尼是古代希腊最强大的城邦。

古希腊是由一个一个城邦组成的，一座城市连带周围的农田便构成了一个城邦，一个城邦通常就是一个国家，迈锡尼是最富有的希腊城邦。

找到特洛伊后，施里曼带着满身小亚细亚的征尘，风尘仆仆地来到了希腊。像一个猎人，他的下一个猎物就是迈锡尼。

与找特洛伊时大费工夫不同的是，迈锡尼是不用去找的。因为，荷马史诗所说的巍峨、庄严的迈锡尼的狮子门，虽然经过了两千余年的风吹日晒，依旧傲然挺立在伯罗奔尼撒的大地上。

施里曼来时迈锡尼的城内城外都有古墓，但他没理睬城外的古墓，而是专心地在城内的墓中挖了起来，结果发现了足有五座古墓，里面直直地立着古代的英雄们——施里曼相信这五位英雄就是阿伽门农王和他的朋友们，其中一个人身材伟岸，他的骷髅旁边放了大量的青铜武器。他断定这就是伟大的阿伽门农，那统率希腊英雄们战胜特洛伊的人。当然，对于他更加重要的是尸体旁边的东西：盔甲、酒杯、饭碗、许多的小装饰品，甚至有能戴在整张脸上的大面具——那些东西统统是金子做的！这更加印证了施里曼的想法：这些墓就是希腊英雄们的。因为荷马史诗早就说过，迈锡尼有的是金子。

像在特洛伊一样，施里曼什么都对了，但只有一样错了，他找到的并不是希腊英雄们的墓，而是另一些希腊人的墓，他们比阿伽门农们要大了足足四百岁！

我们有理由相信，这些人也是古代的英雄，他们也许曾经与阿伽门农一样有过伟大的业绩，曾经是一国之君，但他们的英名，像那逝去的时光一样，已经永远消失了，沉没在遗忘的长河里。

古希腊的历史就这样在施里曼等人的锄头下挖出来了。

除施里曼外，对发现古希腊贡献最大的是英国人伊文思。他的功劳也值得一说。

伊文思的新发现 伊文思是一个比施里曼有教养，但却没有他伟大的人，是一个标准的英国绅士。

在本书的起始，当我们进入西方故事的大门时，我讲了欧罗巴的故事。但那个故事还没有完：请问，宙斯在将欧罗巴搞定后，将她怎样了呢？莫非像现在许多青年人一样，将女朋友的肚子弄大后，说声“拜拜”就潇洒地一走了之？

没有，宙斯比起现在的许多年轻人来，还是挺负责任的。他把欧罗巴好好地安置在以她的名字命名的地方，还与她生了好几个儿女，其中有一个叫米诺斯的，统治着克里特岛。

米诺斯建立了极其雄伟的克诺索斯城，还在城里修建了著名的“迷宫”，用来关他的老婆与一头牛相好生的儿子—— 一个牛头人身的怪物，名叫弥诺陶洛斯。

一度辉煌的克里特，也像迈锡尼和特洛伊一样，几千年前就已消失在断垣残壁之中。是伊文思使它重见天日的，他不但找到了大量的文物，还将发现的一切分门别类地整理好，甚至把宫殿都复原了，后来他将他的发现写成了一本书，叫《克诺索斯的米诺斯王宫》，足有四大卷。

他的结论是什么呢？简单地说，克里特文明是欧洲文明的真正源头，是整个西方文明的祖宗，它从公元前3000年一直延续到公元前1200年。此后它神秘地消失了，在伊文思发掘它们之前，好像不曾存在过一样。

现在我们终于可以总结伟大的希腊文明的整个过程了，我将尽量让它像画卷一样明白地呈现在大家面前。

真正的希腊史 根据施里曼和伊文思等人的发掘，人们才了解了古希腊的基本历史轮廓，我们可以简明扼要地将它分成以下五个时期。

第一个时期是所谓的“爱琴期”。

这实际上算是西方文明的“史前期”，它比米诺斯王宫还要早。

大约距今六千年之久，在爱琴海地区已经有人住了。他们使用磨制的石器，后来又用上了铜和青铜。人们居住在爱琴海一带、从小亚细亚半岛直到克里特的广大土地上。这是一个极漫长的时期，延续了大约四千年之久。

第二个时期就是前面我们说过的米诺斯时期了。

为什么称米诺斯时期呢？因为这个时期虽然到处都有了文明的踪影，但米诺斯王无疑是这段时期的“海霸”——他控制着爱琴海，拥有最先进的文化。而他的首都克诺索斯则相当于今天的纽约或巴黎。它从公元前两千年左右开始延续了约五六百年。史称克里特文明。

第三个时期是迈锡尼时期。

迈锡尼的发展据说是建立在它的先人衰亡的基础上的。与米诺斯时期的海洋民族克里特人不一样，迈锡尼人是生活在希腊半岛上的大陆人。他们本来比克里特人要落后得多。但他们接受了克里特文化，“师夷长技以制夷”，慢慢强大起来，终于变得比那些沉溺于文明的安乐窝里的克里特人更牛了。毫不客气地向他们文明的老师发动了攻击、征服了它，将昔日的海霸变成了自己的殖民地。这一时期持续了大约五百年。

当然还有另一个说法，认为克里特文明与迈锡尼文明实际上不是前后相接的，而是左右平行的。它们同时繁荣，时期大约是公元前两千年到公元前一千年，共持续了约一千年。不过为了方便好记，我们还是接受前面一种说法。

在这之后呢?

这之后，突然失去了克里特人和迈锡尼人的踪影。就像昨天还是熙熙攘攘的大街今天突然冷冷清清、空无一人。爱琴海文明莫名其妙地消失了。

这就是第四个时期，是“黑暗”时期——长达几乎五百年之久。现在我们看这段时期的历史就像看没有星星也没有月亮的夜空一样，漆黑一片。

第五个时期就是我们最熟悉的古希腊了，我们称之为希腊的“古典时代”。在这个时期，伟大的希腊文明达到了它的巅峰。

第三章　雅典与希波战争

雅典人自古以来就住在希腊的阿提卡半岛。

雅典一开始也只是希腊许多小城邦中的一个。最初实行君主政体，由国王和贵族们进行统治。后来改由好几个执政官一起管理，最大的就是首席执政官。

在君主政体或贵族政体下，土地可以自由买卖，有钱人经常乘着别人需要钱用时把他们的土地买下来，或者借给别人高利贷，当借钱者还不起时就把他们的土地夺过来甚至把他们变成奴隶，即债务奴隶。

雅典卫城

很多雅典公民就此失去了土地，随着失去土地的人越来越多，他们的力量也越来越大，当他们感到自己打得过那些阔佬时，就起来反抗，他们获得了比他们富不了多少的平民的支持。他们要求改革，这就是“梭伦改革”。

梭伦在公元前594年时做了首席执政官。他的改革措施很简单也很严厉，具体内容大家从中学课本中早已知道了，这里不再多说。中心之一是废除债务奴隶制，使那些因欠债成了奴隶的公民重新成了自由人，之二是让那些没有财产的公民也能参加公民大会，成为最高权力机构中的一员。

到公元前500年左右时雅典终于发展出了一整套民主制，它为雅典走向文明之巅奠定了牢固的基础。

使雅典终于走上文明之巅的是希波战争。这场战争也是古代西方最著名的战争之一，是西方文明与东方文明之间第一次真正的较量，所以我们在这里也要说一说。

希波战争　公元前490年，为了惩罚雅典人支援伊奥尼亚起义以及拒绝臣服，大流士发动了第一次希波战争。

波斯大军是从地中海攻入希腊本土的，为此大流士建立了一支庞大的舰队，横越爱琴海，在希腊的马拉松平原一带登陆。

马拉松平原坐落在雅典东北40公里左右的爱琴海海边，面海背山，呈新月状，有近10公里长，但中间狭窄，最宽处只有约3公里，总的特点是利于守而不利于攻。

这时候大流士统率的波斯大军约有10万人，而雅典的总兵力只有约1万人，雅典也向各邦求救，结果只有普加太亚提供了1000人的援军，但雅典人凭借有利的地形，还有合理的战斗队形、也就是著名的希腊长矛密集阵战术——希腊方阵，以及强大的重装步兵，当然更加重要的是为了保家卫国而激起的无畏斗志，打败了不可一世的波斯大军——先在方阵作战中以少胜多、打败了敌人，逼使其撤退，后又乘胜追击，一直把波斯军队追赶到海边，波斯军队慌忙登船而逃。

据说，胜利之后，为了把胜利的喜讯告诉雅典人，雅典军队的统帅米太亚得派了一名士兵斐第庇德斯去报讯，他也全力奔跑，一直从马拉松跑到雅典城的中央广场，对正等待消息的雅典人喊了一声："大家欢乐吧，我们胜利了！"之后就倒地而死了，可以说是活活跑死的。为了纪念这位伟大的"神行太保"和这次伟大的胜利，以后希腊人便在每届奥林匹克竞技会上都跑这么一次，这就是现代马拉松长跑的起源，全程的距离大致相当于马拉松到雅典城的距离，约42公里。

此后，大流士就率军驶回了亚洲，这场战争对他而言几乎无足轻重，因为损失很小。

10年之后，公元前480年，波斯大军在薛西斯一世的统领之下再次猛扑过来，爆发了第二次希波战争，这次战争更加有名，并且爆发了世界上最早的有确切记录的大规模海战。

这次薛西斯将军队分成海陆两路，陆路从赫拉斯滂海峡——现在的达达尼尔海峡——攻入欧洲，通过色雷斯和马其顿，从希腊北部攻来，不久爆发了著名的温泉关战役。

温泉关位于希腊中部，是一个十分狭窄的通道，一边是大海，另一边则是十分陡峭的悬崖，通过这里可以直抵雅典等希腊的心脏地区。斯巴达王李奥尼达率领300斯巴达勇士坚守咽喉要地温泉关。

其实一开始不但有300名斯巴达战士，还有数千名其他希腊城邦的战士，但核心当然是300名斯巴达勇士。战斗共持续了三天。在第一天的战斗中，薛西斯一世先派出了弓箭手，向斯巴达人射出了如雨般的利箭，然而斯巴达人的盾牌既宽大又坚固，再多的箭也奈何他们不得。薛西斯一世又先后派出了两支都多达万人的士兵进行攻击，但斯巴达战士们退守在温泉关最狭窄的地方，结成了严密的人墙，由于通道太狭窄，波斯人的人数优势难以发挥，攻击再次失败。特别是在第二波的攻击中，薛西斯一世派出的是他最精锐的部队，被称为“不死之士”，但同样没有奏效。

在第二天的战斗中，薛西斯一世再次派出了上万的士兵向斯巴达人发起了攻击，但结果一样，他们寸步难进。看到这种情形，薛西斯一世只得退回军营，愁眉不展。这时候，有一个背叛者来了，为了获得奖赏，他告诉波斯王，有一条秘密的小路可以绕过温泉关。薛西斯一世大喜，立即派出了一支强大的军队，在这位希腊人的带领之下绕到了温泉关的背后。

第三天黎明时分，波斯人绕到了温泉关背后。这时候李奥尼达已经得到了波斯人从背后杀来的消息，据说他召集大家开了一个会，要求所有非斯巴达人的战士都离开，由他们来单独对抗敌人。其他希腊人都走了，只有数百名底比斯人坚决不肯走，要和斯巴达人共同战斗到底。

战斗的具体情景就不用说了，成千上万的波斯人围住斯巴达人和底比斯人，向他们发动了猛烈的攻击，由于这时候已经不是在狭窄的通道上了，四面受敌的斯巴达人依然殊死战斗，他们用长矛刺，长矛折断后就抽出短剑砍，短剑也折了之后就用双手搏斗，甚至连牙齿也用上了，但依然难以抵挡，纷纷死战而最终战死，包括李奥尼达在内。后来有一些底比斯人投降了，但斯巴达战士没有一个投降的，最后全部壮烈牺牲。

温泉关失守后，波斯大军长驱直入，逼近雅典城。雅典人弃城退往萨拉米斯岛，波斯军队进占雅典城，将其付之一炬，随后大军追击到萨拉米斯岛对岸，与正在蜂拥而来的波斯战舰群配合，欲将雅典人一网打尽。

就在温泉关之战发生之时，还发生了一场大海战。这就是萨拉米斯海战。

萨拉米斯岛夹在希腊半岛和伯罗奔尼撒半岛之间，东面和希腊半岛仅仅相隔一条海峡，海峡当然属于地中海的一部分，十分曲折且狭窄，希腊海军有约300艘战舰，就停泊在海峡内，面对波斯人的上千艘战舰，双方实力对比悬殊。

对雅典人更加不利的是，波斯海军封锁了海峡的两端出口，雅典人成了瓮中之鳖。

面对这样的局势，雅典人逃无可逃，只有决一死战。

虽然实力对比悬殊，但雅典海军的军舰是长而低矮的三层桨座的桨帆战船，灵活且坚固，特别是它们的船有一种非常厉害的武器——撞角。

所谓撞角就是在舰首水线下用青铜包裹的巨大而坚固的突出，就像牛的角一样，所以叫撞角。

雅典军舰看到波斯舰队进了海湾，立即掉转船头，向敌舰冲去，而波斯人的桨帆战舰既大又不灵活，只能与希腊人的战舰迎头相撞，一撞之下，有的当时就被撞毁了，有的则只能后退，于是与后面自己的军舰相撞了，而希腊人的船还在一次又一次地撞向他们。不但如此，船上的弓箭手们还手挽强弓，万箭齐发，其中甚至有燃烧着的火箭。当然，更加重要的是，他们是为了保家卫国、反抗侵略，那种气势与勇敢是由无数民族组成的波斯杂牌军无法相比的。

几个小时之后，大海战结束了，波斯舰队有约200艘战船被击沉，50艘被俘获，剩余的波斯舰船掉头逃跑了。其实这时候余下的波斯战舰依然比希腊人的多得多，只要他们拼死一战，希腊人是难以打过的，但他们怎么会有这样的勇气呢?

不但波斯的士兵们没有勇气，就是薛西斯也如此。事实上，他站在山头上，从头到尾亲眼观看了这场海战，看到他庞大的舰队被摧毁、逃跑，像拜伦一首诗里面所说的一样，波斯王一觉醒来，发现他繁星般的舰队已经灰飞烟灭。

薛西斯自知不可能征服雅典人了，于是率残军逃回了小亚细亚。萨拉米斯亚湾海战以希腊人的大胜而告终。

此后，还有一系列的战争，一开始波斯人频频失利，但后来也取得了一些胜利，加上这时候雅典已经与斯巴达开战了，所以双方举行了和谈。

到了公元前449年，希波战争双方签订和约，大致包括以下四点内容：

一、所有亚细亚的希腊城邦都不再由波斯人统治。

二、波斯军队或者总督不能越过克泽尔河，在没有河流的地方，不能靠近距爱琴海少于一天马程或者三天步程的距离。

克泽尔河是小亚细亚半岛中部的一条河流，也是半岛上最大的河流。这等于说是承认了希腊人对大约一半的小亚细亚半岛的统治。

三、波斯舰队不能越过从瑟里斯往南的爱琴海海域，这就意味着希腊可以控制绝大部分爱琴海以及整个达达尼尔海峡。

四、倘若波斯人遵守了上述协议，雅典军队将不会进入由波斯统治的地域。

此后，漫长而血腥的波斯人与希腊人之间的战争暂时就告一段落了。

但对于希腊人而言，战争并未结束，因为一场更大的、对全体希腊人而言不再是胜利的灾难已经开始。

这就是希腊人的内战——伯罗奔尼撒战争。

这是我们下一章要讲的事了。

击败波斯人之后，希腊世界从此安宁了，它们将视线转向了和平与创造。

雅典的繁荣　由于雅典是希波战争的实际领导者，战争结束后，雅典成了整个希腊的霸主。它联合希腊诸城邦，加上爱琴海中的各个岛屿和小亚细亚半岛上的希腊城邦，建立了提洛同盟，实际上操纵着整个同盟和盟友们交纳的入盟金。

到公元前450年左右，雅典城邦实际上已经变成了雅典帝国，雅典也进入了它的黄金时代。这时，正如雅典人的伟大统帅伯利克里所说，雅典成了“整个希腊的学校”，他说：

> 我们的政体并不与他人的制度相敌对。我们不模仿我们的邻人，但我们是他们的榜样。我们的政体确可以称为民主政体，因为行政权不是掌握在少数人手里，而是掌握在多数人手中。当法律对所有的人都一视同仁、公正地调解人们的私人争端时，民主政体的优越性也就得到了确认。一个公民只要有任何长处，他就会受到提拔，担任公职，这是对他优点的奖赏，跟特权是两码事。贫穷也不再是障碍，任何人都可以有益于国家，不管他的境况有多黯淡。

伯利克里统治雅典30余年，他统治的这段时期仍是希腊古典文明的巅峰，也是整个西方古代文明的巅峰时刻。

雅典因为强大和成功而得意扬扬，但它的高兴没有持续得太久。因为另一个同样强大的城邦——斯巴达——不高兴了。

公元前431年开始，爆发了持续10年之久的伯罗奔尼撒战争，战争一开始双方不相上下。因为斯巴达的陆军举世无双，雅典的海军也天下无敌，斯巴达在陆上逞英雄，雅典人在海上显好汉。

但一场天灾改变了一切，公元前429年，雅典爆发了空前大瘟疫，整整一半人死了，包括他们的伟大领袖伯利克里，实力大打折扣，战争中开始处于下风。

14年后，雅典决定派海军远征西西里，那里是斯巴达的粮仓。但雅典的整个海军如修昔底德所言：“舰队和军队统统从地球表面消灭掉，什么也未能保全下来。”

雅典又顽强地抵抗了10年之后，于公元前404年，在弹尽粮绝之下，终于投降。

伯罗奔尼撒战争结束后，被打败的雅典人并没有甘心服输，他们联合底比斯人展开了反击，公元前371年，底比斯人彻底击败了斯巴达人，把他们几百年来的威名扫了个一干二净。

这以后希腊的历史又是像中国的春秋战国时期一样诸雄乱战的历史，甚至连一个霸主都没有，乱成一团，直到公元前388年，马其顿国王腓力二世在喀罗尼亚之战中大败雅典和底比斯联军，将整个希腊并入了自己的领土，希腊第一次真正统一在一个政权之下。

公元前338年，腓力二世被暗杀，他的儿子执掌了王权，他就是伟大的亚历山大大帝。

这一年也是整个西方的古典时代终结的一年。

第四章　斯巴达与伯罗奔尼撒战争

斯巴达有时也被称为拉西梦第或拉哥尼亚，位于希腊半岛南部的伯罗奔尼撒半岛的南部，他们的祖先就是毁了迈锡尼文明的多利安人。

斯巴达人的生活方式　　斯巴达人自古以来就酷爱打仗。他们先住在肥沃的欧罗塔斯河流域，后来，大约是公元前8世纪，又征服了同样肥沃的麦西尼亚平原，按照老习惯把原来的居民变成了奴隶，斯巴达人称他们为希洛人。从此这些斯巴达人便洗心革面，不再到处侵略了，安心过起奴隶主的悠闲日子来。

斯巴达人的生活方式举世闻名，下面我们将全面地介绍这种奇特得几乎只有在“理想国”当中才能存在的生活方式。

生活在斯巴达的人有三个分明的等级：希洛人、裴里欧齐、斯巴达人。

希洛人占了总人口的一大部分。他们是奴隶，但处境很怪。一方面，他们要替斯巴达人耕种土地，供养主人；另一方面，他们的生活却相当优裕而且自由。平时主人绝不会去地里监工，用鞭子逼他们干活。他们每年只要将相当有限、数量固定的一部分收获交给主人，其余的全归自己。他们都有相当数量的私有财产，主人绝不会肆意勒索他们。不过他们也有危险，由于希洛人生活好，养得起孩子，他们的人口往往比斯巴达人增长得还快。他们痛恨奴隶的生活，一有机会就起来造反。为了削弱希洛人，斯巴达人每年都会向希洛人搞一次“宣战”，这时，斯巴达人有权随意杀死那些身强体壮、可能造反的人。

裴里欧齐是自由民，他们自耕自作，不是奴隶，但也没有政治权利，不能做官。

斯巴达人则是斯巴达的主人。他们是奴隶主，占有几乎所有的土地，享有所有政治权利。

斯巴达人有一个特点，就是极其鄙视生产劳动，甚至用法律来禁止斯巴达人干活。他们终生只有一个工作——战争。

为了这个唯一的工作，斯巴达人采取了许多令人匪夷所思的措施，也许正是这些措施令斯巴达人存在时威名远播、消失后百世流芳。

我们下面就来谈谈斯巴达人是怎么古怪地教育自己的孩子的。

一个斯巴达人，当他刚生下来时，会被送到家族长老面前去。这些长老们会仔细地检查他的身体，倘若面色红润、哭声响亮，才会交回父母手里。如果看上去身体不那么健康，立即就会被扔到深水潭里去喂鱼。

长到7岁后，他们就得离开自己的父母，开始上学了。不过他们上的与其说是学校，不如说是军营。在这“学校”里他们过的是这样一种生活：他们被分成一组一组，每组选出一个胆子大的孩子来做老大，负责指挥。他们用一点时间来“学习”，这“学习”的内容不是书本知识，斯巴达人认为读书识字不但不值得学，连懂都不好意思。他们学的只是一些对造就一个战士有用的东西，例如如何在没有粮食的荒山野岭中生存、如何忍受痛苦和饥饿，以及打斗击剑之类。另一项重要的内容是学习怎样服从，对于斯巴达人，与勇敢同样重要的是纪律，具有钢铁一般的纪律性是斯巴达战士之所以强大的主要原因之一。他们12岁以后就不穿外衣，大部分时间都赤身裸体地在一起游戏，浑身肮兮兮，龌龊得令人作呕。他们一年只洗两三次澡，睡在草床上。大人们教唆他们去偷东西，但如果被捉到了就要受处罚——不是因为偷东西，而是因为偷得太笨。

在这样的学校里一直待到20岁，这以后他们就是一名斯巴达战士了。他们住到“男子之家”，在这里被训练成一位斯巴达战士，直到满30岁。

30岁后他们成为一名正式的斯巴达公民。不过他们仍要过集体生活：他们每一个人都吃公共食堂，所有人，包括国王都在这里一起吃大锅饭。

不用说，饭肯定管吃饱。斯巴达人绝不会没有粮食。但也仅此而已。在斯巴达没有公民富有，正如没有公民贫穷。他们每个人都由国家分配一块大小相同的土地，由他们的希洛去耕种，他们的一切收入仅此而已。他们的土地不能买卖，他们甚至连金子银子都不许拥有。为了限制大家做生意，他们的钱是用铁做的，如果想要一头羊，也许得拿比羊还重的铁去买。邻邦的商人们当然也不会要这样的钱，所以他们从不来斯巴达做生意。

斯巴达人认为外面的世界奢侈腐朽，所以不允许自己的公民到外邦去，外邦的公民如果没有特许也不许踏进斯巴达的土地。

在斯巴达还有一个有趣的现象是，在女性普遍受歧视的古代社会，斯巴达人对女性却非常尊重，妻子在家里绝不是附庸，例如2／5的家庭财产是属于她们的，她们经常鼓励丈夫和孩子要做一个真正的勇士。如果他们没有做到这一点，她们会公开地鄙视他们，甚至把丈夫从床上赶下去。

国家鼓励她们多生孩子，越多越好，如果她们没有生育，那么她们有权到其他男人那里去试试，看另一个男人是不是更行，她们的丈夫绝不会吃醋。——我敢说，从来没有一个文明国家的男人比斯巴达的勇士们更不吃醋，上面的情形他们固然不会吃醋，其他情形也不会。例如某个男人看上了一个有夫之妇，按伟大的历史学家普卢塔克的说法，他就会大大方方地走到那位丈夫面前，“请求她的丈夫让他和她同床，使他得以开垦这块丰富的土地，并且播下宁馨佳儿的种子。”要是一个人老了，他的妻子还年轻，他就会请别的男人替自己在妻子身上耕耘耕耘，让他“不劳而获”。

斯巴达人从来不认为裸体有什么不好意思，在他们看来，一个人裸体还是穿衣服纯粹是小事一桩，姑娘们也这样。

凭着上面的一切，斯巴达人培养出了堪称古往今来最强大的战士。虽然斯巴达公民最多时也不过一万，其中能打仗的不过几千，但他们称霸希腊几百年之久。“以一当十”是一个形容勇敢的词儿，对于斯巴达战士们却是最平常不过的事实。每次战斗，斯巴达战士无不以一当十甚至当百。

他们的无数次战斗中最为有名的当数温泉关之战了，这场战争我们前面讲雅典时已经说过了，这里不再多说。我们在这里要讲的是古希腊历史上第三场著名的战争，即伯罗奔尼撒战争。

伯罗奔尼撒战争　在上章我们已经看到，雅典是希波战争实际上的领导者，因此在战争之中以及战争结束后，雅典成了整个希腊的霸主。它联合希腊诸城邦，加上爱琴海中的各个岛屿和小亚细亚半岛上的希腊城邦，建立了提洛同盟，实际上操纵着整个同盟和盟友们交纳的入盟金。

到公元前450年左右时，雅典城邦实际上已经变成了雅典帝国，它的实力从希腊半岛一直扩展到大西洋，也就是整个地中海地区都在雅典人的统治之下，这应该是地中海地区第一次归属一个民族的统治。

这时候，骄傲的雅典人正如他们的伟大统帅伯利克里所说，雅典成了“整个希腊的学校”。

他统治的这段时期仍是希腊古典文明的巅峰，也是整个西方古代文明的巅峰时刻。

但这巅峰时刻并不长久，因为雅典人与另一支同样强大的力量斯巴达发生了矛盾，到公元前431年开始，爆发了持续数十年之久的伯罗奔尼撒战争（The Peloponnesian War）。

伯罗奔尼撒战争最早始于公元前435年，直到公元前404年才结束，长达27年。

战争的起因主要是希波战争之后，雅典人依仗其强大的实力压迫其他希腊城邦，甚至有建立雅典帝国之势，于是，另一个强大的希腊城邦斯巴达人自然不会答应，于是也建立了以它为首的伯罗奔尼撒同盟，与提洛同盟分庭抗礼，这样一来，双方的利益不可避免地发生了冲突，而冲突的最终结果就是战争。

战争主要分三个阶段：

第一阶段从公元前431开始，一直持续到公元前421年，这时候雅典在伯利克里的领导之下，实力强大，特别是拥有无敌的海军，纵横地中海。他针对雅典人的优势，扬长避短，采取了陆地防御、海上进攻的大战略。斯巴达人则相反，他们这时候的领袖是阿基达摩斯二世，由于没有强大的海军，便主攻陆上，公元前425年，他率军攻打雅典及其主要盟友所在的阿提卡半岛（Attica），所到之处大肆抢掠摧毁。但雅典人也展开反击，并且在公元前424年于斯法特克里亚岛一带进行的海战中大胜。由于互有胜负，于是公元前421年双方签订了《尼西阿斯和约》（*Peace of nicias*），各城邦恢复了战前疆界，等于战争没有发生过一样。

但和平只持续了短短六年，到公元前415年，战争重新爆发，进入了第二个阶段。

这个阶段的战争中心是意大利半岛南面的西西里岛，——这时候南意大利和西西里一带有许多希腊城邦，因此被称为大希腊。这里有着斯巴达人的重要盟友叙拉古，结果雅典大败，派往叙拉古作战的大军几乎全军覆灭。这是公元前413年的事。

此后战争进入第三阶段，斯巴达人已经取得了优势，特别是公元前408年，斯巴达竟然与希腊人的宿敌波斯人建成了同盟，得到了波斯人的巨额资金援助，战争对雅典人更加不利。虽然期间雅典人也取得了一些胜利，但终归失败，到公元前405年，在另一场大海战——羊河口大海战中，雅典海军被莱山德率领的斯巴达海军大败。

不久，从陆上到海上雅典都被封锁了，饥寒交迫之下被迫投降。公元前404年双方签署和约，雅典承认失败，接受斯巴达的领导。伯罗奔尼撒战争结束。

这就是伯罗奔尼撒战争的大致经过了，下面我们再来稍微详细地讲解一下其具体过程。

当时希腊是城邦制，所谓城邦就是一座座的小城市，基本上一座小城市就是一个城邦，城邦外面则是乡村，一般的城邦的公民总数不过万人，有两三万就是大城邦了。斯巴达的战略就是在陆地上打垮敌人，具体地说就是先摧毁城邦没有城墙防卫的乡村，然后逼迫城邦投降。于是斯巴达大军所到之处，大批乡村被毁，农民们只能逃入城中避难。

伯利克里深知无力在陆上与强悍无比的斯巴达大军对抗，只能顺应时势，开门接纳公民们入城，尽量帮助他们在城中安居，并加固城墙，准备抵抗斯巴达人的进攻。

同时，他派出强大的舰队，沿着伯罗奔尼撒半岛的海岸航行，一遇到防卫不强的城邦就打上岸去，像斯巴达人一样进行破坏，以图摧毁敌人的后方基地。另外，如我们前面所说的，斯巴达居民分成三个截然不同的阶级：希洛人、裴里欧齐、斯巴达人，其中希洛人占了总人口的一大部分，他们实际上就是奴隶。斯巴达人甚至每年都会向希洛人搞一次“宣战”，随意杀害看上去强壮或者聪明的希洛人。希洛人当然不会甘心这样可悲的命运，于是，雅典便派人到了希洛人那里，鼓动他们起来反抗斯巴达人。

不止如此，伯利克里还获得了重要的同盟，就是与希腊北部、相当强大的色雷斯人和马其顿人建立了同盟。

伯利克里的战略无疑是十分高明的，加上雅典有着斯巴达人望尘莫及的巨大财富，倘若战争能够这样平衡地进行下去，雅典人是很可能取得优势甚至胜利的。

然而，一场天灾降临了。

公元前430年，斯巴达再次派大军攻入阿提卡半岛，大批人再次涌入雅典城避难，由于城中集聚了太多的人口，卫生工作很难得到足够的保障，这时正值炎热的夏天，蚊子苍蝇成堆，终于使雅典爆发了可怕的瘟疫，大批人像苍蝇一样死去。即使活着的人也因为恐惧而失去了战斗的意志。而他们又出不了城，因为城外已经被斯巴达人摧毁得残破不堪。

后来伟大的伯利克里也死于这样的瘟疫。但雅典人并没有就此投降，而是继续战斗。他们派出了强大的舰队，在伯罗奔尼撒半岛沿海一带展开攻击，还派遣了一支军队北伐属于色雷斯人一部分、却与斯巴达人结盟的卡尔西斯人和波提狄亚人，伟大的哲学家苏格拉底就参加了这场战斗。

不过，后来他们发动了另一场绝对不应该发动的战役，这就是远征西西里，想要断绝斯巴达人的后援。

但结果，雅典人的西西里远征彻底失败，占据雅典军力之大部的海军与陆军被彻底摧毁了，共有战士约5万人，其中作为军中之军的重装步兵有1万余人，损失的战舰达200艘，另外还有巨额的战费。如修昔底德所言：“舰队和军队统统从地球表面消灭掉，什么也未能保全下来。”

可以说，经此一役，雅典元气大伤，也注定了在整个伯罗奔尼撒战争中的失败。这是公元前413年左右的事。

使得雅典人最后失败的一场决定性战役是羊河口之战。

在这场大海战中，雅典军队最后的精英几乎荡然无存了。不久之后，斯巴达人在陆上和海上都包围了雅典城，经过长达数月的围困，城内粮食已尽，绝望的雅典人只能投降。

据说，本来有些城邦如科林斯人和底比斯人想要彻底消灭雅典人，但斯巴达人却不愿这样，一则因为他们不想底比斯这样本来就强大的城邦势力太过强大，以致成为斯巴达的敌人，所以需要雅典保存适度的力量以制衡它们，二则他们没有忘记雅典人曾经立过的大功：曾经在希腊最危险之际——当波斯人入侵的时候——拯救过全体希腊人，所以不应当毁灭之。

结果就是，雅典人同意了斯巴达人提出的条件，毁掉了连接雅典城与比雷埃夫斯港之间的长城，并交出全部剩余舰队，只保留12艘担任安全警戒的船只；召回被民主政府流放的人，并且同意采用斯巴达的政治制度，即寡头制，由30位亲斯巴达的寡头政治人物领导建立新政府。这是公元前404年4月的事，随着这一和约的签订，持续达27年之久的伯罗奔尼撒战争结束了。

这只是伯罗奔尼撒战争的结束，此后还有一场重要的大战，这就是奈达斯战役。

奈达斯战役的起因很简单，就是伯罗奔尼撒战争之后，斯巴达人建立了强大的海军，此前他们也有着强大的陆军，这样一来，他们就比此前只有强大海军的雅典人更加强大，这不但让其他希腊城邦恐惧，也让波斯人恐惧了，于是，他们迅速也建立起了一支强大的海军，并联合其他希腊城邦与斯巴达人作战。

结果就是奈达斯战役，以斯巴达人的惨败告终。

此后，斯巴达人再也没有能力建立起一支强大的海军，他们在爱琴海上的短暂优势就此彻底结束了。

后来，雅典人重建了在伯罗奔尼撒战争后被迫拆毁地从雅典到比雷埃夫斯的长城，雅典重新站起来了，不过再也没有往日强大的荣光。

但得益最大的也许是波斯人，因为奈达斯战役之后，波斯海军已经成了爱琴海甚至是整个地中海最强大的力量，这样的局面一直要持续到另一个古希腊或者说整个古代西方历史上的伟大人物——亚历山大大帝——的来临。

第五章　亚历山大大帝传奇

讲亚历山大大帝要从马其顿讲起。

马其顿是一个古老的国家，它的人民很早以前就在希腊半岛北部繁衍生息了，他们与希腊人大体是同一个种族，不过希腊人一向有点看不起这个北面的小邻邦，觉得他们是野蛮人。然而他们没有想到，这种野蛮正是他们希腊人所缺乏的素质，也正是因为他们缺乏这种素质，所以他们从来都没能够征服异族，建立起堪与他们优秀的文明相称的强大帝国。

马其顿是在他们一个叫腓力二世的国王统帅下开始强大的。这个腓力二世虽然是马其顿人，可从小就在底比斯做人质，在底比斯的生活使得腓力二世受到了希腊最好的教育，同时他也用自己的眼睛看到了希腊人的致命弱点——不团结。

这就像一个阔佬给别人看了他满是金银财宝的保险箱，同时告诉人说他的箱子不怎么牢固，怎会不激起人占而有之的欲望呢？腓力二世正是如此。

公元前359年，腓力二世成了国王，立即着手把他从希腊学来的东西付诸实践：一是改造自己的国家，建立起强大的军队，他从朴实而勇敢的农民、猎人中招兵买马，训练他们掌握密集的底比斯方阵，并且做了不少改进，使之更加强大，史称马其顿方阵。

建立这支厉害无比的军队后，他就率领他们迈向第二个伟大的目标——统治全希腊。

当时的希腊正处在各城邦互相混战之中，雅典和斯巴达都已无力成为霸主，这种群龙无首的状态更配合了马其顿人的征服。公元前338年喀罗尼亚一役，腓力二世大败希腊联军，整个希腊再也没人敢与他为敌了。次年他在科林斯召开了全希腊大会，会议正式宣布建立全希腊大同盟，并将这个同盟置于腓力二世的监控之下。同时宣布腓力二世将统率希腊大军前去攻伐波斯帝国，掠夺它庞大的土地和财富。

当腓力二世正要启程去开始伟大的征服时，一件事情决定他永远迈不开脚步了：

当他参加他女儿和小舅子的婚礼时，他的一个卫兵向主人举起了战刀。这年他不到50岁。

我们可以相信，如果他不死，这个年纪本来也不该死的，他完全可能干出与儿子同样伟大的事业，因为他已经万事俱备，只欠东风了——这东风只是简单的挥军直击东方。然而历史是不能假定的，命运决定他只能像摩西一样远远地看一眼行将征服的流奶与蜜之地，实际的征服事业则交给他的儿子——亚历山大大帝。

这一年，即公元前336年，亚历山大大帝只有20岁，命运却已把一副泰山般沉重的担子放到了他年轻的肩膀上。

亚历山大大帝

然而，令人感到奇异的是，受命之后，亚历山大完全没有显示出年轻人的幼稚，相反，他立即表现出他甚至是一个比父亲更加强大的统帅和征服者。

——这里要提醒一句，他父亲在他还是一个六七岁的顽童时就筹划对他的训练了，他尽了一个国王和一个父亲所能做到的一切来教导他，一方面使他具备当时最先进的知识，另一方面令他成为一名伟大的统帅。我们只要从两件事就可以知道他如何为培养儿子而殚精竭虑了：他替他聘请了亚里士多德做家庭教师，并在他还是一个少年郎时就让他学习挥军作战。

皇天不负有心人，儿子以后的表现证明了父亲教导的成功，也许比他自己当初设想的还要成功。

继位伊始，亚历山大大帝立即着手开始父亲的未竟之业——远征亚细亚。但他也深知攘外必先安内，对于他而言，安内就是彻底压服希腊人，使他们不但不能乘他远在东方时从后院放火，还要他们成为他征服的大后方，因为他的母邦马其顿实在太小了，只是一袋米，成不了一个粮仓。

他压服希腊人的关键一役是毁灭底比斯。

底比斯是北希腊的一个大城邦，当亚历山大大帝北上色雷斯时，他们乘机作乱，大帝立即回师希腊，向底比斯杀去，那结果可想而知，底比斯陷落了。亚历山大大帝不是占领了它，而是毁灭了它，城中所有建筑物均被摧毁，绝大多数人民被杀，活下来的则被卖为奴隶。只有一样东西例外——他保全了著名诗人品达（Pindar）的居屋，以表达他对文明的尊敬。

一向文明的希腊人被亚历山大大帝的野蛮吓蒙了，随即停止所有抵抗，老老实实地做起了大帝的附庸。

安定后方之后，亚历山大大帝立即将矛头指向了他期待已久的目标——波斯帝国。

公元前334年，他率领大军越过现在的博斯普鲁斯海峡，侵入波斯帝国。

不久，在格勒奈克斯河畔遇上了波斯军队，大帝几乎像老鹰抓小鸡似的消而灭之，这更增添了他的信心，令他觉得消灭波斯帝国简直用不着多少奇谋诡计之类的东西。

不过总的战略还是要有的，大帝的总战略是这样的：由于他没有海军，这时也没有得到希腊海军的直接援助，所以为了避免被波斯帝国海军抄后路，他必须先消灭之。

然而没有舰队的大帝如何去消灭海军呢？他的方法是这样的：他沿着海岸前进，沿途毁灭波斯每一个海军基地，这真是一个釜底抽薪的妙招，须知没了基地的海军就等于剥了壳的乌龟。

接着他沿海岸进行了一系列攻城略地，把经过的帝国诸重要海港悉数占领。

出征第二年，也就是公元前333年，他发动了入侵波斯以来第一场真正的征服之战。

大帝这时仍在沿海，波斯帝国的皇帝，名叫大流士——不过已经不是前面那个侵略希腊的大流士了，而是大流士三世，率军前来迎击大帝，两军间仅隔一重山。

亚历山大大帝知道波斯大军来到之后，并没做许多战备工作，只率领他的军队向波斯大军冲去，结果并不如许多书上所说是一场空前激烈的大战，而只是一场大屠杀。

为什么这样说呢？这从当时双方军队的情形就知道了，一方是大帝久经沙场、士气高涨的常胜之师，另一方却是波斯皇帝只能用“乌合之众”来形容的所谓军队。不但士兵来自多个种族、无数个民族，彼此言语不通，情感不睦，压根儿谈不上什么统一的指挥和严明的军纪，甚至还在军中带着成百上千的妇女儿童，以及大批乐师仆侍之类。皇帝如此，皇帝的那些将领也是如此。

这样，后宫嫔妃大老婆小老婆小姐丫鬟成群结队地跟在后面，打扮得花枝招展，好像不是来进行一场有关家国兴亡的血战，而是来看戏找乐子。

如此，两边战斗的情形可想而知了。甫一接战，亚历山大大帝的大军如虎扑群羊一样向数量庞大、但纯粹是散沙一盘的波斯军杀去。波斯人呢，就像看到老虎扑上来的羊儿一样，惊呆了一会，回过神来，拔腿就跑。以后的战斗就纯粹是屠杀了，大流士从他的战车里跳将出来，骑上马发狂似的从战场逃走了。他的三宫六院、母后公主统统落到了马其顿人手里。

这就是古代历史上著名的伊苏斯之战（Battle of issus）。

战后，亚历山大大帝没有追赶大流士，他很宽厚地对待波斯王的妻子儿女，接着便掉转锋芒，重新回到了大海边，这次他要征服的对象是腓尼基人，不过这时的腓尼基既不是一个国家，也不是一座城市，而是一片地区了。大帝所注目的主要是两座城市——西顿和推罗。它俩，尤其是推罗，很早以前就是名城了，强大的新巴比伦之王尼布甲尼撒二世曾经围攻它整整14年——不过没攻下来。现在轮到亚历山大大帝了，他是否能打破推罗“坚不可摧”的美誉呢?

推罗位于地中海东岸，是腓尼基人两个最强大的城邦之一，远在公元之前就存在了，北面是西顿，东面与南面紧靠以色列，从今天的位置来看位于黎巴嫩的贝鲁特与以色列的海法港之间。但它最特殊的地方不是这里，而且它还分为两部分，一部分是陆上的推罗城，本身城池坚固；另一部分是与陆地相距约1600米的一个海岛，在那里还有一座城池，同样地固若金汤，据说正对大陆东面的城墙竟然有50米高，环绕城池的海水也深达5米。这座岛城的东面还有两个葫芦状的港口，北面的叫西顿，南面的叫埃及，两个港口都是肚大口小，因此同样易守难攻。腓尼基人还在城内储备了大量的财物与粮食，因此足可维持数万人生活数年之久，总之是城池坚厚、兵精粮足。也正因为如此，他们才敢公然对抗强大无比的亚历山大大帝。

具体的战况就不说了，总之异常激烈。据说在战斗中亚历山大大帝总是身先士卒、冲锋在前，并且总是出现在战斗最激烈、最危险的地方，身边总是跟着他最忠勇的贴身卫队。例如在一次战斗中，第一个冲进推罗城的就是他的卫队长阿德米塔斯，便旋即被长矛刺死了，这时候亚历山大大帝亲自率军冲了上去，据说他一手持盾，一手持着长矛，冲向敌人，几个敌人也朝他扑来，大帝挺起长矛，左挑右刺，连着刺死了好几个敌人，一员敌将在大帝还没有收回长矛时，扑过去抡刀就朝他头上砍去，但大帝立即松开了执着长矛的手，闪身躲开砍来的大刀，抽出随身短剑，一剑就刺死了敌将。这下敌人都不敢靠近他了，只能远远地向他射箭扔石头。但他后面大批马其顿战士蜂拥而来，推罗城就这样被攻克了。

这也是整个漫长的亚历山大大帝东征中遭遇的最猛烈的抵抗。为了报复，他将这座历史悠久的岛城彻底摧毁，而且从此没有恢复。

占领推罗后，大帝就完全控制了大海，取得了进一步前进的可靠的后勤补给线。此后，他便统军进入埃及。

注意这个词是“进入”，不是“攻入”，因为埃及人并没有对亚历山大大帝进行任何抵抗，他们原来处在暴虐的波斯帝国统治之下，对较为文明的希腊人代替波斯人并不反感。尊贵的阿蒙神庙的僧侣们还郑重宣布：亚历山大大帝是埃及的宙斯和上帝——阿蒙神——的儿子，是古代法老们的合法继承人。

大帝就这样简简单单地成了世界最古老文明古国的统治者。

他在埃及做的第二件大事是建立亚历山大城，那里一度是世界上最大的城市之一，现在还是一座繁荣昌盛的大城。

离开埃及后，大帝挥军北上，直指又一个古老文明的发祥地两河流域。这两河就是底格里斯河同幼发拉底河，它俩像黄河长江哺育了古老的华夏文明一样哺育了也许更加古老的古巴比伦文明。

当他的大军到达古老的尼尼微时——它是一座当时就已经成为废墟的十分古老而著名的城市，在这里大帝终于发现了他一直朝夕相待的波斯大军。这支大军是大流士在伊苏斯惨败后聚集起来的，不用说，又是一群数量庞大的乌合之众。

战斗的情形大致就是在漫天黄沙笼罩下，亚历山大大帝的士兵们像在舞台上表演一样任意地砍杀着，波斯人的血染红了莽莽黄沙。

这就是著名的告加米拉战役（Battle of Gaugamela），发生在公元前331年10月1日。这也许是迄今为止第一场精确到日的大战。之所以得到了这样精确的数据，是因为这场战争开始前双方占卜师都看到了一次月食，而月食，无论是几千年之前发生的还是几千年之后发生的，天文学家们都可以精确地推算出来。

告加米拉战役中大奏凯歌后，亚历山大大帝继续麾军前进，下一个目标是巴比伦。

它是与中华文明齐名的人类四个最伟大的古代文明之一，曾出过一个伟大的领袖——汉谟拉比。

不过，当亚历山大大帝来时，汉谟拉比古老的巴比伦已经消失了，连尼布甲尼撒大帝的新巴比伦也已经湮没在历史的萋萋荒草丛中，现在的巴比伦不过是波斯帝国辖下无数大城之一。

亚历山大大帝没有为难驯服的巴比伦人，他越过巴比伦，直趋波斯帝国的首都波斯波利斯。在那里，他继毁灭底比斯、推罗之后又将波斯帝国的首都，这座壮丽辉煌堪称当时举世无匹的宫殿之城一把火烧了个精光。他这样做的借口是对波斯人曾经破坏雅典卫城进行的报复。

现在，即使过了2000余年，我们仍可在伊朗看到波斯波利斯那荒凉却仍不失壮丽的遗址，在夕阳照耀之下，它同我们的圆明园惊人地相似。

此后大帝开始追逐大流士了。

这时的大流士呢？他在两次大战中的怯懦表现令他的将军们极度失望，他们不再听从他。当他因为害怕想向亚历山大大帝投降时，他们气得发狂，将这个令他们蒙受耻辱的王囚禁起来，胁持着他往帝国的东方逃去。

大帝知道他们的去向，率领铁骑日夜不停地追击，最后，终于可以看到在前面奔逃的波斯人战车扬起的烟尘了。他们发出了喜悦的呐喊，冲将上去。波斯人呢，他们甚至到现在还带着老婆孩子金银财宝。这时候也只好扔下了，骑到马上没命地逃跑了。

那被扔下的除了美女财宝，还有一个人，当马其顿的士兵们跑到他跟前时，发现那个衣裳异常华丽的人已经死了，他胸前有一个可怕的洞，血都快流干了。他们告诉大帝，大帝奔来，一眼就看出来了，他就是号称“万王之王”的大流士三世。

一度统治欧亚非三大洲广大地区，作为世界上第一个超级大帝国的波斯帝国就这样覆灭了。这是公元前330年的事。

此后呢，消灭了波斯帝国的大帝还有什么可做？

确实，我相信，此后的大帝自己也为这个问题苦恼过。这年是公元前330年，大帝时年仅26岁，正是热血沸腾、豪气干云的时节，要他就此束手、化干戈为玉帛、安享帝皇权威那是太难了。他生来是个征服者，停止征服对他意味着生命失去了意义。

于是他将鹰鹫般锐利、饿狼般贪婪的目光投向了更遥远的东方。

那时，在那更遥远的东方，也就是现在的伊朗、阿富汗、巴基斯坦和印度北部一带居住着一些迄今为止西方人几乎尚未谋面的民族，如粟特人、巴克特里亚人、帕提亚人等等，多得很，他们是一些比希腊人落后不少的游牧或半游牧民族，原来大部分都归顺波斯帝国了，亚历山大大帝一来，没经过大战斗就把他们一一收服了，一直打到帕米尔高原的莽莽群山下后，他没有再东进，转而南下，直抵北印度。

大家可以想象一下，要是他翻越帕米尔，继续东进，最后到达我们华夏之中原，会出现什么样的后果呢？他还能继续征服吗？还是会被咱们西周的老祖宗一举荡平？

大帝到抵印度时，统治印度的早已经不是那个建造伟大的摩亨佐-达罗的四大古代文明之一的人们了，而是一群来自北方、自称“雅利安人”的部族。

这群雅利安人的自豪与勇敢殊不亚于马其顿人，当亚历山大大帝率军来到时，他们立即奋起抵抗。他们的领袖是有着巨人般身材的波鲁斯，领导着当时整个印度最强大的国家，他率领他的大军，包括由许多头大象组成的特殊骑兵，与亚历山大大帝决战。结果，一向以为天下无敌的波鲁斯始知强中自有强中手、一山更比一山高。他心悦诚服地向大帝投降了，亚历山大大帝便让他仍旧领导他的人民，不过不再是国王，而是亚历山大帝国的总督了。

依着亚历山大大帝的意志，他还要再往南下，去攻击那里从未面对过的民族，然而他的部下实在受不了了，越来越炙热的太阳、越来越茂密的森林、越来越众多的蚊子令他们感到前所未有的恐慌，而且他们离开家乡已经差不多10年了，思乡之情与日俱增，坚决不肯再打下去。

面对将士们坚决而愤怒的要求，大帝只好同意回去。这时他们已经抵达印度文明的摇篮——恒河——岸边了。这里成为大帝东征的最后一站。

如何回去呢？要知道他们已经距故乡万里之遥，上山容易下山难，兴冲冲打过来时不知疲倦的亚历山大大帝和他的战士们这时却陷入了深深的苦恼。斟酌再三后，大帝采取了兵分两路的办法。

他组建了一支舰队，令其沿印度河顺流而下，他自己则率领陆军沿岸而行，两军就这样平行走着，直到大海，然后转而向西，也是舰队在海上航行着，陆军在岸上走着，一直走到波斯湾。一路的困苦不用说了，无数人倒毙在炎炎烈日、莽莽黄沙下，没死的人继续在他们意志如钢的领袖带领下跋山涉水。

一路无话，有一天，终于走完了大海，看到了在波斯湾尽头飘荡的亚历山大大帝的军旗。这大约是公元前324年的事。

从公元前330年灭波斯帝国起至此，在这漫长的6年之中，亚历山大大帝成了一个不折不扣的游牧民族首领，几乎每天都在奔波跋涉，寻找水草和敌人。这样的征服称得上是一部宏伟的史诗。

回来后，亚历山大大帝离开了征战连绵的日子，过上了和平的生活，这对于有些人是一种快乐，然而对于大帝是否如此就不知道了。他天天沉湎于无穷无尽的酒宴和娇妻美妾软绵绵的怀抱里，戎马倥偬的岁月与他已经无关。

大家都知道，美女同美酒这两样东西固然迷人，然而也是害人的妖怪，正所谓酒色伤人，对普通人是如此，对伟大的帝王也是如此。

接下来的事就不用多说了，有一天，大帝像往常一样，喝得酩酊大醉，回宫后，突然感到不适，他新婚的妻子、国色天香的波斯美女罗克珊，摸了摸他的额头，感到火热，立即召来了御医，然而被美女美酒掏空了身子的大帝已是油尽灯枯，回天乏术了。当然，亚历山大大帝之所以如此年纪轻轻就辞世，也与他参加过的战斗有关，由于他总是身先士卒，虽然没有被杀，但受伤不止一次，其中有两次还受了重伤，其中最近的一次就是在印度与婆罗门大军的血战中受的。

但无论是什么原因，总之西方历史上第一个大帝，也是西方整个历史上最伟大的帝王和征服者之一、被《美国百科全书》称为“古代最伟大的将军”的亚历山大大帝就这么迅速地死掉了，死在了距家乡万里之遥的地方，年仅33岁。

第六章　罗马时代

我们的故事还得从那场古老而动人的特洛伊战争开始。

罗马与特洛伊　在《伊利亚特》中，我们看到，特洛伊人是希腊人的敌人，但他们是伟大的敌人：特洛伊战士们的英勇无畏与希腊勇士们并无二致，普里阿摩斯和赫克托耳的智慧和高贵也与阿伽门农和墨涅拉俄斯不相上下，甚至偶有过之。

在特洛伊众王子之中，除赫克托耳，还有一个尤为引人注目，他就是伊尼阿斯。与希腊人最伟大的战士阿喀琉斯一样，他也是神的儿子，他的母亲是爱与美之女神维纳斯，他是集俊美、勇敢与智慧于一身的英雄。

特洛伊被希腊人用木马计攻破之后，特洛伊人遭到了希腊人的大屠杀，侥幸逃生的人没有几个，伊尼阿斯就是那些幸运儿中的一个。他背着年迈的父亲，妻子和孩子跟着他，据说他的孝心甚至感动了残酷屠杀中的希腊人，他们看着他在大街上奔跑，没有杀他，放任他逃走。

伊尼阿斯逃到了爱琴海上。大海茫茫，在一日复一日的漂泊之中，他历尽危难，老父与妻儿先后死去，最后孑然一身，总算在意大利靠了岸。

这时，意大利有一王名拉丁努斯，他久仰伊尼阿斯的英雄之名，把自己的女儿拉维妮娅嫁给伊尼阿斯。伊尼阿斯后来独自建城，以他热爱的妻子为其名，叫“拉维尼亚”。这里的人民也以给了伊尼阿斯新生的泰山大人拉丁努斯的名字为名，叫“拉丁人”。

这就是拉丁人的起源，也就是现在的意大利人、西班牙人乃至拉丁美洲这些拉丁人的起源。

伊尼阿斯死后，他的儿子阿斯卡尼亚斯，或者叫作裘利斯，建立了阿尔巴·龙加城。

在阿尔巴·龙加城，裘利斯的后裔们把王位代代相传，后来传到了一个叫努米托的手中，他生了一个女儿叫西尔维娅。

努米托有一个叫阿木略的弟弟，是个野心家。他设法篡夺了兄长的王位，但没有将他杀死，只杀了他的儿子。他怕努米托的后人们来报仇复位，令西尔维娅做了女祭司。做这种女祭司有一个前提条件：必须是处女。这样一来西尔维娅只好做一辈子老姑娘了。阿木略还不放心，又把西尔维娅弄进一个高塔里关将起来，任何男人都甭想见到她的芳容。

然而天不叫西尔维娅做老处女，战神马尔斯爱上了她，高塔挡得住人，挡不住神。他来到塔里，和西尔维娅共效鱼水之欢，珠胎暗结，作为战神的马尔斯精强力壮，一下就叫西尔维娅怀了双胞胎，生下后分别取名罗慕洛斯和勒摩。

他们的叔外公、篡位的阿木略知道此事后，将这对婴儿抛入了台伯河中。他们的父亲挺身而出，救了西尔维娅，还让河水将孩子漂到了岸边。

但两个孩子太小，如果没有奶吃，用不了多久就会活活饿死。这时一头母狼来了，她刚生了小狼，胸乳胀得发闷，看见这两个漂亮的孩子，不但没有伤害他们，还把自己的奶头送进了他们的小口。从此两小孩就由母狼来养育。

过了好久，有个牧人，法斯图鲁斯，来到了台伯河边，看到了被母狼养得筋强骨壮的两兄弟，就把他们抱起来送回了家。

两兄弟长大后，知道了他们的悲惨身世，不由大怒而起。他们来到卡尔巴·龙加城，杀了阿木略，使被废黜的外公重登王位。

他们又想到之所以有今天，多亏一头母狼哺育了他们。便来到台伯河边，但哪里还有什么母狼，有的只是秋风瑟瑟，河水清清。

他们惆怅之余，又看到这里水流平缓，附近土地肥沃，前头不远就是巴拉丁山，建起城寨来易守难攻，决定在这里建造一座新城，以兄长的名字为新城命名，叫“罗马”，居住在罗马城里的人就叫罗马人。

以上就是罗马城与罗马人诞生的曲折经过。

王政时代　罗马的历史有一个总的特点，不是处于不断变动之中，变动的原因在于罗马人总在不断地改革。

前面说过，罗慕洛斯建立了罗马城，杀死了可与他争权的弟弟，成了唯一的王，这一时期也就是罗马历史的第一个时期——王政时代。

即使在这个有王的时期，罗马也与其他普通王国有不小的差别。罗马的国王确实像国王一样掌握着军政大权，但并不是独裁者，除了国王之外，还有两个权力机构：元老院和公民大会。

元老院是很有罗马特色的机构。它由一些老家伙组成，这些老家伙个个老气横秋，牛气得很。很可能在罗马城尚未建立，拉丁努斯为王之前，罗马人的先人们还处于原始社会时他们就牛气了，在那时的原始部落中普遍存在氏族长老会议，这是世界上诸原始部落的共同特点，在罗马，氏族长老会议发展下来就成了元老院。元老院享有不小的权力，例如任何由国王与公民大会都通过了的法律，他们都要一一仔细查验，如果觉得哪项违反了罗马的老规矩，就会毫不客气地否决掉。

公民大会看上去也很牛，是全体公民的大会，像咱们的全国人民代表大会一样。实际上它没多少实权，它只能对国王一些改变法律的建议进行表决，看同意还是不同意，但它自己没有权力主动提出任何法律。参加公民大会的公民们，只有在国王邀请的前提下才能发言。

这就是王政时代罗马的三权分立，可以看出来最有权力的还是国王。

罗马的元老们看到做国王的毛头小子比他们的儿子还小，却要压在他们白胡子的头上，很是不服，总想找机会打倒他。后来他们总算找到了机会。

罗马王政时代共有七王，最后一个王名字叫作塔克文，他有个绰号“骄傲的塔克文”。他是罗马的商纣，加上他不是罗马人，而是伊特那斯堪人，所以罗马人揭竿而起，把他赶走了。从此干脆废除国王，建立“共和制”。

罗马由此进入了一个新的历史时期——共和期。

共和制下，罗马有三个权力中心：两名执政官、元老院、公民大会，但它们之间的权力并不平等。

权力最大的是元老院，它掌握着大部分权力，包括对外宣战与媾和权。执政官负责日常政务，战时可以统率军队，退了后就是元老，所以与元老院是一伙儿的。公民大会名字好听，但像王政时代一样没有实权，这也就是说在罗马平民们没有实权，以后，他们与元老贵族们的权力争夺战将成为罗马政治的主旋律。

像梭伦改革之前的雅典一样，罗马平民们也过着痛苦的生活。罗马从立国之日起就连年征战，参战的主要是平民们。由于他们长期在外，没时间打理庄稼，田地里长满了齐人高的杂草，他们一无所获，然而还得向国家交税，为了交税和过日子，他们只好借高利贷，高利贷利滚利有几个付得起？借了几次后就只好破产了，先是把田地交给债主，接着又把自己加上婆娘崽女交了出去做奴隶，沦为债务奴。

平民们虽然也是堂堂罗马公民，在战场上没有被俘，却在自己的家里被贵族老爷们抓了，被带到市场上去，按质论价，像畜生一样地被卖掉。

面对如此不合理的现实，平民们终于奋起反抗。

他们的反抗不是武装起义，不过比起义更有威力。

——他们对那些贵族老爷说：“你们自己当农民去种庄稼吧，自己当裁缝去做衣服吧，自己当兵去打仗吧。”然后全体离开了罗马城。

结果是显而易见的，没了平民贵族们还能干什么？他们连粮食衣服都要没了，只好妥协，给了平民们一个新的权利——让平民选举自己的保民官。保民官有这样的权力：如果他们觉得政府的哪个措施损害了平民的利益，有权予以否决。

但这还不够，平民们继续斗争，又去了几次圣山，从贵族们那里赢得了几项新权利：第一是迫使贵族们颁布了文字化的法律。它被写在十二块铜板上，叫《十二铜表法》。虽然这个法律有许多毛病，例如它规定如果平民们还不起债，还会被卖做奴隶，但它还是有好处的，起码贵族们不能随口瞎编法律来蒙骗老百姓了，它对于债务的利息也做了规定，大约年息不能超过8.5%，这算不上高息了。

平民们现在知道了反抗的甜头，胃口更大了。他们继续斗争，不断胜利，不断得到新权力，例如能够担任所有各级的官吏，并在公元前366年选出了第一位平民出身的执政官。他名叫塞克斯图，前任保民官，《李锡尼－塞克斯图法》的两位制定者之一，由于执政官退休后自动进入元老院，平民能当上执政官也就等于能当上最阔的元老了。

到公元前287年，平民们取得了决定性的胜利，通过了一项法律：凡属罗马公民大会制定的法律，不管元老院是否批准，都具有法律效力。

罗马平民们为自己的利益进行的最后一次斗争是格拉古兄弟改革，通过哥哥提比略·格拉古和弟弟盖约·格拉古的努力，平民们终获胜利，平民与贵族们的斗争也告一段落。

我们现在要来讲罗马内部的另一种斗争：意大利人争取罗马公民权的斗争。

罗马与意大利不是一回事，罗马比意大利要小得多，罗马公民权，顾名思义，本是作为罗马公民才有的权力。在罗马开始他们的征服事业后，他们首先征服的就是罗马城所在的意大利。这些被征服的意大利人与意大利之外的被征服者不一样，他们与罗马人有着血浓于水的亲情，从语言文化到生活习惯都与罗马差不多，更重要的是，从他们被征服之日起，他们在罗马人的征服事业中不再是罗马的敌人，而是罗马的朋友，被称之为罗马的“同盟者”。

这些在战场上与罗马人并肩作战的同盟者却没有罗马公民权，不能参加选举、不能做官。更让同盟者们不平的是，他们参军打仗，夺取了一片又一片新土地，但这些新土地他们一厘米也分不到，因为他们不是罗马公民。终于，同盟者们愤而反抗，起义首先在阿斯库伦城爆发，立刻像燎原烈火一样扩散到了整个意大利。罗马派遣大军前往镇压，但连吃败仗，执政官被打死，只好退让，宣称凡不参加暴动、忠于罗马的同盟者都可以获得公民权，接着又说，只要参加暴动的人在两个月内放下武器，也同样能获得公民权。

一听到这好消息，参加暴动的人树倒猢狲散，一窝蜂回家等公民权去了。

此后意大利人成了罗马公民，整个意大利慢慢融入了罗马，罗马也由罗马城的罗马变成了意大利的罗马。

独裁时代　罗马仍在变革。这一个变革不再是下层公民和同盟者们争取权利的斗争，而是罗马大贵族和阔佬们之间的窝里斗。

我们都听说过“独裁者”这个词，它就是从罗马来的。共和制下，罗马通常情况下的政府首脑是两名“执政官”，他们的权力完全一样，但遇到特别的情形，如国家处于危急存亡之秋时，则由一人独掌大权，为期六个月，这人就叫“独裁者”，或音译作“狄克推多”。

大家不难看出，独裁者的权力比国王差不了多少，要是得到了手，大概没有谁不想一辈子留在手上，但基于罗马的法律，独裁者们总是老老实实期满就卸任，直到公元前82年才出现了第一个“终身”独裁者——苏拉。

苏拉

苏拉是罗马大将，贵族出身，屡立战功，名闻罗马。与他齐名的还有另一员同样战功卓著的大将，叫马略，他们是当时罗马最明亮的两颗将星。但他们彼此的见解却很不相同，苏拉喜欢和元老们待在一起，马略却站在平民骑士们一边，这样，他们之间的矛盾无形中就上升为贵族与平民之间的矛盾了，两人各为一方的首脑。两个人之间不断钩心斗角，暗里明里使绊子。

争斗一直是比较平和的，直到有一件事使他们的口舌之争发展成了血腥屠杀。

这件事的起因是这样的：亚洲有一个叫米德里达梯六世的国王起来反抗罗马，在罗马的土地上攻城略地，胜绩连连。罗马决定派大军镇压，这是一个好机会，他们两人都自信只要出马便会一举征服敌人，成为凯旋英雄，不仅如此，他们还知道，一旦大军在手，枪杆子里面出政权，什么事干不来！同时，亚细亚的富庶他们岂不知？征服了那里无异于攀上了金山银山。

两人用尽一切手段去抢这个美差。不但用口去争论，还用剑去争论。

先是苏拉取得了胜利，他杀了大批“马略党”，把马略本人也赶到非洲去了，他以为大事已定，便率军镇压米德里达梯去了。但马略岂会甘心失败？不久就带着一支军队气势汹汹地打了回来，占领了罗马城。他宣布苏拉和他的支持者们为“罗马人民的公敌”，掀起了一场新的屠杀。

此时苏拉正与米德里达梯王作战，无暇顾及后院。但这是暂时的，等待到击败米德里达梯王后，他率领战胜之军回到了罗马，马略已经死了，他的支持者们无力抗击苏拉大军。

罗马顿时变成了不折不扣的屠宰场，被屠宰的不是猪，而是罗马人民。

苏拉的“公敌宣告”远比马略残酷：只要某某人告密说某某人是马略派，那人就会立即被宣布是“罗马人民的公敌”，他的财产一半奖给告密者，另一半充公。这样的财产简直太易得来了，上百名元老、各级官员、有钱人被宣布为公敌，失去了一切，另一些人则得到了一切。

元老们许多被杀了，剩下来的要么是苏拉的死党，要么看见苏拉就像老鼠见了猫一样，苏拉完完全全地控制了元老院。

通过元老院，他得到了一个这样的称号——终身独裁官，他是第一个获得这个称号的罗马人。

在他的独裁之下，原来属于公民大会的许多权力重新回到了元老院，保民官再也没有原来的权力和威风了。这时的罗马显然与原来共和制的罗马不同了，它不再是“共和的”，而是“专制的”。

但苏拉不是世袭君主，他也没有这样的妄想，当够了独裁者后，他退休了，回到了自己的庄园。他把权力交到了元老们手中。

元老们没有苏拉的力量，失去权力的罗马平民又一次起来反抗了。他们的领袖有两位：庞培和裘力斯·恺撒，他们将在罗马掀起一场大风暴。

裘力斯·恺撒是古罗马王族后裔，庞培则是一位伟大的将军和征服者，被称为“征服者庞培”。

这时，还有第三个人也很有势力，这个家伙就是斯巴达克斯起义的镇压者克拉苏。他靠苏拉的公敌宣告发了大财，又镇压了把罗马人吓得半死的斯巴达克起义。

这三个人凑在一起组成了“前三头同盟”控制了罗马。他们轮流坐庄，做起了执政官。执政官期满后又去各地做起最肥的“总督”来。但克拉苏做了总督不久，在与亚洲的帕提亚人战斗时被彻底击败，带领的三万罗马大军两万人被杀，一万人被俘，至于克拉苏自己，帕提亚王听说他爱钱，就用熔化的金子灌进了他的喉咙。

现在三个头剩下两头，但俗话说，一山难容二虎，他们到底谁做老大呢？结果，恺撒战胜了庞培，统兵进入罗马，元老们原来是支持庞培的，恺撒来后吓得要死，恺撒没杀他们，只要他们听话，保住了头就万分庆幸的元老们忙不迭地答应了：他们先答应恺撒做整整十年的独裁者，过了两年又答应他做终身独裁者。

恺撒掌握了一切大权，做了所有的大官，包括大元帅、执政官、监察官、最高祭司等，甚至有了“祖国之父”这样一个阔得吓人的官衔。

——这与专制君主差多少呢？所以在罗马人人都以为恺撒就要做国王了，罗马人民历史悠久的共和制就要完蛋了。这种怀疑造成了恺撒的毁灭。

公元前44年，两个热爱共和的贵族布鲁托斯和卡西约在元老院把恺撒刺死了，他们都是恺撒的好朋友。

恺撒虽然死了，但他的事业并没有死去，继承他的事业的是他的干儿子、他姐姐的儿子屋大维。

恺撒死后，十八岁的屋大维立即结束学业来到罗马继承了恺撒的位子，并与恺撒的两个部将马克·安东尼和雷必达结成了同盟，史称“后三头同盟”。

这三个人合在一起后势力无敌，他们的第一件事就是替恺撒报仇，疯狂报复杀害了恺撒的元老贵族们。在他们所杀的元老之中有西塞罗，他是古罗马、也是古代西方世界最伟大的演说家与作家之一。他是被雷必达的人杀死的，他不但杀了他，还把他的头和手带回罗马示众。

肃清内敌后，三巨头又要一决高下了。

雷必达首先退出了角逐，退到他的老窝非洲去了，屋大维和安东尼谁也不服谁，屋大维统治着罗马西部，安东尼统治着包括埃及在内的东部。按军力和作战经验，安东尼占据优势。但这时，一个浪漫的故事改变了一切。

西塞罗

埃及的国王是位女士，是古代大大有名的美人儿，名叫克莉奥佩特拉。她先是用美色征服了伟大的恺撒，并和他生了儿子恺撒里亚，还到过罗马，凭她的天姿国色征服了罗马的男人们。后来恺撒死了，她回到了埃及。这时，另一个人——安东尼——闯入了她的生活。他们老早前，当安东尼还是恺撒部将时就相识了，安东尼早就默默地崇拜她。现在总算夙愿得尝，岂有不大享艳福之理？他整天沉醉在美丽女王的温柔里，把罗马抛到了九霄云外，为了表达他对女王无尽的爱，甚至宣称要把他治下的罗马领土全部送给女王的儿子们。

这下罗马人火了，他们宣布安东尼是祖国之敌，向他和埃及女王宣战。公元前31年9月，屋大维与安东尼和克莉奥佩特拉的联军会战于希腊西海岸，正当战事激烈时，那美人儿女王突然率领自己的舰队临阵脱逃，安东尼看见了，竟然丢下自己正在激烈战斗的舰只，追赶女王，一直追到了埃及，那些被他丢下的军队的命运可想而知。

这场战争的结局也可想而知。先是安东尼听说克莉奥佩特拉自杀了，便毫不犹豫地把短剑刺进了自己的胸膛，但在他死前，他知道这位美人儿骗了她。这位把安东尼迷死了的女王又想用美色引诱屋大维，可惜屋大维不吃这一套，想把她弄到罗马，作为战俘套着铁链子游街。女王听到这消息，把一条剧毒无比的尼罗河小蛇放到了迷人的胸脯。

我们可以在莎士比亚的剧本《安东尼和克莉奥佩特拉》中看看这一幕幕惨剧。

屋大维胜利后开创了罗马历史的一个新时代——帝国时代。

帝国时代 罗马已经没有人和屋大维争权了，他成了无可争议的统治者、罗马实际上的君主，他被授予“奥古斯都”和“皇帝”的头衔。这奥古斯都的意思就是“神圣”，而皇帝原意是“凯旋将军”，译成皇帝也许并不十分恰当。屋大维自己也并不想做名分上的皇帝，他喜爱的头衔是“元首”，它的原意是“第一公民”。

在屋大维的统治下，罗马步入了黄金时代。

他对原来的罗马共和国进行了深刻的改革，如建立了新的货币制度和邮政体系，制定了相当完整的法律制度，废除了原来那些掠夺成性的总督，把全国分成行省，行省的长官由他牢牢控制，严惩贪官污吏。

这些措施到了旁人那里也许会行不通，因为统治者们要求别人不贪常常是为了自己贪得更多，他的部下们必然会上行下效，正是上梁不正下梁歪。但屋大维过着十分俭朴的生活，他的部下再也没有理由不这样做。即上梁正了，下梁自然不会歪。这种以身作则的作风值得我们现在的领导同志们好好学习。

屋大维的统治为罗马带来了“罗马和平”，这就像中国唐太宗时期的“贞观之治”一样，是西方古代历史上少有的幸福时代。

屋大维虽说号称奥古斯都和“皇帝”，这皇帝毕竟是带引号的，称不上是名副其实的皇帝，所以罗马改革的最后一步是帝制的真正确立。

屋大维死后没有留下儿子，他的位置交给了继子提比略，可惜的是这提比略与继父大不相同，是个暴君兼坏蛋。他以后的三个君主卡里古拉、克劳狄和尼禄同样不是好东西，其中最后一个尼禄最坏，他也是整个古罗马、也许是整个古代西方最坏的君主，除了残暴不仁，他做了两件使他“永垂不朽”的事：一是他先和自己的亲娘睡觉，她的名字叫阿格丽品娜，继而又杀了她；二是纯粹为了闲着没事干在罗马城大放其火，烧毁了半个罗马，他则在火光中弹琴取乐。

他的这些倒行逆施终于搞得天怒人怨，被罗马人宣布为“祖国之敌”，自杀了。

所幸的是屋大维建立起来的帝国的基础实在是牢固，被这样五个昏君折腾了整整一百年后居然没倒台。以后接手的五个皇帝一个比一个牛，把罗马治理整顿得井井有条，踏上了繁荣的顶峰。这五位贤帝的名字如下：涅尔瓦、图拉真、哈德良、安东尼·庇护、马可·奥勒留。

第五个马可·奥勒留是西方历史上独一无二的皇帝——他除了是一个伟大的皇帝，还是一个伟大的哲学家。

上面这些君主们，虽说实际上都是皇帝，但名义上都不是，到底谁才成为了第一个实至名归的皇帝呢？——戴克里先。

戴克里先本是个近卫军军官，上台后，他把屋大维的元首称号正式改称“君主”，采用了真正的君主制，叫“多米纳特制”。他向东方君主们学习，穿上了绛红色、中间织着金丝的缎袍，命令所有的臣民见他时都要像见中国的皇帝一样双膝着地下跪。甚至还在宫里养了许多的宦官，成了一个不折不扣的皇帝。

他的继任者们也成了他这样的专制君主，但在他们做的事之中，除了原来那些征服屠杀之类的外，还有另一件事值得一记，就是让基督教成为罗马国教。

基督教本来只是现在的巴勒斯坦地方的一个小教派，后来在罗马帝国广大地区流行开来，一开始遭到罗马统治者们的残酷迫害，还杀了它的教祖耶稣。后来在君士坦丁一世、狄奥多西一世两人的努力下，终于成了罗马的国教。公元380年，狄奥多西颁布敕令，命令所有的罗马人都要成为基督的信徒。后来进一步规定凡信仰其他宗教的都是叛教行为，要遭受惩罚。

从此，基督教就控制了西方世界精神，直至现在。

但到这位狄奥多西，罗马帝国已经是秋后的蚂蚱——蹦跶不了几天了。西哥特人、汪达尔人、东哥特人像洪水一样涌进罗马帝国。此前，罗马帝国已于公元395年被狄奥多西分给了他的两个儿子，分别是以罗马为首都的西罗马和以君士坦丁堡为首都的东罗马。

蛮族纷纷进入后，原来的帝国中心、强大无比的罗马城变成了蛮族海洋中的一叶孤舟，公元476年，西罗马最后一个皇帝小罗慕洛斯·奥古斯都路斯被日耳曼雇佣军首领废黜。

至此，西罗马帝国灭亡了。这实际上也是罗马帝国的灭亡，因为西罗马才是罗马帝国的正统，东罗马则与原来的罗马帝国完全不同，不再属于西方，而是一个东方式帝国了。

罗马时代结束了，西方历史至此走过了它最伟大的时代之一。

第七章　空前绝后的征服

罗马之所以被称为“伟大的罗马”，其原因在于罗马的征服。

自台伯河边建城之日起，罗马就处于战争的腥风血雨之中。它不断地征服、征服，征服了意大利、征服了迦太基、征服了高卢、征服了非洲，把整个地中海变成了罗马的内湖，建成了西方历史上史无前例的庞大帝国。

早期的征服　罗马的征服是从意大利开始的。对意大利的征服又是从中部意大利开始的，因为罗马就位于意大利中部。

当罗马强盛到要对外扩张时，首先征服了当地的伊特那斯堪人，从公元前477年起，发生了三次大的战争，伊特那斯堪人都失利了，最后，罗马终于攻占了伊特那斯堪人的首城维爱，伊特那斯堪人有的被杀，有的被俘作了罗马人的奴隶，他们的土地则被分给了罗马的平民们，每人七犹格，大约相当于现在的两公顷。

征服伊特那斯堪人后，罗马便控制了整个台伯河流域，让台伯河变成了它的内河。

已经征服了北面的邻邦，罗马征服的第二个地区是它东面的邻邦萨姆尼特。

经过三次萨姆尼特战争，罗马不但打败了萨姆尼特人，还打败了和萨姆尼特同盟的山南高卢人，征服了整个意大利的中部地区。

此后，罗马人将贪婪的目光转向了南部，意大利南部又叫“大希腊”，是一些希腊人建立的殖民城邦，讲文化和希腊本土没有什么不同，也出了不少希腊哲人，像毕达哥拉斯学派。

大希腊人深知罗马人如狼的贪婪，向自己的母邦希腊求援，这时希腊最强盛的国家是伊皮鲁斯，它的王名叫皮洛士，是亚历山大大帝的亲戚，像大帝一样有出色的军事才能，他率军来援，先战于赫拉克里亚，再战于奥斯库卢姆，把罗马人打得大败，不过，他在两次战争中也损失了不少有生力量，弄得他得胜后视察战场时，叹了口气，说：“要是再来这么一次胜利，咱们也就完了！”这就是皮洛士式的胜利的起源。它的含义容易明白，就是指那些代价太大、甚至得不偿失的胜利，后来在本尼凡托一役中，被以逸待劳的罗马大军迎头痛击，皮洛士眼看罗马人不再好惹，只好灰溜溜回到他的伊皮鲁斯去了。

这一仗之后，大希腊的城邦们老老实实地归附了罗马，罗马控制了整个南部意大利。

此后便发生了罗马对外战争中最重要、也最血腥的战争，史称“三次布匿战争”。罗马人称迦太基人为布匿人。

布匿战争 这是罗马，也是西方历史上最著名而残酷的战争之一，我们在下面要好好说说，迦太基人是古老的腓尼基人的后裔，腓尼基人我们前面曾经提到过，它们是腓尼基字母的创立者，这腓尼基字母是希腊字母的祖先，罗马人又在希腊字母的基础上衍生了拉丁字母，以后的英语、德语、法语等都来自拉丁语。腓尼基人也是最古老的航海民族之一，天生善于航海，像希腊人一样到处建殖民城邦，迦太基就是其中最著名的一个。这时古老的本土腓尼基人已经退出历史的大舞台，不再是一个强国或者强大的民族，但他们的后裔迦太基人却在遥远的非洲建立了一个海上强国，以非洲北部的迦太基城为中心，一直扩展到西班牙南部。

在长期的扩张中，由于迦太基主要在地中海上扩张，而罗马人主要在陆上，因此两国之间并没有正面的冲突，但当罗马人已经占领了整个意大利半岛，与南面的西西里岛只隔着狭窄的墨西拿海峡相望时，两国的冲突就难以避免了，结果就是著名的布匿战争了。

布匿战争前后延续百余年，当然并不是一直在作战，中间还有很长的和平时期，但战争共有三次，史称三次布匿战争，都是西方历史上的重要战争。

我们先来说第一次。

公元前264年，隔海相望的迦太基人和罗马人终于爆发了战争，史称第一次布匿战争。

战争的导火线是所谓的“墨西拿事件”。在西西里岛东北角有一个海盗式的城邦墨西拿，不时攻袭附近的希腊人城邦，到公元前264年，叙拉古的希落二世率军攻打墨西拿，墨西拿人便同时向罗马人和迦太基人求救，迦太基人正想攻打叙拉古人，好独占西西里岛。由于墨西拿是距意大利半岛最近的地方，罗马人不能让它落到强大的迦太基手里，于是派军渡海，到达西西里岛，这也是罗马军队第一次离开大陆作战。第一次布匿战争就此爆发了。

罗马人先占领了墨西拿，还和西西里岛上最强大的希腊城邦叙拉古结盟，拥有了强大的陆军力量，并且在陆战中打败了迦太基人，但这些对迦太基人并没有构成大的损失，因为他们的力量主要在海上，是现在的西部地中海霸主，拥有强大的海军，因此罗马人不久就认识到，想要战胜迦太基人必须得有强大的海军才行。就像当初亚历山大大帝一样，认识到要占领推罗城没有强大的海军是不行的。

罗马人说到做到，不久就建立了一支强大的海军。

罗马人决心用这支强大的舰队在海上战胜敌人，迦太基人当然不会害怕罗马的海军，事实上，它庞大的舰队经常在地中海上穿梭巡逻，以消灭任何大海上的罗马力量。

双方的海上大战于公元前260年爆发，结果令人大跌眼镜，强大的迦太基海军惨败。从此，在地中海上占据优势的就不再是迦太基人，而是罗马人了。

这等于说，罗马人不但在陆地拥有优势，在海上也拥有了优势，因此，可以说整个布匿战争此后的走势就被决定了。

但迦太基人依然拥有强大的海军，他们也依然要与罗马人战斗下去，于是以后又爆发了几场大海战，罗马人都取得了胜利。

看到这样的情形，一开始迦太基人被迫求和，但由于罗马人所提的条件极为苛刻，迦太基人情愿再战，于是后来发生了一件值得我们记住的事件。

在一场发生于北非的大战中，罗马人意外遭到大败，包括统帅雷古鲁斯本人和他的几乎全部罗马骑兵都成了迦太基人的战俘。

据说雷古鲁斯给逮住后，向迦太基人起誓说，只要迦太基人放他回去，他一定会让罗马与迦太基签订和约，结束战争。迦太基人天真地相信了他，把他放走了。结果他回到罗马后不但没有劝罗马人与迦太基人讲和，还鼓动他们继续与迦太基作战。但他遵守另一半信约，回到了迦太基，让迦太基人把他杀了。

这样一来，自然更激起了罗马人的愤怒。罗马人继续向迦太基人进攻，不断取得胜利，迦太基人庞大的舰队损失殆尽。

不久，双方签订了和约，不用说和约的内容是罗马人定的，几乎是一份投降条约。

虽然第一次布匿战争长达10余年，双方都遭受了巨大的损失，然而战争并没有结束。

由于在和约中严格限制了迦太基海军的规模，因此迦太基不能再建海军，于是他们将目光投向了陆上，准备在陆上建立新的强大军力。

他们很快找到了目标，那就是伊比利亚半岛，也就是今天的西班牙一带。

这时候迦太基人的统帅还是那位哈米尔卡·巴卡，他看到迦太基本土已经残破，便决定去经略西班牙南部的殖民地，因为那里土地肥沃、人口众多。跟随他的除了军队外，还有一个9岁的孩子、他的儿子汉尼拔（Hannibal）。

据说到了西班牙后，哈米尔卡的第一件事就是叫小汉尼拔跪在神坛和迦太基列祖列宗的牌位前，立誓终身与罗马人为敌。

迦太基原来在这里的沿海地区已经有了小片的殖民地，他们在这里不断开疆拓土，不久将大半个伊比利亚半岛控制在手中，尤其是控制了这里的银矿，利用之大发其财，又用这些财富作为基础，建立了一支强大的雇佣军，据说人数达5万之众。

但伊比利亚半岛上也有罗马人的势力，双方不可避免地产生了冲突。由于汉尼拔拒绝了罗马人的最后通牒，双方终于开战了，这是公元前218年的事。

这时汉尼拔只有26岁，从这一刻起汉尼拔就显示了卓越的军事天才。他没有像罗马以为的那样从海上进攻，而是出其不意，攻其不备。他率军从西班牙往东横扫，跨过比利牛斯山，继而历尽千辛万苦、翻越白雪皑皑的阿尔卑斯山，从天而降般地出现在罗马之北的波河平原。

汉尼拔

罗马人大惊失色，接下来的15年是西方军事史上最辉煌、也最悲壮的时期之一。

汉尼拔率军渡过波河，向罗马人发动了进攻，此后的15年，他每战必胜，把罗马逼到了毁灭的边缘。

先是，渡过波河不久，他遇到了领军前来迎战的罗马执政官隆古斯，并在特拉比亚会战中将他击败。接着罗马派出了盖约·弗拉米尼，他被认为是当时罗马最杰出的统帅，他或许也认为自己的将才足以与汉尼拔匹敌，率军向汉尼拔冲去，于是，在特拉西米诺湖畔发生了西方古代最有名的战例之一“特拉西米诺湖之战”（Battle of Lake trasimene），罗马军队人数比汉尼拔的要多，但结果是，弗拉米尼连同他的几万大军全军覆没，这是彻头彻尾的全军覆没，罗马人一个都没能逃掉。关于这次战役的详细情况，大家可以去读读专门的战史，十分精彩——不过也许仅次于下面要讲的另一次战役。

在特拉西米诺湖吃了大亏后，原来那般骄狂的罗马人吓破了胆，龟缩在罗马城再也不敢出头。

到了死亡边缘的罗马找到了一个新救星——昆图·法比乌斯，或译作费边，他有个外号“拖延者”。因为他与汉尼拔打仗有一个特点，就是压根儿不打。这可以说是他的经验之谈，因为自从汉尼拔纵横驰骋意大利以来，在大大小小的战斗中，罗马人从来没有赢过，确实是从来没有！他就干脆不打，像我国古时晋人对石勒那般用坚壁清野的法子来拖垮汉尼拔。

费边的战术很简单——敌进我退、敌驻我扰、敌疲我打、敌退我追。他死死跟着汉尼拔，但决不与他正面作战，由于他是在本土作战，熟悉地形，汉尼拔想抓住他打一仗也不能。但只要汉尼拔部队有人掉了队，他就会饿虎般扑上去吃掉。

他的这种战术在那时也许是唯一可用的战术，但罗马人觉得脸都丢尽了，决定豁出性命来一搏，公元前216年，罗马的两名新执政官卢乌·包路斯和盖约·瓦罗率大军在一个名叫坎尼的地方与汉尼拔军会战，爆发了坎尼战役（Battle of Cannae）——这也许是西方古代史上最著名的战例，至少是以少胜多的最著名的战例。

是役，汉尼拔军有约四万步兵和一万骑兵，因在异国他乡长期奔波远袭，已属疲惫之师。而罗马足有八万步兵和六千骑兵，都是精锐之师，且养蓄已久，斗志旺盛。

但这一切都不足以成为汉尼拔取胜的障碍，他把自己的军队布置成向敌方凸出的半月形，并且不按常理，以精锐为中军，而是把老弱之兵放在凸出的中间，相反把精壮之士放在两边延后的部分，再将骑兵置于最外边的侧翼。罗马人则仍按传统的方阵迎战，与汉尼拔军相反，将精锐置于中间，率先冲锋，想一鼓作气将敌人击败。

会战简单经过是这样的：罗马人率先发起冲锋，攻向汉尼拔中军，中军受到攻击的老弱之兵往后便退。这时，两边的精兵反而向前，与先前凸出去的新月形相反，汉尼拔军形成了凹进来的新月形，这新月形将冲过来的罗马军队团团包围，以下便出现了这种情形：被围住的罗马军队人数众多，但被挤成了一团，中间的军队没办法发挥力量，而边上的队形也被冲乱，穿盔戴甲的重装步兵失去了轻装步兵保护，这些罗马军的主力顿时成了任汉尼拔军砍杀的羔羊。

战役的结果是令人难以置信的，八万罗马大军几乎被全歼，执政官包路斯战死，只有瓦罗等少数几个人逃掉。

至于汉尼拔军，包括死者与伤者，仅仅六千。

如此辉煌的胜利震惊了整个意大利，一些本来与意大利同盟的大城，如卡普亚（Capua）和叙拉古，投向了汉尼拔一边；马其顿这一度令东方与西方都发抖的国家，也与汉尼拔结成了同盟，罗马已处于被毁灭的边缘。

取得坎尼大捷、并且获得了卡普亚、叙拉古这些同盟的支持后，这些同盟就势力而言在意大利仅次于罗马，汉尼拔仍没有乘胜向罗马城发动总攻，而是停止了作战，将军队停驻于南意大利，想通过与其他城市组成反罗马同盟这样的外交手段来消灭罗马。他这个策略本来也是行得通的，但这时他又犯了堪称致命的错误——没有全力援助受到罗马人猛攻的盟军。

罗马这时已经认识到与汉尼拔硬拼只有送死的份，于是一方面将罗马所有17岁以上的男子征入军队，另一方面再也不与汉尼拔军正面作战，而是加紧瓦解汉尼拔的反罗马同盟，方法是残酷报复那些与汉尼拔结盟的城市，首先是卡普亚。卡普亚忙向汉尼拔求援，在这种情况下，汉尼拔应当尽全力支持卡普亚，并且乘机与罗马军再决一死战，消灭其有生力量。但不知为何，汉尼拔竟然只是向罗马城进行了一次虚张声势的进攻，这当然不能救卡普亚人，不久，卡普亚被罗马攻克，整个城市被毁灭。在攻打卡普亚的同时，罗马人还向汉尼拔的另一个主要盟友叙拉古发动了进攻，并且像卡普亚一样几乎被摧毁。

这两件事等于告诉意大利人，千万不要与汉尼拔结盟，这个人虽然厉害，但绝不会帮你。

同时，我们还要知道，汉尼拔是在距自己在非洲和西班牙的基地十分遥远的意大利作战，靠基地补给极其困难，加之这时罗马将军大西庇阿率军切断了汉尼拔与西班牙之间的陆上通道，将汉尼拔最后一支持军全部歼灭，据说还将这支持军的首领、他弟弟哈斯德鲁巴·巴卡的头颅抛进了他的帐篷，而这时的汉尼拔正等着与兄弟相会呢。这对汉尼拔的打击之重可想而知。海上，由于罗马人牢牢控制着地中海，汉尼拔想从海上获得补给也是极其困难的。结果是：他的粮食吃一份少一份，他的士兵死一个少一个。

相反，罗马人在自己的本土作战，要粮有粮，要后有兵。

这些说明了什么呢？说明了汉尼拔如果想取得这场战争的最后胜利，只有两条路可走：或者乘胜前进，攻下罗马城，彻底毁灭罗马；或者在南意大利建立根据地，与他的同盟结合到一起，靠着他们的补给与罗马打持久战。这两条路在当时并不是不可行的，因为南意大利的大部分地区在坎尼会战后都站到了他这一边，这些地方物产丰富，足以进行一场持久战，如果他想攻打罗马，他们也一定乐意与他一起来打，同时提供各种攻城器械什么的。

但汉尼拔没有，在坎尼会战后一段时期，他似乎休眠了，从而错失了最佳时机，而这时罗马正制定着正确的战略，这战略将把汉尼拔置于死地。

罗马人的战略除了前面地避免与汉尼拔正面作战和摧毁他的反罗马同盟外，第三条战略，也许是最杰出的战略，就是直捣汉尼拔的母邦——迦太基！

罗马大军越过地中海，直捣迦太基。

迦太基抵挡不住，只好急召汉尼拔归国，汉尼拔匆匆归国，匆匆上阵，但这时与坎尼会战相比形势已全然不同了。

军力上，罗马人兵强马壮，还得到了努米底亚人的加盟。

努米底亚人住在迦太基的后面，向来是迦太基的大后方，它的骑兵特别英勇善战，一直是汉尼拔军队的主力。但这时努米底亚人反而与罗马人站到了一边，这使军力对比产生了决定性的影响。同时由于迦太基除了汉尼拔外一无将才，迦太基本土的雇佣兵连基本训练都谈不上，作战时哪能领会汉尼拔的意图？这样罗马人在军力上取得了绝对优势。

指挥上，现在的大西庇阿也不可与原来的包路斯或瓦罗之流同日而语，是真正的大将之才。

如此，战争的结局实际上从开始就决定了。在这场“扎马战役”中，汉尼拔输掉了平生第一仗，也几乎是最后一仗。这一仗后，他再也没有机会在迦太基输了，因为迦太基的元老和执政官们立即投降了，与罗马人签订了合约。和约规定：迦太基放弃非洲以外的全部领土；只准保留十艘舰只以防海盗，其余一概交给罗马，并且不允许建造新的舰队；向罗马赔款一万塔兰特；非经罗马批准不得对外开战，并交出一百名人质以保证履行条约。

第二次布匿战争就这样结束了，迦太基从此不再是强国，而成为罗马的一个被征服的附邦。这是公元前202年间的事。

汉尼拔逃走了，但遭到罗马人的继续追索，并向敢于收留他的一切国家发出战争威胁，最后，走投无路的汉尼拔宁死不肯做俘虏，在亚洲一个山洞之中服毒自杀。

第二次布匿战争结束后，迦太基在军事上已根本不足以与罗马为敌，但经济上却依靠贸易而又有了些繁荣的样子。这时，罗马著名的元老大加图到了迦太基，他看到迦太基商业红火，嫉妒之火焚烧着他的心。于是，回到元老院后，他每一次在元老院演说时，都要以这样一句话来结束：“一定要毁灭迦太基！”

于是罗马人开始找借口向迦太基发难。

俗话说，“欲加之罪，何患无辞”，罗马人终于找到借口向迦太基宣战了。并且提出了这样的最后通牒：让迦太基铲平迦太基城，所有人迁居到离海岸至少16公里的地方居住。这条件对于迦太基人来说等于死，因为迦太基人赖以为生的只有一样东西：海上贸易。迦太基终于明白，罗马人所要求于他们的已经不是什么物质利益，而是迦太基的毁灭。

终于觉醒了的迦太基人，这时发出了垂死的猛虎一般的威力，武器已尽，他们将所有的金属都用来铸造武器；弓弦已尽，所有迦太基妇女割下她们的头发用来做弓弦。每个迦太基人都成了战士。他们自知必死，默默地站在城墙上，注视着蜂拥而来的罗马士兵，准备决一死战。

结果不用说，虽然迦太基人奋勇抵抗，甚至与终于攻进城池的罗马士兵逐街逐巷逐屋地进行战斗，但终归失败。

到罗马人最后攻下迦太基时，战争开始时的50万迦太基人只剩下了5万。这是公元前146年的事。

罗马人是这样最后处置迦太基的：将所有活人卖为奴隶，迦太基城被彻底摧毁，夷为平地，并且在上面用犁犁过，罗马人还诅咒说，凡敢再在这里建城的人必遭天谴。

上述就是罗马在它的征服历程中所经历过的最为持久艰苦的征服：对迦太基的征服。但对于罗马，征服并没有结束，征服还刚刚开始。

继续征服　即使在三次布匿战争的间歇期间，罗马也并没有一味休养生息，以弥补国库的耗损，相反，他们从来是以战养战，用发动新的战争、夺取新的土地、征服新的民族来取得进一步战争的资本。

这一轮征服是围绕着地中海来进行的，从西班牙、马其顿直到非洲。

在第二次布匿战争期间，为了切断汉尼拔的后勤供应，罗马人向西班牙发动了进攻，到公元前133年，西班牙基本被征服。

又由于汉尼拔曾经与马其顿结盟，第二次布匿战争一结束，罗马就迫不及待地向马其顿王腓力五世发动了战争，通过三次马其顿战争，彻底击败了马其顿，还从马其顿手里夺取了希腊，它又通过与叙利亚的战争夺取了色雷斯和叙利亚在小亚细亚的属地。

到第三次布匿战争之后，整个地中海地区已无人无国堪与罗马为敌。

此后最重要的征服目标是高卢。

这里的高卢指的是阿尔卑斯山以北的高卢，现在的整个法国、比利时以及意大利与德国的一部分等过去都叫高卢，其中意大利北部的山南高卢早被罗马人征服了。现在要征服的就是“山北”的高卢，征服者是恺撒。

恺撒只用了三年左右的时间就征服了几乎整个的高卢，后来又越过莱茵河，向另一巨大的野蛮民族——日耳曼人发动了征服战争，虽然胜利了，不过收效不是太大；他又越过英吉利海峡，进入不列颠岛，占领了它的南部，这也许是不列颠第一次正式出现在西方历史舞台。

恺撒为罗马弄到的新领土之广可谓前无古人，并且高卢可不单是广而已，它土地肥沃，物产丰富，是宝地中的宝地。

奥古斯都上台后，继续恺撒的征服事业，先是完全征服了西班牙，接着又在阿尔卑斯山东面一带夺了一些地盘，但他最主要的是向莱茵河与易北河之间地区的日耳曼人发起的征服。这些日耳曼人就是今天德国人的直系祖先，是群“金发野兽”。奥古斯都以极盛时罗马的军力，费尽移山心力，经过八年苦战，征服了他们。

然而好景不长，仅过了一年，日耳曼人举国大起义，奥古斯都举全罗马之力以迎击，又花了三年，总算把他们压服了。

但压服只是两个反抗波峰之间的一个波谷而已，日耳曼人又举起了造反大旗。这一次奥古斯都犯了他平生第一个大错误，派了个叫瓦鲁斯的将领率罗马大军去平叛，这瓦鲁斯倒也挺有名的，不过这有名是他被认为是西方历史上最无能的将军之一。当他统领罗马大军进入日耳曼人的地盘时，要穿过有名的黑森林。那里是一望无际的大森林，整日连阳光都难射进来，人一进去，那简直是进了迷宫。瓦鲁斯将军在这个节骨眼上竟然用个日耳曼人做向导，一头扎进了黑森林，当他发现那些向导突然消失了，正觉得古怪时，一场真正的屠杀已经开始了，平日如狼似虎的罗马军队此刻成了日耳曼人砧板上的肉，任砍任杀，结果，成千上万的罗马人一个也没跑出来，被日耳曼人杀了个精光。

自此，奥古斯都再也不去想日耳曼人的伤心事了，罗马帝国东北边境也就停在了原来的莱茵河、多瑙河以西以南一线。

我们说过，奥古斯都时代是罗马的黄金时代，被称为“罗马和平”，这个百年来不停地征服的罗马总该歇歇了吧?

是的，罗马是该歇歇了，不过在它歇之前，还要进行最后一场征服。这个征服者就是前面提到过的五贤帝之一图拉真，罗马到他手上才达到了征服的巅峰。

他出生于西班牙，也是第一个出生于意大利之外的帝国统治者，他首先占领了多瑙河以北的达西亚，就是现在的罗马尼亚，又与帕提亚人开战，挥军直抵波斯湾，在小亚细亚东边攻占了亚美尼亚和美索不达米亚，这时，非洲西北部与西班牙隔直布罗陀相望的毛里塔尼亚也归属了罗马。

至此，罗马的征服终于达到了它的顶点。这时的罗马帝国，东起直通波斯湾的美索不达米亚，西到西班牙，北至不列颠和达西亚，南包埃及，地中海已经变成了罗马不折不扣的内湖。

整个地中海成了罗马的内湖，这是西方历史上的第一次，不但空前，而且绝后。

第八章 恺撒传

名人代代有，古罗马特别多。

在罗马漫长的历史时期，产生了大批的历史名人，若论历史名人的数量而言，古罗马可称西方之最。

在后面两章，我们要讲述两位名人的传记，作为古罗马名人们的代表。

这两位就是恺撒和屋大维。

我们先来讲恺撒。

古罗马乃至整个古代西方的许多伟人已湮没在历史的长河里，他们的名字即使存留，也只存在于少数精通历史的人心里，然而恺撒却不是这样，他的名字已经成为一个象征，象征着某种至高无上的东西，例如权力或者荣誉。

因此，在西方人心里，恺撒不是人而是神，“恺撒”不是人名而是称号，而且是至高无上的称号。例如德语中的“Kaiser”、斯拉夫语中的“tsar”，甚至阿拉伯语中的“qaysar”，都是如此。像俄国的沙皇，这“沙”就是“tsar”，即恺撒，沙皇实际上应译作“恺撒皇”。

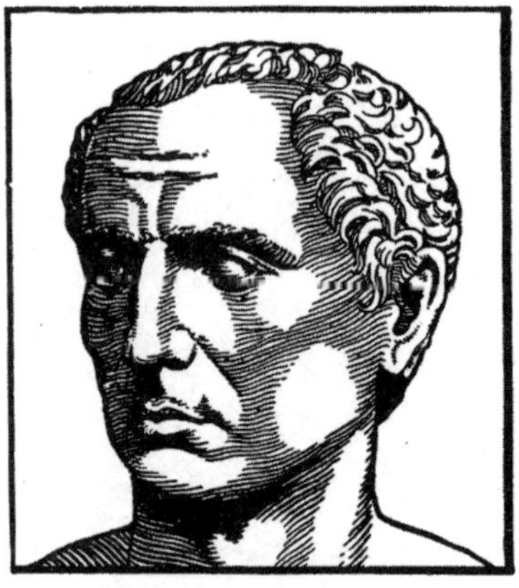

恺撒

恺撒出生于公元前102年或者100年，父亲曾做过罗马行政长官，死时恺撒才15岁。恺撒家族本是罗马最高贵的家族，但这并不等于最有钱的家族，到恺撒这一代时，已经不那么有钱了。恺撒，像所有贵族子弟一样，从小养成了大手大脚的习惯，花起钱来从不用脑子，没有多久便成穷人了，与一般穷人不同的是，他不但没钱，还欠了一屁股债。

也许由于经常没钱花，恺撒爱跟平民们混在一起，赢得了他们的好感。这对于他做官倒大有好处，他担任过财务官、营造官，后来又做了大法官，大法官任满后，他得到了一个肥缺——西班牙总督，这等于把全西班牙交到他手中，任他夺金夺银。正当他扬扬得意地准备起程时，他被债主们逮住了，这时他已经欠他们两千五百万塞斯提尔斯，就是把他的衣服剥光了也还不清。眼看西班牙去不成，还要坐牢，那位靠抢马略党发财，又从打斯巴达克斯大捞了一把的克拉苏救了他，他是罗马数一数二的阔佬。靠克拉苏的帮助，恺撒顺利地到西班牙上任去了。

在西班牙，他知道时间有限，总督任期仅仅一年，所以他对政务全不理睬，专心致志地组建了一支军队，用这支军队向西班牙全境发动了进攻，把那些还没有向罗马臣服的民族一一打垮，逼他们向罗马称臣纳贡。这样他既为自己挣了个盆满钵满，又把大量贡金送到罗马，把元老们乐得合不拢嘴，为他以后的升迁打下了牢固的基础。

一年之后，当他任满回到罗马时，已经不但不欠债，还把腰包塞得鼓鼓的了。

刚到罗马不久，一件事证明了恺撒是个为了权力不惜一切的人。他本来可以搞个隆重的凯旋式庆祝自己在西班牙的征服，但为了竞选执政官，他放弃了凯旋，冲进罗马争当执政官来了。

但当时恺撒的本钱并不是很足的，他既不比其他竞选者有钱，也不比他们功劳大，要竞选成功是难上加难。但这时，幸运之神降临了恺撒头上。

在以后恺撒的经历中，我们将看到幸运女神是如何一次又一次地宠爱他、帮助他的。

这次的幸运来自伟大的庞培。当时，从东方征服归来的庞培已经是全罗马最有名望的人了，他由于心头有烦恼来找恺撒诉苦，他告诉恺撒说，真是人怕出名猪怕壮，他回国之后，虽然热闹了一阵子，但元老院有帮家伙就是不服他，他曾经慷慨地答应给他所征服的东方君主和城市一些权利，元老院那帮家伙就是不批，弄得他很没面子，他还告诉恺撒，这里面最和他过不去的就是克拉苏。

恺撒听了庞培的诉苦，马上向他表明了他的同情和支持，庞培也大为感激，立即发誓赌咒地保证支持恺撒做未来的执政官。有了庞培的支持，恺撒做执政官的可能性骤然大增。

恺撒和庞培站在一边并不表明他会去反对克拉苏，他与克拉苏本来就是朋友，克拉苏还帮过他的大忙。他怎么办呢？他采取了一个最佳办法——让原来敌对的两个成为朋友。这主意真是妙透了，三人聚到一起后，立即成了好朋友，发誓互相帮助，共捞好处。

他们先商量着把罗马好好地瓜分了一下：保证恺撒做上执政官，恺撒做上执政官后保证让庞培答应东方的权利获得通过，等等。罗马就这样成了他们三个的天下了。

做上执政官后，恺撒主要的事就是一件：笼络民心。他知道自己想将来飞黄腾达甚至超越伟大的庞培就要做到三件事：一是比庞培更加获得人民的喜爱，二是进行比庞培更大的征服，三是要有一支忠于自己的、强大的军队。

这第一件事他是这样做的：他要求元老院把意大利最好的公地分给平民，尤其是家庭负担重、有三个以上孩子的父亲。当元老们表示反对时，他就跑到平民中间去大大宣扬他的主意，平民们一听，高兴得跳起来，又听到元老院竟敢反对，怀里揣着匕首就往元老院来了。在人民的武力逼迫下，元老们被迫答应了恺撒的要求，这样，恺撒在民众中有了更多支持者。

其次，他又把势力同样巨大的骑士拉到自己一边来，方法就是免除了他们欠国库的钱的1／3，骑士们莫名其妙从国库捞了这么多钱，也一齐为恺撒吹起了喇叭。恺撒还把自己的腰包全掏出来，在罗马城举行各种各样的大型表演，像斗兽、角斗等，他也不过分怠慢了有钱有势的人，给他们送去各色名贵礼物。这一切活动使他成了全罗马最讨人喜欢的人。

第一步得民心完成之后，恺撒马上就进行第二步了，他刚上任执政官，就到高卢去了，他要在那里建立他的征服伟业。这年他42岁。

在高卢，他首先拿号称“勇武超过一切人”的赫尔维提人开刀，这些赫尔维提人曾经入侵罗马，杀了执政官卢西乌斯·卡休斯。现在，若干年之后，恺撒在同一个地方，将他们一再击败，赫尔维提人最后举族投降恺撒。

别的高卢部族看到赫尔维提人尚且不是恺撒的对手，自己就更不用说了，纷纷归附。

征服高卢人之后，恺撒将目光转向了一个更强大的对手——日耳曼人。他们自古生活在莱茵河对岸，现在他们过河来与恺撒作战。恺撒一向知道日耳曼战士的大名：据说他们身材巨大、力大无穷、武艺出众，而且极其勇敢，罗马人以前一听见这些日耳曼战士的大名就两腿发抖。但恺撒用他卓越的战前演说技巧证明了这些日耳曼人并不可怕，罗马军只要不恐惧，就一定能将他们打败。

结果，被恺撒激励起来的罗马士兵果真把日耳曼人打得稀里哗啦，逃回莱茵河对岸去了，至此恺撒征服了高卢全境。

他在打高卢的同时还占领了英吉利海峡对岸的不列颠岛，这是英国人接触文明之始。

在高卢的第七年，恺撒平定了全高卢大起义，从此高卢就服服帖帖地跟着罗马了，到后来恺撒与庞培作战时他们还出兵相助。

对于罗马元老院而言，恺撒在高卢的历史只是一次接着一次的捷报。在这些恺撒亲自写就的战报中，他用最简洁的笔法写出了最艰巨的胜利，元老们亦知这胜利之伟大，一次一次地举行谢神祭，来感谢神恩让罗马一次又一次地走向胜利。

谢神祭可不是小事，它比凯旋式更隆重，是全国性的庆祝大典，只有在消弭了全国性大灾，或者获得了特大胜利后才能举行，一般只有一两天，顶长也不过五六天，庞培在东方取得最大一次胜利时也不过举行了十天。恺撒在《高卢战记》中是这样记载的：

> 元老院接到恺撒的汇报后，决定为这些战役举行十五天谢神祭，这是前所未有的事。

出征高卢三年之后，恺撒回了罗马一次，一是为了让他的军队长期征战之后能稍事休息；二是这时他已聚集了数不清的财富，想把它们好好用用；第三呢，这时他与克拉苏和庞培之间的联盟已经出现了一些小障碍，他想弥补一下。

庞培

三巨头二度聚首的结果是这样的：恺撒再作五年高卢总督，庞培和克拉苏做下一年的执政官，同时，庞培分得西班牙和非洲的统治权，克拉苏分得叙利亚等东方地区。克拉苏之所以要选东方，是因为他看到庞培在东方取得了那么辉煌的胜利，他相信他也能。那结果前面已经说过，克拉苏和他的全军被歼灭。

三巨头如今只剩下了两头，恺撒继续在高卢搞他的征服，庞培继续在罗马做他的老大，渐渐地，两人之间发生了冲突。

先是，恺撒嫁给庞培的女儿死了，这使他们之间的一条纽带没了；其次，庞培开始调查历任执政官当政时有没有搞过贪污受贿之类，许多人认为这是针对恺撒的，因为那几年中恰有恺撒做执政的年头。元老院开始反对恺撒，恺撒在高卢做得太好了，他要是回来做了老大他们绝没好日子过。他们想设法把庞培拉到他们这边来，把恺撒废了。

这样做对他们有好处，只有庞培能与恺撒对抗，庞培与恺撒绝不一样，他根本没有反对古老共和国的念头。

元老们做到这点后，就开始设法剥夺恺撒的兵权了，先是要派遣一个人到恺撒那里去代替他，听说恺撒已经翻越阿尔卑斯山，向罗马进军后，立即命令庞培统军保卫罗马。恺撒派人给元老院送去一封信，说他愿意与庞培一齐放弃军权，但如果庞培不放弃，他也决不放弃。而且他将为他和他的军队所受的亏待复仇。元老们把这看作是恺撒对他们宣战，于是宣布庞培为罗马的保卫者，恺撒为罗马人民之敌。

恺撒以迅雷不及掩耳之势率军往罗马冲来，当他兵临罗马城下时，庞培和元老院都还没有准备好，只得从罗马城溜走了。恺撒把他的军队分成五部，各攻其敌。他自己进入罗马，尽力用国库的钱安慰罗马人民，叫他们不要惊慌，他决不会效法苏拉搞大屠杀。然后他到西班牙去了，那里有庞培的主力军，如果他追击庞培，他们一定会从后面袭击他，使他腹背受敌，所以他必须先消灭西班牙这支庞培军。

到西班牙后，恺撒用巧计和仁慈战胜了庞培的部将，使他们把西班牙交给了他。

又平定一次兵变后，恺撒回到了罗马，在那里做了十一天独裁官，接着离开罗马到了布林底西港，在这里集中军队，总攻庞培。

他们的第一仗发生在提累基阿姆，恺撒两次被打得大败，只是由于命运女神的照顾，才没有给庞培逮住。

最后，在法卢萨战役中，恺撒将他的智慧与勇气发挥到了顶点，彻底击败了既有将才、又在兵力上占很大优势的庞培。

但即使在那时，庞培在非洲和东方还有大量的军队和支持者，完全可以再与恺撒一决雌雄，然而命运女神格外照顾恺撒的同时对庞培却格外狠心，当庞培去到埃及——其实他完全没有必要这样做——被一个宦官和一个大臣谋杀了。

庞培之死

恺撒从此成了罗马独一无二的主人。

恺撒的最后一个敌人就是庞培的儿子，他的军队是庞培以前庞大军队的最后力量，也是身经百战之后的精华，当恺撒的军队与他们作战时，恺撒的将士恐惧了，甚至不敢举起手中的剑，看到这种情形，恺撒知道他要么胜利，要么完了，他迎着扑来的敌人，冲到了最前线，他抢过一个将军的盾牌，说："这次我的生命完结了，你的兵役也完结了！"

说罢，他一个人往敌阵冲去，他的士兵们看到这种情形，感到了羞愧，也找到了勇气，一齐跟着恺撒往前冲，刚才的怯懦使他们倍加勇敢，他们拼死战斗，终于把庞培最后一支军队打败了，他最后的、公开的敌人们一个个死了，头颅被送到了恺撒面前。

作为全胜者的恺撒又回到了罗马，罗马人对他的恐惧可以想见，他们用以表达他们恐惧的方式是奉送给他大量的尊号、授予他前所未有的权力以及各式各样的特权。

他被尊为元帅、大教长、"祖国之父"。他先是被选为终身保民官，在罗马所有官衔中，保民官的权力是最大的，也是神圣不可侵犯的，一个保民官甚至可以把执政官送进监牢；继而，他又被选为执政官，不是一般的任期一年，而是十年。最后，他干脆被选为终身独裁官，这样恺撒就集罗马的宗教、行政、军事大权于一身，这是罗马历史上从未有过的，他的权力甚至超过王政时代的国王们，是罗马历史上第一个实际上的"皇帝"。

在罗马举国，恺撒都被人们当作皇帝一样来对待，他的身体被法律宣布为神圣不可侵犯，他的雕像在全国各地树立起来，在每个城市里、每座神庙前甚至每个公共场所耸立着。有些神庙干脆被奉献给他，就像奉献给神一样。他在以前的征服中取得重大胜利的日子被宣布为全国的节日，举国庆祝。每五年，罗马的僧侣们和女祭司们都要为他的安全举行全国公开祈祷，高级行政长官们在就职时，必须宣誓绝对服从恺撒。还有，就是罗马把他们的一个月份名改为恺撒月，就是我们现在的7月“July”。它的发音就是由恺撒的姓“裘力斯”稍微变通一下而来的。——这一切都以法律的形式确定下来。

这一切会给人以什么样的印象呢？那是容易明白的——“恺撒要做国王了”。

如果恺撒不想做国王的话，他是可以的，他可以像苏拉一样，掌握全部权力后再运用这权力把权力还给元老院等权力机关，以恢复罗马古老的共和。

但恺撒没有，他的确不但想做实际上的国王，还要做名义上的国王。

但罗马人民并不想要一位国王，于是，他在元老院中被杀死了，杀死他的人是一个密谋小集团，为首的是卡西约和布鲁托斯。

当恺撒看到，那把刀刺向他的人中有布鲁托斯时，他才真的伤心了，因为布鲁托斯很可能是他的儿子。当布鲁托斯出生时，恺撒正是伽图的妹妹、也就是布鲁托斯的母亲塞尔维利娅的情人。当恺撒在法卢萨战役中战败庞培时，他立即命令他的部下去找布鲁托斯、保护他，每当布鲁托斯与人发生争执时，平时总很公平的恺撒总袒护他，因为恺撒的妻子没有生儿子，布鲁托斯是他唯一的儿子——克莉奥佩特拉生的“杂种”不算，他生活在遥远的东方，从来只是女王的儿子，不是恺撒的儿子。

据莎士比亚在《裘力斯·恺撒》一剧中说，当恺撒看到布鲁托斯也举刀向他刺来时，说：

“布鲁托斯，你也在内吗？那么倒下吧，恺撒！”

第九章　屋大维传

我们上面说到恺撒被刺杀了。

但恺撒并没有完全死去，他的一部分，他的儿子紧接着他登上了罗马历史的舞台，他就是伟大的屋大维·恺撒，以后又会被称为奥古斯都。

屋大维并不是恺撒的亲生儿子，只是他的养子，他本是恺撒姐姐的外孙，或者说是恺撒的甥孙，恺撒被杀前一年，他被没有嫡子的恺撒正式收养为继子和继承人。

得到这个干儿子后，恺撒很是高兴，将他送到亚德里亚海滨的阿波罗尼亚去接受军事政治教育，以便继承他的财产之余能继承他的事业。仅六个月之后，他接到了恺撒的死讯，这时他有两个选择：远离意大利，到恺撒的部将们那里去寻求他们的保护；或者回到意大利，接受恺撒的遗产，乘机为他复仇。有很多人劝他做第一种选择，但他拒绝了，他回到了罗马、回到了危险之中。

他把自己的名字改作了恺撒，称自己为“恺撒的儿子恺撒”，而不是以前的“屋大维的儿子屋大维”，他继承了这个名字，决心像这个名字一样行事。

到罗马后，他得到了民众的支持，这些民众有两部分：一是恺撒的老部下，恺撒对他们一向慷慨大方，他们很感激，决心捍卫恺撒的儿子。二是那些对恺撒的被刺怀着不平与同情的罗马平民，我们知道恺撒一向是罗马人民的朋友，不是贵族们的朋友。他的敌人则是阴谋刺杀恺撒的元老贵族们，几乎所有的元老都是直接或间接的阴谋者。

恺撒被杀后，罗马并没有立即天翻地覆，相反，局势相当平静，元老院没有对凶手采取任何措施，甚至恺撒主要的部下安东尼，他在恺撒死后几乎接过了他的全部军队和权力，也没有采取任何措施替恺撒报仇。

屋大维到罗马后，安东尼对他没有任何表示，甚至根本没理他。当屋大维去拜见安东尼，像拜见长辈一样时，安东尼也没有对他表示任何友好，相反，他给了他不少侮辱。

于是，在当权者与贵族中找不到同盟者的屋大维像他的父亲一样走向了罗马人民，他把从恺撒那里接收来的所有财产分散给罗马人民和父亲的老兵。他知道他要获得成功，要替恺撒报仇、替自己找到权力，必须获得掌握着罗马最高权力的安东尼的帮助。但安东尼一再让他失望、一再要打击他，如果不是屋大维深知“小不忍则乱大谋”，对他一再忍让，他们甚至要成为敌人了。

恺撒的老兵们不干了，他们看到年轻的屋大维一再受到安东尼的打击和侮辱，心中十分气愤，屋大维这时无论被别人，还是被自己，都是叫作恺撒的，他们怎能容许这光荣的名字成为被侮辱的对象？尤其是这个侮辱的人是恺撒一手提拔起来、靠着恺撒并且在他死后享受着他留下的权力的安东尼。于是，安东尼的许多士兵不再跟随他，而到了屋大维一边，当他们发现这个小恺撒与死去的老恺撒一样慷慨、一样地善待他们时，他们发誓要为年轻的恺撒而战。

屋大维

安东尼，这位主要因为幸运，而不是才能，几乎成了又一个恺撒的人，这时暴露了他的毫无战略眼光，一方面他不为恺撒报仇，又苛待恺撒的儿子，他成了许多恺撒的旧部和同情新老恺撒的罗马人民的敌人；另一方面，他在恺撒死后不肯放弃原属于恺撒的权力，把它重新交给元老院，他又成了元老院和贵族们的敌人。这样当他完全为了自己的私利而去和杀死恺撒的主谋者狄西摩斯作战，想从他手里把进攻罗马的最好跳板南高卢夺过来时，他成为罗马的众矢之的。他和他的朋友，也是恺撒的老部下雷必达被元老院宣告为罗马人民之敌。元老院要屋大维和杀害恺撒的主谋者，这时正作行省总督的布鲁托斯和卡西约一起来进攻安东尼。

与罗马的两个执政官一起，屋大维率军与安东尼之间发生了第一次战争，他打败了安东尼，但当狄摩西摩斯对他表示感谢时，屋大维愤怒地拒绝了，公开说，他来是为了和安东尼作战，而不是救助狄西摩斯，他和安东尼将成为朋友，但狄西摩斯永远是他的敌人。

这时，谋杀恺撒的布鲁托斯和卡西约占据着叙利亚和马其顿、整个希腊和东方都归他们统治，他们有着庞大的军队和充足的给养，随时准备杀回罗马。屋大维想方设法向安东尼表达他的好意，他对待被他俘虏的安东尼的士兵极其友好，使他们回去后让安东尼知道他的善意。

打败狄西摩斯之后，屋大维已经掌握一支大军了，他利用这支军队向元老院要求做执政官，当元老院拒绝时，他就率军向罗马挺进，使罗马陷入一片恐慌之中。罗马深知这位年轻的恺撒有充分理由使罗马变成血海。面对这种可能，元老们害怕了、让步了，屋大维顺利地成了罗马的执政官。

作了执政官之后，屋大维第一件事就是着手惩罚杀害父亲的凶手。他成立了一个法庭，将那些杀害恺撒的人，甚至他们的朋友列入了罪犯的名单。他也知道一切的基础就是实力，纵使判了那些人的罪，如果他自己无力将惩罚付诸实施，那么谁也不会来帮他，甚至他自己反过来会被那些人判罪。

他必须有实力，他唯一的办法就是将恺撒从前的部下召集到他的旗帜之下，使他们为了一个共同的革命目标而奋斗——为恺撒报仇。

用这目的作为号召力，他召集了许多恺撒的老部下，他们中的很多人原来属于安东尼和雷必达，现在属于他了。

安东尼这时仍在向狄西摩斯进攻，他不断取得胜利，最后，狄西摩斯被他的部下抛弃了，当他越过阿尔卑斯山，一直逃到高卢时，他被一个高卢酋长杀了，他的头被送到了安东尼面前。

狄西摩斯是第一个受到惩罚的谋杀恺撒的凶手。

此后不久，屋大维得偿所愿，安东尼和雷必达终于与他走到了一起。

他们在一个荒凉的小岛上举行了会谈，会谈的结果是这样的：屋大维立即辞去他的执政官职务，而由另一个人来代替，同时通过一项新法律，在执政官下设立三名行政长官职位，由他们三人担任，都有执政官权力；由他们三人来分配罗马其他重要职位；他们将罗马当成一块馅饼，分成三个部分，分别由他们三人瓜分：屋大维分得了非洲和地中海中的岛屿；安东尼分得了差不多整个高卢；西班牙归雷必达。意大利以东的罗马土地不在分配之列，因为布鲁托斯和卡西约正占据着它们。

他们联合在一起之后，在罗马城再也没有力量能与他们为敌了。他们立即将复仇之剑斩向了软弱无助的人们。他们的方法非常简单：公敌宣告。

这样的事在罗马已经不止一次了，最可怕的那次是苏拉对马略党人的公敌宣告，然而这一次的血腥味绝不淡于苏拉的那次，——如果不是更浓的话。

这些公敌大体上有三种类型：

第一种是三巨头自己的敌人，又包括两种，一是参与谋杀恺撒的人；二是因这样或那样的原因成了三位同盟者敌人的人。

第二种是三巨头上述敌人的朋友们以及三巨头的朋友的敌人，例如有一个人被列入罗马人民的公敌的名单只因为他的老婆曾与安东尼的老婆吵过架。

第三种纯粹是因为有钱。三巨头手上有支庞大的军队，能够使士兵们为他们服务而不是为他们的敌人服务的最佳的也几乎是唯一的方法就是给他们足够多的金钱和土地。怎么弄来这数字大得吓人的金钱和土地呢？最简单的办法之一是顺便将意大利，尤其是罗马城里那些最有钱的阔佬宣布为罗马人民之敌，他们的财产，除了作赏金的部分，自然转到了三巨头手中。

被宣告为公敌的人最初只有17个，但立即增加了130人，不久又增加了150人，总共达到近三百人，并且在后来整个屠杀过程中，随时有新的名字加上去，其中许多是先杀了后来再添上去的。

那些在公敌宣告中逃脱的人，除一小部分逃到了亚得里亚海对岸的布鲁托斯那里外，绝大部分都被庞培收留了，他是伟大的庞培的小儿子，他的哥哥，庞培的大儿子，在西班牙被恺撒杀了。这时小庞培控制着地中海和它里面的岛屿，包括距意大利本土极近的西西里，中间只隔着窄窄的墨西拿海峡，一条小船就可以划过去。

小庞培在哥哥被杀时还很小，他逃到了地中海，做起海盗来，不久，他父亲的老部下和同情者们纷纷来到他的旗下，他的势力迅速发展，成了地中海的霸主。

屋大维基本完成他的屠杀大业后，立即来到了西西里对岸，准备对小庞培用兵了，但在第一次海战中，他没有捞到一点便宜。

这时，除了庞培这一支强大的海军外，还有布鲁托斯和卡西约的陆军，包括约8万步兵和近2万骑兵，他们因为都反对三巨头而联合在一起了。

在第一次腓力比战役中，布鲁托斯带领的军队取得了胜利，但卡西约的军队却失败了，军营也被安东尼占了。卡西约觉得耻辱，自杀了，反三巨头同盟军实力大损。

在此战的同一天，安东尼的海军在一次大海战中被毁灭了，死亡的人中包括那些正由海军运送去支援安东尼的陆军，他们诚然十分英勇，但在海战中只能眼睁睁看着敌人把自己毁灭。

但随之而来的第二次腓力比战役对反三巨头的军队却是毁灭性的。在这次战役中，虽然布鲁托斯军队人数众多，给养充足，他们的对手屋大维和安东尼的军队处于半饥饿状态，但战争的实际情况与前面的法卢萨战役相似，布鲁托斯几乎是被逼着与敌人作战，他本人是想活活饿死敌人的。但他被逼着作战了，结果他庞大的军队几乎全军覆灭。

不久，他像卡西约一样，也自杀了。

反三巨头的战争结束了，恺撒的谋杀者们一个个用他们的生命赎了罪。

屋大维回到了罗马，履行了对士兵们许下的预言，把意大利最好的土地给予了他们，除此之外还给了他们大量金钱。同时无数人失掉了他们的财产，他们没有任何过失，他们失去财产的原因只是因为屋大维答应了他的士兵：一旦他取得胜利，他们将得到土地与金钱。

屋大维就此成了罗马唯一的主宰，开始了罗马一个新的时期——帝国时期。

这年他仅28岁，从18岁开始，他就在刀剑丛中觅生活，现在他对内战已经厌倦，他要开始一段新的和平时期，后人称之为罗马和平，这是罗马历史上的黄金时代。

屋大维凯旋回到罗马后，受到的欢呼只有他的父亲恺撒当年可比。元老院给予他的荣誉只可用“无限”二字来形容，元老们和人们到城外很远的地方去迎接他，将他送到神庙祝祭，然后又一直送回家。屋大维也许看到了恺撒接受太多荣誉与权力带来的危害，所以他一开始拒绝了大部分，他没有做执政官和大教长，只接受了一个“终身保民官”的职位，他甚至没有举行盛大的凯旋式，只举行了一个小的。

当然这只是一个开始，当他击败安东尼，剥夺雷必达的军权，成为罗马唯一主宰之后，他逐步向老爸学习，成了罗马、大地、海洋的又一个恺撒。

他称自己为“普林斯”，意译就是“第一公民”“元首”。他还是“元帅”，这个词的意义与“皇帝”相似，他又是首席元老。最后，当他在公元前27年说要退隐江湖时，元老院知道他醉翁之意不在酒，干脆奉上了一个尊号——“奥古斯都”，意思就是“至圣至尊”，够吓人了吧！他的最后一个尊号是“祖国之父”。应该说这样阔的尊号一般皇帝也得不来呢。

为什么他获得这样大的荣誉，又没有像恺撒一样遭受灭顶之灾呢？这是因为他当权后做了很多令罗马人民高兴的事。

当权后，他即着手整顿国家秩序，因为在一个秩序混乱的国家里一切无从谈起。他派军队大力清剿在罗马各地横行无忌的窃贼和强盗，维护社会安定，又征服了阿尔卑斯山东部和多瑙河上游地区，大约相当于现在的瑞士、奥地利一带，又征服了多瑙河中下游地区，相当于现在的匈牙利、罗马尼亚和南斯拉夫一带，在那里建立了几个新行省。

在这样的治国与征服之中，在罗马的繁荣昌盛之中，屋大维度过了他的余生，他死于公元14年8月18日，享年77岁。

他死后，罗马为他举行了隆重的葬仪，他死去的这一个月也以他的名字来命名，称为奥古斯都（Augustus），就是现在的August。

他统治罗马达44年之久，在他的治下，罗马由共和国成了帝国，至少在帝国内部，罗马享受了难得的和平，人民过上了难得的安宁日子，这是伟大的罗马的黄金时代。

就在罗马大广场上，竖立着他黄金的雕像，上面刻着一句话，我们就用它来结尾吧：

> 他恢复了很久以前就被破坏了的大地和海洋的和平。

第十章　中世纪

中世纪是一个历史的退化期，同时又是一个“乱七八糟”的年代，历史线索复杂、头绪繁多，大量宗教的、政治的、军事的事件混杂在一起，更为重要的是，中间没有个主线，所以更显乱七八糟，就像以前西方只有个希腊和罗马，现在一下就冒出了许多新国家，英国、德国、法国、意大利等，开始在历史舞台粉墨登场，表演自己的角色。要把这些一一写出岂是容易的事！

罗马帝国的衰亡　为了让每一个读者能够了解中世纪，第一步就是要给中世纪乱七八糟的历史绘出一幅大致的轮廓来，让我们看清楚中世纪到底像个什么，是人还是鬼。这就像在一间黑屋子里点上一支蜡烛一样，即便是一支光很微弱的蜡烛，也能使我们看到屋子里的大略情形，而不是漆黑一片。中世纪正需要一支这样的轮廓之烛，因为它正被称为“黑暗的世纪”。

但怎样才能找到这个轮廓呢？我们可以先说明中世纪有哪几件大事、哪几条线索，它们就是我们走向黑暗的中世纪的几条大道，循着这几条大道，我们可以了解中世纪整个的历史。

通过仔细的查探，我找到的这几条大道是这样的：

一是封建制的兴衰。封建制是我们人类历史主要的社会形态之一，中国有，西方也有。古罗马是西方的奴隶制时代，中世纪就是西方的封建时代了。这也是中世纪的基本社会特征，通过对封建制的形成、发展与衰落的了解，我们可以了解整个中世纪基本的历史轮廓。

二是西方民族国家的形成，现在英国、德国、法国、意大利这些西方大国都牛得很，但我们讲希腊的光荣、罗马的伟大时它们在哪里呢？这就是中世纪的事了。

三是基督教的兴起、强大，最后成为整个西方的精神统治者。我们知道，现代西方文明的精髓就是对基督的信仰，古罗马后西方精神的发展史就是基督教的发展史——是对基督教的接受、崇信与走向怀疑与批判的历史，其中中世纪的精神史则是对基督教的接受与崇信的历史。

后面我们会在哲学卷中讲有关中世纪基督教的事情，这里先来讲讲前两项内容。

首先要说的就是西方封建制的兴衰。

在讲封建制的兴衰之前，我们先来讲述一下这中世纪是如何来到我们面前的吧。

讲中世纪的到来，要从西罗马帝国的崩溃说起。

我们在前面讲述罗马的征服史时，讲到了帝国的“五贤帝”，他们的统治是罗马帝国征服的顶峰，这五个人的最后一个就是那位了不起的哲学家兼皇帝马可·奥勒留。他死后，皇位传给了他的儿子康茂德，这个家伙与父亲太不像了，他的父亲智慧、贤明而勇敢，是个理想不过的贤君，但他却愚蠢、懒惰而昏庸，是个典型不过的昏君。从他之后，罗马帝国就江河日下了。

这时起，国家大权落到了那些屋大维建立起来用以保卫皇帝的禁卫军手中，他们现在与其说是皇帝的保卫者，不如说是伤害者，甚至随意立帝废帝，例如公元235年到284年这49年间，他们废了足足24个皇帝，这些皇帝当然只是禁卫军的木偶而已。这情形一直延续到公元3世纪，这时总算来了一个有本事的皇帝戴克里先，他除了大力整顿衰退的帝国之外，为了更好地治理，还把帝国划分为东西两部分，于是原来统一的罗马帝国现在分成了东罗马与西罗马两部分。东罗马包括希腊及其以东的地方，西罗马则包括意大利及其以西的地方。东罗马由戴克里先自己治理，西罗马则交给他的一个部将，也称为皇帝，只是西帝要服从东帝。后来，当君士坦丁做了皇帝后，在小亚细亚半岛的顶西端建新都“君士坦丁堡”，东西罗马从此成了两个相互独立的国家。

中世纪的到来就是从这个西罗马帝国的崩溃开始的。

这个西罗马帝国又被称为“真正的罗马”，它的地盘在今日的西方、它的文化传统也是地道西方的，至于东方的东罗马帝国，它已经成为一个至少是半东方式的帝国了。

西罗马帝国如何崩溃了呢？原因其实不复杂，无非是两：一是内忧，二是外患。

所谓内忧，前面说过，马可·奥勒留之后，罗马皇帝大权旁落，连皇帝的废立都被禁卫军控制，就像在我国东汉末年被宦官们控制一样。这样国家就没有了强有力的中央政府，对于一个像罗马这样面积庞大、民族众多的帝国，这是致命的弱点。在帝国分裂成东西两部分之后，东罗马成了帝国的重心，治理他的皇帝，像戴克里先和君士坦丁也不是那么昏庸无能，还能支持下去。而西罗马的皇帝则一个比一个无能，帝国也就一天比一天无力了。这就是内忧。

正所谓“福无双至，祸不单行”，正当西罗马内忧重重，它又面临着一场空前的外来浩劫。

这场浩劫的发起者是一个我们再熟悉不过的名字——“匈奴”。

可怕的匈奴人　匈奴本来是生活在我国北面蒙古大草原上的游牧民族，像所有的游牧民族一样，他们的爱好一是打猎，二是征服。他们的首要目标当然是南面的中国，这在我国的战国时代就开始了，秦始皇筑长城就是为了阻拦匈奴人的南侵。但到了汉朝，我们就不是阻拦，而是攻击了。西汉东汉与匈奴之间的大战，班超、卫青、霍去病这些抗击匈奴的汉朝大将的名字，以及“匈奴未灭，何以为家”这样的豪言壮语我们早就熟悉了。总之，这些匈奴人最后被汉朝征服了，他们原来生活的蒙古大草原也成了大汉的国土，匈奴人最后也融化于中华民族的大家庭之中。

这些只是“总之”或者“大概”，匈奴人作为一个民族在中国已经被消灭、同化了，但他们并没有真的消失在世界历史舞台。在汉军的不断打击之下，许多匈奴人被迫西迁，把原来生活在那里的大月支人赶走，那些月支人只好也往西逃，他们到达印度北部后征服了那里的大夏国，大夏国就是我们前面说过的亚历山大打到印度后产生的希腊化诸国之一。匈奴人继续东进，一路游牧，人口也慢慢增殖，经过漫长的岁月，最后到达了遥远的西方，这时候他们重新积聚起了强大的力量，在那里掀起了冲天巨浪。

一个罗马历史学家是这样描述当时那些匈奴人的：

> 一旦发怒，他们便奋起而战，排着楔状队形，发出种种狂叫，投入战斗；他们敏捷灵活，有意分散成不规则的队形，兵锋所至，杀戮骇人。……他们没人能说出自己的起源，因为母亲怀他在一处，生他则在遥远的另一处，抚养他又在更远的一处。

他们在俄罗斯大草原上三下两下就将生活在最东方的西方人东哥特人（日耳曼人的一支）打得稀里哗啦，东哥特人只好往西飞逃，这下，生活在他们西面的西哥特人就倒了霉了，在东哥特人的攻击之下——东哥特人为了从匈奴人那里逃命，不得不将阻拦他们逃跑的西哥特人打垮。这些西哥特人怎么办呢？他们只好也往西逃，在他们的西面就是我们前面刚说过的“伟大的罗马”了。

这些被东哥特人逼得走投无路的西哥特人，向罗马帝国请求避难。罗马人看到他们可怜兮兮的样子，又知道他们其实也是不错的战士，可以代罗马人守卫边疆，就同意了，让西哥特人渡过多瑙河，进入罗马，这是公元376年左右的事。

到达罗马后，那些罗马人便把西哥特人当奴隶来使唤，残酷地压迫、剥削他们。西哥特人忍无可忍，奋起反抗，与罗马军队开了战，结果，罗马大军在西哥特人的面前不堪一击，公元378年，在亚得里安堡一役中，罗马军队惨败，他们的皇帝瓦鲁斯被赶到一间茅屋里，活活烧死了。

从此，原来对罗马大军心存恐惧，不敢放胆攻击的东哥特、西哥特等“野蛮人”开始肆无忌惮地向罗马帝国展开了攻击，由此展开了西方历史上新的一页。

匈奴人后来在今天的匈牙利一带定居下来，建立了一个由匈奴人和被他们征服的日耳曼人组成的帝国，大约在公元5世纪时，他们中崛起了一个伟大的王——阿提拉，他统治了从莱茵河畔直到中亚大草原的辽阔土地，并且继续向东西罗马帝国发动进攻。

在他进攻东罗马期间，发生了一件有意思的事情。

这时，东罗马帝国的皇帝叫狄奥多西乌斯，他有一个孙女叫霍娜里亚，是当时举世闻名的美女，她因为乱搞恋爱被祖父关了起来，便将强大的被西方人称为“上帝之鞭”的阿提拉当作了救星。她偷偷给阿提拉送了一封信，请他救她，说她将以身相许。阿提拉英雄难过美人关，为救美人统大军杀向罗马，在他的兵锋之下，东罗马七十余城灰飞烟灭，匈奴大军直抵君士坦丁堡城下。东罗马皇帝吓破了胆，连忙求和，他们派出了一个使团到阿提拉那里去，使者之一把他一路看到的情形都记录下来，从他的记录里，我们看到阿提拉的匈奴人仍过着完全东方式的生活，吃的是小米，喝的是谷酒，住的是帐篷，匈奴人和成了匈奴帝国一分子的日耳曼人正在大碗喝酒、大块吃肉。

结果，东罗马皇帝卑躬屈膝地求和，并献上了一笔巨款。

屈服了东罗马之后，阿提拉开始攻击西罗马，他统军杀入高卢，从北到南席卷今天的法国，最南面直抵奥尔良，在与法兰克人、西哥特人和罗马帝国的联军打了一场大战后，又攻入意大利，一路势如破竹，直抵罗马城下，由于教皇的哀求，他像在东罗马一样，没有继续打下去，而是与教皇签了和约。

公元453年，阿提拉去世了，他的匈奴帝国随之消失。

这时，大批西哥特人已经攻入了意大利，到公元410年，终于攻克了罗马这座“永恒之城”。

后来这些西哥特人占领了罗马帝国在西班牙和高卢西部、南部的领土，建立了西哥特王国。

西哥特人之后，另一支日耳曼人汪达尔人又攻入了西罗马，他们一直打到非洲，在北非建立了汪达尔王国，那些领土不用说本来也是罗马帝国的。这些汪达尔人后来又横渡地中海，像西哥特人一样打下了罗马城，他们可没有西哥特人那么“文明”，在他们的大肆劫掠之下，罗马几成废墟。

现在英文里还有一个词“vandal”就来自于汪达尔人，这意思大家不难猜测，就是恶意破坏、毁坏文物之意。

经过这些“野蛮人”的破坏之后，罗马元气大伤，十条命去了九条半了。

到公元476年，罗马皇帝的日耳曼禁卫军首领奥多亚塞废黜了最后一个西罗马帝国的皇帝罗慕洛斯·奥古斯都。

这样，“伟大的罗马”在诞生了千年、称雄了几百年之后终于寿终正寝了，它的离去标志着西方历史上一个新时代——中世纪的来临。

第十一章　封建制的兴衰

西方的封建制与中国的封建制虽然名字相同，但有相当大的差异。

西方封建制起源于三个契机：罗马帝国的崩溃、日耳曼征服者的传统与土地采邑制。

封建制的形成　罗马帝国原来靠奴隶劳动去搞生产，帝国常年到处征服，被征服地区的人民、特别是战俘就成了罗马人的奴隶。战争与征服对罗马帝国而言是家常便饭，而且几乎每次都能搞到一大批战俘，这样奴隶就有了可靠的来源，价钱也便宜，这就为奴隶制提供了基础。

到后来，随着帝国的衰落，奴隶来源日益枯竭。这就使奴隶制面临巧妇难为无米之炊的境地。

还有，奴隶制是一种最残酷的剥削制度，奴隶们毫无人身自由可言，他们的一切劳动果实都被奴隶主侵占，他们的劳动完全是被迫的，毫无积极性可言，只要有可能，他们就会怠工逃跑，争取自由。所以奴隶制的维护完全是以奴隶主对奴隶的暴力控制为基础的，一旦奴隶主失去了这种控制能力，奴隶制也就失去了它生存的基础，罗马帝国的覆灭正标志着这种基础的丧失。

罗马帝国崩溃之后，依然存在许多奴隶主，他们依旧不能靠自己的双手耕作自己的土地，怎么办呢？为了不使奴隶们逃跑，唯一的办法是给他们好处。于是奴隶主们便采取了另一种剥削方法：给奴隶们一块土地，让他们自己耕种，然后去收租。这样奴隶们不但有了一定的自由，还享有一部分劳动果实，那劳动积极性自然高多了，也不成天想着逃跑了。

这样一来，原来的奴隶主慢慢变成了封建地主，奴隶变成了隶农，奴隶制就变成了封建制。

西罗马崩溃之后，继罗马帝国进行统治的日耳曼人在征服罗马人后，并没有“依其人之道，还治其人之身”地把罗马人罚做奴隶，而是给予罗马贵族相当的尊敬和地位。他们也没收了许多原来属于罗马贵族的土地，但他们并没有用奴隶来耕作，而是采用了隶农制，隶农们平时自己耕种自己的土地，只要年终交租就行了，这就是封建制。

这些封建主最初主要是日耳曼人。那些率军攻打罗马的日耳曼各族国王占领了大片土地后，把它们分给士兵和贵族们作为采邑。那些分得了土地的人，尤其是分得了很多土地的贵族们便成了大地主，他们再把自己的土地分给更小的贵族，如此下去，直到土地最后来到亲自耕种的隶农们手里。获封了土地的大小贵族就成了大小封建领主。领主和隶农们合在一起就构成了封建社会的两个基本阶级，这两个基本阶级形成之后，封建制也就形成了。

封建制的概况 在封建时代，西方各国像英法德等也诞生了，在这些封建制国家中，大体上有三大社会等级：国王、封建主和隶农。

国王是最大的封建主，居于金字塔之巅，全国的土地都属于他所有，由他分给各个封建主，当然，由他亲自来封的只是些大封建主，而且一封就是一大片。

封建主是些大大小小的地主。他们有的占有大量土地，有的就少些。他们并不是把这些土地直接交给隶农去种，而是再分封下去，也就是说，他们自己是封臣，但他们自己也有自己的封臣。

隶农是直接耕种土地的人。

我们现在来讲几个关系，弄清楚这几个关系之后我们也就弄清楚了封建社会的概况，这几个关系就是：国王与封建主们的关系、封主与封臣的关系、封臣与隶农的关系、隶农与土地的关系。

中世纪西方的国王有一个基本特点，就是不专制，相反，他们的权力相当有限，在他们的臣子们看来只是他们的债主，没什么了不起。所以国王们要想坐稳自己的宝座就得遵守两条规矩：一是要尊重法律，例如他们不能同时娶两个老婆，甚至不能离婚。二是统治要公正。国王哪怕对一个普通百姓也不能随便惩罚或杀害，对贵族就更不用说了。如果他们胆敢如此，臣子们就没有义务忠于他，这样迎接国王的通常就是废黜乃至死亡。

国王的权力是，如果他的臣子们违反了法律，他可以依法惩治，或者没收他的采邑。

至于中世纪的贵族，大体可以分成五个等级，分别叫作公爵、侯爵、伯爵、子爵、男爵，除此还有勋爵与骑士两个特殊阶层。前面的五个等级都既是封主，又是封臣。也就是说他们把自己受封得来的土地又分给别人，这样自己由封臣又成了封主。例如一个公爵被国王封了一百座城堡，他可以把这一百座中的九十座分给五个伯爵，其中某伯爵一人就分了五十座，于是把五十座城堡中的五座分给一个男爵。如果愿意的话，这个福斯塔夫还可以分下去。这样，公爵、伯爵们都既是封臣，又是封主。

请注意这里的爵位是任意的，并不是说，只有大爵才可以封土地给小爵，如公爵给伯爵、伯爵给男爵，实际上，在封臣与封主之间并没有任何爵位的要求，一个男爵或子爵完全可以因为某种原因把土地封给一个公爵，叫公爵做他的封臣。甚至于一个国王也可以从一个公爵或子爵什么的手里接收封地，做他臣子的封臣。

如前所说，中世纪的国王不过是个大一点儿的封主而已，有时他的领土还不及封臣大呢。例如英法百年战争时，法国的诺曼底公爵所占有的封地就比法国国王的领地要大得多，这就是百年战争之所以爆发的主要原因，这我们后面还要说。

为什么会出现这样的情形呢？因为中世纪的封地有一个继承规则：封臣死后，他的封地由谁来继承只能由他自己来决定，封主不能干涉，最常见的方式就是血缘和婚姻继承。有些封臣凭着各式各样的婚姻血缘关系而得到了大量土地，具体数量没有限制，只要能弄到就成。例如一个国王有三百座城堡，通常他会把这三百座中的绝大部分，例如两百座分封出去，其中两个封臣各占六十座，后来，这两家做了儿女亲家，两个封臣死后，他们的儿女，这对夫妇便继承了两家的产业，加起来就有一百二十座城堡了，比国王还要多。

那么，在封主与封臣之间到底是什么关系呢？既然他们之间没有绝对的上下级关系，也没有固定的血缘关系？

封主与封臣之间的关系是这样的：

封臣对封主，如果封主要打仗，封臣必须为他作战，打仗时如果封主被俘虏了，他必须为封主交纳赎金，同时必须按时向封主交纳一定数量的贡赋，例如粮食、野味、葡萄酒和橄榄油之类，如果他想将封主给他的采邑卖掉，那么他得交给封主一大笔税，足以使他肉痛。但他对封主也有权利：如果封主做事不公道，他可以提出谴责，并且采取相应措施，当他受到攻击时，他可以要求封主的保护。

在封主与封臣之间最后一个基本关系是：我的附庸的附庸不是我的附庸。

这句话的字面意思不难明白，就是说我的封臣的封臣不是我的封臣，只要隔了级别，就什么关系也没有，或者说没有任何的隶属关系了。

当然，所有封主和封臣，从国王到骑士，都有自己的庄园，不会把自己的所有土地都作为封地分封下去，总要给自己保留一些作为直属领地，这些就是他的庄园，他自己就生活在这些庄园里，除他这个地主外，庄园里还生活着隶农，也就是耕种土地的农民。所以一个庄园大体上由三部分构成：庄园主、农民、土地。

庄园主可以是国王、公爵、伯爵等贵族直到骑士和教士。他们住在高高的城堡里，自己不耕种土地，把一部分土地交给农奴们耕种，作他们的份地，他从中收取地租，另一部分则作自己的份地，当然也不会自己去种，而是由他的农奴们去种，收成全归他。他们还在庄园里建一些风磨水磨榨油机磨面机之类，如果农奴们要用，那好，交钱吧！

靠这些法子捞来的钱，封建主们成天吃喝玩乐谈恋爱，要么就找个借口来个决斗，日子滋润得很。

隶农们的生活是不是只有悲惨呢？不，相反，据说中世纪的农民也有许多好处，例如按中世纪的老规矩，不管什么情况下庄园主都不能将他们从土地上赶走，如果要将土地卖掉，也得将农奴加在一起卖。如果农奴老了不能干活了，庄园主就得养活他直到他死去。另一个好处是那时的节假日特别多，一年有五六十天，外加星期日这雷打不动的假日。这样农奴们一周实际上只要干五天活。另外每逢那些大节日或每年春种秋收后，庄园主们都有义务犒劳农民们一顿，让他们吃饱喝足。

因为这些事实，过去一直把中世纪看作一无是处的西方史界现在也有许多人观念转变了。甚至写了好几部歌颂中世纪的著作。

中世纪的所有痛苦、喜悦与希望之中，最使我们向往的是骑士精神。

骑士是中世纪一个独特的阶层，也是封建制主要的卫道士，是军队的主力。骑士们大都出身于小贵族家庭，又常常不是长子，不能从父亲那里分得遗产。他们的出身并不能保证他们都成为骑士，要成为骑士必须由某个贵族，如伯爵或公爵，来加封。他们在获封骑士的同时往往还能获得一个或几个小庄园，他们就可以靠着这些庄园来过日子了。如果他们想获得更大更多的庄园，唯一的途径就是掠夺，他们可以自己去抢，也可以跟着他的封主去打仗，从战争获得战利品。

我们现在来看看一个人怎样成为一个合格的骑士吧。

为了成为合格的骑士，他得先找个什么女人做情人，例如像堂·吉诃德一样，把邻居一个胖姑娘阿秀叫作自己的情人，然后，他就公开宣称阿秀是世界上最苗条、最美丽的姑娘。

此后，他便从头到脚裹着铠甲，在大马路上闲逛，当遇到另一个骑士时，他如果看这个骑士不顺眼，就可以说“我认为阿秀是世界上最美丽最纯洁的姑娘”之类的话，另一个骑士当然不同意，说另一个莎莎是世界上最美丽的姑娘。他们立即便拔出剑或长矛打将起来，这叫“决斗”——可不是儿戏，是生死之争。胜利的一方可以获得失败一方的所有财产，如果他没有把他杀死，而是俘虏了，他还可以要他的亲属拿大笔赎金来换人。

这样看来，中世纪这样的决斗就像今天的赌博，是可以让一个人在一天之内发大财的好法子，一定多得不得了。的确如此，不单两个骑士之间的战斗多，那些大的冲突，如某位公爵率领他的骑士们向另外某位公爵发动战争，也是家常便饭。

这样打通常是为了战利品，也有时纯粹是吃饱饭了没事干，为了娱乐一下、松松筋骨。

我现在来塑造一个理想的骑士吧，他是个这样的人：

他全心全意地忠于他的情人、他的封主；他对任何人，包括他的敌人都彬彬有礼；他作战时面对任何敌人都毫无惧色，如果他战败了，他可以战斗到死，也可以大大方方地对战胜他的人说："我现在是您的俘虏，我将为自己赎身。"并且把所有财产毫无保留地献出来；最后一点是，他不酗酒，但如果喝起来，他可以连喝二十斤，脸都不红一下。

即使在中世纪过去好久之后，人们对中世纪的一切都说之痛心，唯有骑士精神却长久地给人们以美好的回忆，后来，许多作家们借此创作了许多小说，描述骑士们的浪漫生涯，使得欧洲无数年轻人心驰神往，恨自己不能生在骑士时代，好也创下亚拉冈的约翰一般的伟业，美人财宝双丰收。

这情形与中国现在的年轻人爱读《神雕侠侣》和《天龙八部》，梦想成为杨过段誉第二一样。

尽管有伟大的骑士为它撑腰，封建制也注定要灭亡，它是怎么灭亡的呢？

封建制的没落　从前面可以看出来，封建制的基础有三个阶层：农奴、封建贵族、骑士，如果他们消失了，封建制自然也就没落了。

在封建的庄园里，农奴们的生活固然比奴隶好多了，但不用说还是比较苦的，趋乐避苦是人之本性，所以他们梦想着更美好的生活。封建制盛行的时候，他们刚尝到甜头，还老老实实地在庄园里劳动。后来发生了几件事，令他们像水性杨花的女子见到了俊男帅哥一样，见异思迁。

首先是城市的出现。随着生产发展，人口不断增长，欧洲各地出现了许多城市。在城市里人只要有一技之长，例如作木匠鞋匠皮匠之类，就可以生活得相当舒服。即便没一技之长，只干些笨体力活，例如替人跑腿搬东西，日子也比乡下农奴们要舒服得多。农奴们自然向往这样的生活，一有机会就往城里跑。那时还有一个规矩，只要一个农奴跑到了城里，他乡下的主人就不能到城里来抓他，他就自由了。结果农奴们大批大批地往城里跑，他的主人们一点办法也没有，因为他们毕竟不是奴隶，不能成天把他们锁在屋子里。

怎么办呢？眼看着种地的人一天天少，急疯了的庄园主们只好硬的不行来软的，让农奴们的日子过得好一点，例如少要点租，有时干脆给他们自由。他们知道不给也没用，还不如做个顺水人情。这样农奴们日子比先前好过了，还有了人身自由，当然不成天想着往城里跑了。

另一个原因是14世纪欧洲曾流行一场巨大无比的“黑死病”，即鼠疫，全欧洲的人差不多死了一半，尤其是卫生条件差的农奴死得更多。这样，“人以稀为贵”，黑死病过后，农奴变得金贵起来，每个庄园主都有大片的土地等着人种，都不顾一切地要农奴，哪怕是另外一个人的农奴。在这种竞争之中，地主们争相给农奴们好处，结果几乎所有的农奴们自由多了，租子少了。

农奴与以前不一样，封建主呢？也不一样了。

随着城市的发展、城里的生活变得越来越舒服，原来生活在乡下的庄园主们也开始向往城里生活了，纷纷移居城市，乡下的庄园有的卖掉，有的交给农奴们，他只派管家去收收地租。还有，住在城里后，他们渐渐发觉种地远没有投资工商业赚钱快，就纷纷转向这新行当，久而久之，原来的封建庄园主慢慢变成了资本家。

上面这些原因的必然结果就是原来的庄园经济没法像以前一样维持下去了，只得崩溃，庄园制一旦崩溃，那封建制的末日也就来临了。

封建制三骨干的最后一位——用武力捍卫封建制的骑士的命运又如何呢？有两个因素把他们消灭了：

一是十字军东征，关于这场特殊的、与宗教直接相关的战争我们在哲学卷中还要说，总之，由于十字军东征的规模大得吓人，可以说全欧洲的骑士们都动员起来了，结果却惨得很，连德国的皇帝都被淹死了，作为战斗主力的骑士们死伤更是不计其数。人数少多了的骑士们自然没多大力量保卫封建制了。

十字军东征是西方世界以及西方世界精神的支柱基督教历史上最重大最著名的事件之一，我们将在下一章专门说明。

东征大批杀死了骑士，骑士的人数少了，后来技术的进步使这些少了的骑士的本事也小了。因为一种新式武器火药枪出世了。

在火药枪下，一个骑士对战争的作用就与一个普通农夫没多大差别了。郭大侠的降龙十八掌再厉害、亚拉岗的约翰剑再宽再重，拿到现在有什么用呢？当他们还在百把米开外时，一枪打过去，他俩还有命吗？

在这样的新现实下，骑士们成了无用之物，渐渐消失了。

当庄园主、庄园、农奴、骑士等作为封建制基础的一切消失之后，封建制也就灭亡了。

当然这一切是一个渐进的过程，就像罗马不是一个月，也不是一年建成的一样，封建制也不是一个月、一年就灭亡了的。

第十二章 十字军东征

十字军最初的对手是穆斯林的塞尔柱人。

塞尔柱人是我们所熟悉的突厥人的一支，早在唐朝时期，在唐朝大军的压制下，突厥人有的被汉族同化，有的则西迁，其中的一支乌古思人就是塞尔柱人的先祖。

到1054年时，塞尔柱人已经建立起了强大的王朝，征服了从中亚到地中海周边的庞大地区，其中包括基督教的圣城耶路撒冷，在其第六任哈里发哈基姆在位时，他放弃了伊斯兰教一贯的宗教宽容政策，开始迫害犹太教徒和基督徒，甚至在1010年毁坏了耶路撒冷的圣墓教堂，在西方激起了很大的愤怒，并最终导致了十字军东征。

当塞尔柱帝国强盛之时，东罗马帝国却越来越衰弱了，双方不可避免地爆发了大战，但在1071年的曼齐刻尔特战役大败之后，东罗马帝国再也无望恢复昔日的荣光了，此后的日子相当于苟延残喘。

但这残喘还要苟延好久，并不是因为它们不再强大，而是因为敌人开始转弱。

因为这时候的塞尔柱人也四分五裂了，各国彼此之间混斗不休，这样一来就为外敌入侵提供了可乘之机。

不过，这个外敌已经不是东罗马帝国了，它自己也陷入混乱之中，而是一个来自遥远的西方的敌人。

这个敌人就是十字军（Crusader）。

十字军也许是西方历史上最奇怪也最有名的军队之一，因为他们完全不同于一般的军队，首先不是像一般的军队一样是为某个国家或者领袖而战的，他们是为上帝而战的。但实际上却并不是如此，因为他们实际上的作为不但没有为上帝加分，而是亵渎了上帝。这主要是因为在实际的十字军东征过程之中，他们的目标与其说是为了上帝，不如说是为了利益，甚至为了利益而罔顾基本的道义与教义。

十字军东征最早的起源还要追溯到我们上面说过的塞尔柱帝国在曼齐刻尔特战役中大败东罗马帝国，使其丧失了最主要的国土小亚细亚半岛，首都君士坦丁堡直接暴露在塞尔柱人的攻击之下，整个国家可以说陷入了生死攸关的危机之中。

面对这样的情形，皇帝米海尔七世自知凭一己之力已经无法抗拒强大的敌人了，就采取了一个对历史产生重大影响的步骤——向罗马的基督教教皇求援。

他请求西方的教友看在同是基督徒的分上帮助他们东方的兄弟。

这时候的罗马教皇已经凛然是整个西方世界的太上皇，其他世俗国家的国王都要听从他这个耶稣与上帝在尘世的代表。

当米海尔七世求援时，罗马教皇叫格利哥里七世，他本想响应，可惜正忙于压服西方的君主们，一时抽不出空来。

后来，又一个东罗马皇帝阿历克塞一世再次发出了请求帮助的呼吁。而这时候在罗马格利哥里七世也已经去世，新教皇乌尔班二世不再像格利高里七世那样要专心对付西方内敌，可以抽出身来对付东方的异教徒了。他立即在一个叫皮雅琴察的地方召开了一次大宗教会议，商讨东罗马人的求援。这是1094年的事。

第二年他又举行了一次宗教大会，在这次会议上，他同主教们商定，向全欧洲发出倡议，要求全体基督徒起来共同反抗异教徒——穆斯林们。

教皇的呼吁对中世纪那些虔诚无比的普通基督徒们产生了莫大的引力，他们立即骚动起来，群起响应教皇的号召。

有一个隐士彼得，赤着脚、披着破麻布、骑着一头癞驴、扛着一个沉重的十字架，在欧洲各地到处浪游，在各个城市、各座教堂、各条街道大声宣讲基督徒的圣墓——它位于耶路撒冷城，是基督徒最崇拜的圣所之一，这时已经被穆斯林占领了——所遭到的毁坏，还说那些到圣城耶路撒冷朝拜的基督徒受到了穆斯林们的残酷虐待。基督徒们信以为真，发狂地要求杀向东方、杀向耶路撒冷，向穆斯林异教徒复仇，夺回圣地。

而那些西方的君主们、贵族们、骑士们，则深信只要到了东方就不但可以收复圣地，还可以从有钱的东方阔佬们手里夺得无数金银财宝，于是纷纷举起了手中的武器。

正在这时，欧洲遭受了大饥荒，大批饿得哇哇叫的饥民都把富庶的东方看成了铺满面包黄油的天堂，纷纷不待正式组织就开始向东方前进了，这就是所谓的“贫民十字军”。

这就是第一次十字军东征的最初情况，时值1096年。

这群乌合之众的结局是悲惨的，还在半路上就被屠杀殆尽了。

次年，第一次十字军东征的正规部队组成了。他们是由英格兰人、法兰西人、意大利人等为主力组成的，人数庞大，势力当然也强大。他们渡过了博斯普鲁斯海峡后，一举攻克了靠近君士坦丁堡、当时已被突厥人占领的重镇尼西亚。

此后，他们向大海攻去，然后循着海边前进，后来又攻克了历史名城安提阿——使徒保罗传道的大本营。他们越过安提阿，继续南下，一路夺关斩将，凭着那种因宗教的狂热而激起的高昂士气，终于打到了此行的最终目标——耶路撒冷。

这时他们的领袖名叫戈弗雷，一个当时有名的法兰克武士。他率军将圣城团团围住，开始了狂猛的进攻。《不列颠百科全书》是这样记载这次血腥攻伐的后果的：

> 经过一个多月的围攻，该城终于被占领了（1099年7月15日）。屠杀得很惨；满街流淌着被征服者的鲜血，以致人们骑马走过时血花四溅。黄昏，十字军战士……都去了圣墓，合起他们血迹斑斑的双手来祷告。就这样，在7月的这一天，第一次十字军东征宣告结束。

这就是第一次十字军东征，也是最成功的一次。

此后还有为数达七次的东征，不过都没有第一次成功，我们也不必再花这么多笔墨记载了。

第二次十字军东征开始于1147年，起因是基督徒在耶路撒冷之北建立的一个小公国埃德萨被穆斯林攻克，但没有达到任何目的，无果而终。

十字军东征战士在战斗

这时伊斯兰世界出现了一个伟大的领袖，名叫萨拉丁。

萨拉丁是库尔德人，出生在底格里斯河畔的提克里特，早年喜欢研读伊斯兰经典，后来从军并成功夺取埃及政权，成为苏丹，建立了阿尤布王朝。王朝极盛时据有埃及、突尼斯等地中海南岸地区、地中海东岸的叙利亚一带以及美索不达米亚北部、阿拉伯半岛的大部分，都位于帝国之内，是当时阿拉伯世界最强大的国家。

萨拉丁早就看穿了，与十字军的战争是整个西方的基督教世界向东方的伊斯兰世界的宣战，于是动员整个伊斯兰世界起来进行“圣战”，并且统军杀向第一次十字军东征的主要成果——耶路撒冷。在1187年的哈丁战役中，萨拉丁获得大胜，俘虏了耶路撒冷国王和圣殿骑士团团长，收复了穆斯林在第一次十字军东征中失去的圣城耶路撒冷。

两年后，不甘于圣城之失的教皇又力图组织第三次十字军东征。

据说这次东征充满了传奇色彩，一方是伟大的萨拉丁，他这时已经建立了强大的萨拉丁帝国，把从埃及到叙利亚的广阔领土包括在内。另一方则包括法兰西、英格兰和德意志三国君王，特别是英国，有名的狮心王查理是它的统帅。他就像罗宾汉一样，是英国历史上的传奇式人物。

“狮心王查理”是他的绰号，他正式的称号是理查德一世。不过虽身为英格兰国王，在位也有10年，但实际上仅到过英格兰两次，生活的时间加起来只有半年，其余时间除参加十字军东征外，主要是住在他在法国的领地上。——那时候英国在法国有大片的领地，这也是著名的英法百年战争的根源。

他最主要的功绩就是在第三次十字军东征之中。

这也是规模空前的一次，参加第三次十字军东征的有三位欧洲最强大的君主，即神圣帝国皇帝腓特烈一世、法兰西国王腓力二世和英格兰国王理查德一世。但腓特烈于1190年6月在小亚细亚的一条山溪里淹死了，所以只剩下英法两位君主率军东征了。

1191年6月，理查德一世率军抵达地中海东岸的阿卡城外，这时候腓力的军队早就在城外了，此外还有一些德意志骑士，理查德大军的到来大大助长了联军的势力，经过一番猛攻，占领了这座重要的城市，在这里理查德通过残忍地屠杀两千多名战俘表达了他对穆斯林的仇恨。

但不久之后，因为此前的积怨，加上一些新矛盾，腓力在攻陷阿卡之后不久就率军回国了，但查理不肯就此退却，率军继续向耶路撒冷进发，面对他的将是强大的萨拉丁。

理查德知道在这异国的领土作战最重要的就是保障后勤供应，于是他像亚历山大大帝曾经做过的一样，将军队分成两支，海军在地中海中沿着海岸前进，陆军则在地中海岸边前进，两军之间随时保持联络，也可以随时为陆军提供后勤支持。

到了9月，他与萨拉丁的军队在阿尔苏夫进行了大战，大败萨拉丁，使萨拉丁见识到了欧洲人的强大战斗力。于是他采取了焦土战术，一方面将军队南撤，同时毁掉一路一切可供敌军使用的东西，但理查德继续前进，到达了距耶路撒冷只有20来公里的地方。但正当他准备再攻圣城时，得到不好的消息，原来已经回国的腓力二世与理查德一世的弟弟约翰在阴谋篡位。理查德大惊，赶忙与萨拉丁谈和，据说双方约定三年之后再在这里一决雌雄，还互赠了许多礼物。

但双方并没有践约，因为理查德在回国途中就被德意志的奥波德五世抓了起来。之所以要抓他，是因为当阿卡城被十字军占领时，利奥波德五世在城上升起了德国的旗帜，一向蔑视他们的理查德竟然下令把旗帜撕碎丢在泥土中，这是莫大的侮辱，利奥波德五世自然要报仇雪恨。虽然后来理查德被释放了，也夺回了王位，但在1199年就受伤而死了。

虽然取得了一定成果，但整体来说，第三次十字军东征失败了，因为耶路撒冷仍牢牢地控制在穆斯林手中。

这样的结果自然不能令基督徒们满意，于是，不久之后的1202年，就发生了第四次十字军东征。

这年的教皇是英诺森三世，他想先打下埃及，也就是萨拉丁帝国的主体，然后再攻耶路撒冷。但这样一来需要一支庞大的船队运输士兵，怎么办呢？他想到了这时候拥有最庞大船队的国家——威尼斯。

关于这个特殊国家的历史我们在后面还要叙说，这个国家也将在此后基督徒与穆斯林的战斗之中居于核心的地位，而且其与伊斯兰教世界的战斗持续时间之长甚至要超过东罗马帝国。

威尼斯人答应了，当然不是免费的，他们只是做生意而已，他们表示可以提供巨量的帮助，但条件是它能获得一半被十字军征服的领土以及巨额的款项。

教皇和十字军们答应了这样的要求，于是，1202年11月，第四次十字军东征的庞大船队从威尼斯出发了。

但这次十字军首先攻击的地方并不是属于伊斯兰教的，而是当时为基督教的匈牙利人统治的扎达，这群基督徒们占领城市后疯狂洗劫，这种同教相残的行为不久传到了教皇耳中，他大怒之下革除了所有十字军的教籍，当然这是不行的，后来只革除了部分人的教籍。

此后十字军们就将船队在这里一直停留到第二年初，此后他们应该前往征伐异教徒了吧？

也许本来是有这样的计划的，但实际上没有，而是将矛头转向了另一座基督教城市——东罗马帝国的首都君士坦丁堡，不久就达到了城外海上，这是1203年6月的事。

据说当十字军的庞大船队停泊在君士坦丁堡城外时，骑士们看到城市极度的繁荣与富有，惊讶得目瞪口呆。

的确，这时候的君士坦丁堡是世界上最大、最辉煌的城市之一，可以与它相比的只有巴格达与中国的都城，是任何欧洲城市远远不能相比的。

不久，十字军顺利在金角湾一带登陆，然后威尼斯人的军舰冲入金角湾，摧毁了里面的东罗马帝国军舰，不久就攻入了君士坦丁堡，并且开始了疯狂的掠夺与屠杀，一位希腊人目击者尼西塔斯·卓尼亚铁斯是这样记载当时的情形的：

> 他们砸坏圣像，把殉道者的遗骨扔到我不愿提及的地方，护城者的遗体和鲜血到处都是。他们玷污了大教堂，这是可怕的。他们毁坏了高高在上的圣坛（这是为整个世界所公认的艺术品），瓜分了它……他们把马和驴赶进教堂，以便更好地带走从圣器和宝座、道坛、门和器具上拆下的所有他们能看到的金银；其中有些畜生滑倒了，他们则用剑来驱赶，它们的血和粪便又玷污了教堂。
>
> 一个妓女被推上了大主教的椅子，这是对基督耶稣的极大侮辱；她唱着淫秽的歌曲、随意地在圣地跳舞……品格良好的女士、无辜的女仆甚至献身上帝的童贞女都难以幸免于难……在街上、教堂和房子里到处都能听到哭喊和悲叹。

但是，这第四次十字军东征最主要的目标——耶路撒冷——他们却根本没有去！甚至根本没有进入穆斯林领土，而只是摧毁了同属基督教的东罗马帝国以及当时基督教世界最伟大的城市君士坦丁堡。

后来，占领者们建立了一个所谓的拉丁帝国代替东罗马帝国，后来被灭掉了，东罗马帝国也复了国，这已经是1261年的事了，但帝国元气大伤，从此一蹶不振。

对于十字军来说，这第四次东征是没有意义的，于是，几年之后，第五次十字军东征又来了，但仍以失败告终。

其实，在这次十字军东征之前，还出现了一支特殊的十字军，就是所谓的“儿童十字军”。所谓儿童十字军，顾名思义，就是由儿童组成的十字军。

儿童们怎么来当十字军了呢？

原来，在1212年前后，传出一条谣言，说只有儿童的纯洁才能蒙上帝的恩，征服异教徒。这些传说像风一样吹遍了整个欧洲，那些愚信的父母纷纷将自己的孩子交了出来。于是在欧洲的原野上到处出现了一群群儿童，从五六岁到十来岁，衣衫褴褛，吃力地走着，许多人累死饿死冻死在路上，活下来的一直走到了法国南部的马赛港。在那里他们被送上了一艘艘大船，往茫茫大海驶去，准备“用他们童贞的爱而不是用武力”去夺回圣地。

他们最后怎样了呢？他们根本没有被送去打仗，用他们的纯洁征服异教徒，而是径直被送到埃及，卖给奴隶贩子们了。

此后的第六次十字军东征则是一个人的独角戏，那就是神圣罗马帝国的腓特烈二世。

他于1228年开始率军东征，他从地中海的水路进发，先到了由狮心王理查德征服的塞浦路斯岛，然后到达了地中海东岸的阿卡。在这里他取得了一个了不起的成功，就是不费一兵一卒就收回了耶路撒冷，因为他与埃及苏丹阿卡迈尔缔结了和约，通过和约不但得到了耶路撒冷、伯利恒等基督教的重要城市，还得到了由之通往地中海的小块地方。

1229年3月的一天，腓特烈二世在耶路撒冷被加冕为新的耶路撒冷国王。

之所以如此，与腓特烈二世的博学有关，他与当时甚至是文盲的许多欧洲君主不一样，相当博学，据说他懂得七种语言——德语、意大利语、法语、拉丁语、希腊语、希伯来语和阿拉伯语，这使得他可以和埃及苏丹自如地交谈，也赢得了苏丹的衷心赞佩。

但好景不长，到1244年，花剌子模在埃及人的支持下又重新占领了耶路撒冷。

这就直接导致了第七次十字军东征。

这次十字军的领导者是法王路易九世，他为此筹措到了巨额的资金，也组建了一支大军，进军的路线也与前几次一样，先到达了塞浦路斯岛，但他准备从这里先进军埃及。一开始比较顺利，但在进攻开罗时又遇到了一个强大的对手——巴拜尔，结果，在法里斯库之战中，路易被打得大败，不但军队大部被消灭，自己也成了俘虏，这是1250年的事。后来付出了巨额赎金才被放回。

不用说，这次十字军东征又彻底失败了。

对了，打败十字军的是一支新的强大力量，这就是著名的马木留克。

马木留克是历史上一种有名的军队，他们大都是来自高加索山区的突厥人，从小被阿拉伯人买来或拐来，然后拿到中东的奴隶市场上贩卖，那些最强壮者就被各国的苏丹买走，然后加以严格的军事训练，包括射箭、格斗、刀法、阵法等，当然同时也会进行大量的洗脑，将他们训练成虔诚的穆斯林以及对主人极为忠诚的奴仆。这样一来，他们长大之后自然成了极为勇猛的战士——对此可以参照古希腊斯巴达战士的训练。其中最为出色的就是埃及苏丹所训练的马木留克。虽然就名义上的身份而言他们只是奴隶——马木留克本来就是“奴隶”之意，但由于他们往往是苏丹军队的主力，特别是禁卫军主力，因此深得苏丹器重，其将领也往往成为苏丹的心腹重臣。

当然他们并不一定是忠诚的，特别是在掌握了军队之后，例如阿优布王朝的最后一任苏丹就是被他的马木留克兵首领阿依巴克杀掉的，此后建立了新朝，这就是埃及所谓的马木留克王朝了，它统治埃及近三百年之久。

这时候，向十字军发动进攻的马木留克兵的领袖是巴尔拜一世。

自成为苏丹后，拜巴尔就将消灭基督徒在地中海东岸的领地作为了自己的主要使命，在他的不断攻击之下，阿苏夫、海法等十字军获得的大小城市一一被攻克，甚至捣毁了基督教的圣地之一拿撒勒的教堂，并攻灭了最重要的安条克公国。

在这种情形之下，欧洲基督徒们又想进行十字军东征了，这次是路易九世又站了出来，呼吁大家和他一起出征耶路撒冷，但响应者很少，因为大家对于这样的十字军东征已经看得多了，对它的胜利并不抱多少希望。

在这样的情形之下，路易九世决定自己单独行事，他又利用自己的资产建立了一支强大的军队，包括一支大舰队。

1270年，他的舰队到达了突尼斯，但不久之后军队里就出现了大规模的瘟疫，可能主要是因为不干净饮水的缘故，士兵像苍蝇一样大批死去，其中包括他的长子，不久他自己也死去了，都是死于腹泻。

据说路易九世临死时口里喊的都是“耶路撒冷”！他也因此而成为基督教的圣人之一。

接下来就是第九次，也是最后一次十字军东征了。

这一次也可以说是第八次的后续。因为它的起因就是英国的爱德华王子听说了法军在突尼斯的困境之后，匆匆率军赶来援助，但当他赶到之时，路易九世已经去世了。他没有就此打道回府，而是决心继续完成路易九世的未竟之业，发动了第九次十字军东征。这是1271年的事。

战争的结果互有胜负，双方都不愿意再打下去，于是签订了一份有效期为10年10个月又10天的和平协议。第九次十字军东征结束了。这次算不上失败，当然也算不上有多大的成功。

这也是最后一次十字军东征了，这时候整个十字军东征的结果主要是的黎波里和阿卡两城被攻克。

到1289年3月，马木留克兵攻克了的黎波里，所有男基督教徒都被杀死，所有妇女和孩子被卖为奴隶，所有房屋被烧掉。

至于阿卡，这个基督徒最后的据点，也是十字军东征最后的残余，1291年也被马木留克兵攻克了，不用说，里面的基督徒们被屠杀殆尽。

这就是十字军东征的最后结局。

从1096年的第一次十字军东征到阿卡城于1291年被最后攻克，持续了近两百年之久，期间死亡的人无以数计，而大结局就是这样！

总之，十字军东征的结果总的来说就是——怀着贪婪之心而去，背着耻辱之败而归。

值得补充的一点是，2000年2月底的一次电视讲话中，事隔七百余年之后，当时的教皇保罗二世终于在一次讲话中正式为十字军的倒行逆施表示了道歉。

第十三章　法兰克与法国的起源

今天世界上的三个西方大国——意大利、法国、德国，它们其实有一个共同的祖先，就是一个古老的西方大国——法兰克。

法兰克的分裂　上面我们说过了476年西罗马帝国因各蛮族的入侵而灭亡，替而代之的是一些蛮族王国，主要有：西哥特王国，它占有了欧洲西部，包括现在的西班牙和法国西部；东哥特王国，它占领了意大利；北面是法兰克王国，它占有了现在的法国与德国的大部分。

在这三个主要蛮族国家中，以法兰克势力最强。法兰克人原来住在莱茵河下游，也是日耳曼人的一支。当罗马帝国日薄西山时，他们乘机而起，到处抢占罗马人的地盘，他们的南边紧挨着就是高卢，所以第一个征服的自然就是它了。

这时法兰克涌现了它的第一个伟大的王——克洛维。

克洛维的洗礼

克洛维统领法兰克人不断攻城略地，公元486年，他率军在苏瓦松之战中击败了罗马人在高卢最后的残余势力，建立起一个强大而统一的法兰克国家，后来在都尔的教堂里，他戴上了王冠，成了“全体法兰克人的国王”，建立了墨洛温王朝。

在位期间，除攻城略地外，克洛维做了几件对于以后的法兰克以至整个欧洲都影响深远的事：

第一件事是皈依了基督教。罗马帝国覆灭时基督教已经成了罗马的国教，欧洲各地都有了大量基督徒，基督教教会也有了庞大的势力，这对于任何征服者都是莫大的财富。聪明的克洛维审时度势，决心把这些力量拉为己用。公元496年，他率领3000亲兵接受洗礼，成了基督徒。从此他的征服得到了基督徒们的大力支持，经常地，当他兵临某城下时，城里的基督徒们偷偷地或明目张胆地大开城门迎他入城，令他在战争中势如破竹，最终建立起了庞大的法兰克王国。

第二件事是他大封法兰克贵族、亲兵和教士。每征服一地，他便夺取三分之二的土地，分给上面这些人，这些人和他们的后代后来便成了封建领主，建立了封建庄园，一句话，确立了欧洲的封建制。

第三件事是他编纂了一部法典，称为《萨利克法典》。它的特点是处处要钱，金钱万能。例如杀一个主教只要赔款9000个金币，偷东西罚款15个金币，放火罚款63金币，等等。虽然这部法律相当好笑，比不上原来罗马人的法典，但没有章法，无以成国家，有了这部《萨利克法典》后，法兰克也就成了一个真正的国家了。

克洛维死后，他的国土分给了四个儿子，在法兰克没有什么长子继承制，国家像钱一样，由儿子们平分。虽然如此，分开后的几部分仍互相团结，有仗一起打，有好东西一起分。直到另外一种分裂——一种对现代历史也有深刻影响的分裂——来临。

当法兰克人征服高卢时，他们自己也被征服了，这征服来自文化与语言。由于高卢人长期处于罗马占领之下，已经完全罗马化了，他们的文化与生活方式较之原始的法兰克人先进得多。当法兰克人占领高卢时，那些占领者也逐渐地高卢化了，他们学会了罗马人的生活方式，也学会了罗马人的拉丁语，慢慢地成了不折不扣的拉丁人。但其他地方的法兰克人仍保留着他们日耳曼人的生活方式和语言。这样的结果就是法兰克事实上分裂成了两个部分，说拉丁语的部分被称作纽斯特拉亚，是现在的法国人的祖先，说日耳曼语的部分被称作奥斯特里西亚，是现在的荷兰人和比利时弗莱芒人的祖先。

后来，由于墨洛温王朝的王一个比一个懒，被称为“懒王”。他们不问国家大事，整天沉迷于基督教或者美女美酒之中，大权渐渐落到了“宫相”手中。这些宫相本来只是王宫的总管，后来他们不但控制了政权，还把职位变成了世袭，纽斯特拉亚和奥斯特里西亚都是如此。两边的宫相还互相争斗，都想成为整个法兰克的主人，到了687年，奥斯特里西亚的宫相赫斯塔尔·丕平打败了纽斯特拉亚的宫相，统一了法兰克。

赫斯塔尔死后，他的儿子查理·马特继位做宫相，他又是一个雄才大略之人。当此之时，兴起于中东的伊斯兰教势力已经庞大无比，建立了强大的阿拉伯帝国，帝国势力远达非洲，并从非洲越过直布罗陀海峡占领了西班牙。此后又将触角伸过了比利牛斯山，直达高卢，使欧洲基督教世界面临被伊斯兰教吞没的危险。查理·马特起兵抵抗，在普瓦提埃附近的大战中决定性地击败了穆斯林圣战者们，使欧洲依旧是基督教的天下。

查理·马特死后，按惯例把他的国家平分给两个儿子卡罗曼和丕平。这卡罗曼是个顶虔诚的基督徒，过了几年便放弃王位，到修道院做修士去了，整个法兰克王国便落到了丕平一人手里，这丕平就是历史上鼎鼎大名的"矮子丕平"。

这时候法兰克名义上还由克洛维建立的墨洛温王朝统治，丕平只是宫相，有一天，丕平派了一个人到教皇那里，问谁是真正的法兰克人的王，是头戴王冠的懒汉呢还是掌握王权、为法兰克人辛勤操劳的人？教皇那时正要人帮忙，便回答是后者。于是，丕平便召集法兰克人的贵族们，由贵族们"选举"，名正言顺地做了国王。

这是751年的事。他建立的王朝叫作加洛林王朝。

矮子丕平死后，法兰克王国又由他的两个儿子，卡罗曼和查理平分，但只过了三年卡罗曼就死了，法兰克王国便统一于查理之手，这查理就是伟大的查理曼大帝。

查理曼大帝

查理曼继位后，发动了全面的扩张战争，征服了意大利北部的伦巴底，势力一直达到罗马。

这时罗马的教皇是利奥三世，时常受到从东罗马皇帝到罗马城贵族的欺压，他认识到只有查理曼能够为他撑腰，便把罗马城最有名的圣迹圣彼得墓的钥匙和一面旗帜送给了查理曼，以示查理曼是罗马城之主。

公元800年，圣诞节，在罗马最大的圣彼得教堂发生了一个戏剧性场面：当查理曼跪在地上，向神祈祷过后，刚要起立时，利奥三世冷不丁把一顶皇冠戴在了他的头上，宣布他继承昔日的罗马帝国，成为全体罗马人的皇帝，尊为奥古斯都。

这样，324年之后，罗马帝国再一次在名称上得到了复兴，它的疆域大约包括现在的法国、德国和意大利三国。

公元814年，查理曼死了，他的儿子路易继位，路易有个绰号“笃诚者”。比之父亲更是个虔诚得稀里糊涂的基督徒。继位才三年便把国土分给三个儿子。但过了足足15年后，他又反悔了，要求更改。这是因为老婆死后，他又娶了个老婆，这老婆又给他生了个儿子，这儿子有个特点，就是头上一根毛都没有，被称为“秃头查理”。但父不嫌子丑，路易把这个小秃头爱得不得了，要求三个儿子每人分一些领土出来，给这个小弟弟。到嘴的肥肉哪能让它飞了？三个哥哥谁也不答应，气愤的父亲就向三个儿子宣了战，战争打了整整十年，直到公元840年路易死了，他的大儿子罗退尔当了皇帝才告一段落。

三年后，在凡尔登地方，签订了一个条约，规定：秃头查理获得法兰克西部、日耳曼路易获得法兰克东部、罗退尔获得法兰克中部和南部包括意大利在内的地区。

这三部分后来就形成了三个独立的国家，分别是法国、德国、意大利。

法国的由来　秃头查理才分得法兰克西部、法兰西立国之初，就遭受了外敌入侵，入侵者是来自北欧的诺曼人，这些人身材高大、作战勇敢，尤其善于航海，他们像从前毁灭罗马帝国的蛮族一样，在欧洲到处侵略，包括法兰西。公元885年，他们将法兰西皇帝“胖子查理”围在巴黎城内，胖子出了一大笔钱才保住性命，这种怯懦行为令他丢掉了王位。

接替胖子的新王是巴黎伯爵埃德，他的父亲是有名的“强者罗伯特”，他由于抗击诺曼人有功被封为法兰西岛公爵。但埃德的王位并不稳，拥戴他的只是一部分贵族，另一部分贵族仍拥护加洛林王朝，他们从加洛林王族选出了一个新王，叫“简单查理”，如此，法兰西刚刚诞生就陷入大分裂。

后来的一百年是法兰西的战国时代，沉浸在两个王朝和它各自的拥护者之间的无休止的争斗之中。大大小小的封建主为了争权夺利你打我我打你，没个闲着的时候。这时候的法国是最典型的欧洲中世纪封建割据社会。

这种情形一直延续到公元987年。这年，法兰西的贵族和主教们召开了一次全体大会，强者罗伯特的后人、巴黎伯爵休·加佩被选为唯一的国王，从而结束了法兰西的分裂局面。此后，他和他的后代统治法国三百余年。

这时的法兰西算是统一了，但这只是表面现象，法国的封建割据依然如故，公爵伯爵们依旧统治着法兰西绝大部分领土，属于国王的土地在其他封建主的领地包围下仿佛是汪洋中的一个小岛——只是巴黎和它郊外的一小片，许多封建主的领地要比国王的领地大得多。

然而正所谓天下分久必合，这种割据的局面到了加佩王朝的后几代国王手里时开始有所改观了。这几位国王都是些不甘于身为国王却穷得靠抢劫商人过日子的人，他们设法扩充自己的势力，从他的“附庸”们手中剥夺采邑。由此开始了法兰西历史上长达数百年的强化王权、建立君主专制政体的过程。

开始这一过程的是腓力二世，他要夺取的是英国国王在法国的领地。

这是我们第一次提到英国，实际上，英国这时早已崛起并成为欧洲强国了，这个过程我们下面还要专门讲到。由于英国国王的先人是法国的诺曼底公爵，他在征服英国之前就在法国占有大片领地。后来通过不断联姻，英王在法的领地越来越大，后来占了全法国一大半，比法王的领地多十倍都不止。

英国国王的势力如此强大，腓力二世凭什么从老虎头上拔毛、太岁头上动土呢？他的力量之源就是法国人民，特别是已经兴起的城市里的市民。一方面，这些人是爱国者，不忍心看着自己的国土被英国佬霸占，另一方面，城市靠做生意过日子，若国家分裂，到处有关卡收税，生意好做吗？若法国统一在法王旗帜下，生意自然好做多了。所以市民们一开始就大力支持腓力二世的统一事业，有钱的出钱，有力的出力，这些都使得腓力二世感到有力量与英国佬一决高下。

1202年，战争终于爆发了，原因是英国的约翰王没有按时按量纳贡，腓力二世宣布褫夺约翰王在法国的一切领地，约翰王反击，英法之间正式爆发了战争。十年之后，腓力二世攻取了诺曼底、缅因、安茹等地。打了败仗的英国人便与德国人结成了联盟，1214年，在布汶底地方，腓力二世与英国、德国及法国反腓力二世的封建主之间展开决战，腓力二世将反法联军彻底击败，约翰王和德皇奥托四世的军队几乎被全歼，还俘虏了一大批伯爵、骑士等，弄到了一大笔赎金。

从此，法国第一次以一个国家而成为欧洲列强之一，腓力二世也被尊为腓力·奥古斯都。

腓力二世死后三年，他的孙子继位了，是为路易九世，他又是一位积极统一法兰西的人，他加强中央集权，统一币制，又改革法制，还组建了自己的军队，势力更加壮大。

路易九世死后，他的孙子腓力四世继位，腓力四世是名闻全法的美男，绰号“漂亮的腓力”，他所做的一件主要大事是与教皇之间的斗争。

那时，法国财产的一大半集中在教士们手里，腓力四世宣布教会必须把它收入的20%上缴国库，又禁止金银珠宝离开法国输往国外。甚至派人潜往罗马，同也与教皇过不去的罗马贵族合谋，袭击教皇的宫廷，制服了教皇很少的卫兵，将他关起来，这个叫卜尼法斯八世的教皇已经75岁了，几天后就死了，腓力四世设法让法国波尔多地方的大主教被选为教皇，将教廷从罗马迁到法国南部的亚威农城，教皇成了他的掌中之物，前后达70年之久，这些教皇就被称作“亚威农之囚”。

漂亮的腓力的另一件大事是召开了“三级会议”。所谓三级会议就是全法国三大等级的人民代表参加的会议，这三级就是教士、贵族和市民。

三级会议只是腓力四世的御用工具，他的目的只是想通过它多弄点钱、多征些税，但由于参加者的广泛性，它有利于法国各阶层的团结和法国的统一。

公元1313年，漂亮的腓力死了，此后，延续了三百多年的卡佩王朝完蛋了，代之而起的是瓦洛王朝，它的第一任国王叫腓力六世，腓力六世所做的大事就是发动了著名的“百年战争”。

百年战争有三个起因：一是争夺法国王位。腓力六世是代卡佩王朝而起的，但卡佩王朝并非真的没了传人，这时的英王爱德华三世就是腓力四世的外孙，有资格继承法国的王位，他也提出了继位的要求，这对腓力六世是个极大的威胁。二是英法之间历史悠久的争夺领地的斗争。到腓力六世时英国只剩法国西南部的基加一块领地了，但腓力六世想把它也抢过来，爱德华四世当然不答应。

正式引发百年战争的是第三个原因——争夺弗兰德斯。

弗兰德斯大约相当于今天的比利时和荷兰一带，很早就是有名的商业中心了，羊毛纺织业十分发达，羊毛业最重要的原料羊毛几乎全是从英国来的。这时弗兰德斯的统治者是腓力六世的亲戚，愿意让弗兰德斯并到法国。公元1336年，他下令逮捕了许多在弗兰德斯的英国商人，并禁止弗兰德斯与英国通商。英王立即予以回击，禁止羊毛输往弗兰德斯。这等于把弗兰德斯人的饭碗砸了，他们群起反对，弗兰德斯一片混乱。

有了这个借口，腓力六世便宣布没收爱德华四世在法国的领地，1337年11月，爱德华四世向腓力六世下了挑战书，百年战争从此开始，这是西方、也是人类历史上延续时间最长的一次战争，足有116年之久。

百年战争　英法第一场大战发生在三年后的海上，弗兰德斯北面，英国的海军大胜，从此牢牢掌握了制海权。

控制海上后，英国把大批陆军运到法国本土，战争从此在法国领土上展开。

1346年，双方在法国北面，靠近弗兰德斯的克勒西再次大战，是役著名的英国弓箭手们大显威风，把法国的骑士们射得人仰马翻，溃不成军。不久英国人在法国南北都占领了大片土地，继续进攻，1356年又在普瓦提埃与法军大会战，法军再次大败，连法国国王都成了英国人的俘虏。

法王被释放回国后没几年就死了，儿子查理王太子继位，称查理五世。他利用三级会议的帮助获取了大量税收，又大力整顿国家，重整军备，建立了庞大的陆海军。运用这些力量，他在与英国的战斗中节节胜利，把英国在法国内地的领地一一光复，这时英国正处于内乱之中，无力还手，1369年双方再次签订停战协定。

查理五世死后，他的儿子继位，称查理六世。这是个年仅十二岁，又患了癫痫病的家伙，无力治国安邦，朝臣们也分成了两大派，分别称奥尔良党和勃艮第党，互相争权夺利，刚安定了几年的法国重新陷入混乱。勃艮第党战败后便向英国人求援，这时的英王已经是亨利五世了，他急统大军登陆法国，大败由奥尔良公爵带领的法军，英军乘胜前进，一直打到巴黎。这是1415年左右的事。法国的首都和整个北方皆处于英国的占领之下。

一直过了十来年，亨利五世和查理六世接连死去，此前，英王亨利五世已经和他的战利品之一，一位法国公主成了亲，并且生下了一个孩子，但这时孩子还不到一岁，这婴儿便继位为英王，称亨利六世，同时由于他是法国公主所生，又被宣告为法国国王。法国人哪能承认这个小英国佬是他们的王，这时在法国南部，以王太子查理为首，仍然在与英军战斗。

1428年10月，英军再次攻击法军，目标是法国中部的重镇奥尔良。它是这时法兰西的心脏，要是它被英国人占领了，法国也就彻底完了！英军进展顺利，不久就包围了奥尔良，大有一鼓而下的气势。

这时，出现了也许是整个法兰西历史上最奇迹的一幕：一个贫下中农的女儿、年仅16岁的贞德拯救了法国。

贞德1412年生于法国东北部一个叫德雷米的小村庄，从小熟读《圣经》，据说她还在十三四岁时就经常说她能听到圣人的声音，甚至能看到他们的光辉形象。不知何时起，贞德就能听到的圣人的声音了，圣人叫她去解救奥尔良，并且将这时已经被剥夺了王位的继承权、正躲在一个山谷里的法国王子查理带出来，让他正式加冕称王。

贞德

贞德立即按照神的旨意行事。

她到了邻近一个城市，一见面就对城防司令说：“上帝派我来拯救法兰西，为查理加冕！”

也许真是天意，或者是病急乱投医，那城防司令竟然相信了这个16岁的小姑娘，为她提供了一支卫队，她带着这支卫队千里迢迢赶到了查理王子躲的罗亚河谷地，向王子说明了她的目的——也就是神意。王子起初不相信她，觉得这太离奇了，便让几个博学的教士和神学家去考验她，发现她的心理完全正常、真像接受了神意。大喜过望的查理立即给了她一支不大不小的军队去奔袭奥尔良的英军。

1429年5月，贞德到达了奥尔良，向英军发动了猛攻，原来在法国人面前常胜不败的英军这时却被贞德打得溃不成军，狼狈而逃。接着，在奥尔良西北面的巴泰城，贞德统军再次大败英军，还逮住了英军统帅。

奥尔良得救了！这消息和贞德的名字像狂风一样席卷法国，人们称她为“奥尔良姑娘”，她激起了长久以来萎靡不振的法国人的斗志，使他们燃起了战胜英国人、解救祖国的信心与决心。

解放奥尔良后，她的军队所向披靡，1429年7月，查理正式即位称王，是为查理七世，加冕之时，贞德就站在位新王的旁边，做他的保护人。

但后来贞德失利被俘，1431年5月30日被当众活活烧死在法国卢昂的广场上，是年仅19岁。

圣女贞德在鲁昂被执行火刑

查理七世终于决心要把英国人彻底赶出法国领土，他开始大力整顿国家、训练军队。

1453年，在一个叫卡斯蒂永的地方，英国军队被彻底击败，虽然仍没有签署正式的停战条约，漫长的百年战争事实上结束了。

查理七世死后，他的儿子继位，称为路易十一，他继承乃父的事业，继续消灭封建割据，推进法兰西的统一。这时剩下来的最后一个大封建主就是前面与英国人勾结的勃艮第党人的头子勃艮第公爵了，他是个好战的家伙，绰号“大胆查理”，路易十一想出了一个借刀杀人之计，他诱使大胆查理与团结而强悍的瑞士人交战，1477年，大胆查理被瑞士人杀死，路易十一乘机夺了他的领地。

至此，全法国再也没有一个封建主有力量和路易十一抗衡了，法国事实上成了一个君主专制国家。

所以，百年战争的结束也是一个新的开始——法国君主专制政体的开始，同时也是法兰西民族的开始。法兰西从此不但完成了国家的统一大业，独特的法兰西文化也已形成并走向成熟，其标志是以巴黎方言为基础的法语成为全法兰西的通用语言。

第十四章　英国是怎么来的

不列颠是一个岛屿，与法兰西隔英吉利海峡相望，我们在前面说到了，恺撒征服高卢人之后，顺便渡海征服了不列颠南部。

英国的历史从此开始。

英国的历史有一条比较明显的中线，从这条线往前和往后是两段特点鲜明的历史，这条中线就是法国人诺曼底公爵的征服。

早期不列颠　在此以前英国也有人居住，这些人叫凯尔特人，他们是英国的土著，说着一种与高卢人差不多的语言，大多以放羊为生，当恺撒踏足不列颠岛时，他们已经在这片土地上繁衍生息上千年了，只是还非常的原始落后。

恺撒的征服之后，英国南部就成了罗马帝国的一部分。过了百把年，罗马另一个皇帝克劳狄乌斯一世对不列颠进行了全面的征服，建立了行省，把不列颠大部分纳入了全盛时期的罗马版图。

但这时不列颠的土著们，他们现在被称为不列吞人，也就是凯尔特人，也开始建立起自己的国家。其中生活在北部的不列吞人勇敢善战，从没有被罗马人征服，还时不时袭击已经被罗马人征服的南部。后来，罗马皇帝、“五贤帝”之一的哈德良只好在靠近苏格兰的地方筑起了一道“长城”来拦阻他们，样子有点像秦始皇筑的长城，隔一段距离也有座用来点烽火的瞭望台。只是长度比不上长城一个零头，总共才三百多里。

在文明的罗马人的统治下，不列颠渐渐文明化了，大家都说上了拉丁语，建立了一些罗马式的城市和大马路，还有不少人成了基督教徒。

罗马人统治了几百年后，到公元5世纪初，撤退了，罗马人的撤退开始了英国人自己的历史，这是一段更为复杂的历史。

罗马人后脚刚走，另外的入侵者就踏进了门，这些人就是盎格鲁人和撒克逊人，他们都是日耳曼人，原来与其他日耳曼部落一样住在易北河与莱茵河一带，当罗马帝国崩溃时，他们与其他日耳曼人一起蜂拥进入罗马帝国，把罗马帝国原来的领土当作自己的蛋糕切来就吃。英国也是蛋糕之一。

不列颠原来的土著凯尔特人在这些蛮族的攻击之下，再一次沦为自己家园的奴隶，直至像许多别的古代民族一样，被消灭了。他们肯定曾进行过英勇抵抗，所谓亚瑟王和圆桌骑士的传说就是最好的证明，但他们毕竟不是日耳曼人这些“金发野兽”的对手，所以现在的英国人仍是盎格鲁－撒克逊人。

蛮族们来到不列颠后，一开始建立了三个小国家，分别叫东、西、南萨克森。到公元7世纪左右，盎格鲁人和萨克森人的小国增加到了七个，包括肯特、威塞克斯等。这些小国斗来斗去，形成了英国的战国时代。先是肯特做了霸主，接着是威塞克斯，它的王艾格伯特先后征服了肯特等国，逼它们称臣纳贡，承认他是“全不列颠的统治者”。事实上他统一的只是盎格鲁－撒克逊诸国。

这也是英国统一的开始，英国的常用称呼“英格兰”就是这时候开始的。

公元8世纪后期，不列颠发生了另一次大入侵，这次的入侵者是丹麦人，公元9世纪时他们已经从东到西横扫不列颠，眼看盎格鲁—撒克逊人就要被征服，就像他们征服不列吞人一样。这时一个人站了起来，带领英国人奋勇抵抗，他就是威塞克斯的阿尔弗雷特大帝。他组建了一支强大的军队与丹麦人作战，并于878年打败了丹麦人，使英国得免举国沦陷。但泰晤士河以北仍归丹麦人占领，称“丹麦区”。

阿尔弗雷德大帝死后，又经过几番大战，丹麦人再次取得了优势，他们打败英国人后，大索贡金，史称“丹麦金”，到1014年，英国人共付七次，总数达15万8000金镑，这在当时可是笔大得吓人的钱，1016年，丹麦人卡纽特登上了英国王位，他又要了8万2500镑作丹麦金。他死后，其子哈地卡纽特继位，这位哈地卡纽特死后继位的却是阿尔弗雷德大帝的后人爱德华，他一直寄住在法国的诺曼底公爵家，是个十分虔诚的基督教徒，被称为“忏悔王”，这是1042年的事。

法国人的征服　1066年发生了英国历史上一件翻天覆地的大事。

这年，忏悔王死了，他妻子的兄弟哈诺德被推为国王。爱德华王曾长期寄居在法国诺曼底公爵家中，威廉公爵称爱德华曾经亲口说愿死后把王位给他，以表达对他的感激之情，他又是爱德华王的亲戚，有继承王位权利。他于是统军渡过海峡，进入英国，在哈斯丁一役中大败哈诺德，12月，法王的封臣威廉在伦敦戴上了英国的王冠，史称“征服者威廉”，他建立的王朝称“诺曼底王朝”，这是英国历史一个崭新的开始。

俗话说，三十年风水轮流转，昔日征服凯尔特人的盎格鲁－撒克逊人如今也得尝尝被人征服的滋味了。他们也曾想反抗，但徒劳无功。征服者威廉看到法国国王把大量土地赐给臣子，弄得自己倒成了穷光蛋，甚至被封臣们欺侮，他可不做那样的傻瓜。他首先让自己的直辖领地超过任何一个封臣，其他土地也主要封给了兄弟子女等近亲。他也知道他之所以获得英国王位，有一半功劳属教会和教皇，所以他也把大量土地给了教会。他还解除了各个城市的武装，拆除了许多城堡。这种种措施被延续下去，使英国以后不致像法国那样陷入四分五裂的封建割据之中——这就是英国以后日渐强盛的基础。

1135年亨利一世死后，诺曼底王朝就完了，继之而起的是“金雀花王朝”。它的建立者是法国的安茹伯爵，他是征服者威廉孙女的儿子，史称亨利二世。

亨利二世在位期间，继续加强王权，他向胆敢反抗他的封臣们发动战争，他不但在英国、还在法国拥有广大领地，封臣们的势力远没有他强大。他命令诸封臣解散私人军队，拆除了300多座城堡。他还不再要封臣们自己带兵跟从他作战，他知道这也是他们扩大自己势力的最好办法，他命令他们改为交钱代役，他用这笔钱去请人当兵。这样建立起来的军队只忠于他一人，领主们也再没有借口武装自己。他又与势力过于强大、大有不把他这个国王看在眼里之势的教会展开斗争，暗杀了不可一世的坎特伯雷大主教。

亨利二世的这些措施大大加强了王权，使英国成为一个统一的整体。他的继位者却一个比一个糟糕，先是那个号称“狮心王”的理查，他在位十年有九年不在英国，他也热衷于用战争为英国开疆拓土，但碰上的却是法王奥古斯都·腓力，所以连战连败，1199年战死沙场。查理的弟弟约翰继位，他有个称号“无地王”。为什么他有这个怪号呢？因为他是亨利二世的小儿子，所以没有能在法国分得一块领地。

这个无地王被称为英国历史上最昏庸的君主，对外对内都搞得一塌糊涂，惹起全国上下的一致反对。在这些暴风雨似的内外夹攻下，他被迫与人民妥协，签署了“自由大宪章”，中心是限制王权，保护贵族、骑士和市民们的权利、自由和钱袋。这是英国议会制度的萌芽。

无地王死后，他的儿子继位，称亨利三世，他是个比忏悔王还要虔诚的基督教徒，对教皇有求必应，遭到臣民们的激烈反对，一些贵族乘机向国王发动“兵谏”，强迫亨利三世同意他们所订的《牛津条例》，又大大限制了国王的权力，亨利三世心有不甘，一找到机会就宣称条例是废纸一张，不惜与贵族们的代表孟福尔展开了内战。

战争之初，孟福尔取得了胜利，并且在1265后召开了英国历史上第一次正式的国会，参加国会的代表不但有贵族和教士，还有骑士和市民。但孟福尔好景不长，不久他就在另一场战役中大败被杀。

亨利三世虽然掌了权，国会却开始成了英国政治的一种传统。1295年，他召开了所谓的“模范国会”，特点是贵族和主教们在一个地方开会，市民和骑士们则在另一个地方，它们后来就分别发展成了英国国会的上院和下院，现在仍然如此。

英国与一般国家不一样，被分成了几个相对独立的部分：英格兰、苏格兰和威尔士。它们又是如何与英国结合在一起的呢?

有很长一段时期，威尔士、苏格兰与英格兰平起平坐。但英格兰的君主一直想把它俩吞而并之，原因简单得很：卧榻之侧，岂容他人酣睡！到亨利三世的儿子爱德华一世时，英格兰人对苏格兰人的征服取得了胜利，威尔士成了英国的一部分，并迅速被英格兰化了。

但对苏格兰的战争要难得多。也是这个爱德华一世，他乘苏格兰由于王位的继承闹得不可开交时，设法把效忠于他的约翰·戴贝亚弄上了王位。但这个戴贝亚一登上王位就翻脸不认账了。爱德华一世率军入侵，把戴贝亚逮捕流放了。但以布鲁斯为首的反英斗争并没有平息，1314年，在班诺本之战中，他决定性地击败了爱德华二世的军队，使苏格兰重获自由。

接下来的大事就是百年战争了，它的起因与经过我们前面讲法兰西的成长时已经说过，这里就不再重述。

玫瑰之战　百年战争失败后，英国人开始反省自己失败的原因，有很多人把失败归咎于亨利六世的妻子、法国公主玛格丽特身上，说是她出卖了英国，同时人们也反对亨利六世时执掌国政的萨默塞特公爵，想把他作为失败的替罪羊。反对者中为首的是约克公爵，他的支持者们便佩戴白色玫瑰以表对约克的支持，而国王，他属于兰开斯特家族，他的支持者们则佩戴红色玫瑰。他们之间的纷争就是英国历史上有名的红白玫瑰战争。关于这场特殊的战争中的各种场面，我们可以在莎士比亚的《亨利六世》（下）中读到。

一开始，由于约克公爵才能优异，又得民心，在战争中屡屡得胜，但他为人心慈手软，俘虏了国王又将他释放，终于在玛格丽特王妃发起的复仇之战中失利被杀。但他的儿子继承父业，决定性地击败了王军的势力，自己得登王位，建立约克王朝，称爱德华四世。但玛格丽特是个不屈不挠的女人，在法国的支持下，一度胜利地回到英国，赶走爱德华四世，让她的夫君亨利六世复了位。爱德华逃亡后，并没有投降，而是养精蓄锐，东山再起，1471年在德克斯贝里等战役中取得了决定性胜利，并杀了亨利六世和他的儿子。

兰开斯特家族似乎在这场玫瑰之战中永远失败了。然而意外出现了。

爱德华四世的弟弟理查是个阴险残酷的家伙，一心想登上王位，当他的王兄死后，他便将两个侄儿暗杀了，自己做了国王，称理查三世。他的这种行为和他的为人使得全英国都起来反对他。为了令自己的统治合法化，理查三世想了个歪主意：要娶爱德华四世的女儿、自己的亲侄女伊丽莎白为妻。

这时兰开斯特家族乘机再次登上了舞台，他的代表就是亨利·都铎。他率军向天怒人怨的理查三世发动了战争，战败并杀死了他。

红白玫瑰战争是这样结束的：亨利·都铎娶了伊丽莎白，将兰克斯特家族与约克家族合二为一，他于1485年登上王位，称亨利七世。

亨利七世和都铎王朝开始了英国一个新的历史时期，至此英国在政治上已经统一，经济开始大发展，各个行业尤其是养羊业和毛纺业享誉全欧，为国家积累了巨额资本，这是以后英国成为世界第一强国的先声。最重要的是英国民族文化形成了。我们知道，当罗马人侵入英国后，英国人说起了拉丁文，后来盎格鲁–撒克逊人也把自己的语言带了进来，这些语言慢慢地融合成了原始英语，但英语起初只是“没有文化”的英国人才说，有教养的人说的都是法语，特别是在宫廷，满耳全是法语，说英语被认为是没有层次的标记。这种情况到爱德华三世时有了改变，也许因为他自己法语说不好，也许因为他是个爱国者，总而言之他在1362年下令法庭用英语审判案件。此后亨利四世更是大胆，竟然在英国宫廷里说起英语来！不过他毕竟是国王，没有人敢因此嘲笑他，甚至效法他，慢慢地英语就在贵族中流行开来。英国走向成熟的标志是出现了英语写就的文学作品，最有名的如诗人乔叟的《坎特伯雷故事集》。

这一切加在一起就构成了一样东西——英国文化。

第十五章　德意志的诞生与分裂

我们前面说过日耳曼人。

日耳曼人有好多分支，例如西哥特人、东哥特人、汪达尔人、勃艮第人，等等。他们原来住在易北河与莱茵河之间，一向被称为“蛮族”，文化相当落后，不过落后不等于不强大，相反，在古代社会，落后甚至常常强大。例如西方的马其顿人之于雅典人、东方的蒙古人之于汉人等，落后的日耳曼人也向来是强大的。

前面我们已经说到了843年查理曼的三个孙子瓜分帝国的事，其中日耳曼路易获得了帝国东部，那就是德国的原形，也是德国历史的开端。

鄂图的帝国之梦　911年，日耳曼路易死了，没有子嗣，查理曼的加洛林王朝的统治就此结束。接下来是法兰克尼亚的康拉德做王，康拉德死后，萨克森的亨利一世做了王，他有两个绰号，一个叫“捕鸟者”，另一个叫“无柄之剑”，后面一个绰号是因为他很讨厌当时在德国作威作福的教会，做王时不肯行“涂油礼”，这就表明他没有得到上帝的祝福，是非法的，犹如无柄之剑。

上台伊始，他就举行了一系列的内外征讨，对内他先后平定了士瓦本公爵和巴伐利亚公爵的反叛，对外与来犯的马札尔人作战，这些马札尔人就是现在的匈牙利人，曾令欧洲人寝食难安，但捕鸟者将他们彻底击败，从此没有在欧洲兴风作浪。他又对斯拉夫人发动战争，夺取了大片土地。他还征服了捷克人，逼他们称臣纳贡。

他的这些胜利看上去很辉煌，不过代价也大得很。为了让诸侯们支持他做王，出钱出兵帮他打仗，他给了他们很大的特权，如铸造钱币、审理案件等，还把他们封地内的教堂修道院也交由诸侯们管理，让他们从那里收钱收粮。这些都大大加剧了德国的分裂局面，埋下了德国以后长期分裂的种子。

亨利一世死前，指定他的大儿子继承王位，称鄂图一世。

鄂图一世与父亲不一样，他接受了涂圣油的仪式，成了合法的君主。他与乃父一样是个极好战的家伙，继位不久便镇压了他的弟弟与法兰克尼亚公爵的反抗，巩固了王位。继而发动了大规模的征服战。

他先征服了易北河与奥得河之间的广大地区，又向斯拉夫人发动侵略，占领了大片土地，将德意志的领土一直延伸到现在的波兰和丹麦。

通过这一系列成功的征战，鄂图一世大长了声望和权力，他乘机扩大自己的王权，包括要求德国的主教们像普通封建主一样做他的附庸，为他的征战出钱出力。他的这些目标一一达到了，如果这时他静下心来，专注于德意志的事务，像他在法国和英国的同行们一样致力于建立君主专制，凭他的文治武功，他完全有可能消灭德国的封建割据，建成统一的德意志国家。如果做到了这点，那德国的历史就会是另一番景象了。

然而他没有，他并没有把目光放在德意志，而是投向了意大利、昔日辉煌伟大的罗马帝国的老家。他梦想征服它，重温伟大的帝国之梦。

也是天缘凑巧，这时统治意大利的君主罗退尔死了，这不是查理曼的长孙、分得中部法兰克的罗退尔，而是他的后人。这个新罗退尔死后，他的寡妇受到了威胁，她久仰鄂图一世的大名，逃到了德国，请求帮她复国。真是踏破铁鞋无觅处，得来全不费功夫，正愁找不到借口侵入意大利的鄂图一世连连点头，即刻兴兵南下，不久占领整个意大利北部，成为伦巴第国王。这是公元951年的事。

960年，他借口教皇有请，再次兴兵侵入意大利，兵锋直指罗马，两年之后，他攻入罗马，帮助教皇打垮了宿敌。为了向他表示感谢，这年，在圣彼得大教堂，就是查理曼曾经被教皇封为罗马人的皇帝和奥古斯都的地方，鄂图一世被教皇加冕为“神圣罗马帝国”的皇帝。这个帝国从此延续了近千年之久，直到被拿破仑灭亡。

鄂图一世做王后，大半时间就在意大利度过了，等他再回德国时，已经整整六十岁，大半截身子入土了。

第二年鄂图一世死了，他的儿子继位，称鄂图二世。这个鄂图二世也是个有能力的人，本来可以在德国干出一番事业，他也这样想，继位之初就打败了想夺他王位的巴伐利亚公爵，又效法父亲往罗马进军，但982年一仗，他被阿拉伯人打败了，回到德国后，想重整旗鼓，向阿拉伯人报一箭之仇，可惜天不假年，第二年他就死了。

他的儿子这时只有3岁，由他的母亲等摄政。十三年后，到他满了16岁时，才把国政交予他。

他做的首要大事又是像他的爷爷和父亲一样向意大利进军，并指定他的一个亲戚为教皇。但他这个神圣罗马帝国皇帝如今的日子可没有爷爷好过了，许多地方都不承认他的统治，而他也束手无策，他的威望和势力已经无法与先王相比了。

正当皇帝势力下降之时，德国境内的基督教势力却一直在增长，他们掌握了德国的大部分财富，皇帝都常常要向他们借钱，登位也要由他们加冕才行，这冕甚至可以不惊动教皇，由大主教来加就可以了。势力变得比教皇还大的教会就提出了各种要求，如把教会财产严格控制在教会手中，主教等教职也要由教皇来任命——以前这都是皇帝的事，其目的只有一个：要让教权凌驾于世俗政权之上。

势力日小的皇帝在势力日大的教会面前步步退让，到亨利四世时达到顶点。这个亨利四世本来也不是好惹的，1076年，他在沃姆斯地方举行帝国会议，想联合德国的教俗两界与教皇斗它一斗。他在会后向罗马教皇发布了最后通牒式的公告，以这样的话结尾：“朕，亨利，神授的皇帝，联暨全体主教告尔：滚开！”

但这时的教皇，称格里哥利七世，可不是好欺负的。他宣布开除亨利四世的教籍，并叫亨利四世所有的臣民都不要效忠于他。

这样的圣谕一来，德国那些本来就讨厌亨利四世的贵族们立即表示遵守圣谕，不承认亨利为王，不效忠于他，亨利四世一下子陷入众叛亲离的境地。除了向教皇屈服别无出路。当他打听到教皇要去卡诺莎城堡访问玛狄尔德女伯爵时，便千里迢迢翻越阿尔卑斯山，到达了卡诺莎城堡，他穿着罪人的衣衫，赤脚光头，在冰天雪地里站了整整三天，教皇才召见他，恢复了他的教籍。这是1077年1月的事。

受到如此侮辱的亨利四世回到德国后卧薪尝胆，过了三年，积蓄了力量后，他宣布废黜格里哥利七世，另立克利门特三世教皇。过了四年后，更统兵进入罗马，赶走了格里哥利七世，第二年这位一度叫皇帝下跪的教皇孤独地死于一座叫萨勒诺的小城。

但教俗之间还在竞争，到1085年，这时亨利四世也已经死了，继位的亨利五世与新教皇卡力凯斯特二世在沃姆斯签订了条约，双方各自做了一些妥协，定明了皇帝和教会各自的权限，教权和俗权的争夺才暂时平息。

但这暂时的平息与其说是斗争的结束，不如说是斗争新的开始。

这时德国的封建割据日趋严重，诸侯们各自为政，根本没有“统一的德意志”这个概念。加之德国有一个传统——皇帝可以不由世袭，而由选举产生，那些想当皇帝的大诸侯为了登上帝位，不得不给其余诸侯许下种种诺言，给予各种好处——就像美国现在的选举一样，竞选时政客们总向握着选票的选民极尽讨好献媚之能事，好让他们把选票投向自己，至于能否兑现，管它呢，反正选民们也没有这个奢望。

在这时的德国，给诸侯们的好处是让封建主们在各自的领地里有更大的权力，可以更加为所欲为。这样，德国便变得一天比一天支离破碎了。

皇帝与教皇　1138年，一个新的王朝——霍亨斯陶芬王朝登上德国的历史舞台，它产生了又一个鄂图一世式的大帝——腓特烈一世，或译作弗里德里希一世。

腓特烈一世长着一大把红胡子，所以也有人称他“红胡子大王”，全名是腓特烈·巴巴罗萨，在叔叔康拉德三世死后被选为王。他是个天生的野心家，一生的目的就是要征服意大利，重温大罗马帝国的旧梦。所以，像诸葛亮六出祁山讨伐曹魏一样，他也曾五出阿尔卑斯山攻伐意大利。

1154年，他第一次攻入意大利，借口是教皇请他帮助平定布里西亚的叛乱。他行军神速，不久直抵罗马，平定了叛乱，第二年被加冕为神圣罗马帝国皇帝。

过了四年，由于北意大利的米兰等城胆敢反抗他，他第二次入侵意大利。他宣布取消许多城市的自治权，由皇帝向这些城市派遣市长、驻防军队、大收其税。他的这些措施给他带来了大把钞票，也大大损害了各城市的利益，所以势力强大的米兰首先起来反抗。他率大军把米兰团团围住，米兰人经过两年抵抗，最后失败投降，城市的八个执政官和几百个贵族赤着脚、穿着罪人穿的麻衣，来向腓特烈一世负荆请罪，他们跪在皇帝的面前，亲他的脚丫子。

腓特烈一世在把米兰人折辱个够后，得意扬扬地大吹特吹，说自己是“上帝所加冕的、伟大的和平使者”，是“光荣的胜利者与帝国不断地扩大者”，等等。

但正所谓物极必反，这已经是腓特烈一世光辉的顶点了，他后面的人生，包括他对意大利的征服就满是辛酸和苦痛了。

这一过程开始于他与又一个教皇亚历山大三世的又一次教权与俗权之争。这个新官上任的教皇也是个爱权的家伙，他不顾腓特烈一世有强大的军队，公开宣称教权高于俗权，所有的国王和皇帝，包括他腓特烈大帝都要服从他这个教皇。他知道腓特烈一世肯定会来打他，便在北意大利诸城市之间纵横捭阖，帮助建立了一个“伦巴第同盟”，与腓特烈一世武力相抗。

为了反击教皇，腓特烈一世采取了两个措施，一是宣布废除亚历山大三世的教皇之位，并且在1163年发动了第三次意大利远征。亚历山大三世针锋相对，宣布革除腓特烈一世的教籍，要他的臣民们不再忠于他，他知道伦巴第的伙伴们肯定挡不住腓特烈大军，就三十六计、走为上计，先行一步躲到了法国，那里有他的老朋友法王路易七世。在罗马，腓特烈一世另立了教皇维克多四世，这样，在基督教世界出现了并立的两个教皇。

但这种局面并没有持久，第二年维克多四世就死了，亚历山大三世又大模大样地回到了罗马，气得胡子由红变白的腓特烈一世于是再次——第四次——挥军南下，直奔罗马，亚历山大三世见势不妙，再次祭起第三十六计的法宝，溜到法国去了。但这样欺侮堂堂教皇、这上帝在人间的代表终于触怒了老天，在腓特烈大军里降下了可怕的瘟疫，伦巴第同盟乘机复活，趁火打劫，他的大军顿时变成了尸山血海。腓特烈一世自己都差点给杀了，最后总算化妆成乡农模样逃回了他的德国老巢。这是1168年间的事。

亚历山大三世

生平从未吃过如此败仗的腓特烈大帝哪咽得下这口气，过了6年，他又卷土重来，第五次杀入意大利，这时伦巴第同盟已经更加强大，他们深知如果这次失败，等待他们的结果将比上次米兰被征服时更加可怕，为了留下性命，他们不得不先拼上性命。

1176年，在一个叫雷纳诺的地方，腓特烈大军与城市同盟军展开了生死之战。是役的结果出人意料，腓特烈大军几乎被全歼，剩下的全做了俘虏，包括腓特烈一世本人。

经此一役，腓特烈一世屡次征伐意大利所得的好处归结为零，他放弃了在意大利的一切权力和利益，包括土地和城市官吏的任命权等，也不能再干涉教皇的事务。

签订了这样的投降协议后，腓特烈一世被释放回国，再也不敢去意大利冒险了。他当然不会死心，硬的不行，就来软的。在死前他又用巧计为后人继续他征服意大利的事业准备了顶好的基础——1186年，他命令他的儿子娶了康丝坦丝公主，她是意大利南面西西里王国的王位继承人，是年34岁，他的儿子亨利，后为亨利六世，小她整整15岁。

亨利六世继位后，马上接过了老爸的事业，把西西里王国弄到了手，当了西西里国王，可惜3年后就死了。他的儿子称腓特烈二世。

他这个儿子继位时年纪太小，根本理不了朝政，教皇就大模大样地担当起他的“监护人”来，实际上把西西里王国操纵在了自己手中，长达15年之久。这15年中德国等于没有王，有王管着他们还要乱呢，何况没了王，那乱七八糟的情形可想而知。

腓特烈二世长大后，正式执政了。由于他在西西里可说生于斯、长于斯，把这里当作了故乡，德国在他眼里只是一块遥远的飞地，无关痛痒。所以他大大方方地把德国交给那些封臣们去管，差不多把一个独立国家所有的一切权力都给了他们，只在名义上属于他的神圣罗马帝国。

走向大分裂　腓特烈二世死后，他的儿子称康拉德四世，继位4年便一命呜呼，至此腓特烈大帝建立起来的霍亨斯陶芬王朝也同时完了。

依据德意志的传统，应当由诸侯们来选举新皇。于是想做皇帝的各路诸侯乱纷纷上了场。先是，荷兰伯爵被选为帝，但不久就给杀了。这时英国的国王是亨利三世，他是诺曼底公爵、征服者威廉的后裔，与德意志颇有一点关系，在他的支持下，他的弟弟康沃尔的理查德被一部分诸侯选为皇帝，但同时在法王的支持下，又有一部分诸侯另选了腓特烈一世的后裔阿尔丰斯十世为帝。这段更加乱七八糟的时期虽有双王，但被称为“无王时期”，从1254一直延续到1273年。

这终究不是办法，1273年，在教皇的主持下，德意志诸侯们齐集法兰克福，选出了瑞士的一个小封建主、哈布斯堡家族的鲁道夫为皇，这就是有名的哈布斯堡王朝的开始。这鲁道夫能做王全亏了他的两个优点：一无广大的领地，二无特殊的声望。诸侯们以为这样的人即使做了王也不能对他们的侯国产生什么威胁，像鄂图和腓特烈一样，动不动就要他们出钱出力、甚至没收他们的领地。这鲁道夫真可谓无为胜有为。

但鲁道夫可不像看上去的那么软，一做皇帝就开始扩大势力，不久大破捷克的波希米亚王，夺取了奥地利，为以后哈布斯堡王朝的发展奠定了基础。

他的后继者艾伯特一世也同样致力于为哈布斯堡开疆拓土。众诸侯把这一切看在眼里，急在心里，所以艾伯特一死，他们立即丢开哈布斯堡，另选了卢森堡家族的亨利七世为皇。几年后又选了威特斯巴哈家族的人为王。再往后又是卢森堡家族的查理四世登上了帝位。这位查理四世做了一件大事——颁布了《金玺诏书》。这个诏书的主要目的就是要把选帝的规章制度定下来，免得以后诸侯再乱选，造成多王或者无王。具体措施大略是这样的：神圣罗马帝国皇帝选举会议由美因斯大主教召集并主持，由七个最大的诸侯在法兰克福选举，以票数的多少来决定谁当皇帝，同时排除教皇的干涉。另外还明文规定了封建割据的合法性，给予各领主在各自领地之内的全权，领主世袭，其辖下的山川河流矿藏，连同土地上的城市和人民等都属于领主所有，他在领地之内有行政、立法、司法、铸币、税收等大权，并拥有自己的军队。

这样的诏书各封建主当然举双手赞成，德国的分裂却由此成了崇高的法律，直到中世纪结束很久，再无国家统一之希望。

至于谁当德国的皇帝此时已经关系不大了，结果是这样的：先是卢森堡家族的西格斯曼又做了皇帝，但卢森堡此后就衰落了。强大起来的哈布斯堡家族重登帝位，从此把这个称号留在了家里，做起皇帝专业户来。

哈布斯堡家族的皇帝们也曾经搞了一系列的征服兼并，特别是有名的马克西米连一世，他通过替自己和儿孙们娶各式各样的老婆之类的法子东兼西并，建立了一个范围十分广大的家族帝国，连西班牙都包括在内。但他们兼并的目的和结果可不是扩大德意志，只是建立了与神圣罗马帝国无关的哈布斯堡王朝。德意志的神圣罗马帝国皇帝称号对于他们只是一个兼职罢了。

德国在这漫长的历史时期里一直是处于四分五裂的封建割据状态，大小诸侯建立的独立小王国多达两百有余，它们总共的领土也就咱们东北三省那么大，大家可以想想在这么小的地盘上建立两百多个独立国家会是什么样的情形？此外许多城市为了自保也结成独立的城市同盟，这样城乡之间、地区与地区之间就处于独立甚至相互对立的状态。在如此严重的分裂之下，德意志也就谈不上什么统一的国家与文化了。

当然这时候也毕竟有了所谓的德意志民族，主要标志是慢慢形成了德语，然而无论在经济还是文化上，他们依旧是落后的，落后于他们的兄弟之邦——稳步建立了君主专制、完成了国家统一的英国与法国。

所以我说这时候的德意志是个脆弱的新生儿。

第十六章　俄罗斯人的被征服与征服

我们前面已经说过欧洲的几个主要大族，像意大利的拉丁人、法国的高卢人、德国的日耳曼人等，它们往下又可以分出许多分支来，如从日耳曼人可以分出东西哥特人和汪达尔人。除了这些外，欧洲还有另一个大族——斯拉夫人，他们的人数比日耳曼人和拉丁人都要多。

早期俄罗斯　斯拉夫人大约起源于现在的俄罗斯和波兰，那里有广阔无垠的草原，草原的边缘有许多森林和沼地，斯拉夫人就是从这些森林和沼地里走出来的。

走出来后的斯拉夫人分成好几支，分别叫作西斯拉夫人、东斯拉夫人和南斯拉夫人。

西斯拉夫人后来变成了今天的捷克人、斯洛伐克人和波兰人，他们西迁后接受了西方人的思想，包括天主教、拉丁字母等，成了地道的欧洲人。南斯拉夫人则包括今天的克罗地亚人、斯洛文尼亚人、塞尔维亚人和保加利亚人，这些人中克罗地亚人和斯洛文尼亚人像西斯拉夫人一样，接受了天主教和拉丁字母等，塞尔维亚人和保加利亚人却接受了东方拜占庭帝国的影响，接受了东正教等。东斯拉夫人就是今天的俄罗斯人了。俄罗斯人实际上有三支，分别叫作小俄罗斯人，也就是今天的乌克兰人，白俄罗斯人，现在还是这个称呼，最后一支就是我们现在要说的俄罗斯的俄罗斯人。

这些俄罗斯人一开始就住在了现在他们仍住着的地方：俄罗斯国家的欧洲部分。就文化而言，比起南面的日耳曼人来他们要落后不少，比罗马人就更不用说了。当查理曼帝国一分为三时俄罗斯人还没有国家的概念。他们只是些分散的部落，互相纷争不已，甚至没有一个部落强大得能够称霸。

也就是这个时候有了一个古怪的传说：这些互相争斗的斯拉夫人部落，也就是后来的俄罗斯部落请求北欧人的头领留里克来统治他们，他们对留里克说：

我们的国家辽阔而富饶，但却没有秩序，请来管辖和统治我们吧！

这个留里克看到天上掉下来馅饼，岂有不要之理？于是带着他的北欧人来到了东斯拉夫人的主要城市诺夫哥罗德，在那里做了王，这也是斯拉夫人的第一个王，称

“大公”。这时的诺夫哥罗德还够不上资格称王国，只是个公国，由此俄罗斯的老大称大公成了传统，这大约是862年的事。

后来留里克死了，他的儿子伊戈尔还小，便由他的亲戚奥列格当摄政，奥列格率军南下，占领了俄罗斯人的第二个重要城市和主要贸易中心基辅，从此基辅成为国家的中心，由诺曼人建立的斯拉夫人国家就以基辅为名，称为基辅罗斯。

奥列格继续扩张，不断征服邻近的其他斯拉夫人部落。他们的征服很有特色，有一个专名——“索贡巡行”。就是每年到一定时候，大公就带着兵到处巡游，来到各个臣服的部落，向他们要些毛皮、蜂蜜、粮食之类，然后拍拍屁股走人，不留下一兵一卒。奥列格死后，伊戈尔已经长大了，继续他的扩张事业。

伊戈尔死后，儿子维托斯拉夫继位，他死后，继位的儿子名叫弗拉基米尔，他做了一件对俄罗斯人的整个历史与文化影响至大的事——接受东正教。

那时已经是差不多公元1000年了，俄罗斯的欧洲邻居们接受基督教已经好几百年了，而俄罗斯人信的还是原始的神话，火神太阳神之类，这令他们常受到邻居的耻笑，被讥之为野蛮人。这时也有许多教士把人数众多的俄罗斯这块宗教的处女地看作最好的传教场，奉劝俄罗斯人信仰他们的宗教，像犹太教、伊斯兰教、天主教、东正教，等等。

弗拉基米尔大公便派人详细地了解了各个宗教的情况，最后做出结论说：犹太教不行，因为他的神耶和华太没力量，不能让犹太人保住他们的巴勒斯坦；伊斯兰教也不行，因为它不准教徒喝酒，喝酒对俄罗斯人来说是同生命一样重要；统治了几乎所有其他欧洲人的天主教也不行，因为“在那里看不到荣誉”。我想他的意思主要是看不到做君主的荣誉，因为在中世纪的天主教世界享受最高荣誉的是教皇，君主也常得向他打躬作揖，他弗拉基米尔大公可受不了这窝囊气。

他最后选定的宗教是东正教，主要是受了他的使者们的感染，使者们告诉他：当他们走到圣索菲亚大教堂时，“我们不知道是在天上，还是在人间，如此美丽、如此壮观的景致，我们难以形容”。

弗拉基米尔大公下了一个简单的命令，让他的臣民们往滔滔第聂伯河一跳，等他们舒舒服服地洗个澡上岸后，就受洗完毕，成了东正教徒。

基辅罗斯也许看上去是统一的国家，但实际上不是。俄罗斯的大公们个个身强力壮，是些种马，生了数不清的儿子，他们把领土分封给儿子们，形成了许多小公国，这些小公国也彼此不和，常常互相攻击。这是俄罗斯的“战国时代”。

战国时代的俄罗斯遭受了来自周围国家频繁的入侵，像匈牙利人、波兰人、立陶宛人等等，这些人只是把俄罗斯这块肉东割一点、西割一点，把这块肉全部吞下去的是蒙古人。

从1219年开始，成吉思汗率大军攻灭了中亚的大国花剌子模，又派他的大将哲别统军追击花剌子模残军，哲别一直追到现在欧洲和亚洲的分界线高加索山下，顺便就把这里的突厥人灭了，这些突厥人曾向他们的邻居——俄罗斯的诸侯们请求支援，说：如果你们不帮我们，那么我们的今天就是你们的明天。这些俄罗斯人可不是傻瓜，岂不知唇亡齿寒、户破堂危的道理？何况他们早知蒙古大军所过之处杀人无数、鸡犬不留！

1223年，俄罗斯大公小公们在基辅大公的统领下列阵于卡尔河畔，与蒙古人展开决战，但他们哪是蒙古人的对手？全军覆灭，六个王公被打死。到1236年，成吉思汗的孙子拨都西征，直逼俄罗斯人的都城基辅。经过一番血战，基辅陷落了。接着，蒙古人兵分两路继续西进，一直打到匈牙利、捷克和波兰，后来拨都听到大汗死了，匆匆回国，才令其他欧洲人捡了一条命，已被征服的俄罗斯却就此被蒙古人踩在铁蹄之下了。

这并不是俄罗斯人的完结，而是一个新的开始，因为这时一个新的公国——莫斯科兴起了，它将代表俄罗斯的未来。

蒙古人的附庸　莫斯科原是基辅罗斯苏兹尔大公建立的一座小城堡。基辅被蒙古人摧毁后，它迅速代替了基辅，成为俄罗斯的商业中心。

自从莫斯科建立之后，统治它的大公大都是些善于治国，且野心勃勃的家伙。当蒙古人成为俄罗斯人的主人后，它的一个大公尤里获得了一个至关重要的职位“弗拉基米尔及全俄罗斯大公”，使莫斯科成了全俄罗斯的老大。

这个“弗拉基米尔及全俄罗斯大公”是怎么回事呢？原来蒙古人征服俄罗斯后，懒得在俄罗斯广阔无垠的土地上跑来跑去东征西讨，甚至连要东西要钱都懒得动手。他们便在全俄罗斯的大公小公中选一个最听话的，册封为“弗拉基米尔及全俄罗斯大公”，让他代表蒙古向俄罗斯各公国收取贡赋。这个职位的甜头显而易见，一则表明了他在全俄罗斯是一人之下，万人之上，除了蒙古王子，哪个公国都要服它；二则他收贡赋时岂会不收一部分装进自己的腰包之理？所以这职位成了全俄罗斯大公们争抢的唐僧肉。

莫斯科的尤里大公更聪明，他懂得走“夫人路线”，他首先用尽各式谄媚伎俩获得了大汗的欢心，让大汗把妹子嫁给了他，接着他找借口与当时是“弗拉基米尔及全俄罗斯大公”的特维尔大公斗了起来，刀剑无情，打仗时他的老婆被大公的人杀了。

这还了得，尤里立即向大汗告状，大汗龙颜大怒，斩了特维尔大公。

但尤里自己不久也被复仇的特维尔人杀了，他的弟弟伊凡·卡里达继位。他向大汗和他的大老婆小老婆极尽献媚之能事，终于讨得了大汗的欢心，受封为“弗拉基米尔及全俄罗斯大公”。

当上弗拉基米尔及全俄罗斯大公后，伊凡立即借着这个身份大肆从同胞那里搜刮民脂民膏，东南西北四处兼并邻近大公的领地，还把东正教大主教从基辅迁到莫斯科来住，这样就把莫斯科也变成了全俄的宗教中心。

伊凡死后，第二个伊凡来了，他就是伊凡的孙子狄米特里·伊凡诺维奇。在他的统治下，莫斯科公国更加强大，并且完成了一件伟大的事业——赶走蒙古人。

正当莫斯科公国日益强盛之时，他的主子金帐汗国却日益衰落，所以狄米特里开始不那么对大汗毕恭毕敬了，这令得大汗既惊且怒，终于拍案而起，遣军向莫斯科公国发动攻击，1380年，蒙古骑兵与莫斯科公国的俄罗斯军在顿河河畔一个叫“鹬鸟场”的地方展开大战，结果俄军获胜，狄米特里也有了一个称号“顿河的狄米特里”，这使俄罗斯人有了一个信念：蒙古大军不是不可战胜的神。

但这次胜利并没有让俄罗斯从此自由，不久蒙古大军又打败了俄罗斯人，俄罗斯仍处于蒙古控制之下。俄罗斯真正从蒙古统治下获得独立还要等上差不多一百年，直到伊凡三世上台。

伊凡三世

这个伊凡三世又是个厉害角色，他一方面继续四处扩张，消灭了俄罗斯几个有名的大公国，像诺夫哥罗德、特维尔等，使莫斯科公国的领土急剧扩大，西面靠近了波罗的海，东面直抵乌拉尔山脚下，北接北冰洋，就面积而言这时的莫斯科公国在全欧洲已经无与伦比。另一方面，伊凡三世重新开始与蒙古为敌，停止了向蒙古纳贡。这等于是宣战。蒙古大汗联合了俄罗斯西面的立陶宛向俄军发动攻击，伊凡三世统军迎战，两军在奥卡河对峙。这时的俄军已经是用欧洲的枪炮武装起来的先进军队了，蒙古骑兵虽然勇敢也奈何他们不得。两军隔着河岸对峙了一个来月后，大汗看看难以取胜，干脆率军退走了，从此没有再要俄罗斯献贡。

这样蒙古人对俄罗斯人延续了足足两个多世纪的统治告一段落。从此俄罗斯变成了一个独立自主的民族，再没人敢欺侮它，只有它欺侮别人的份了。

伊凡三世做的另一件大事是把莫斯科大公国建成所谓的“第三罗马”，并自称“沙皇”。这有点儿古怪的称号的意思其实很简单，“沙”就是对“恺撒”的音译，“沙皇”的意思就是“恺撒皇”。

为什么会将俄罗斯与灭了上千年的罗马帝国联系起来呢？原来，1453年，绵延了千多年的东罗马帝国终于被奥斯曼土耳其人灭掉了，当东罗马的都城君士坦丁堡被土耳其人攻灭时，它最后一个皇帝的侄女索菲娅被伊凡三世娶到了手。

索菲娅嫁给伊凡三世后，把东罗马帝国的一套全带到了莫斯科，又由于东正教的中心君士坦丁堡现在成了伊斯兰教城市，连索菲亚大教堂也被改成了清真寺，东正教的中心现在自然移到了莫斯科，东正教的教士们也力劝伊凡三世继承东罗马，在第一罗马——罗马帝国、第二罗马——东罗马帝国之后成为“第三罗马”。

据说一天，有一个教士写了一封信给伊凡三世，信中说：

> 整个东正教世界都归您统治，您是举世唯一的君主、基督教徒唯一的沙皇。……看呀！听呀！哦，虔诚的沙皇，前两个罗马虽已灭亡，第三个却依然耸立，而且绝不会再有第四个。

受到如此赞美的伊凡三世岂有不乐得骨软筋酥的道理？加之贤妻枕边风一吹，他立即接受了第三罗马这个光辉无比的称号，把自己真的当作了伟大的罗马帝国、西方文明正统的承继者。他采用了东罗马帝国皇帝的标志双头鹰作他的徽章，宫廷礼仪也采用了东罗马一套，并且自称恺撒，即沙皇。

伊凡三世成了沙皇，但真正使俄罗斯由莫斯科大公国变成了帝国，从而大公也成了不折不扣的皇帝的是伊凡四世。

这个伊凡四世从小命苦，他是伊凡三世的孙子，3岁时父亲就死了，他继承帝位5年，也就是他8岁时，代他执政的母亲也被贵族们毒死了，剩下他孤单一个，那些贵族哪会把这个8岁小皇帝放在眼里？就成天在他面前大吵大闹，甚至威胁他、侮辱他，把他当仆人都不如。这使得伊凡四世从小就对那些贵族老爷充满了仇恨，并且变得病态般残酷。当他长大亲政后，立即组织了禁卫军，这些禁卫军都是些中小地主，算不上贵族，但他们作战十分勇敢，十分忠于他们的沙皇。伊凡四世靠着这支军队杀了足足4000个贵族，甚至连自己的儿子也杀了，所以他被称为“恐怖的伊凡”。他又全面提拔那些忠于他的中小地主们，让他们当上各级大官小官，还把全国最好的土地分给他们，把原来土地上的贵族赶到遥远的边疆去。

伊凡四世

他建立了全国议会，议员都是些小贵族或非贵族的大地主小地主和商人，以同原来早有的贵族议会“杜马”对抗。对抗的结果当然是人数众多的沙皇一派赢。

这一系列措施极大地加强了皇权，使伊凡四世成了实实在在的专制君主。这个专制可比英法德的君主还厉害得多，可以说是绝对的君权，类似于东方的皇帝，如我们中国的皇帝或奥斯曼土耳其的苏丹。

伊凡四世死后，他的儿子继位，本来伊凡四世有两个儿子，但小儿子狄米特里十来岁时就死了。这个大儿子只爱上帝不爱江山，由他的大舅子哥多诺夫掌握大权，15年之后沙皇死了，没有留下后代，于是全国议会选举新沙皇，由于哥多诺夫执政时功绩显著，所以被选为沙皇。

但他的当选遭到了许多大贵族的反对，为了把他赶下台，他们到处造谣说伊凡四世的小儿子狄米特里是被想做沙皇的哥多诺夫暗杀的。不久之后，黑海岸边的克里米亚突然传出了一个惊人的消息：狄米特里王子没有死，他正举兵反对这个谋朝篡位的哥多诺夫呢！一时间，那些本来就反对哥多诺夫的贵族们立即跑到了他的身边。这个假王子一个劲地招兵买马，不论是逃跑的农奴还是流亡的贵族一概欢迎，他还得到了当时十分强大的波兰的支持，军力大增。

组织了一支大军后，假王子立即统领他们往莫斯科攻去，一路势如破竹，一直打进莫斯科，这时恰巧哥多诺夫沙皇死了，假狄米特里便被贵族们顺势立为沙皇。这是1605年的事。

但俄罗斯并没有从此安定团结了，相反，这只是又一个动乱时期的开始。由于这个新沙皇只信任波兰人，又与同东正教水火不容的天主教勾勾搭搭，激起了广大俄罗斯人的反抗，第二年就在暴动中被杀了。接着贵族们选出大贵族舒斯基做沙皇。这遭到了现在势力已经强大的中小地主们的反抗，正在这时，那死了的狄米特里又出现了，声称暴动没有能杀死他，拥护他的人又组成了大军，俄罗斯空前大乱，并且发展成了一场国际性的战争。因为一方面是莫斯科的沙皇向瑞典求助，请求平叛，而狄米特里又向波兰请来了援兵。一场混战的结果是波兰人赢了，1610年占领了莫斯科。

但占领莫斯科不意味着占领了俄罗斯，两年之后，俄罗斯人又夺回了莫斯科。这之后又举行了全国议会，出身于罗曼诺夫家族的米切尔·罗曼诺夫被选为沙皇。

从此俄罗斯终于有了一个稳定的王朝，直至1917年二月革命。国内的稳定给俄罗斯的对外扩张提供了牢固的基础，在这个基础之上俄罗斯将成长为庞大得可怕的俄罗斯帝国。

哥萨克与俄罗斯人的扩张　下面我们来讲述俄罗斯是如何变得如此庞大、拥有如此辽阔无边的国土的。

我们前面说过，莫斯科公国的历代大公都是热衷于东征西讨、为俄罗斯开疆拓土的家伙。而且他们往往能获得成功，到伊凡三世时俄罗斯的国土已经东达欧亚交界的乌拉尔山，西近波罗的海，北抵北冰洋，南距黑海不远了。这样的面积在整个欧洲是无与伦比的，但对于沙皇俄国而言，扩张远没有结束，扩张还刚刚开始。

我们知道，一个国家最重要的生存基础之一就是出海口。没有出海口就意味着它只能偏踞内陆一隅，无力参与更加广大的世界竞争。俄罗斯虽然这时已经到了北冰洋，但北冰洋的出海口算不了真的出海口，一则经常冰冻，二则那里路途遥远、一片荒漠，所以历代沙皇一个最主要的目标就是在波罗的海抢到出海口，他们把这当作一扇能让俄罗斯呼吸空气的窗户，拼了命也要走出内陆，走向大海，呼吸大海的新鲜空气。

到伊凡四世时，为走向波罗的海发动了一场漫长的战争，这就是立窝尼亚战争，一共持续了整整25年，以俄罗斯人失败告终。

伊凡四世死后，在西边没有抢到出海口的俄罗斯人就打南边的主意了。它的南边是白俄罗斯和乌克兰，他们都是俄罗斯人，乌克兰就是小俄罗斯，但这时统治它们的是波兰人，俄罗斯人向波兰发动了进攻，取得了胜利，获得了乌克兰和白俄罗斯。

说完了俄罗斯的西面和南面，北面又到了北冰洋，没法再扩张了，剩下的只有东面。

俄罗斯的东面是亚洲了，这时那里有好几个独立国家，像克里米亚汗国、诺该汗国等，这些国家都是所谓鞑靼国家，实际上是蒙古人后裔的国家。但当时的蒙古不是昔日成吉思汗的蒙古，落后且无能，沙皇没花多大力气便占领了它们，把整个乌拉尔山以西和伏尔加河流域尽收入囊中。

从乌拉尔山再往东就是广阔无边的西伯利亚了。

俄罗斯征服起这些地区的人民来就是小菜一碟了。比起俄罗斯人来，他们落后太多了！当俄罗斯人扛着枪，拉着大炮向他们进攻时，他们只能用弓箭还击，甚至连成吉思汗都有过的原始大炮也没有。这样的牧民哪是俄罗斯人的对手呢？很快地他们就被征服了，沙皇在西伯利亚的领土急剧扩大。

但这里要说明一点，就是对西伯利亚的征服不是像抢波罗的海的出海口一样是用沙皇的正规军进行的，而是用了其他两支力量——哥萨克与商人，让他们自己去为沙皇扩张。

这里出现了一个词——哥萨克。大家可能都听说过这词，这是俄国特有的一种古怪军人、与世界上其他地方的任何军人都不同。他们是世袭的，一辈子都在打仗和掠夺，而且世代相传，父亲是哥萨克，儿子孙子也是；但他们算不上是职业军人，因为他们并不一定靠打仗为生，也没有军饷。通常是，沙皇召他们时，他们就去打仗，打罢仗后又回到家里，干自己的活，种田捕鱼；他们是沙皇的军队，为沙皇而战，但沙皇平时根本不管他们，也不向沙皇纳税。

这些哥萨克是怎么来的呢？为什么会有这样奇怪的地位？

这些哥萨克的先人本来是农奴或者罪人，由于受不了农奴主的虐待或者为了逃避政府的追捕，他们跑到了伏尔加河中下游，这些地方当时并不归沙皇管，是人数很少的游牧民活动的地方，逃到这里后的农奴们就获得了自由，这里没有国家权力机构保护他们，那些游牧的蒙古人又常来找麻烦，他们只能自己保护自己。为此他们组成了军队、拿起了武器，并且把武器一代代传了下去。自由了的农奴慢慢变成了战士，而且生下来就是战士，这就是哥萨克的起源。

沙皇看到这种情形，觉得可资利用，干脆承认了他们的自由，并且把他们耕作的土地赐给了他们，条件是要为沙皇作战。本来就自认是沙皇臣民的哥萨克哪有不肯之理？所以每当沙皇相召，他们立即响应。由于像斯巴达人一样从小训练打仗，他们的战斗力之强可想而知。

哥萨克的厉害从他们的形象上都可以看出来，他们穿着蒙古式的袍子，蓄着满脸大胡子，随时挎着战刀，纯粹是一群恐怖的战争机器。他们实际上成了沙皇武力的中流砥柱，对于他们的任何敌人而言，无论是波兰人、瑞典人、鞑靼人甚至以后的拿破仑，哥萨克的名字就足以令他们恐慌。

大约从1638年开始，哥萨克们已经到达了黑龙江，在沿岸建立了一些据点，并继续南下。这时我们正值明清交替之际，天下大乱，哥萨克们乘机侵占了好多地方，他们所到之处把侵略者的兽性暴露无遗，不但大肆杀人甚至吃人。他们想用这种恐怖政策来压服中国人，就像压服西伯利亚的部落们一样。

但中国岂是失必儿之类的国家能比？待中原稍稍安定之后，清帝派兵剿灭，直至御驾亲征，中国军队屡战屡胜，雅克萨一役把俄罗斯人侵略中国的老巢都给拨了，沙俄只得求和。

1689年，中俄签订了《尼布楚条约》，规定整个黑龙江流域和外兴安岭都是中国的领土，除此之外，整个西伯利亚尽属沙皇俄国。

至此，俄罗斯的领土已经东到太平洋，西近波罗的海，北至北冰洋，南达黑海之北，是欧洲和全世界面积最大的国家。

但对于沙皇而言，这远不是他们扩张的结束，但那些都是后话了。

第十七章　文艺复兴浅谈

中世纪是一个失望的时代，在这个时代，原本光辉灿烂的古希腊罗马文明不但没被发扬光大，相反，像一个败家子一样，西方人把文明之父留给他们的华丽宫殿砸了个稀烂，然后栖身在破旧的茅棚里。

中世纪又是一个希望的时代。在这个时代的后期，西方人像回头浪子一样，终于发现了父辈的光辉，于是痛改前非，在废墟上重建了一座辉煌的宫殿，差不多像帕特农神庙和万神庙一般壮丽。

这座新的文明之大厦就是文艺复兴。

文艺复兴像罗马城一样，不是一天，也不是一个月创造出来的，中世纪的西方人，像在一条漫长的地道里爬行，他们先在伸手不见五指的黑暗里爬了许久，终于看到黑暗尽头有一星点亮光，遥远而朦胧，但他们毕竟为自己找到了出路，他们又跋涉了许多，费尽千辛万苦，终于走到了黑暗的尽头，眼前一片光明。

文艺复兴，顾名思义的话，意思说是文学与艺术的复兴，其英语词是“renaissance”、拉丁语是“renascor”、意大利语是“rinascimento”，这几个词的意思都是一致的，即“死而复生”。当中世纪那段谈不上文学，也没有伟大的艺术的漫漫黑夜过去，又见到了光辉灿烂的新文艺、犹如希腊罗马古典时代一般灿烂时，西方人便认为这是古希腊文艺的死而复生，称之为“文艺复兴”。

文艺复兴是怎么来的呢？我们大致可以找到三个复兴的动力。

第一个动力是城市的发展。我们知道，古希腊和古罗马都有过伟大的城市，它们向来是创造文化的中心，伟大的作品往往诞生在这些伟大的城市——如雅典和罗马——之内。

罗马帝国崩溃之后，这些伟大的城市通通湮没在萋萋荒草丛中，代之而起的是贵族君主们生活的小小城堡，这些城堡只是用来保护贵族大老爷们一家大小平安的，既没有发达的经济，更没有优秀的文化。

过了好久，慢慢地出现了一些新型城市，这些城市兴起于商业。贵族老爷和贵夫人们需要某些奢侈品，像中国的丝绸、阿拉伯人的地毯之类，这些东西得从遥远的地方运来，这样就需要做买卖，那些经常有人在做生意的地方人就多起来，慢慢变成了城市，著名的有意大利的威尼斯、佛罗伦萨，以及羊毛纺织业发达的弗兰德斯诸城等等。

城市人多，生活方便，大量贵族地主于是慢慢地也迁到城市来住，农民们因为在城市里能找到工作，收入比种地多，也纷纷进城。城市里有了许多人后，他们要穿鞋穿衣、用铜器铁器、要吃面包，这样就有了各行各业，后来还分别成立了行会。许多人因为技艺精湛、头脑精明成了富翁。这些人有时被说成是一个新阶级——资产阶级的萌芽。这些早期的资本家不但富有，而且爱好艺术，是文艺复兴的主要赞助人，是文艺复兴的第二动力。

除了这些城市的富翁们，还有高级教士们，尤其是教皇，他们喜欢用一些伟大的艺术作品来表达他们对神的崇信，因此也来赞助艺术。由于他们地位崇高，他们的行为也为世人所效仿，使爱好艺术蔚然成风，成了一种时髦，这对于艺术发展的影响是不可估量的。

文艺复兴产生的第三个动力是古希腊罗马伟大作品的再发现。

古希腊与古罗马逝去之后，西方一片混乱，群雄混战，蛮族入侵，古希腊罗马的伟大文艺作品在战火中散失殆尽。

中世纪后期发生了几件事使人们重新见到了湮没许久的古希腊罗马伟大的经典之作。

首先是十字军东征，虽然最后的结局是可耻的失败，但那些为首的君主贵族却收获很丰，劫掠了大量金银财宝，其中也包括不少古希腊罗马的经典之作，成了文艺复兴起源的他山之石。

文艺复兴的基本特点或者说它的思想基础可以用四个字来一言以括之——人文主义。

人文主义又称人本主义，顾名思义，人本主义就是以人为本的主义。这正是人文主义的中心所在。所谓以人为本，就是把人自身、而不是别的什么东西作为中心。但这里的中心并不是说要人自私自利，以自我为中心。我们必须回到中世纪去看它的意义。

中世纪是一个以神为中心，而非以人为中心的社会，人们对上帝的崇拜无以复加，人的一切行动皆以神为中心，毫不犹豫地为神献出自己的一切，包括生命、财产甚至姑娘们的贞操，等等。

这些话绝不是危言耸听，而是不折不扣的事实。例如中世纪有大量的“殉道者”。这些人就是为基督而献身的人。还有所谓的苦修士，他们住在荒无人烟的地方，有的连续多天不饮不食，有的用鞭子狠狠抽打自己，还有的睡在钉满尖铁钉的床上，用种种使自己痛苦的办法来表达对上帝的虔诚。还有更多的人用奉献财产来表达对上帝的忠诚。例如所有人，无论贫富，都把自己收入的十分之一交给教会，名“什一税”。众多农民以至帝王都把大量土地奉献给教会。所以中世纪最大的地主不是贵族、国王而是教会，最有权威的人不是国王与皇帝，而是教皇，国王与皇帝们登基时，如果想要他们的王位合法，得由一位大主教甚至教皇把一顶王冠给他们戴上才行。上帝虽然谁也没见过，祂在凡间却有数不清的妻子——修女们。她们把自己的一生都奉献给上帝，终身不嫁，到死都是处女。

因此，古往今来老婆最多的不是土耳其苏丹或者中国的皇帝，而是西方的上帝。

由此可见，中世纪完全是一个不以人为中心，而以神为中心的时代。于是，人文主义的产生首先要打破的就是这样的观念——把人的地位从上帝的压迫之下解放出来，成为中心，这就是人本。

与以上帝为中心相应，中世纪的人们摒弃了理性，不追求知识，而是以对上帝的信仰代替理性。认为“知识是信仰的奴仆”，认为理性应该绝对服从信仰。

与此相对，人文主义宣扬理性高于信仰，认为人应该追求知识与理性，而不能为了信仰而牺牲它们。

总而言之，以人为中心，以人的理性为本，这就是人文主义的特色。

文艺复兴始于14世纪初，以但丁《神曲》的诞生为标志，终于17世纪中叶，以伽利略的被囚为标志。大体可以分为三个阶段：

第一个阶段始于文艺复兴之始，也就是14世纪初，终于15世纪中叶。

这时意大利是文艺复兴独一无二的中心。在这个美丽而多灾多难的国家出现了许多因为商业发达而闻名遐迩的城市，如佛罗伦萨、米兰、威尼斯等。这些城市有许多因商业而发达了的富翁，他们奖掖文学艺术创作，把诗人艺术家奉为上宾。这时的意大利也诞生了许多伟大的文学家与艺术家，他们是文艺复兴的先驱，最著名者如文学的三杰：但丁、彼特拉克和薄伽丘。

文艺复兴的第二个阶段始于第一个阶段之终，即15世纪中叶，止于16世纪末。

这是文艺复兴的全盛时期。标志一是文艺复兴由意大利扩展到了全欧洲，二是文艺复兴时期最伟大的文学家与艺术家都来了，并且创造了无与伦比的佳作。

文学上，在这个时期西班牙出现了塞万提斯和《堂·吉诃德》，当然最伟大的当属莎士比亚了，他的三十七部悲剧、喜剧、历史剧，几乎部部都是精品。

这一时期伟大的艺术则璀璨若群星，最有名的是三位：列奥纳多·达·芬奇、米开朗琪罗、拉斐尔，他们真是亘古少有的大师。

文艺复兴的第三个、也是最后一个阶段是从16世纪末第二个阶段结束到17世纪中叶。

这一时期的标志不再是艺术家与文学家，而是科学家和哲学家。科学家的代表是哥白尼、布鲁诺和伽利略。哥白尼是日心说的提倡者，他的《天体运行论》开创了近代天文学，布鲁诺则因为提倡哥白尼的日心说被活活烧死了。伽利略向亚里士多德的权威提出了挑战，在比萨斜塔上做了那个著名的实验。他还发明了望远镜，发现天上的星星是像地球一样的天体，而不是像教会所说的一样是上帝给人们点的蜡烛。

伟大的哲学家则以笛卡尔和斯宾诺莎为尊，前者提出“我思，故我在”，认为理性是万能的，是知识的源泉。后者则不但是伟大的哲学家，更是伟大的人。

上述这些人我们在后面的各卷中都会向大家介绍。

第十八章　意大利的文艺复兴

文艺复兴起源于意大利，无疑也以意大利为中心，但它并不单属于意大利，它在意大利萌芽之后逐渐向全欧洲传播，从法国、德国、英国直到西班牙，到处都有它的踪迹。在这些地方产生了大量的文艺复兴式的天才人物，他们就是我们这一章所要讲述的内容。

意大利是文艺复兴无可争辩的发祥地和为文艺的复兴贡献了最大力量的国家。

文学的复兴　文学而言，意大利有早期的“三杰”，即但丁、彼特拉克、薄伽丘。

但丁·阿列格里出生于佛罗伦萨一个骑士家庭，他生性勤奋，刻苦学习，真是上至天文地理，下至鸡毛蒜皮，无所不知。他在佛罗伦萨市政府做过一个不大不小的官，37岁时遭到迫害，离开了家乡佛罗伦萨，四处流亡。但他没有因此灰心丧气，而是在奋斗之中忘却痛苦，他的最伟大作品《神曲》就写于流亡途中。

但丁天生是个多情种子，才9岁时，他曾遇见一位叫俾得丽采的小女孩，觉得她“宛如幼小天使”，一见钟情，从此堕入深不见底的爱河，《神曲》就是因她而作的，在《神曲》里，维吉尔之所以会来带他畅游三界，也是因为俾得丽采恳请他这样做。

可事实上，但丁只见过俾得丽采两面，他们并不相识，但丁只是远远地看见了她，但为了这短短的一瞥，但丁付出了一生的爱。

这就是典型的中世纪骑士之爱，柏拉图式之爱。

《神曲》共分三大篇，分别叫作《地狱》《炼狱》和《天堂》，实际上记录的是他的一个梦，在这个梦里但丁被他所崇拜的古罗马伟大诗人维吉尔带着在地狱、炼狱和天堂三个地方游览了一番。

《神曲》是意大利文艺复兴，也是整个文艺复兴的开山之作。由于但丁这部著作写的全是与基督教有关的事，且充满了不少神秘的东西，与文艺复兴的人文主义有不小差异，同时但丁是个虔诚的基督徒，有人认为他不是文艺复兴的人物。也许这样评价但丁更好：他是中世纪的最后一位诗人，同时又是文艺复兴的最初一位诗人。

流亡中的但丁很想叶落归根，在故乡终老，但没有成功，1321年死于流亡途中。

彼特拉克1304年生于一个叫阿拉佐的小城，祖籍也是佛罗伦萨。彼特拉克的父亲是个有钱人，把儿子送到最好的学校去接受最好的教育。所以彼特拉克很早就学会了古希腊语，热爱希腊罗马的古典文学，后来父亲又把他送到欧洲各国去游学，他在各地搜集钻研古希腊罗马的文学作品，汲取了大量营养，像一个浪漫的青年人一样开始自己写写诗。

刚过三十，而立之年，彼特拉克已经诗名动四方了，被授予“桂冠诗人”称号。后来又被教皇聘为秘书。

彼特拉克一生写了大量诗篇，有的好，有的不太好，他似乎对自己的诗歌没有足够的了解，他曾模仿他崇拜的古罗马诗人维吉尔写了《阿非利加》，这是一部史诗，描写汉尼拔被西庇阿·阿非利加努斯打败的事，但评价一般。

真是“有心栽花花不放，无心插柳柳成荫”，彼特拉克的一些比他的史诗短小得多的抒情诗却令他达到了不朽的目的。他的这些抒情诗总起来被称为《歌集》，共有约一年之数，366首。

彼特拉克死于1374年，终年七十。

像但丁和彼特拉克一样，薄伽丘也是佛罗伦萨人。他生于1313年，父亲是做生意的，想让儿子继承父业，便把儿子送到了那不勒斯一家大银行当学徒。但薄伽丘岂肯老老实实做算账的？不久便把账本抛到一边，捧起了荷马史诗，还开始写些优美动听的诗歌，目的同大家一样——向情人献媚。他的情人长得很美，不过已经名花有主了，所以薄伽丘成天只有伤心的份，他的诗歌里也就少不了唉声叹气，“为伊消得人憔悴”。

他曾经到过不少地方，在法国游学时结识了大他9岁的彼特拉克，很是崇拜他，可能也向他请教过几个问题吧，他以后便自称是彼特拉克的门生，为此颇为得意。他一度回到家乡佛罗伦萨，在市政府做过几天官，不久又回到了第二故乡那不勒斯，在那里度过了一生中的大部分光阴。

除了名著《十日谈》外，他还写过大量其他作品，包括诗歌如《爱情与幻影》、长篇小说如《菲亚美达》等等，是个多产作家。

单就文学成就而言，《十日谈》不能与《神曲》相比，故事虽有趣却说不上有多大的文学成就。然而在人人对教会和教士顶礼膜拜的中世纪，他把教士们骂得体无完肤，这是他最大的价值所在。

1375年，薄伽丘病故于佛罗伦萨附近的一个小镇，这时他的《十日谈》已经广泛流传，对当时人们的思想解放产生了莫大的影响，成千上万的人们自发地从四面八方赶来，向这位伟大的启蒙者看上最后一眼。

艺术的复兴　意大利的文艺复兴主要是艺术的复兴，在众多复兴式的伟大人物中一大半是艺术家。

我们在这里要讲的“艺术三杰”就是达·芬奇、米开朗琪罗和拉斐尔，达·芬奇在下一章《巨人的时代》中有专传，所以这里只说米开朗琪罗和拉斐尔。

米开朗琪罗

拉斐尔

米开朗琪罗1475年出生在一个叫普雷塞的小镇，家里兄弟众多，父亲挣钱的速度却远没有生孩子快，让他从小懂得了贫困的苦难。

家里人太多装不下，父亲从小把他寄养在奶妈家里，奶妈的父亲是个石匠，成天在家里叮叮当当凿石头。米开朗琪罗从小就在这叮当声中长大，这对于他以后的人生有什么影响就不得而知了，依据弗洛伊德的学说，这种童年的经历对于他成长后成为一名雕刻家必然有相当影响。

长大后父亲把他送到了佛罗伦萨一个著名的画家纪朗达那里去做学徒，但米开朗琪罗在这个著名画家那里没留多久，当他发现从老师那里已经学不到多少东西时，就走了。他进了佛罗伦萨的统治者洛伦佐·美第奇，即“庄严的洛伦佐”创办的美术学校，他一方面向那里的著名艺术家们学习，另一方面临摹收藏在学校里的古典大师们的作品，还见识了许多卓有成就的朋友，像诗人安格尔·坡利齐阿诺等，与这些人的交往令他受益匪浅。米开朗琪罗在庄严的洛伦佐那里一共待了四年，走时已经是17岁的小青年了。

他回到了家，制作了一尊高达差不多3米的大理石雕像，以纪念善待他的美第奇。

两年后，也就是1494年，米开朗琪罗离开佛罗伦萨，到了波伦那。在这里他一面搞雕刻糊口，一面大读文学作品，尤其是前面所说："文学三杰"的作品，这些将使米开朗琪罗自己也成为一个诗人，写出了不少动人的诗篇。

回到佛罗伦萨后，米开朗琪罗应邀在议会大厅绘制巨幅壁画《卡希那之战》，在他对面的墙上，另一个人正在绘制一幅同样表现战争的画《安加利之战》，这个人就是达·芬奇。

30岁时，教皇朱理乌斯二世请他去罗马，这是他人生的一个转折点。但他与教皇的合作并不愉快，曾一度离开罗马，由于教皇的再三要求，胡萝卜加大棒都用上了，他才又回到了罗马，被迫在西斯廷教堂的天顶上画下了巨大的《创世纪》，虽然是被迫的——因为他宁愿搞雕刻，但仍是他最伟大的作品之一。

1527年米开朗琪罗再次与教皇发生纷争，这次是因为法军入侵罗马，这时教皇已经是美第奇家族出身的克列门七世了，他投降了法国人，佛罗伦萨人却不愿跟美第奇走，他们起而反抗，建立了共和国，米开朗琪罗被共和政府任命为城防司令，负责所有的城防建筑。为了夺回老家，教皇与法王结成了同盟，向佛罗伦萨发动了进攻，佛罗伦萨区区一城哪是对手？城陷，米开朗琪罗逃亡。后来教皇宣布，只要米开朗琪罗再为他雕刻，就免他的罪，米开朗琪罗再次被迫接受，为美第奇礼拜堂雕刻。

一次次的被迫使他的雕刻一天比一天忧郁，在他这时的一件名作《夜》上，他刻上了这样的诗句：

睡眠是甜蜜的，
变成顽石更是幸福，
只要世上还有罪恶与耻辱，
不见不闻，无知无觉
是最大的快乐，
因此，莫要惊醒我啊！

1534年，完成美第奇的礼拜堂之后，米开朗琪罗又到了罗马，从此再没有回转故乡。

在罗马他成了教皇的御用雕刻家，还担任教廷的建筑总监。他在西斯廷教堂内完成了最伟大的杰作——《最后的审判》，但那进行最后审判的基督是人，而不是神，每一块肌肉都充满了人的力量。

米开朗琪罗把他最后二十年的生命主要用于建筑，不过对于他而言，建筑是雕刻，绘画也是，我们从他《最后的审判》等伟大的绘画作品中无不可以看到惊人的雕塑感。

1564年，米开朗琪罗与世长辞，是年89岁。

以他为自豪的佛罗伦萨接回了游子的遗体，让他长眠于故乡。

拉斐尔的艺术作品很多，但他一生的经历却不多，原因有二：一是他英年早逝，二是他一生顺利，没什么要费笔墨描写的曲折。

1483年拉斐尔出生于佛罗伦萨附近一座叫乌尔宾诺的小城。父亲是宫廷画师，也是小拉斐尔的第一个老师。7岁时母亲便去世了，过了4年父亲也走了，拉斐尔一下成了孤儿。这时拉斐尔父亲为之服务的乌尔宾诺公爵夫人伊丽莎白·冈查收养了他，对他视若己出。

他的第二个老师是父亲的同行和朋友维提，他正式让拉斐尔执起了画笔，他从维提那里学到了自己的基本风格：秀美柔情，有若《神雕侠侣》里不食人间烟火的小龙女。

1504年拉斐尔离开家乡，来到了佛罗伦萨，这里是当时的艺术中心，达·芬奇、米开朗琪罗都在这里创造了他们的惊世杰作。拉斐尔得其所哉，大量临摹前辈们的作品，在米开朗琪罗与达·芬奇之间，他特别重视达·芬奇，因为他的风格与达·芬奇有相似之处，就是美，而米开朗琪罗的是力。

又过了四年，拉斐尔已经26岁了，他接到了教皇朱理乌斯之邀，到了罗马，在这里麇集着当时最卓越的一批艺术家，包括米开朗琪罗，后来达·芬奇也来了。

从1508年开始，历时十年，他为教皇创作了大量壁画，其中最有名的是教皇签字厅的四幅，分别以画笔描绘了神学、哲学、文学、法学，其中描绘哲学的叫《雅典学派》，令苏格拉底、柏拉图、亚里士多德、毕达哥拉斯、赫拉克利特等等大哲们济济一堂，令人不敢仰视。在这些人物中，拉斐尔也加上了自己，这不是他的狂妄自大，只是用另一种形式签了个名。

这些作品使拉斐尔一跃成为与米开朗琪罗、达·芬奇齐名的大师。

然而正是“人怕出名猪怕壮”，又谓“祸兮，福之所依；福兮，祸之所伏”。时运当头的拉斐尔成了全罗马最红的艺术家，米开朗琪罗都被他抛到了脑后，大量的订单雪片般飞来，都出自有名望的公爵们、主教们，推脱不得，教皇的任务也加重了，这一切像山一样向他压来，压得他喘不过气来。经常，天还没亮，某位公爵的差人就等在外面了，要画，他匆匆起床，刚画上几笔，教皇的使者来了，令他立即觐见，他只好丢下画笔，与教皇商量事罢，已经中午了，他正要回去用餐，出宫门就被等在门口的某主教逮个正着，请他吃饭，顺便继续他卧室的壁画，而当他筋疲力尽地从主教家出来时，天已经快黑了，但半路上遇到了美第奇家的某个亲戚，说拉斐尔为他设计的别墅现在出了点小问题，请他去顾问一下，他只好星夜赶去，挑灯夜战……

如此之多的工作令他整天疲于奔命，严重地伤害了他本来就不健康的身体。

1520年，春天，意大利正是草长莺飞、鲜花烂漫，一年中最美好的季节。拉斐尔被一个贵族拉到了工地上，这里正在建筑拉斐尔设计的别墅。他正忙得不亦乐乎时，教皇的使者又到了，叫他快马加鞭，赶快回去，温驯的拉斐尔像往常一样跳上马就跑，一口气跑回罗马城，跑到教皇的宫殿，教皇在一个天井中等他，他们聊了几句，其实根本没什么大事，但接着却发生了一件真正的大事。

由于跑得满头大汗，又在天井中吹了穿堂风，拉斐尔回去后得了重感冒，几天后就死了。

他是倒在画布前死去的，死时手里还握着画笔。

这天正是他37岁的生日。

他被安葬在1500年前由屋大维·奥古斯都建立的万神殿，这是罗马最神圣的地方。

科学的复兴　文艺复兴不但是文艺的复兴，也是科学的复兴。

科学的复兴同样主要发生在意大利，不过有一个非意大利人，他是科学复兴的鼻祖，这是一个特例，所以我们在这里也要说一下。这个人就是波兰的哥白尼。

人类居住在地球，看到天上有太阳，知道万物生长靠太阳，所以人类很早起就对太阳产生了崇拜之情，从很多古今中外的原始岩画中我们都可以找到人类这种古老崇拜的踪迹。但同时我们每天看到太阳东升而西落，夜空群星同样如此，好像是太阳围绕我们转动。这样就产生了两种相互对立的学说：有人认万物生长所靠的太阳是宇宙的中心，有人因为看到的明明是太阳绕着地球转而认为地球是宇宙的中心。这就是日心说与地心说之争。

古希腊曾有一位阿里斯塔库斯提出过日心说，但到了中世纪，占统治地位的就是由埃及天文学家托勒密提出的地心说了，它还被当作基督教徒的基本信条之一，谁反对它就是反对基督的异端。

但真理毕竟是真理，终究要战胜谬论。一个波兰人，哥白尼，勇敢地站出来，用日心说向地心说提出了挑战，从而揭开了一场真正的革命——科学的革命，同时也是一场思想的革命。

哥白尼不再像前面的几位老是佛罗伦萨人了，他连意大利人都不是，但由于他提出日心说得益于在意大利的学习，所以我们把他放到意大利来。

1473年，哥白尼出生于波兰，是波兰和德国的混血儿。十岁那年父亲得瘟疫死了，他便由舅父抚养。他舅父颇有地位，当时正率军抵抗十字军骑士，是个思想开明的好人。小哥白尼长大后，他便将他送到了克拉科夫大学，这所大学在当时的欧洲很有名。在这里哥白尼第一次接触了天文学。由于当时意大利有欧洲最先进的科学，他便到意大利来留学。他攻的专业是法学，但对天文学兴趣更浓。他读了大量的相关文献，接触了当时最先进的天文学知识。

1506年哥白尼回到了波兰，一面当牧师，同时却在任职的教堂顶上干异端的事。他通过大量观察，越来越相信地球并非宇宙的中心，而太阳才是。他把自己的观察所得写成了一本书，名《天体运行论》。他没有立即将之付诸出版，因为他知道一旦推出这样的理论等于把自己送上绞架——要是运气好点的话，否则将是火刑台。

直到他自知不久于人世时，才把书送到了出版商那里，当书的校样送到他手里时，他摸了摸，就死了。这已经是1543年的事了。

哥白尼提出的日心说包括了这样一些结论：地球不是宇宙的中心，太阳才是，包括地球在内的所有行星都绕着太阳兜圈子。太阳东升西落的原因不是太阳绕着地球转，而是地球绕着太阳转的结果。

日心说的提出产生了两个结果：第一当然是纠正了错误的地心说。但另一个意义也许更重要，由于日心说的提出，整个中世纪以来被人们尊为至高真理的基督教的基本信条第一次被毫不客气地否定了，它擦亮了人们的眼睛，人们开始怀疑基督教神圣的外衣下到底有多少真理？还有，日心说使人类不得不直面自我，承认自己所居的星球并非宇宙的中心，自己也不是什么万物之灵或上帝特创的宠儿，地球只是茫茫宇宙中的一粒尘埃，像许多其他天体一样绕着太阳团团转。

这既有助于人类了解自我，又为人类进一步了解宇宙万物打好了基础。

《天体运行论》出版后，尽管出版商做了不少改头换面，想让它不触犯基督教的卫道士们，但还是立即遭到了漫天风雨般的攻击，后来干脆被教皇宣布为禁书。

不但如此，还有许多人因为相信、宣传哥白尼的学说而遭了殃，其中最有名的当然是伟大的科学斗士乔尔丹诺·布鲁诺了。

布鲁诺是意大利人，1548年生于那不勒斯。父母是地地道道的贫下中农，所以在布鲁诺15岁那年就把他送进了修道院，让主代为抚养他们的儿子。这种抚养子女的方式在当时意大利的穷人中颇为流行。

在修道院里布鲁诺没有像其他修士一样成天沉醉于《圣经》或亚里士多德，而是博览广读，读到《天体运行论》后，他立即被里面的异端思想迷住了。他脱掉牧师的黑袍，开始宣扬哥白尼学说。

他可不像哥白尼一般遮遮掩掩，而是直截了当地告诉人们地球压根儿不是什么宇宙中心，不过是无边无际的宇宙中的一粒尘埃。宇宙是运动的，不服从什么上帝的意志。他还说牧师和神父们是“世界上最大的蠢驴”。这下可捅了马蜂窝，他被宣布为

“异教徒”，虔诚的基督徒们四处抓他，要把他送到地狱去。布鲁诺被迫到处流浪，从意大利逃到瑞士、从瑞士躲到法国、又从法国流浪到了英国。在英国他总算过了几天舒服日子，英国人不像大陆的基督徒那么守旧，他在牛津大学堂而皇之地宣传起了哥白尼，还批判伟大的亚里士多德。但过了两年，他又走了，先到法国，后来又到了德国，在德国安安静静地住了六年，写了不少著作。

他本来可以在德国继续待下去，但他天真地相信了一个朋友，在这个朋友的规劝下回到了意大利，他的朋友是犹大的儿子，当布鲁诺一踏上意大利的土地就出卖了他，布鲁诺被送进了宗教裁判所监狱，一关就是8年。虽然只要他说句“我以前说的都是放屁……”之类的话，他就可以走出监狱，但他没有做。他坚持自己的信念。最后，没办法叫他屈服的教皇在新世纪的第一年，1600年，把他送上了火刑台。

火刑台就设在罗马一个广场上，广场有一个与它的职责不大相称的名字“鲜花广场”，据说当熊熊烈火炙烤着布鲁诺时，他以这样一句话结束了他52岁的生命：

> 火，并不能把我征服，未来的世纪会了解我、知道我的价值的！

与他遭到同样命运的是西班牙的米格尔·塞尔维特，血液循环的发现者，由于他说过灵魂是血液，被加尔文判为异端，1553年被处以火刑，他没有布鲁诺幸运，教皇只是简单地把他烧死就满意了，何等直接爽利！加尔文却把塞尔维特活活烤了两个小时。

当布鲁诺在为哥白尼的学说四处呐喊时，一个人却在为证明他的学说默默地工作，他就是伽里莱·伽利略。

伽利略是比萨人，1564年生。大家可能听说过比萨有一处著名的古迹——比萨斜塔，那塔本来是不斜的，后来由于地基没有打好，开始斜了，由正塔变成了斜塔。现在斜得更厉害了，意大利正想尽办法不让它再斜下去，否则总有一天会斜得横躺在地。

11岁时伽利略迁居到了佛罗伦萨，不久开始学习科学，很快就显示了非凡的科学天赋，25岁时就做了比萨大学的教授。

他的主要发明是望远镜，1609年左右伽利略自己制作了一架能放大32倍的望远镜，用来观察天体。到这时止人们观察天体都是用两只眼睛来看的，现在有了望远镜，那等于在眼前展开了一个新的天空，他立即得到了许多重大天文发现，例如他发现月亮表面没有天使神仙，也没有鸟语花香，有的只是一座座像倒扣的大碗的环形山。

他用观察所得建立了自己的天文学体系，出版了相关著作，他的科学结论自然不合教会的胃口，教会开始对他口头警告，发现他敬酒不吃，就给他吃罚酒了。68岁高龄时还把他逮了起来，经过一番折磨，经受不住的伽利略只好签署了“认罪书”。

他死于1642年，活了78岁。

第十九章　意大利之外的文艺复兴

我们讲了这么久的文艺复兴，但讲的一直是意大利的事，现在该轮到别的国家了，文艺复兴可不是意大利一家子的事，它已经春风一样吹遍了欧罗巴的山川河流、大街小巷。

我们在这里不能说遍欧洲大街小巷，只能选取几个主要国家谈谈。我们选取了下面四个国家：德国、英国、法国与西班牙，因为在这四个国家都产生了文艺复兴式的巨人。

丢勒与开普勒　我们先说德国。

德国对文艺复兴最大的贡献既非文学，也非艺术，而是一项伟大的发明——活字印刷术。大家一定觉得奇怪：活字印刷术不是毕昇早就发明了吗？哪轮得到你谷腾堡来掺和！原因是这样的：毕昇虽然第一个发明了活字印刷术，但他的发明并没有传到欧洲，所以谷腾堡重新发明了它。

德国很早就受到了意大利文艺复兴的影响。这时德国与意大利名义上是一个国家——神圣罗马帝国。像热衷于到意大利来搞征服的德国君主们一样，德国的青年们也喜欢到意大利来学习先进文化。不过德国的文艺一直复兴得不怎么样，远没有出现意大利那样多如繁星的天才人物，只有两个人较为出色：一个是画家丢勒，另一个是天文学家开普勒。

前者到目前为止都是最伟大的德国画家，后者到目前为止都是最伟大的德国天文学家。

阿尔勃莱希特·丢勒1471年生于纽伦堡，先后有过18个兄弟姐妹，但最后只剩下三个。丢勒主要是个画家，也是雕刻家与建筑家。在画当中，他最擅长的是版画，实际上丢勒是作为历史上最出色的版画家之一才得以流芳百世的。

丢勒的父亲是首饰匠，经常要在首饰上雕刻各种花鸟鱼虫，小丢勒从小就看在眼里，记在心里，13岁时，他信笔画出的一幅素描令父亲大为惊叹，决定好好培养他。

他把儿子送到了一个画家那里做学徒。三年后他就成一个小画家了。

丢勒

23岁时，他与一个音乐家的女儿结了婚，然后开设了一间画铺，过起有家的男人的日子来。

但没几个月他就停了业，到意大利留学去了。在意大利待了一年后，丢勒回到了德国，他的订货顿时多了起来，这段时期他画了不少有名的作品，如18幅《启示录》，其笔触有如铁画银钩，不过有些恐怖。

在家乡开业十年之后，1505后，他又到意大利去了，这次待了两年，同包括拉斐尔在内的著名艺术家有了来往，从他们那里学到了不少技巧。

回到德国后，他的画技更长，名声也日盛，画铺生意兴旺发达，挣钱无数。这个时期的杰作是《忧郁》，画面上无处不笼罩着一种神秘的忧郁气氛。

此后，除了49岁时带着夫人到荷兰逛了一遭外，他一直待在家里搞创作。安享功成名就的幸福，死于1528年。

开普勒是德国伟大的天文学家，也是个不幸的人。他生于1571年，从小过的就是苦日子，他的父亲像布鲁诺一样把他早早地送进了修道院。他先在一所神学院学习，后来又到了图宾根大学，在这里他开始接触天文学，很快成了哥白尼的信徒。

1593年开普勒大学毕业，可能由于口没遮拦地说出了他相信哥白尼，没得到神职。他便到了奥地利，在一所神学院教天文学和数学，同时搞自己的天文学研究。三年后写了第一本书《宇宙的奥秘》，这本书受到了教会的攻击，还砸了饭碗。他在各处浪游了一番，后来到了正在布拉格搞研究的丹麦天文学家第谷那里。这位第谷也是个有名的天文学家，一生热衷于观察星星，积累了大量一手资料，却没有得出什么了不起的结论。他死前把所有资料都送给了开普勒，希望他能完成他的未竟之业。

开普勒

开普勒不负所托，像第谷一样沉醉于研究中，但他没有第谷的家底，第谷贵族出身，还得到了国王的年金，可以衣食无忧地专心致志搞研究，开普勒只得做了一个数学老师的兼差。但他把主要精力放在天体研究上，1609年左右他终于得出了丰硕的成果，就是著名的“开普勒三定理”，科学地描述了行星在天上运行的规律。

他的发现无疑是替哥白尼说话的，遭到了教会的猛烈攻击，他的书被列为禁书，兼差也没了，只好四处流浪。

1630年，走投无路的开普勒病死于流浪途中，只活了59岁，据说死时身上只剩下七分钱。

这就是一个划时代科学巨匠的人生结局。

拉伯雷与《巨人传》　法国文艺复兴最重要的成就还是在文学方面，这时候出了一个大作家拉伯雷。

拉伯雷是地道的法国人，1494年生于一座叫希农的小城。他的父亲是律师，靠伶牙俐齿、舌剑唇枪发了财。就在乡下买了一处庄园，所以拉伯雷的童年过得还不错。

他的父亲是个虔诚的天主教徒，打算把这个儿子奉献给主。所以拉伯雷稍微长大后就被送进了修道院。在修道院里拉伯雷正经书不读，专门读些杂书，从希腊罗马的古典文学、法律、考古学乃至医学，无所不窥，然后就满脑子时髦的人文主义思想了。他曾花三年时间写了一首足有一百行的长诗，还同一些人文主义名家通信。

这些行为触犯了修道院门规，他被赶将出来。他也不愁，干脆四处游荡起来，一直走到了巴黎，巴黎使他大开眼界，同时也看到了社会上许多黑暗现象，令他又恨又好笑。

1530年，拉伯雷已经34岁了，他却不觉自己已经廉颇老矣，仍去一所大学做了医学院学生，毕业后到里昂，在那里办了间诊所。

他一面四处治病救人，一面仔细观察社会的千姿百态，最后将它们化为了一部伟大的文学作品——《巨人传》。这本书有一个懒婆娘的裹脚布式的名字《迪普索德国国王庞大固埃及其骇人的传记，经五元素国的抽象法已故的阿尔科弗里巴编纂恢复原样》。

这本书叙述了两个巨人国王，卡冈都亚和他的儿子庞大固埃的神奇而有趣的故事，有点像我国的《镜花缘》，文字上还要有趣一点儿。

《巨人传》共分五卷，第二部在1532年首先出版，讲的是儿子庞大固埃的事。两年后出版了第一部《卡冈都亚》，又过了14年才出了第三部，这样断断续续经过了32年才五卷出齐。

教会人士可不是傻瓜，他们一眼看出了这本书大大讽刺了教会，所以对拉伯雷展开了迫害，把他赶得上天无路，入地无门。

拉伯雷死时59岁，他的《巨人传》还要等11年才能出完。

史上最幽默的小说　总的来说，西班牙是文化的荒漠，但在荒漠之上有一朵灿烂的奇葩，那就是塞万提斯和他的《堂吉诃德》。

塞万提斯1547年生于西班牙的阿尔卡拉·达·埃那雷斯，父亲是个江湖郎中，塞万提斯从小就跟着父亲浪迹江湖，书没读几天——只在马德里上过几天学，但好在见多识广。

长到18岁后他便独自生活了，跑到一个主教那里做了3年仆从，在这期间他跟着一个学者又读了一段时间书，他的文学底子大概就是这时打下的。接着他从了军，一年后参了战，对手是占领了整个希腊的土耳其人，塞万提斯英勇奋战，结果身负重伤，左手被打掉了。

不能继续参战的塞万提斯养好伤后仍待在军队，直到1575年才走上了还乡之路。同行的有他的弟弟。但他又一次倒了霉，船近法国马赛港时被摩尔人的海盗船拦住了，厮杀一番之后塞万提斯当了俘虏，被抓到非洲去了，在那里当了五年奴隶。后来他的父母四处哀求，费尽千辛万苦，到了1580年总算弄到了一大笔钱，将兄弟俩赎了回来。

回到家乡后塞万提斯是一无所有了，他已经残废，很多谋生的活他不能去干，经过一番痛苦的思索，对自己能干什么、不能干什么进行无情的考察之后，塞万提斯终于找到了一个谋生的法子——写作。一则西班牙这时有了不少剧院，当然要剧本来排戏；二则他看到不少庸才靠写一些俗不可耐的骑士小说而发了财，这些东西类似于我们中国现在那些无聊的网络小说或者武侠小说，塞万提斯知道自己的见识和写作能力比那些人强得多，为什么他不也去试试呢？这样塞万提斯便加入了挣稿费者的行列。

他先后写了几十个剧本，但一直没有发财，挣的稿费少得可怜，后来他弄到了一个新差事，帮“无敌舰队”搞采购。一看就知这是个大美差，要是到了某些人手里，非大发特发不可。但书呆子般的塞万提斯怎么能发得了财呢？反而因为竟敢向粮食满仓的教堂“非法征收”被关进了监狱，几年后实在干不下去，就改行做税务局官员了。这又是一个大美差，但塞万提斯真是霉运当头，他把税款存在那里的银行的老板卷了他的钱溜之大吉。这样塞万提斯又一次进了班房。

辞官后，塞万提斯迁居到瓦阿多里德城，他童年时跟父亲浪荡江湖时在这里生活过。这时他穷得几乎山穷水尽了，却还要养活一大堆儿女和亲戚。

他住的是贫民窟中的贫民窟，在楼道中间做饭的浓烟中、在孩子的哭闹声以及泼妇的骂街声中，他写下了不朽巨著《堂吉诃德》。

《堂吉诃德》原是用西班牙一种方言写成的，全名叫《奇情异想的绅士堂·吉诃德·台·拉·曼却》。它的具体内容——那位具备中世纪骑士一切美德的堂·吉诃德带着他忠心耿耿的仆从桑丘·潘沙骑着瘦骨伶仃的驽马干的各式各样的冒险故事我们都听说过了，我敢说除了他俩世界上从来没有人做出过这么多有趣的事呢。而这部小说也可称史上最幽默的小说，至少是最幽默的文学巨作。

1605年《堂吉诃德》第一卷终于出版了，读者们的热情可想而知，西班牙一时洛阳纸贵，从国王到平民百姓无不争相阅读，书也一版再版，并迅速被翻译成欧洲各国文字出版。

按理说塞万提斯应当挣了大笔稿费了吧？没有。一则出版商心狠手辣，二则盗版横行，使塞万提斯只出了名，却挣不了钱，他还是过着吃了上顿愁下顿的日子。只好快马加鞭写其他作品，同时赶写《堂吉诃德》第二卷，1615年写成出版。这卷一直写到堂吉诃德死了为止，死前一刻他才幡然顿悟，觉往事之可笑可叹。

写完《堂吉诃德》之后塞万提斯已经风烛残年了，虽仍笔耕不辍，然而“夕阳无限好，只是近黄昏”，1616年，4月19日，塞万提斯在病床上写完了最后一部小说的献辞，4天之后便溘然而逝，终年七十。

他死时几乎不名一文，妻子也已先他而去，家人只好把他草草收葬，连墓碑也没有立。所以人们至今不知塞万提斯葬于何地。

莫尔与培根　较之西班牙、德国甚至法国的文艺复兴而言，英国的文艺复兴要兴旺得多，仅次于意大利。

这时的英国国热蒸蒸日上，它在1588年消灭了一度横行海上、不可一世的西班牙无敌舰队，使英国成了海上霸王，从此把能赚来滚滚利润的跨海贸易弄到了手。它的养羊业也十分发达，每年产出大量羊毛，供应弗兰德斯等地的毛纺工场。这一切使英国迅速强大起来，16、17世纪时终于一跃成为欧洲强国。

这样的国势加上这时意大利的人文主义春风早已吹遍英伦三岛，使英国也掀起了一股强劲的文艺复兴之浪潮。

英国的文艺复兴与意大利不同，主要不是艺术，而是文学与哲学，在这期间，它诞生了伟大的哲学家弗兰西斯·培根与伟大的文学家威廉·莎士比亚，另外还有一个与他们齐名的伟大的人文主义者托马斯·莫尔。

托马斯·莫尔是一个空想社会主义者，1478年出生于伦敦一个有钱人家里，父亲曾是英国皇家法院的法官。

莫尔14岁便进入了牛津大学，成绩出类拔萃，毕业后在伦敦执业做律师。

26岁时莫尔就竞选众议员成功，此后由于才能卓越，仕途相当顺利，先后担任副财政大臣、下议院议长等，并在1529年被任命为英国皇家最高法院大法官，成了英国政界举足轻重的大人物。

然而这时麻烦来了。莫尔是个十分虔诚的天主教徒，而这时英国正掀起一场新教革命。新教承认宗教隶属于国家，君主即是教主。这当然对国王们有利，当时的英王亨利七世对新教情有独钟，宣布自己是英国国教的最高首领，要他的大臣们承认这一点，并且宣誓效忠。

莫尔作为一个虔诚的天主教徒，不同意亨利七世这种“离经叛道”的主张，因而拒绝宣誓。他的日子就不好过了，先是被迫辞职，接着被捕，给投入伦敦塔。又过了一年，他被审判定罪，审判十分不公，莫尔被公认是道德的楷模、是一个大大的好人，却以莫须有的罪名被处斩首，这年是1535年，他才57岁。

莫尔是以空想社会主义而闻名于世的，他的空想社会主义思想体现在他的一本书中，这本书就是有名的《乌托邦》，描述了一个幻想的世界，在这里，人人平等、没有压迫和剥削，大家共同劳动、共同消费、按需分配，过着共产主义的美好生活。

后来马克思的共产主义思想有相当一部分就来自于托马斯·莫尔的乌托邦。

培根是一个伟大的哲学家。伦敦人，父亲曾贵为英王的掌玺大臣，从小生活在锦衣玉食之中，加之天资出众，令他更引人注目，据说伊丽莎白女王曾一本正经地同小培根讨论过某些问题。

培根12岁就进了剑桥大学，毕业后进了法律界，正当他准备借着父亲的威势青云直上时，不幸降临了。他的父亲突然辞世，这时他才17岁。他被迫扛起了生活的重担，为前程努力奋斗。他23岁时便当选为下议员，与托马斯·莫尔完全不同，他是个一心只想升官发财的人，至于什么信仰道德之类，他是不怎么在乎的。这期间他做了权臣埃塞克斯的心腹，埃塞克斯也对他信任有加，但当埃塞克斯被别人指控有罪时，他不但不帮忙澄清，反而乘人之危，帮助起诉昔日的主子。这令他名声大坏。

不过在英王眼里他可是忠心耿耿的好臣子，所以培根官运亨通，先做了副检察长，后来终于做上了他父亲一度做过的高官掌玺大臣，第二年更上一层楼，又做了大法官。

但正所谓乐极生悲，两年后他便完了，罪名是受贿。培根倒是痛痛快快地认了罪，不过他辩解说，接受当事人的钱财并没有影响他的判决，意思是说，钱他是收了人家的，但人家要他办的事他可没办！

审判结果是这样的：罚款4万英镑，关进伦敦塔，期限由国王来定，并且终生不得担任公职。

不过这对文艺复兴可是件好事，培根不是个好官，但是个好哲学家，他无官一身轻后，成天躲在家里做学问，写了《新工具》等几十部哲学著作，成为文艺复兴时代哲学方面最杰出的代表之一。

第二十章　达·芬奇与莎士比亚

文艺复兴是巨人的时代，“是一个需要巨人而且产生了巨人——在思维能力、热情和性格方面，在多才多艺和学识渊博方面的巨人的时代”。

下面选取了两位最能代表文艺复兴的巨人，为他们做一个小传，分别是：达·芬奇，代表艺术；莎士比亚，代表文学。

最伟大的艺术家　我不承认世界上有完美的人物，但如果想找出比较完美的人物或者最伟大的艺术家的话，也许只能找出一个——达·芬奇。

达·芬奇经常被称为不但是文艺复兴时期，而且是整个人类历史上、特别是人类智慧史上最卓越的人物。

达·芬奇

达·芬奇全名列奥纳多·达·芬奇，是个私生子，1452年出生于佛罗伦萨附近一个叫芬奇的小村子，父亲是当地一个有钱的律师。

从小达·芬奇就显出了非凡的天赋，音乐、绘画、骑马、读书等等，无所不爱，且一学就通。据说他才十来岁、从没学过雕刻绘画之类的东西时就替人绘制了一面盾牌，当他把这面盾牌给父亲看时，吓得他撒腿就跑。后来父亲把这面盾牌以足足100个金币卖给一位商人，商人又以300金币卖给了一个公爵。

14岁时，他父亲带着全家移居到了佛罗伦萨，不久就把儿子送到了当时一个颇有名气的艺术家委罗基奥的画室当学徒。

这段时间有关达·芬奇的一件轶事就是老师先教他画鸡蛋，画了几天后他就烦了，老师告诉他，你没有发现吗？从来没有两个鸡蛋的样子是完全一样的，叫你画鸡蛋就是要你学会观察。少年达·芬奇从此大彻大悟，知道艺术的真谛在于师化自然。领悟了这点后，他进步神速，几年之后就在佛罗伦萨画家行会的登记本上记下了他的名字，成为被同行正式承认的画家了。

离开老师后，达·芬奇给统治米兰的斯福查写了一封毛遂自荐的信，据说信中达·芬奇宣称能做其他一切人能做到的任何事，从桥梁设计、挖掘排水沟、制造大炮乃至如何把山上的树木快速弄光，至于绘画雕刻更不用说了。

奇怪的是斯福查没有把这个如此狂妄的无名之辈羞辱一顿，反而真的请了达·芬奇到米兰。在那里达·芬奇果真是什么都来一手，包括音乐创作和替戏子设计道具。当然主要还是搞艺术。

除了替斯福查干各式各样的艺术活儿，达·芬奇还有自己的个人爱好——科学研究。他解剖尸体、研究数学和光学，试制各式各样的古怪玩意，例如飞行器、乐器等，并且几乎在每一个方面都达到了那个时代的顶尖水平。

达·芬奇为斯福查一服务就是整整17年，到了1499年，由于米兰被法军攻占，斯福查的统治完了，他只得离开，回到了故乡。

在故乡待了几年后，他又到了米兰，不过这次请他去的不是斯福查，而是法国驻米兰的总督，在米兰他又待了7年，直到法国人被赶走，他才第二次离开米兰。

离开米兰后，达·芬奇终于踏上了意大利的心脏罗马，不过达·芬奇不是教皇本人，而是教皇的弟弟请去的。到了罗马后，这时教皇的眼里只有拉斐尔，剩下的一点位置给了米开朗琪罗了，也许他压根儿不相信还有其他天才。所以达·芬奇在那成天闲着，什么活也没有。

这是他一生中最痛苦的时期，我们知道人不怕被人批判，最怕的是无人理睬，好像他压根儿不存在一样。这正是达·芬奇这三年中的情形，虽然他到了教廷，但教皇并不理睬。教皇这个态度也影响了其他人，于是，几乎人人都视他如陌路了。他一个有才华的弟子竟然背弃了他，投奔到教皇的红人拉斐尔门下去了。他的另一个弟子因为受不了这种侮辱性的冷落，自杀了。达·芬奇终日孤独彷徨，心灵所受的折磨可想而知。

这种情形一直持续到1516年，到了这年，达·芬奇接到了一个邀请：法国国王法兰西斯一世请他担任宫廷首席画师、建筑师和工程师。他毫不犹豫地接受了邀请，因为他别无选择。

到达法国后，他受到了整个宫廷乃至全法国的极大尊敬，从国王到庭臣都视他为人类完美的典范，从衣着打扮到胡子式样处处模仿他。他得到了可观的年金和一座古堡，物质生活算是安定了。

达·芬奇此时的心也安宁了。他不再欲求什么，成天整理他的手稿，或者搞一点不会付诸实施的建筑设计，要不就观察一下自然万物。日子就这么逍遥自在地过着。只是他不再创造艺术，他知道自己已经像一座经过漫长岁月的漂泊，终于找到了港湾的小船，不想再去与风浪搏斗，只想从此栖息在宁静的港湾，直到腐烂。

1519年5月2日，达·芬奇安详地离开了人间。

给他送葬的只有几个学生和仆人，还有抬棺材的民工，他没有孩子，像拉斐尔一样，他终生未婚，但他给世界留下了约7000页手稿，每一页都是无价之宝。

最伟大的文学家　西方在它的历史上曾经产生过无数的文学家，如果有谁天真地问："在这些文学家们当中，谁最伟大啊？"他一定会被讥笑为"不懂文学"，文学不是12345，怎能比大比小呢？然而如果真的有人问——实际上也有人问过，谁是西方最伟大的文学家，他可能得到的唯一答案是——莎士比亚。

莎士比亚

对于莎士比亚，至少有两点是可以肯定的：他是西方古往今来作品上演最多的剧作家，也是其作品和人生被改编成电影最多的作家，还是作品被引用最多的作家。

威廉·莎士比亚生于1564年4月23日，家乡是英格兰的斯特拉福小镇，7岁那年被父亲送到学校里去了，这样的学校教育一直持续到他16岁就结束了，因为他父亲破产了，不再能供他上学。他就乘机上社会大学了。据说他到了一个屠夫那里当学徒，他从这个屠夫那里学到的东西除了杀猪卖肉短斤少两的技巧外，就是演说了。因为这个屠夫是个讲道理的人，每当他要杀猪了，就会发表一通演说，向那头可怜的猪证明他有充分的理由要杀它。

做了两年学徒后，莎士比亚结婚了，妻子是一个富农的女儿安妮。一年后他们有了一个女儿，两年后又一下生了两个儿子，其中一个叫哈姆雷特。

莎士比亚虽然已经是三个孩子的父亲了，但毕竟只有20来岁，还是个毛头小伙子。喜欢各式各样的刺激，例如打猎。但在英国森林都是有主儿的，只有它的主人才有权在里面打猎，莎士比亚可不管，有一次他偷偷潜入一个贵族的森林，打了一头鹿，结果被发现了，贵族便派人狠狠揍了莎士比亚一顿，临走对他说：还没完呢，你等着瞧！

这个贵族是个地头蛇，莎士比亚害怕了，采取了一个最简便的办法：三十六计，走为上计，目的地是距斯特拉福不过两三百里路的伦敦。这大约是1586年的事。

前面说过，莎士比亚不过上过几年文法学校，顶多相当于我们的初中毕业。到伦敦自然找不到好活干，他好容易找到了一家剧院，在里面替人打杂。例如替来看戏的客人牵牵马，或者在后台帮演员们做这做那。

接下来的也许是文学史上最令人不可思议的事了！这个初中毕业的莎士比亚竟然动手写起剧本来了！而且从第一次提笔起写的就是经典名著！真是太不可思议了！一则以莎士比亚已有的知识基础似乎不可能写出像样的剧本来，更不可能写出如此伟大的作品来！二则即使莎士比亚是亘古未有的第一天才，靠着他成天与戏打交道，领悟了戏剧的真谛，也应该费些时日才写得出惊世之作来。要知道创作功可不像《天龙八部》里段誉的抗毒功，花几分几秒吃个莽牯朱蛤就百毒不侵了。

莎士比亚第一出戏上演的时间是1590年，这时他来伦敦才4年，年仅26岁，来伦敦前他对戏剧一窍不通。

他上演的第一个剧本是《亨利六世》，大获得成功。从此他的名字就跻身于当时一流戏剧家之列，且不久就用太阳般的光辉盖住了所有其他人，用他如泉涌般的新作统治了舞台。

从1594年起。他在4年内一口气写了7部喜剧、4部历史剧、2部悲剧。也就是说平均每3个多月就要写一部不朽巨剧。

1596年莎士比亚的儿子哈姆雷特死了，年仅11岁。为这事，与故乡阔别整整11年后，游子终于回来了。但这时他可今非昔比了，他已经不是威廉小子，而是莎士比亚先生了，就在这一年，他被册封为贵族。第二年，他在家乡买下了当地最大的一座宅子，准备将来叶落归根。

1599年，莎士比亚的剧团正式建成了属于自己的剧场，就是后来很有名的环球剧场。莎士比亚做了剧场的股东，每年都可以分红。这样即使他不再演戏写剧本，每年也有足够的钱过上足够舒服的生活了。

两年之后，莎士比亚来伦敦后一向一帆风顺的生涯涌起了一次不小的恶浪，差点儿要了他的命：一天，几个贵族来到环球剧场，要求上演莎士比亚四年前写的《理查二世》，并且愿出十个英镑的酬金，这在当时也是笔大钱，演员们答应了。

第二天，伦敦街头出现了一群手持武器的家伙，号召市民们起来造反、杀了女王。其中包括莎士比亚的保护人南安普顿伯爵。他们立即被逮捕法办了。但环球剧场的职员们也被带到了法庭，受到审判。他们这才弄清楚那几个贵族叫他们演《理查二世》的用意：剧本里有国王被推翻的场景。他们也明白了，当演到这个场景时，为什么台下有那么多人起劲地欢呼。好在他们事先对此一无所知，不知者不罪，法庭就把他们，包括莎士比亚，全放了。至于那些叛乱者，他们被放到断头台上去了。

1603年，威风八面，带领英国成为欧洲首强的伊丽莎白女王死了，被她处死的苏格兰女王玛丽的儿子登上英国王位，是为詹姆士一世。这位新王很爱看戏，刚登王位便将当时最有名的剧团，当然就是莎士比亚的剧团，更名为“王家供奉”剧团，莎士比亚等人也被任为“王后寝宫近侍”。给莎士比亚这个头衔可不是要莎士比亚去侍候王后睡觉，这只是个最小的宫廷职位罢了，像孙悟空当过的“弼马温”。

成了王家供奉的环球剧场生意更加兴隆，莎士比亚是股东，那分红得来的钱也一天多似一天。这时莎士比亚刚40出头，不但名声在外，而且是个不大不小的富翁了。他一下子就花了足足440英镑在家乡买了一大片土地，准备老来好用。这时他的女儿也嫁了一个好丈夫，是个远近闻名的大夫。除了弟弟的去世令他伤心过一阵子，他的日子可谓风调雨顺、乐在其中。

1609年，已经发了大财的王家供奉剧团买下了另一个叫“黑花”的剧场，专用于冬天搞私家演出。这些私家演出的观众都是些阔佬，舍得买高价票，剧场当然更有钱了，莎士比亚也更富了。

为了让演出多样化，剧团又请了两个人来写剧本，这两个家伙贵族出身，谈不上有什么戏剧天才，但却熟悉权贵们锦衣玉食的生活，也熟悉他们的种种癖好，他们写的剧本就正投其所好，充满了精雕细琢得曲折无比的情节。这些戏剧对那些趣味低级的权贵们，或者成天想着要过上权贵们日子、过不上看看也好的小市民们产生了莫大的吸引力。

这时的英国正是国势蒸蒸日上，到处一派歌舞升平。我们可以把它比作建大观园时的贾府，观众们则像请贾宝玉题扇写字的趋炎附势之辈。他们当然爱看那两个“贾宝玉”写的花里胡哨的东西，哪里还有闲情去领会莎士比亚剧作里严肃深刻的意蕴呢？连莎士比亚剧本里的插科打诨他们也觉得大不如两个贵族子弟的浮词艳曲“有味”。于是有人站起来对莎士比亚说，你的剧本与弗莱契——这是那两个贵族子弟剧作家中的一个——相比，就像拿白水比蜜糖一样。

听到这样的比较莎士比亚不知是伤心呢，还是冷笑，反正他回到斯特拉福去了，从此不再理戏剧这档事，这时大约是1613年，莎士比亚49岁。

他回到了家乡，住进了他早买好的大房子里，享受从前很少有机会享受的天伦之乐，他很爱女儿，但好像不大爱老婆，也许是因为她比他大了整整7岁，这时的莎士比亚正当盛年，而安妮已经五十有六、人老珠黄了，且夫妻长期分居，何曾有机会培养深厚的感情呢？

后来，在莎士比亚的遗嘱上我们看到这样的情节：他把大部分财产给了大女儿和她的医生丈夫；二女儿也得到了300英镑和一只名贵的银杯；连他在剧团里的朋友们也得到了一笔钱。唯有他的妻子，他给她留下了这样一些东西：一张“质地较差”的床、床上的被子、枕头、床单。仅此而已！更加过火的是，他还明文规定，他在伦敦城里那幢房子的所有收入他妻子无权过问。

莎士比亚是1616年4月23日去世的，这天他年满52岁。

第二十一章　地理大发现，一个新世界

与文艺复兴大致同时，西方历史上还发生了一件塑造了现代西方世界版图的大事——“发现新大陆”，有时也被总称为“地理大发现”。

为什么是“大发现”呢？当然是因为这个发现很大，大到可以称为一个新世界。

葡萄牙人的发现　这个发现实际上可以分成两部分：一是发现美洲新大陆；二是发现通向印度的新航线。这两条发现之路的根源实际上是一样的，都是为了发现通向印度与中国的新航路，好找到金子和香料。

为了更好地了解这条发现之路，我们先来看看世界地图。

我们可以看到，地球的大陆实际上可以分成三大块，像一个“口”字缺了下面一横，像“Π”形，横线周围的空白是茫茫大海。口字的上面一横是亚欧大陆，包括亚洲和欧洲。左边一竖是非洲，右边一竖则是美洲。欧洲位于口字上面一横和左边一竖的交界处，而它想要到达的印度与中国则位于上面一横的右边。上面一横中间本来是东西方贸易的最佳途径，然而土耳其人把它卡住了。这样，如果要从欧洲到印度和中国，另外的路线就是从海上往南绕过非洲再往东北航行了。

但这不是唯一的路线，由于地球是一个球，从这个口字的背面往西航行，同样可以到达印度与中国。当时欧洲人正是这样想的。所以才有哥伦布的远航，不过哥伦布没有想到还有口字右边那一竖，要真的到达中国还得绕过这一竖才行。

正是这个没有想到使哥伦布没有发现新航路，却发现了新大陆。

在两条发现之路中，发现美洲之路最有名，然而欧洲人最先开始寻找的不是这条，而是通往印度的航路。

印度航线的开辟是由葡萄牙人来完成的。我们都听说过葡萄牙，一个位于欧洲顶西端的小国，面积不及我国一个省大，人口不过百万。然而它在历史上也曾阔过一阵子。他们是所有这些发现者中最早的一批，正是他们发现了印度航线。

这次地理大发现中，葡萄牙第一个、也是整个西方第一个积极分子是亨利王子。

他为了从非洲搞到黄金、奴隶、象牙，不断派出所谓的探险队考察非洲西部的海岸，占领了靠近海岸的好几个群岛，这就为进一步南航建起了跳板。

第一个取得重大成就的是一个叫迪亚士的家伙，1487年他发现了好望角，这“角”位于非洲的最南端，它左边是大西洋，右边是印度洋。他能发现凭的与其说是勇气，不如说是运气。他本来只准备像前任们一样在非洲西部海岸讨点儿便宜的。但突遇风暴，风暴吹呀吹呀，一直吹了整整13天，风平浪静时他们钻出船舱一看，发现自己已经不在大西洋，而在印度洋了。如果他敢继续前行，前面就是遍地宝贝的印度，但这个迪亚士没有继续前进，而是回到了葡萄牙，与伟大的新发现擦肩而过。

完成这个发现的是达·伽马。这时已经是1497年了，5年之前哥伦布已经发现了美洲，但他坚信发现的是印度。葡萄牙人可不信，哥伦布并没有从“印度”运回半点香料，印度产香料却是无疑的。他们便开始找自己的印度。这年，达·伽马带着4条船从葡萄牙出发，循着迪亚士曾走过的路线绕过非洲，并在第二年到达了印度。在这里他们弄到了满满一船香料、宝石、丝绸等，当他们回到葡萄牙时，用这船宝物一下赚了个盘满钵满。

这下葡萄牙终于发现了通向印度的新航线，从此西方人大发其财，东方人却大遭其难，从此东方开始落入西方贪婪的血盆大口之中。葡萄牙人、西班牙人，紧接着是荷兰人和英国人，将建立世界性的殖民帝国，这些殖民帝国实际上也是不折不扣的“恐怖帝国”。

发现新大陆　比上面的发现更重要的是哥伦布发现新大陆，它甚至被西方人称为有史以来最重大的发现。

“发现新大陆”这个说法实际上是荒唐的，那里早就有万千人类在生活了，还创造了灿烂文明，哪用得着任何人去“发现”呢！

哥伦布是意大利人，很穷，但人穷志不短。他有两个坚定的信念：一是相信地球是一个球；二是相信自己是个了不起的航海家。前者使他相信只要不断地往西航行，就能到达香料之国；后者使他为了达到目的不惜一切地奔走游说。他先到了葡萄牙国王那里，替他的伟大计划寻找资助，但葡萄牙国王不相信他，派了自己的船队沿着非洲海岸找印度去了。他又去找英国国王，但这时英国还没有到对这类探险有兴趣的时候。最后哥伦布找到了西班牙国王。开始没被理睬，但当他第二次再去时，正值西班牙终于占领了境内最后一个阿拉伯人的据点格拉纳达。兴奋不已的女王伊莎贝拉在兴头上答应了他。甚至封哥伦布为“海军大将”，并预封他为尚未发现的土地的“世袭总督”。当然还为哥伦布的发现之路提供了装备：三艘船，最大的载重100吨，其他两艘只有50吨。虽然女王在给封号上很慷慨，但给东西上可不是这样了。

1492年8月3日，是西方历史上一个重要的日子，哥伦布率领他小小的船队出发了，共计3条船、87个水手。

他一直往西航去，不久就看不见陆地了，唯有无边的大海，他们的船走啊走啊，一天又一天，然而水天一色，四望无涯，天上连鸟都没有一只。那些水手们从来没有这么多天看不到陆地，他们中有些人害怕了，尤其是那些认为大地是平的，外面的世界只是无边大水的人。他们有人想发动暴乱，要求回转航程，但被哥伦布制止了。两个多月后，他们终于在天上看到了一只鸟，有经验的水手都知道，鸟是不会离开陆地太远的，它们要有落脚的地方。但他们又走了几天，仍没有看到陆地，到了10月9日，哥伦布也有些气馁了，答应水手们如果三天内没有看到陆地就打道回府。

漫长的三天慢慢过去，眼看到期了，水手们开始准备掉转船头回家时，突然有人大叫起来："看！陆地！"

这天是公元1492年10月12日，他们已经在海上航行了整整70天。

对于哥伦布，这是他的发现之旅的一个终点，然而对于西方，甚至对于整个近代世界，这是一个起点。

哥伦布到达的不是美洲大陆，只是一个小岛，他将之命名为圣萨尔瓦多，意即"救世主"。

这岛确实可以算是他的救世主，要是没有它的话，哥伦布也就没有他伟大的发现，他自己也不会伟大了。

当他看到那些身披羽毛，涂着花脸的土著时，哥伦布认定他们是印度人，于是称他们为印第安人，就是印度人的意思。如果还有谁不认为谬论有时候会战胜真理的话，请他看看印第安人这个称呼就成了，虽然他们明明不是印度人，但却直到现在都被这么称呼着。

第二年，也就是1493年初，哥伦布扬帆回到了西班牙，船上载着欧洲人从来没有见过的各种奇人异物：头戴羽冠、身上刻满花纹的印第安人、棉花、烟草、古怪的鸟兽，还有欧洲人梦寐以求的黄金，只是少得可怜。

哥伦布向兴高采烈的西班牙国王保证说，他将会带来更多的黄金。为这以后他又搞了三次美洲之航。然而一次比一次失败。几次航行耗费了西班牙大量人力物力，收获却无几，因为哥伦布始终没有找到他们最想找的东西——黄金，而如果不是相信在遥远的、未知的世界里有这东西，他们很可能根本就不会去做这样的探险了。

要是这样，西方历史也就会与现在大不相同，印第安人仍会是美洲的主人，过着自由的生活，而如今的美国、加拿大则根本不会诞生。这对人类是好还是坏呢？大家只能见仁见智。

1498年哥伦布进行了第三次美洲之行，由于拙劣的领导艺术，他这个总督管辖下的殖民地一片混乱，印第安人开始了最初的与残暴不仁的殖民者之间的斗争，他的总督职位终于给撤了，被戴上镣铐遣送回国。但西班牙国王救了他，给了他最后一次机会。

第四次航行依然如故，哥伦布带回来了不少有趣的东西，唯独少了那样他们最想要的东西。这时，达·伽马发现的真正的印度航线已经给葡萄牙带来了大量哥伦布没有找到的东西：黄金、宝石、香料，等等。深感失望的西班牙王决定不再替哥伦布的冒险事业掏腰包。

四年后，哥伦布在极度失意中死去，他至死都认为自己发现的是印度。

另一个人证明了哥伦布发现的不是印度，他就是亚美利哥·韦斯普夸，他在1499年到1504年几年间几次到达美洲，经过仔细考察，证明了这是块新大陆，于是这块新大陆就以他的名字来命名，叫亚美利加洲，这也是美国的名字——亚美利加（America）。

我们知道，哥伦布之所以要往西航行，无非是他相信地球是球体，从西边往西航行同样可以到达东面的印度和中国，那盛产黄金、宝石、香料与丝绸的国度。但他失败了，为什么呢？因为在欧洲和印度、中国之间还横亘着一个美洲，它像一堵纵贯南北的长城，把欧洲和黄金宝石香料之国分开。但是，如果绕过这堵长城呢？——有位冒险家这样想，不就可以到达香料之国了吗？

麦哲伦的发现　这人就是麦哲伦，他本是葡萄牙人，但像哥伦布一样得不到对美洲不感兴趣的葡萄牙王的支持，只好也转向西班牙，像哥伦布一样得到了西班牙王的支持。

1519年9月20日，麦哲伦和他的船队，共有5条船，都载重100吨，起了锚，一直往西行去。

他们这次远航远比哥伦布的发现之旅要艰苦卓绝。首先我们从航程就可以看出来哥伦布不过是在大西洋两岸从欧洲到美洲一个来回，麦哲伦却要绕地球一个整圈。他要依次跨越三大洋：大西洋、太平洋和印度洋；要依次绕过六大洲：欧洲、南美洲、北美洲、大洋洲、亚洲、非洲。那路途之遥远可谓前无古人，沿途之艰苦也是后无来者。

从西班牙起锚后，他们到达美洲，沿着美洲海岸南下，第二年3月到达了美洲南部、现在叫巴塔哥尼亚的地方，那里是一片无垠荒原，看到这景象，许多船员感到绝望，掀起了一场暴乱，麦哲伦好不容易才平息了，使船队转危为安，继续南行。又过了整整七个月才抵达美洲南端，找到了一条可以穿过去的海峡，就是现在的麦哲伦海峡。这时他们在茫茫大海上航行已经一年有余了。这条海峡一年四季恶浪滔天，而且狭窄难行、又多暗礁，至今仍是全世界最危险的航道之一。麦哲伦在这里一下失去了两条船，他坚持不懈地前进，终于胜利抵达海峡的另一端，他们先是沿岸北上，接着转舵向西，驶入了一个新大洋，它辽阔无边、风平浪静，联想起在海峡里遭受的惊涛骇浪，船员们便称这片新大洋为“太平洋”，这就是太平洋名称的起源。

然而这太平洋并不太平，他们遭受着另外的、更大的苦难。

整整98天，他们只见到过两座一无所有的荒岛，余下的就是浩瀚无边的大海，其中的一个船员皮盖费塔，记下了这个时期的苦难：

我们所吃的饼干不再能称为食物，它们只不过是些粉末和吞噬了饼干的蛆，这些粉末还浸泡着老鼠的尿，散发出令人无法忍受的臭气。我们喝的水也同样恶臭、令人作呕。为了不饿死，我们还被逼得吃一张张的皮革，这些皮革本来是用来包住大桅下桁，防止它磨损绳索用的。它们经常受到水浸、日晒、风吹，已经变得极其坚硬，必须先在海水里泡上4、5天才会变软，这时我们就煮来吃。实际上，我们经常不得不靠吃木头活下去，大家都贪婪地去寻找老鼠这叫人恶心的食物，一个能卖到半个达卡金币。

苦难还不止这些，我们最大的不幸是遭到疾病（维生素C缺乏病）的打击，得这病后，牙床肿得老大，把上下颚牙齿都包了起来，使病人没法咀嚼食物。我的19个伙伴死于这种病。

……

又过了一年，1521年3月，他们终于看到了第一个富饶的岛屿，一年来第一次饱餐了一顿。又过了十来天，他们到达了第一个大群岛——菲律宾群岛，不过麦哲伦要是知道后来的结果一定不会上去。他想替西班牙国王把它给征服了，与岛上的土著打将起来，这些与印第安人同样原始的部落人极其勇敢。他们在首领拉普拉普的率领之下，用弓箭毫不畏惧地与白人的枪炮打起来，结果麦哲伦被拉普拉普一刀砍死了，一个英雄史诗般的冒险故事连同他的生命就这样结束了。这是1521年4月27日夜里的事。

杀这位英雄的拉普拉普因此成了菲律宾人的民族英雄，这一天后来成了菲律宾人的节日。

麦哲伦的船员们赶紧溜之大吉，再往西行。他们选举经验丰富的第·卡诺为新船长，又航行了差不多七个月，终于达到了他们梦中的天国——香料之岛，高兴劲可想而知。

这香料之岛就是现在的马六甲群岛，分属马来西亚、印度尼西亚和新加坡。不过这时按主权它们是属于中国的，马六甲的王像缅甸、泰国和老挝等的王一样，也承认是中国的藩属。

当西班牙人费尽千辛万苦终于到达了香料之岛时，等待他们的并不是成堆的香料，而是葡萄牙人的枪炮。他们早已到达了这里，并且垄断了香料交易。但经过了这么多苦难的船员们还怕什么？还会空手走掉吗？他们想方设法弄到了满满一船香料，穿过印度洋，绕过好望角，又纵越大西洋，终于在1522年9月3日缓缓驶进了西班牙的港口。

这时距他们的起锚之日已经整整三年了。出发时共有5艘船、270名船员，现在剩下的是一艘船，18名欧洲船员，另有从美洲抓回来的4个印第安人。

西方历史上的地理大发现至此告一段落。西方人不但发现了到印度和中国的新航线，还发现了西方人从未想到过的新大陆——美洲，对于西方人而言，无论是印度、美洲还是中国，这些早已经有着灿烂文明的土地不过是有待重新掠夺、瓜分、开垦的处女地，以后的事就是如何在这些处女地上建立他们的殖民帝国了。

第二十二章　一个又一个殖民新帝国的建立

达·伽马、哥伦布、麦哲伦等人地理大发现的直接结果就是殖民帝国的建立。

这些殖民帝国与以前的诸帝国相比是一种崭新的帝国。它的范围不再局限于欧亚大陆的文明中心，而是延伸到了整个世界，它的命脉所在不是陆地，而是海洋，大海像一根线一样把殖民帝国相距万里之遥的殖民地们联系起来。

葡萄牙的殖民帝国　葡萄牙是最早开始进行海外殖民、最早建立起殖民帝国的。

早在到印度去的新航路发现之前，葡萄牙已经开始面向南方的贸易了。它的目标就是与葡萄牙隔海相望的非洲，葡萄牙人从那里弄到了不少的黄金、象牙、奴隶之类值钱的东西。他们也早听说过，沿着非洲的海岸往南，过了撒哈拉大沙漠，有一个富饶国度，那里盛产他们做梦都想的黄金。

与当时的欧洲相比，世界其他地方，从印度到中国，这些原来领先于世界的古老而悠久的文明，已经慢慢失去它们昔日的活力了，在技术、特别是军事技术上落后于西方了。当葡萄牙人扛着枪，推着炮向非洲、亚洲射击时，亚洲人能用以抵挡的还是古老的冷兵器，那实力之悬殊比南斯拉夫和北约之间的差距还要大，落后当然就要挨打。

此外，宗教在葡萄牙的殖民活动中也起着重要的作用。葡萄牙是一个天主教国家，上至国王下至平民百姓都是顶虔诚的天主教徒。长期以来他们与“异教徒”——信奉伊斯兰教的穆斯林们互相争战，对于他们而言，消灭异教徒，或者把他们变为基督教徒是最伟大的事业、是他们神圣的责任。当他们看到海外，从非洲到印度还有这么多异教徒等待他们去教化，让他们归顺土时，怎会不欣然前往呢？所以我们可以看到，无论在哪里，与殖民者的枪炮亦步亦趋的是那些教士们举着的十字架，他们同样是建立殖民帝国的急先锋。

打响第一枪的是前面说过的亨利王子，他在1415年攻占了直布罗陀海峡西岸的一个要塞，这是葡萄牙在非洲的第一块殖民地，也是欧洲跨海殖民的第一步。

在茫茫大西洋中，隔海岸并不太远的地方，有好些堪称美丽富饶的群岛。从北往南依次是马德拉群岛、加那利群岛、佛得角群岛和亚速群岛。它们成了欧洲人最早的一批殖民地。先是葡萄牙人占了马德拉群岛，弄到了大量上好的木材、糖，后来还有葡萄酒，直到现在马德拉甜葡萄酒仍是葡萄酒中的上品。

亨利王子占了马德拉群岛后，再接再厉，最后占了四个群岛中的三个，只把加那利群岛给了西班牙人。

这些岛屿像跳板一样驱使葡萄牙人继续往南跳去。

到1445年时葡萄牙人终于有了第一个不小的发现：他们到达了撒哈拉沙漠以南，发现那里不再是贫瘠的沙漠，而是无边无际的绿色林海，期间出没着各种珍禽异兽。他们便在那里建立了一个货站，把这个货站作为继续往南边推进的基地。以后的葡萄牙人照此办理，每推进一步，“发现”一个新地方，就在那里建立一个新货站，一边做生意，一边准备继续前行。

这样，一步一个脚印，葡萄牙人渐渐在非洲推进得越来越远。1487年，迪亚士发现了好望角，从大西洋到达了印度洋。10年之后达·伽马终于到达了印度，找到了通往香料之国的路，从此葡萄牙人正式开始建立起他们的殖民帝国。

第一次到印度的达·伽马发了大财，他的一船货物到葡萄牙后卖得的钱比他这次远航的花费整整多60倍，一个更美好的明天生动地展现在了他们面前，葡萄牙人相信：通过这条新航线，一可以垄断东西方的香料贸易，赚到数不清的金子；二可以把沿途看到的大批大批的异教徒改造成基督徒。

葡萄牙殖民帝国的真正建立者是一个名叫亚伯奎的家伙，他是葡萄牙的殖民总督。与后来的殖民者不同的是，他不是到处攻城略地，把大片大片的土地宣布为葡萄牙国王所有，他的殖民政策的目的只有一个：垄断贸易。为了达到这个目的，他攻占了作为贸易必经之地的关隘，这些关隘就像人的咽喉一样，只要控制了它们，整个贸易也就被控制了。

进行了这样的布置之后，葡萄牙就基本上完成了它的殖民帝国的蓝图，帝国的面积并不大，不过几乎包括了东西方贸易的每一个咽喉要地。这就是葡萄牙殖民帝国的“特色”，它实际上是一个贸易殖民帝国。

依靠这个贸易殖民帝国，葡萄牙以弹丸之地一度成为欧洲最富有的国家。

除了控制东西方的海上贸易之外，葡萄牙也并不是没有大块的殖民地，正如他们不会眼看着西班牙占领庞大的新大陆而毫不动心一样。1500年，葡萄牙人卡拉伯尔率船队抵达美洲，在巴西上岸，随即宣布它属于葡萄牙所有。巴西的面积达800多万平方公里，当时是南美洲最大的殖民地，现在是南美洲最大的国家，它的国语仍是葡萄牙语。

接下来我们要讲讲葡萄牙同西班牙之间的殖民地争夺战。

西班牙与葡萄牙大约同时开始搞殖民，虽然葡萄牙的重心在亚洲，西班牙的重心在美洲，但它们仍然发生了两次冲突。第一次是为了争夺上面提过的大西洋中的四大群岛，在教皇的调解之下，葡萄牙占有了除加那利群岛之外的其余三大群岛。

第二次是在哥伦布发现美洲后的第二年，这一年在教皇的主持下，西班牙与葡萄牙签订了一个条约，在佛得角群岛以西约2000公里的地方画一条线，规定线的西边属西班牙，东边属葡萄牙。这样葡萄牙就获得了几乎整个亚洲和非洲，外加南美洲的巴西。这条线就是所谓的教皇子午线。

但由于地球是圆的，当麦哲伦船队完成他的环球之旅后，西班牙人发现从西面绕过美洲同样可以到达香料群岛，而且香料群岛的一部分也在教皇划定的那个圈子的西班牙一侧，但葡萄牙人想要占有整个香料群岛，于是发生了争执，经过一番讨价还价，葡萄牙达到了目的，只是付出了35万个金币的一笔巨款。

经过上面这些抢啊谈啊，葡萄牙的殖民帝国轮廓就基本定型了：在非洲，它占领了东西沿岸许多港口，后来又取得了大块殖民地几内亚、葡属西非和东非等；在印度它占领了沿海的果阿，作为军事和贸易基地；在东南亚占领了马六甲并把整个香料群岛控制在手上；在中国盘踞了澳门；在美洲，广大的巴西成了它的殖民地。

西班牙的殖民帝国　　西班牙大约与葡萄牙同时建立了自己的殖民帝国。

西班牙建立殖民帝国的第一步也许是与葡萄牙争夺并且得到了加那利群岛，这为它以后的殖民扩张提供了一个很好的海上基地。

第二步是哥伦布发现新大陆，哥伦布虽是意大利人，但替西班牙国王干活，他每发现一块新土地，就宣布它属于伟大的、神圣的西班牙国王所有。这样西班牙的殖民地主要就在美洲了。这已经够了，美洲实在太大而且太富饶。

哥伦布

哥伦布发现美洲时所到达的只是几个岛屿，如古巴、巴哈马等。至于广大的美洲内地，则是由另外一些殖民者征服的，第一个是科尔特斯。

在哥伦布发现美洲时，整个南美洲大地上生活着无数印第安人，他们已经有了相当发达的文明，有了语言文字、国家、宗教等等，艺术也很发达，他们主要分成两个国家：印加和阿兹特克。但印第安人们有几个致命的弱点：生产力低下、武器极其原始、迷信，还酷爱窝里斗。正是这几个因素加起来促成了他们可悲的灭亡。

科尔特斯征服的目标是阿兹特克。1519年，这个破落贵族出身、上大学被扫地出门的家伙，带着11条船和700来士兵，其中有200个是与他同盟的印第安人，还有几匹马，从古巴出发要征服阿兹特克了。

他知道阿兹特克人的统治很暴虐，有许多印第安人部落反对他们。科尔特斯乘机拉拢收买，极尽挑拨离间之能事，天真的印第安人相信了他，许多部落同他结了盟，与他一起屠杀同胞。要知道在印第安人落后的脑袋里完全没有种族之类的观念，只有文明的欧洲人时刻牢记这些。科尔特斯不费什么力气就一直打到了阿兹特克首都，一座叫特诺奇蒂特兰的雄伟的大城市。科尔特斯又要了一个诡计，他利用阿兹特克人的王——他的名字叫蒙特祖马——的迷信和轻信，不费一枪一弹就进了城门。蒙特祖马王对科尔特斯十分友好，全无戒心。科尔特斯恰恰利用了印第安王的天真，将他囚禁起来。然后就假借蒙特祖马的名义在印第安人那里大肆搜刮金子银子。

但当科尔特斯为了金子竟然破坏他们的神庙时，阿兹特克人终于起来反抗了，他们人山人海地向殖民者扑去，吓得科尔特斯抱头鼠窜，带着没被杀死的部下一口气逃回了古巴。

失败了的科尔特斯怎会善罢甘休，几个月后就带着大批的军队杀回来了，直逼特诺奇蒂特兰。这时阿兹特克人醒悟过来了，他们奋起抵抗。但他们的长矛弓箭哪是步枪大炮的对手，阿兹特克人坚守整整4个月后，终于失败了。原来其雄伟和人口众多不亚于当时的巴黎、伦敦的特诺奇蒂特兰被夷为平地。

这样，伟大的阿兹特克帝国和它高度的文明被彻底毁灭了，西班牙人占领了与今天的墨西哥大致差不多的地区，以后又不断南进，把整个中美洲变成了殖民地。殖民者在特诺奇蒂特兰的废墟上建起了墨西哥城，成为这一大块殖民地的首府，科尔特斯就是第一任总督。

第二位科尔特斯式的殖民者是皮萨罗，它是一个比科尔特斯还要残酷的殖民者。

皮萨罗是一个私生子，又是个文盲。但正是这无知无识使他从根本上消除了文明对人的影响，我们知道，文明使人与野兽区别开来，与文明脱离干系使皮萨罗成了一个地地道道的野兽。

皮萨罗带着一支小部队，只有一百多号人、几匹马、两门火炮，来到了美洲，这是1531年的事。

他带着这支小部队翻越了安第斯山天险，花了整整一年时间终于到达了黄金之国。

这个黄金之国就是伟大的印加帝国，它代表着印第安文明的最高峰，它所建立的金字塔如今还在，规模不亚于埃及金字塔，精美犹胜之。只是它与阿兹特克有同一个毛病，这也是所有印第安人的毛病：武器极其原始而且不团结。

当皮萨罗来时，正值老印加王刚死，他的两个儿子为了争王位打得热火朝天。结果哥哥赢了，杀了弟弟。这个新印加王对自己的弟弟毫不留情，对这些入侵者却表现了天真的好客精神，不但没有想法保家卫国，还亲自去看望这些新来的“客人”。结果连他自己都是肉包子打狗——有去无回。

皮萨罗毫不客套地将这位好客的国王逮了起来，投进了一间牢房。这间牢房长近7米、宽5米多、高近3米，体积约105立方米。皮萨罗使出了一个使他“流芳百世”的毒招。他对印加王的臣民们说，如果他们想救国王的命，就得用金子把这间牢房填得满满的，一点空隙也不能留。

印加人做到了，真的用金子把那个大房间填得满满的，他们像阿兹特克人一样天真地相信这些殖民者会守信用。但他们大错特错了。得到如此庞大的财富后，皮萨罗根本没有释放印加王，也没有像科尔特斯一样把他囚禁，而是直截了当地把他绞死了。临死前还逼他入了基督教，说不这样的话他死后会下地狱受永世的苦难。

灭亡印加帝国后，皮萨罗就把这里变成了一个新殖民地，就是现在的秘鲁。

科尔特斯和皮萨罗的成功大大鼓励了西班牙的流氓无赖们，他们像一群闻到了臭气的苍蝇，一窝蜂似的朝新大陆扑来，到处探险，搜寻金银财宝、扩张殖民地：

1541年，阿尔马格罗征服了今天的智利。

1538年，奎沙达征服了今天的哥伦比亚和委内瑞拉。

1549年，门多萨征服了今天的乌拉圭、巴拉圭、阿根廷。

也是这一世纪，科罗拉多为了寻找传说中的七座黄金城，到达北美，发现了如今的科罗拉多河与科罗拉多大峡谷。

德索托到了北美洲的密西西比河和佛罗里达。这些地方，加上上面的科罗拉多，位于现在美国的南部和东南部，与南边一样成了西班牙的殖民地。

西班牙殖民帝国大体成形了，北抵现在美国的中部，然后往南直到美洲的最南端，除了由葡萄牙占领的巴西外，统统都属西班牙殖民者所有。大家只要看看地图就知道它有多大了。

在这片广大的土地上，西班牙人展开了人类历史上史无前例的殖民掠夺，无数黄金运到了欧洲，但比黄金更多的是印第安人的尸体。

德索托，首先深入北美大陆的欧洲殖民者

第二十三章　资产阶级革命和工业革命

前面我们讲到了英国诞生、成长的过程，讲到了英国是如何走进历史舞台、建立起民族国家的，一直讲到红白玫瑰战争的结束。

红白玫瑰战争是这样结束的：亨利·都铎娶了伊丽莎白，将兰克斯特家族与约克家族合二为一，他于1485年登上王位，称亨利七世。

英国下一件在西方历史上留下浓墨重彩的事是它建立起了西方历史上空前绝后的庞大殖民帝国。

在英国建立它的殖民帝国之前，葡萄牙、西班牙和荷兰已经建立了殖民帝国，然而它们的帝国并不长久，不过百年之后就迅速地走向了衰落。

继荷兰而起的殖民帝国是英国的殖民帝国，它也是西方历史上最长久、最强大的殖民帝国，我们来看看这个殖民帝国是如何兴起的。

最强大的殖民帝国　由于英国人建立殖民帝国的过程与前面西班牙等不一样：一是地域更加广大、分布更加复杂；二是持续时间更长，直到19世纪还在殖民。为了将这么复杂的内容表达得更为清楚，我们以地区为标准来讲述英国殖民帝国形成的过程，从非洲说起，依次是：非洲→亚洲→大洋洲→美洲。

英国在非洲的殖民大约始于1588年，这年英国人成立了几内亚公司，不过它主要不是为了侵占土地，而是为了干贩卖黑奴这种罪恶勾当。

到18世纪末，这时，奴隶制的存在已属非法，为了安置那些被解放了的黑奴，使他们有自己的家园，一些英国的废奴主义者便在西非向当地的酋长买了大片土地，再把解放了的黑奴运到这里来，让这里成为他们的家园。同时英国的军舰还在地中海各地游来游去，搜索那些走私黑奴的船只，把黑奴们救出来后，也送到这里。这个地方就是现在西非的塞拉利昂。虽然是用来安置黑奴的，但这地方既然是英国人掏钱买的，主权当然归它。因此塞拉利昂算是英国在非洲的殖民地。

英国在非洲的第二块重要殖民地是南非。南非本来是荷兰的殖民地。但到18世纪末时，荷兰已经衰落了，英国人采用了强买强卖的方式，花600万英镑从荷兰人手中买到了其在南非和美洲的殖民地。后来不断扩张，通过布尔战争打败了布尔人，又征服了许多非洲部落，最后形成了庞大的南非殖民地。

此后英国在非洲继续殖民，又弄出了一大批殖民地或半殖民地。如黄金海岸（现在叫加纳）、尼日尔、尼日利亚、埃及等，大家只要看看地图就知道它们有多大了。

英国在亚洲的殖民以印度为主。1600年英国人成立了东印度公司，通过一系列的争斗，英国占领了印度。

在所有的殖民地中，印度也是对英国"贡献"最大的殖民地，单从孟加拉国一个地方英国人就弄到了十亿英镑以上的财富，这笔钱要是以现在的币值算不下千亿英镑。

英国在亚洲的殖民地除印度外，还有缅甸、泰国等都是它的殖民地。伊朗、阿富汗等则是它的半殖民地。

它在中国也捞到了一块殖民宝地——香港，那是全世界最好的海港之一。

澳大利亚位于茫茫大洋中，比美洲还要后进入西方人的视野。第一个到达澳大利亚的英国人是海盗丹皮尔。真正发现、开拓澳大利亚的是有名的库克船长。1770年左右，他带领一个船队到了澳大利亚东海岸，进行了仔细勘探，宣布这里是英国领土，从此大英帝国的殖民地名单上又添了面积达800余万平方公里的一块。

英国人早就在北美洲开始殖民了，但当他们在北美洲拓殖时，法国人已经在那里占有广大的殖民地了。那时候，现在的加拿大、整个密西西比河流域都是法国的殖民地。英国的殖民地只是阿巴拉契亚山脉以东狭长地带的13块，面积比法国人的殖民地小得多，英国殖民者们时刻想跨过阿巴拉契亚山去殖民，那里虽然属于法国，但法国人并没有开发，只是一片荒原，相反，英国狭小的殖民地却是人满为患，英法不可避免地冲突了。

这时英国与法国不单在美洲相冲突，还在全世界相冲突，当时英法是西方最强大的两国，所谓一山不容二虎，最后在欧洲本土和全世界发生了四次大战，时间长达差不多整整一个世纪。最后英国取得了全面胜利，把法国的大片殖民地夺到了手中。在美洲，这些殖民地包括加拿大以及密西西比河以东全部地区。

除了美洲大陆外，英国在南美洲和靠近美洲大陆的西印度群岛也占了不少地方，在南美洲有圭亚那、在西印度群岛有牙买加、巴巴多斯等。

至此，通过英国在非洲、亚洲、大洋洲、南北美洲的殖民扩张，大英殖民帝国形成了。它在非洲、亚洲、大洋洲和南北美洲都占领了辽阔的土地，其殖民地之广大前无古人，可以相信也会后无来者。到1914年，英国在各大洲的海外殖民地计有55大块，面积大大超过2000万平方公里，人口超过4亿，就面积而论它不亚于世界历史上任何一个大帝国，也许只有极盛时期的蒙古帝国能与之相比。

这时的英国有了一个外号“日不落帝国”。为什么呢？因为无论什么时候，总有一片英国的殖民地在太阳的照耀之下。

世界近代史的新开端 当英国在建立世界上最庞大和最强大的殖民帝国时，英国的内部又如何了呢？

从这时候起，英国将领导西方世界的两个新潮流——资产阶级革命和工业革命。

这也是“世界近代史”的开端。

这时的西方历史已经走出了黑暗的中世纪，开始了一个光明的新世纪。在这个新世纪里，西方将像中国在清朝之前千年之中所做的一样，独领世界潮流，将享有最先进的物质文明与精神文明，将成为世界的主宰。

西方这个做世界领头羊的过程从英国开始，在英国则从斯图亚特王朝开始。

前面讲中世纪时，我们讲到了英国从诞生到红白玫瑰战争结束的历史，亨利·都铎于1485年登上王位，称亨利七世，这位亨利·都铎建立的王朝就是都铎王朝。

这是英国建立君主专制的开始，也是英国走向强盛的第一步。

亨利·都铎，即亨利七世历经劫难之后深感国家的统一强大之重要，为此他剪除了贵族们的私人军队，并且不用贵族，而从平民百姓中选拔人才，委以重任，因此找到了一群忠心耿耿又有才能的臣属，这对于国家的昌盛简直是无价之宝。

亨利七世死后，二儿子继位，称亨利八世。他也是乃父一样的人，紧守自卫，不参与欧洲大陆的争霸，专心致志发展经济，大大增强了国力。

亨利八世死后，继位的爱德华六世只活了6岁就死了，接位的是他的姐姐玛丽女王。玛丽女王是虔诚的天主教徒，爱好虚荣又亲罗马，甚至想归还亨利八世夺来的天主教会的财产。这期间英国暂时倒退。

玛丽女王死后，伊丽莎白一世继位，她是亨利八世的另一个妻子生的女儿，也就是玛丽女王的同父异母妹妹。她堪称英国历史上最伟大的君王之一，正是她，这个女流之辈，引导英国走上了强国之路。

前年美国有部大片《伊丽莎白女王》，获得了奥斯卡奖，讲的就是这位伊丽莎白一世。

她在国内任贤用能，使工商业蓬勃发展。在国外做得更加出色，这时西班牙的殖民帝国正如日中天，法国讲国力也强于英国，但伊丽莎白一世却一半凭英明，一半凭运气把西班牙打得大败。1588年的一个深夜，当时欧洲最强大的海军西班牙无敌舰队被只有其一半规模的英国舰队彻底消灭，这场战争是英国历史的转折点，从此英国成为海上霸王，日强一日，前途无量。

伊丽莎白一世执政45年之后，于1603年逝世。

据说伊丽莎白一世长得十分美丽：身材修长、金发碧眼、肤白如玉，而且才智过人、博学多识，通六种语言，拉丁语、法语、德语、意大利语、希腊语，当然还有英语，但她终生未婚，是不是老处女就不知道了，不过肯定没有留下后裔承嗣大统。这样随着她的死，都铎王朝也就结束了，斯图亚特王朝随之建立。

死时伊丽莎白一世还为英国做了最后一件好事，她遗嘱把王位传给苏格兰国王詹姆士，使英格兰与苏格兰从此统一。

都铎王朝时期英国一直是君主专制国家，名义上有国会，但国会没有实权，只是国王的御用工具，但由于英国国势日昌，都铎的专制甚至受到人民的欢迎。

但詹姆士一世彻底改变了这一切，将君主专制由受人欢迎变成了惹人讨厌。

詹姆士一世满脑子是过时了的君权神授观念，甚至公开自称为神，要求拥有绝对的权力，这样做的结果就是举国上下涌现了一股反抗暗潮。

他还大肆迫害清教徒，这时候英国已经建立了脱离罗马的英国国教，国王是国教最高首领。这个英国国教与天主教有不少相似之处，而与大陆上风行的新教颇为不同，因此它既不属于天主教，也不属于新教，而是一种英国独有的特殊教派。然而正因为如此，英国国教内分成了两派：一派想将国教内的天主教成分彻底清除，另一派则相反，是亲天主教的。

这样英国就出现了所谓的“清教徒”，他们在平民大众中人数众多，特点是敌视天主教的一切，要把英国国教中与天主教相关的东西完全清除掉。而以国王为首的一派却亲近天主教，这样两派之间就不可避免地对立起来。

詹姆士一世对这些清教徒加紧迫害，声称要将他们从英国赶将出去，许多清教徒便逃离英国，逃到了北美洲，在那里建立了殖民地。迫害清教徒同时，詹姆士一世对天主教却容忍加包庇。这样的结果就是詹姆士一世遭到了从新教徒到清教徒的一致痛恨，他成了全英国最讨人厌的家伙。只是由于他生活在伊丽莎白一世的余荫之下，臣民们还不习惯反抗他们向来尊崇的君主，所以他做了这许多坏事后还能安享天年，直到死去。

真正的“无冕之王”　1625年，詹姆士一世死了，他的儿子继位，就是查理一世。

查理一世的坏运气在他继位之初就显示出来了，就在他登基称王那年，英国与西班牙、法国都打了起来，战争唯一的结果是英国白白耗费了巨额军费。为了支持战争，查理一世不惜一切地要弄到钱，只有召开国会。

1628年，国会召开了，但他一弄到钱，就解散了国会，以后的整整11年他搞的是无国会独裁。

他看见自己任意胡为，国会和人民都毫无办法，只有老老实实掏腰包的份，便变本加厉地勒索起来。到这时，英国就像一个大炸药包了，随时有爆炸的危险。

替查理一世点燃炸药包的是劳德，查理一世任命他为坎特伯雷大主教，他要将国教徒和新教徒都恨的天主教引进来，甚至还要向苏格兰推行，结果苏格兰人群起反抗，组成军队向英格兰发动了攻击，作为苏格兰国王的查理一世不是采取怀柔政策软化他的臣民，而是派出军队向起义军杀去。这是1637年的事。

查理一世准备派出军队侵入苏格兰，但这需要钱，只得再次召开国会，要求国会出钱帮他镇压叛乱。

但这次国会议员们全体一致地提出了各种要求，除以前提出过的老要求外，还提出了新要求，即要求从上届国会解散到下届国会召开的间隔不能超过3年，非经国会同意国王不得随意解散国会等等，甚至要把查理一世变成没有实权的虚君。

查理一世发觉议会非得将他置之死地，就用武力来回答。

他悄悄离开伦敦，在英格兰的北部和中部到处奔走，向人们宣示国会的欺君，要他们起来帮助他反抗国会，他的请求得到了贵族们、大地主、天主教徒等的支持，他们有钱的出钱，有力的出力，帮助查理一世建立了一支军队。

国会那边见战争不可避免，也通过议案建立了军队。

1642年8月，查理一世在诺丁汉郡举起了战旗，向国会正式宣战。

两个月后，在埃吉山，两支军队发生了第一次战斗。英国内战爆发了。

战争之初，保王军凭借它们的经验优势，在一些战斗中取得了胜利。国会着手整顿自己没有经验的军队，采取了两项措施：一是规定了凡任国会议员的不能再担任军职，这样那群对军事一窍不通的议员军官就退出了军队，由真正的军官指挥作战，在1644年7月的马斯顿荒原之战中，国会军取得了辉煌胜利。二是应克伦威尔建议改组军队，组建了“新模范军”。

新模范军针对保王军的弱点进行了改进，不但骑兵多，而且火力强，比王军更具优势。

我们看到，从这里开始，一个新人物——克伦威尔，登上了英国历史舞台，不久就将成为历史的重心。

克伦威尔生于1599年，是个小贵族，曾在剑桥大学读过书，41岁时当选为国会议员，属于国会中的激进派，要求把王权剥夺得一干二净。

甫一参战，克伦威尔的新模范军立即显得与众不同，他们纪律严明、屡战屡胜，被尊为“铁军”。

1645年6月，在那斯比荒原之战中，新模范军取得了辉煌胜利，消灭了王军几乎全部的主力，缴获了大批辎重火炮，俘虏了几百名王军军官。

不久，连国王都成了他们的阶下囚，内战结束了。

对于如何处理国王，议会内部产生了分歧，最后克伦威尔处理了这个问题，他派出精锐骑兵把查理一世劫了过来，关进了自己的军营。

接着，克伦威尔带着大队兵马直入伦敦，将国会中他的反对派逮将起来，赶出了国会，把国会掌握在了自己手中。这是1647年8月的事。

用枪杆子掌握政权后，克伦威尔派在国会发表了它的施政宣言书《军队建议纲目》，中心是解散旧国会，选举新国会，但只有有一定财产的人才能参加选举；不废除君主制，而是搞君主立宪制，但国王几乎被剥夺了一切实权。

《军队建议纲目》遭到了军队内部没有财产的普通士兵的强烈反对。正当军队发生内部争斗时，保王党人又活跃起来了，苏格兰人这时候与保王派联合起来，发动了第二次内战。

面对岌岌可危的形势，国会派立即团结起来。克伦威尔亲率大军迎击苏格兰人，双方在普列斯顿展开决战，苏格兰大败，克伦威尔乘胜追击，一路势如破竹，直捣苏格兰首都爱丁堡，攻而克之。第二次内战就此结束。这是1648年9月的事。

到了这时，国家大权已经百分之百属于国会派了，但这时他面临的是一个更加令人踌躇的问题——英国往何处去?

这时有三条路可走：一是释放监禁中的国王，与他妥协，让他重登王位，但权力归国会。二是废黜查理一世，另立新君。三是干脆废除君主制，在英国建立一种新的制度——共和制。这三种制度中第一种是最简单的，也最顺理成章；第二种也相当简单可行；唯有第三种难办，因为这是英国历史上前所未有之事，等于是在黑暗中替英国开辟一条新路，而且这条路看上去并不讨人喜欢。

独立派首先想到的也是第一条路。便与监禁中的查理一世谈判，要求查理一世成为一个立宪君主，这样就释放他，让他重登王位。同时也想把查理一世废了，让他的儿子——当时只有10岁——继位。但就在同时，也有一股强大的力量，要求处死查理一世。

这时一件事发生了——查理一世的一封密信落到了独立派手中。原来，他表面上没有拒绝独立派的建议，暗地里却在打鬼主意，与他的老臣们写信联系，想法要在国会内部挑起分裂，他好各个击破，重做专制君主。想不到他时运不济，又被发现了。

他们终于了解了查理一世，知道想要他讲信用、想要他放弃专制，那无异于与虎谋皮。即使他现在答应，一旦重登王位，一定会伺机反扑，那时他们可真的是后悔也来不及了！

他们知道了：不是他们死，就是国王亡！

他们为什么不索性顺应民意，将国王杀了？独立派终于下定了决心。

他们下令组织特别法庭，审判国王。

1649年，1月27日，法庭做出最后判决：

> 查理·斯图亚特是暴君、叛徒、杀人犯、国家之公敌，应予以斩首。

3天后，查理一世在白厅前被公开斩首。

国王被杀后，让他儿子继位的主张也销声匿迹了。

英国事实上成了一个共和国。

进入共和时代的英国实际上是军人专制的寡头政府，统治者名为国会，实际上是将军们，为首的当然是克伦威尔。

克伦威尔撤销了上院，废除了君主制，这样英国就成了所谓一院制共和国了。

接着下院设立了国务会议，共有41名成员，以克伦威尔为首，职责是处理国家日常政务，其实就是内阁。

这些措施使英国政治重新走上了轨道，而且是一条以前从未走过的新轨道。

为了维护统治，克伦威尔在国内残酷镇压反对者，无论是以前的盟友还是保王派，毫不手软地将他们斩首、下监、流放。他又挥军直指保王党的老巢苏格兰，连战连捷。两年之后，苏格兰被彻底征服，领土被并入英国。这是1652年5月的事。

这时，克伦威尔成了实际上的独裁者，在英国具有了无上的地位。

1653年克伦威尔解散长期议会

但他的名分呢？他只是一个将军、一个国会议员，与别的议员在名义上并无不同，也没有更大的权力，他必须受国会的领导。克伦威尔，也像所有掌握了权力的人一样，希望实至名归，堂堂正正得到与他的实力相称的职位。否则他永远只能像那个坦塔罗斯一样，看着嘴边的苹果却吃不到，如他自己所言："我位尊至极，但不知何处是归宿。"

他的归宿在1653年来到了。这一年，他的军官们和其他支持者拥戴他为"英格兰、苏格兰和爱尔兰终身护国主"，这就是有国王之实而无国王之名的人，是地道的"无冕之王"。

1658年，克伦威尔死了，他的儿子理查继位当了护国主。这位理查个性与乃父完全不一样。克伦威尔勇敢果断，善用铁腕治人。理查却优柔寡断，做什么事都瞻前顾后，畏首畏尾。这时英国实行的是军人统治，这样的性格是致命的，军人们当然不会盲目地服从他，仅仅8个月之后，他们就把理查赶下台去了，国家的控制权落到了高级军官手中。

英国怎么办呢？国不可一日无君。

光荣的革命　于是出现了下面的一幕，以蒙克为首的一群军官派出了特使和查理一世的儿子谈判，查理信誓旦旦地保证说他不想搞君主专制、决不会对革命者们反攻倒算，也不要求收回共和国政府没收的王室财产。他诚恳地说，他不想"再做一次旅行"。

这样的保证给共和国新贵们吃了颗定心丸，他们下决心了。于是在新近选出的一届国会上，议员们通过了决议，邀请查理回国继位。

度过了十多年的流亡生涯后，查理带着一大群保王党人风风光光地回到了英国。继位称王，是为查理二世。这是1660年5月的事。

护国主时代就此结束了，开始了英国历史上的复辟时期。

事实证明查理二世与他的父亲一样不守信用。

得到王位后，查理二世老实了没几天就原形毕露了，把以前答应过的东西抛到了九霄云外。他曾答应过大赦共和时期的革命者，但这时他宣称凡参加审判和杀害他父亲的人不在大赦之列，把他们一个个抓起来杀掉。甚至把克伦威尔的尸体从坟墓里挖出来，砍头示众，这样的事在中国有个典故，叫掘墓鞭尸。

他的主要政策一是亲法，二是亲天主教。这些措施无一不令让他登上王位的人大吃其亏，但由于查理二世平时和蔼可亲，讨人喜欢，得以安享天年。

查理二世死后，他的弟弟继位，称詹姆士二世。

这个詹姆士二世与他的哥哥一样偏爱法国和天主教，登上王位后，立即采取了一系列措施表达他的偏爱。

他降低了法国商品进入英国的关税，让价廉物美的法国商品，尤其是奢侈品，在英国大量销售。他正式废除了法律中不准天主教徒担任公职的做法，把身边的天主教徒们安置到军队等一些至关重要的部门去，甚至公开宣称自己是天主教徒。

这些措施使詹姆士二世成了几乎全体英国人的敌人，但詹姆士二世顽固地推行他的这些政策。结果就是来了一次称不上革命的革命，因为它与传统革命完全不一样——它没有流一滴血！

革命的过程很简单，英国的议员们悄悄向詹姆士二世的大女儿玛丽和她的丈夫荷兰执政威廉发出了邀请，请他们来英国做王：玛丽做女王、威廉做国王。

这时的荷兰是世界第一的海上强国，有一支强大的军队。威廉得到这个邀请后，焉有不答允之理，迅速统领荷兰海军直奔英国，登陆后直指伦敦，一路兵不血刃。

詹姆士二世看到这架势，知道大势已去，抵挡只会徒取其辱，说不定会与父亲一样上断头台，只好飞奔出了伦敦，一直逃往法国去了。

詹姆士二世一跑，国会便宣布英国王位已经空缺，正式邀请威廉和玛丽登基为王，称威廉三世。时值1689年2月。

可能是由于这次革命一点也没流血，而且达到了目的，英国人觉得很光荣，所以称这次革命为“光荣革命”。

第二十四章　英国工业革命

英国在“光荣革命”之后，爆发了一种全新类型的革命——工业革命。

英国的新革命　　工业革命即是一场工业的大发展，一个国家工业大发展需要几个条件：

首先要有一个稳定的政府，而且这个政府要大力支持工业的发展。

其次要有足够大的市场。工业革命的直接结果就是大量的工业产品，如果没有足够大的市场消化这些产品，那么革命的结果只会生产出大量仓库里的商品，工厂除了破产别无出路。

再次要有足够的劳动力。工业发展是在工厂中进行的，工厂要生产呢，就需要工人，这是不言而喻的。

最后还要有充足的资本。工业发展需要买地皮、建工厂、雇工人、购原料，这些东西说白了就是钱。没有钱来做资本，工业就成了难为无米之炊的巧媳妇。

在工业革命发生的18世纪，西方只有英国四个条件样样具备。

远在1649年查理一世被砍头后，英国的政治局面就基本上安定下来了，再也没有大规模内战。克伦威尔做护国主以及查理二世的复辟，都是不流血的革命。“光荣革命”更是平稳过渡。这时的英国虽然政治形势发生了翻天覆地的变化，但这个变化对国家没有造成其他国家革命时常要发生的尸横遍野、流血千里的惨象。上头在争权夺利闹革命，老百姓依旧平平静静过日子，新兴的资本家们依旧在办工厂赚大钱。

除了革命没有造成国家大乱之外，同样重要的一点是革命后上台的政府是资本家们的代言人，他们上台后做的主要一件事就是大力促进工业发展，为此不惜一切代价。例如把农民赶到城里去做工，用战争开辟市场。为了发展棉纺业，英国议会曾通过法令，禁止从中国和印度输入棉布，而此前英国人爱穿的棉布衣服几乎是从这两个地方来的。

谈到市场，上章讲过，英国建立的殖民帝国是有史以来最大的殖民帝国，甚至是最大的帝国，号称“日不落”。这个如此庞大的帝国，包括现在的印度、美国、澳大利亚、南非等，有广大的面积和无数的人口，他们所组成的市场之庞大可想而知。工业革命之初，英国还没有建立起如此庞大的帝国，不过那时它的殖民地在非洲、欧洲和亚洲都已经初具规模了。后来在同荷兰、西班牙、葡萄牙、法国的殖民战争中，它都取得了辉煌的胜利。一方面占领了不少殖民地，另一方面英国在殖民战争中有一个特点：它并不一味攻城略地，同样重视开拓市场。典型的像鸦片战争中打败清政府后，除侵占香港外，还要清政府把几个城市开放做通商口岸，打败葡萄牙后，英国人的要求就是要在葡萄牙的殖民地巴西有通商权。

通过一系列行动，英国几乎把整个世界都变作了它的商品市场。

大家听说过英国有“羊吃人”的事。经过是这样的：英国的土地分三类：一类是私地；二类是公地，归国家所有；三类是荒地，说不清谁所有，不过谁都不把它当作自己所有。

圈地运动中圈的并不是第一类的。这类属私人所有，不管是小农的还是大地主的，都神圣不可侵犯，不成其为圈的对象，大家不要以为圈地就是地主资本家们把属于农民的私有土地一块块圈起来、变作牧场养羊，英国从国王到大地主哪个也没这胆量，要知道这时英国已经是完整的法治国家，谁敢做这种犯法的事？圈地运动中白圈的只是后面两类，当然也有农民的土地，不过那得出钱买。

圈地运动造成了两个结果：一是用羊毛供给毛纺厂，发展了毛纺业；二是原来土地上的农民没饭吃了，只好去城里找工做了。城里毛纺厂和棉厂的老板们正愁找不到工人呢。

工业发展除了要有工人外，还要有另一种人——企业家，这些人才同样集中在英国。除了英国本来就有外，还从外国，特别是法国，进口了不少。法国有一种新教徒叫“胡格诺教徒”，他们聪明忠实、工作勤奋、精力充沛，是十分难得的管理人才，但以天主教为国教的法国把他们扫地出国，他们就到了英国，为英国工厂提供了出色的经理。

工业大发展的最后一个因素资本英国也不缺，它有二个资本来源：一是殖民战争中屡战屡胜，占了大量的殖民地，在这些殖民地，英国人建农场办工厂，残酷压榨当地人民，给英国带来了巨额收入。还有时是直接地从殖民抢金夺银，例如有个叫克莱武的家伙，他率领殖民军夺取孟加拉国后，冲进国库，一下抢了价值23.4万英镑的财宝。另一种特殊的殖民形式——黑奴贸易每年能给英国带来不下于300万英镑的利润。这些“收入”投到工厂就成了资本。

第二个资本来源是正常的国际国内贸易。前面早说过英国的毛纺业一向发达，后来又有了制铁业面粉加工业等，出来的产品价廉物美，出口到全欧各地，带来了巨额利润。

第三个来源是股票市场，股票对我们中国人还是比较新鲜的东西，但英国早有了，伦敦17世纪时就建立了正式的证券交易所，为资本家们筹资提供了最佳场所。

当然最重要的还是英国的人。在这个国家，从国王到阔佬都过着相当俭朴的生活，他们不是没收入，而是把大量收入用来再投资再生产。他们赚钱不是为了让自己纸醉金迷，甚至于不是为了孩子，而是为了——他人。尽管他们事先可能没有这样想，但事后却这样做了。这就是为什么西方有洛克菲勒基金、有福特基金、有卡耐基—“西瓜”（梅农）大学的原因。西方资本主义社会之所以有今天这样的成就，正是工人们勤劳的双手加上资本家们向世界敞开的钱袋共同奋斗的结果。

有了上面三点，在英国发展工业还愁弄不到资本吗？满足了上面四个要素，英国工业还能不大发展吗？

这一切的结果就是工业革命。

工业革命的进程　一般而言，工业革命分成两个时期：第一期大约始于1767年，终于1870年；第二期始于1870年，终于1914年。第二期的工业革命一直延续到第一次世界大战的爆发。

纺织革命　工业革命的第一项成果是约翰·凯发明的飞梭。它在织布机上飞来飞去，大大提高了效率。

这就出现了一个问题：发明飞梭后，一个织布工能够织出比先前多得多的布，织布用的纱的需要量自然也大大增加了，但一时间哪能织出那么多纱呢？于是纱就供不应求了，价格一下跳了上去。

看到这情形，有发明头脑的人自然会拼命去发明能纺纱的机器了。结果就是珍尼纺纱机的发明。它的发明者是詹姆斯·哈格里夫斯，这新机器能同时纺足足16根纱，远超最巧手的纺纱姑娘。遗憾的是它什么都好，就是纺出来的纱质量不大好。过了两年，另一个发明家在珍妮机的基础上发明了一种水力纺纱机，解决了质量问题。

但这水力纺纱机又有一个“毛病”——它纺纱太快了，在纺纱与织布间又造成了新的不平衡：纺纱太多，织布来不及用掉这么多纱，使纱一下子从供不应求到了供过于求。怎么办呢？人们自然想到，既然机器可以纺纱，也应该可以织布。英国一个叫卡那特的牧师就是想到了这一点。他自己对机械一窍不通，又每天忙着拯救教民们的灵魂，没有闲工夫去从零开始钻研机械制造学。他想了一个好办法：请两个懂得这项技术的人来帮忙，他把自己的设想告诉他们，让他们把他的设想付诸实践。他模仿正大行其道的水力纺纱机，也用水力，终于制成了水力织布机。经过改进后，这种织布机能够织出原来整整40个工人才能织出的布。

工人在操作珍妮纺纱机

理查德·阿克赖特，英国纺织工业家、发明家，他发明的水力纺织机被誉为“工业革命的第一步”。

纺纱与织布之间总算达到了平衡，英国人既能纺出大量的纱，又能织出大量的布，织出的布物美价廉，占领了巨大的市场，赚得了巨额的利润。

这是工业革命的第一步。

动力革命 工业革命第二项革命性的成果是蒸汽机的发明。

瓦特1736年生于苏格兰，工作后在一所大学当修理工，负责替教授们制作各种试验仪器，懂一点机械，偶尔还替人修修钟表什么的。有一次别人请他修一种当时已有的原始蒸汽机。他修理时发现这个机器的毛病真不少，一是上面说的老要泼水冷却，二是只能做直线运动，这样用途就很有限了。

回家后，瓦特就开始琢磨着怎么改进，经过一番努力，他制造出了不用泼冷水、又能做圆周运动的新蒸汽机，这是1782年的事。13年之前，他曾制造出一种更为简单的蒸汽机，不过对工业革命产生革命性影响的是这种能做圆周运动的蒸汽机。

蒸汽机的发明与前面的珍妮机之类有根本区别：它带来的不是一个领域内的革命，而是整个工业领域的革命。其根本原因是蒸汽机所产出的不是某一种吃穿用的具体产品，而是能量，几乎任何工业部门、任何一架机器，它用不着穿衣吃饭，但能不用能量吗？能量对于机器就像饭对于人一样，是最基本的需要。满足了这个需要之后，机器才有了生命，才能发挥它的作用，制造出它的产品。

有了蒸汽机之后，使许多原来就有的机器发挥出了更大的威力。

例如，蒸汽机发明之后，原来的水力纺纱机和水力织布机都可以采用蒸汽机来做动力了，这比水力不知要强多少倍。大家知道，水力虽然有力又廉价，但它有几个致命的毛病。例如一到枯水季节就不能用了。而且非得把工厂建在靠近河流、且水流湍急的地方，这些地方大都在偏僻乡村甚至深山老林，交通不便，大大增加了建工厂的难度，也提高了产品的成本。有了蒸汽机后，这两个问题就迎刃而解了。以前按季节运行的水力纺纱机和织布机现在能一年到头不停地织出质优价廉的布匹，销往世界各地，替工业的进一步革命弄来大量的资本。

有了蒸汽机后，不但老机器有了新内容，而且还像催生婆一样催生出了大量新机器，它们将改变整个工业的面貌，使它焕然一新。

被蒸汽机改变的第一个行业也许是钢铁业和煤炭业。

蒸汽机发明之后，人们对它有了很大的需求，同时蒸汽机带动了其他机械，如织布机和纺纱机的需要，这些机器的制造需要大量原料——钢铁。这就使得英国人不得不赶紧想法增加钢铁产量。

从前英国人炼铁是用木炭的，这样炼一则耗费了大量的木材，二则能炼出来的铁既少质量又不好，尤其是英国的森林被砍伐迨尽，严重破坏了生态。

后来，一个叫达比的人发明了用焦煤制造焦炭来炼铁的法子，挽救了森林。瓦特发明能转动的蒸汽机后两年，又一个叫科特的家伙发明了能炼成更好的熟铁的“搅炼法”。这些都大大增加了钢铁的产量和质量。

用煤炼铁造成了一个新的需要——煤炭，使得煤炭产量也大大增加了。

到1861年，英国的铁产量达到380万吨，煤产量达到惊人的5700万吨。

这时人类不但进入了蒸汽时代，还进入了钢铁时代。

现在的能源主要有两种：一种是蒸汽机，还有一种是内燃机，它们的区别是蒸汽机烧木材或煤，内燃机烧油。

内燃机的发明要比蒸汽机晚百把年，是一个叫奥托的美国人在1876年发明的。为什么这么迟？这是因为内燃机烧的油来自石油，石油要到1859年才开始大规模地开采。此前它们被称作“印第安神油”，放在药店里当人参灵芝卖。

内燃机的出现所引起的革命丝毫不亚于蒸汽机，在许多方面替蒸汽机而代之，火车、轮船等用它做动力性能要比用蒸汽机做动力更优越，所以现在我们只能看到用内燃机作动力的火车和轮船了。但内燃机最重要的用途还是发电，电有多重要？只要大家想想，“如果失去了电，世界将会怎样？”

内燃机的发明启动了人类向摩托化时代的跃进。

运输革命　纺织业、煤炭业、钢铁业等都得到巨大发展后，这些产品空前地多了起来，这时候又引起了一个新的问题。用什么法子将这成千上万吨的煤、铁、机器运走呢？如果还用马车和帆船，刚是几千万吨煤就得用多少帆船来运！

面对这个强烈的新需要，发明家们又动脑子了，结果就是火车。

我们知道，火车运输由两部分组成：机车本身和下面的铁轨。这两部分不是同时现身的，大家也许认为应当先有机车再有铁轨，但实际上是先有铁轨而后有机车。

英国的煤矿里早就出现了铁轨。它上面也有车在运东西，不过这些车只是轮子稍做了改变的普通马车，它由人或者马来拉。在这样的铁轨上一个童工就能拉动差不多一吨的东西，一匹马能拉动普通道路上足足20匹马才能拉动的东西。

蒸汽机出现后，有一个叫史蒂文森的人就想，能不能将马力如此强劲的蒸汽机用到这些马车上来呢？

史蒂文森出身穷人家，到17岁才有机会读书识字。但他从小爱动脑子，想做发明家。他看到马和小孩子在铁轨上拉车的情景后，冒出了用蒸汽机车替代他们的念头。

后来他发了迹，成了一条新铁路的总工程师，三年之后铁路建成了，人们发现在他的铁路上行驶的马车既不是人拉也不是马拉，而是一个喷着火焰的怪物！它1小时竟然能跑差不多30公里，比最快的马车都要快得多，真是吓人！何况后面还拖着那么多货物！

以上是1825年发生的事。火车的优势不言自明，英国一下子掀起了铁路热，10年之后就有了800公里铁路，又过了不到40年，已经有了2.5万公里铁路！

1833年，利物浦和曼彻斯特铁路上行驶的早期车辆

轮船、汽车与飞机　蒸汽机能用在陆上，人们自然就会想到它也能用在水上，但这次成功的不再是英国人，而是美国人了。

这个美国人叫富尔敦，曾到英国留学，想学画画，在那里碰上了瓦特，对他的发明才能佩服得五体投地，立刻把画画丢到爪哇国去了，一头扎进了发明创造。他到英国坐的是帆船，那慢吞吞、能不能走全靠风的帆船给他留下了深刻的印象，他想，要是能将蒸汽机放到船上去，让船快点儿走，不管有没有风都一样，那该有多好。

回到美国后，他潜心发明起他的用蒸汽机的船来，1807年，他的“克莱蒙特”号下了水，这就是富尔敦制造的轮船了，结果大获成功，人类进入了轮船时代。

除了火车轮船外，人类还有什么交通工具呢？还有两样——汽车加飞机。

我们现在就来谈这两个发明，它们已经是工业革命第二阶段的发明了。

与蒸汽机和火车不一样，汽车的发明者是谁，竟然是一本糊涂账。

有许多人自称发明了汽车，如德国的戴姆勒和本兹，他们后来建立了戴姆勒-奔驰公司。我相信大家都听说过这家公司，也看到过它的产品——著名的奔驰轿车，拥有它是高贵身份的象征、成功人士的标志！

也许第一个造出真正的汽车的是法国人勒瓦瑟，他的汽车和现在的汽车原理已经差不多了。但还有两个大毛病，一是轮胎是铁或木做的，一点弹性也没有，走在路上的颠簸劲真叫人受不了，二是每次启动都费劲得很，以至女士们开车时得专门请个人来发动。不解决这两个问题汽车就说不上是一种好交通工具，还不如马车来得舒服。

后来邓洛普和凯特林两人分别解决了这两问题，第一个发明了橡胶轮胎，人坐在汽车上轻松又舒服了；第二个发明了电气自动点火机，人在车上轻轻一拧，车就动起来了。

经过上面这些步骤之后，一辆漂亮舒适的汽车就出来了。

如果它还有什么毛病的话，就只有一个了——贵。

汽车在现在的西方就像自行车在现在的中国一样，是普通不过的交通工具。为什么能这样呢？为什么它从阔佬的象征——就像现在中国的私家车一样——到便宜得叫花子都买得起？这全赖一个人，这个人的名家大家一定听说过，至少看到过，他就是福特。

大约在1908年的时候，福特决定用大量生产的办法来降低汽车成本，好让它进入每一老百姓的家庭。他成功了，他采用流水线生产方法生产了大量质优价廉的小汽车，即“T”形车，便宜得工人农民都买得起。从此汽车成了西方最基本的交通工具，它深刻地改变了西方社会，创造了一种新的文化，被称为“汽车文化”，西方甚至被称为“轮子上的社会”。

说完了火车、轮船和汽车后，四大基本交通工具只剩飞机了。

蒸汽机、火车、汽车被发明后，就有人想着造出一架能飞上天的机器了。但他们的机器什么都好，但只差了那么一点儿——不能飞上天。这最后一步是有名的莱特兄弟俩完成的。

吸收了别人成功的经验之后，他们造出了真正能飞的飞机，1903年，在美国的北卡罗来纳，他们用自己造的飞机在天上兜了个圈子，虽然它飞得很近，但人类由此迈得很远。

1909年，一个叫勃莱奥的家伙飞过了英吉利海峡，到第一次世界大战时，飞机已经是一种有力的武器了。先只用来侦察敌情，并不作战，当敌对国的侦察机在天上相遇时，彼此还说“Hello”呢！后来有些爱国爱得糊涂了的飞行员就在飞机上放了几块石头，看见敌人的飞机，不是说“Hello”，而是一石头就砸过去。这就是最早的空战。

通信革命　以上那些东西发明之后，现代人的基本生活图景也就出来了，只缺少两样：通信设备和电脑。电脑不属于这次工业革命的内容，这里只说通信。

通信的第一个伟大发明就是电报。

最早发现电报秘密的是著名的科学家安培，他发现电线可以用电磁传播消息，只要在电线两头有合适的接收工具就行了。

这个发现传开后，很多人开始设计制作接收设备。成功者有三个人：英国人惠斯通，美国人摩尔斯和维耳。其中最成功的当属摩尔斯，现在的电报电码还用莫尔斯电码。1844年，在美国的巴尔的摩和华盛顿之间架起了电报线，这是世界上第一条正式经营的商业电报线。

电报有有线电报和无线电报两种。上面的是有线电报，后来还有了无线电报。它是马可尼发明的。历史进入20世纪的前一年，他在英吉利海峡上空发了第一个远程无线电报，两年后，无线电波横越了茫茫大西洋上空，瞬间把消息从英国传到了美国。

电话发明者的名字大家都很熟悉，就是贝尔，现在美国还有贝尔电报电话公司和贝尔试验室，它们仍然是全世界主要的通讯研究机构之一。贝尔试验室前后有10多个科学家获得诺贝尔奖。

第二十五章　美国的独立

我们在这里要谈的新国家就是美国。

我们知道，美国起源于英国在北美的13块殖民地，那么这13块殖民地又是怎么来的呢？

殖民地的由来　英国的第一块北美殖民地始建于1607年。这年，伦敦公司获得了英国国王的特许状，准许它占有北纬34度和41度之间的土地。公司的三艘船便来到了指定的地方，船上装着120个人，全是男人。它们在一条河边建立了一座小城，用他们的国王詹姆士一世的名字命名为詹姆士城，它是以后英国人继续殖民的桥头堡。它后来发展成了13块殖民地中最早的一块——弗吉尼亚，就是现在的弗吉尼亚州。

1620年，一群英国的清教徒乘一艘叫“五月花”的船前往美洲殖民，他们本来要往已经建立起来的弗吉尼亚殖民地去，但途中遇到风浪，船被漂到了另一个地方，即现在马萨诸塞州的普利茅斯港。就在登陆前，由于船上人员混杂，且他们到达的地方并非英王已经特许给他们的地方，他们在这里殖民很可能得不到母国的帮助，这就意味着他们将面临极大的艰难险阻。为了殖民的成功、为了生存，殖民者们上岸前制定了一个“公约”，这就是有名的《五月花公约》。

“五月花”船，英国第一艘载运一批分离派清教徒移民驶往北美殖民地的船只，这批人也可以说是美国立国的基础。

以后，殖民者们不断开疆拓土，到1733年已经建立了13块殖民地，都位于阿巴拉契亚山脉和大西洋之间一个狭长地带，每块殖民地现在都成了美国的一个州。

在这些殖民地上生活着从欧洲各地涌进来的大批移民，有法国人、德国人、荷兰人、爱尔兰人、苏格兰人、瑞士人，等等，不过最多的还是英国人，到1775年时，整个殖民地已经有了260万人。

除了白人外，殖民地上还生活着一类特殊的移民——黑奴。他们从非洲被大批大批地卖到北美，在棉花地、烟草田、白人家里干活。

北美的这些殖民地的人可以分三类：第一类是王家殖民地，共有8个，它们由国王直接任命的总督统治；第二类是业主殖民地，它是英王封给大贵族的大块殖民地，由业主自己指派总督治理；第三类是自治殖民地，由殖民地人民自己选举总督，依据英王颁发的特许状统治。

除总督外，殖民地还有自己的议会，议会按英国模式建立，分上下两院，议员们是殖民地的人民选举的，但当选民和议员都必须有一定财产。

英国建立殖民地当然是为了英国，这是不言而喻的。所以建立殖民地后，英国人就把它当作了金母鸡，想方设法从殖民地要钱。

最简便的办法是征税，英国人在殖民地设立了许多海关，向进入殖民地的商品征收关税，再把税收送回英国。

英国政府又控制了殖民地的运输和贸易。早在克伦威尔时期英国就颁布了《航海条例》，禁止外国不经英国政府许可与英国殖民地贸易，外国商品如果想输入殖民地必须由英国船来装。接着又弄出了一个《列举商品法》，规定殖民地的商品如烟草棉花等只能卖给英国，如果想卖到外国去也得先卖给英国商人，再由他们去卖。

英国人不但控制了殖民地的对外贸易，还想把它们彼此之间隔绝开来，例如禁止各殖民地之间互相销售羊毛、棉纱等，好让英国产的这些东西垄断市场。当英国人看到殖民地有什么商品能危及英国本土生产的同类商品时，就极力限制甚至禁止生产。如铁，英国政府规定殖民地可以大量地往英国销铁块，却禁止它们自己制造铁制品，就是一颗小钉子也不成。

大家可以清楚地看到这些措施都极不公平、十分荒唐，使英国人大发不义之财，殖民地人民却大吃其亏。

到1763年，英国终于彻底击败了最后的殖民对手法国，把全世界的殖民主动权牢牢抓在了手中。这一年英国颁布法令，禁止13块殖民地的人移居阿巴拉契亚山脉以西地区。这些地区现在都是英国打败法国的胜利果实，本来鼓励殖民地人民到这片广大的新领土去开垦是顺理成章的事，但英国政府不但不鼓励，反而禁止。这可把殖民地人民气坏了。

接着英国人又颁布了《食糖条例》，对从西印度群岛输往殖民地的糖征收高关税。为了征收到这些关税，英国人派了军舰在海上巡逻，大抓走私分子。这给原来很大程度上是靠与西印度群岛走私发展起来的殖民地经济打了一闷棍，一时工厂关门、船员失业，沿海经济一片萧条。

第三个法令是严禁殖民地发行自己的纸币，这一向是殖民地的权利，新法令等于把殖民地人民手中的大量纸币变成了废纸。

这些倒行逆施像三座大山一样压在殖民地人民头上，这时他们已经像被放了一捆又一捆稻草的骆驼，快要忍受不住了，只等那最后一根稻草放上去，他们要么累死，要么跳将起来，把身上的稻草一股脑儿全掀掉。

这最后一根稻草终于加到他们身上来了。

1765年3月，英国政府颁布了《印花税法》，规定殖民地所有的印刷品，从报纸、书刊、债券、执照到各种证书，都要交“印花税”。

在此以前，殖民地人民虽然受尽了英国人的压榨，但却一直只交关税，现在平白多了一项，等于是从他们口袋里抢劫，他们胸中的怒火如火山爆发般喷将出来，这火积郁已经，发起来就格外猛烈。

《印花税法》刚一颁布，殖民地人们立即冲上街头，大搞抗议，高呼口号：“要自由、不要印花税！”“英国佬滚回去！”

后来出现了一个个反抗组织，主要是“自由之子”和“自由之女”等，自由之子们甚至把许多英国税官脱了衣服，涂上沥青，再在身上粘了羽毛，变成“鸟人”抬到大街上游行。

1765年10月，9个殖民地的代表在纽约举行大会，通过了《殖民地人民的权利及其不满原因的宣言》，或称《权利与自由宣言》，宣言指出英国国会无权向殖民地人民征税，因此必须废除《印花税法》，同时要求取消所有限制殖民地进行自由贸易的法律。

在会议上一个叫加兹登的议员说出了这样一句话：

> 这个大陆上不应当有人称为新英格兰人、纽约人等等，我们所有的人都是美利坚人。

这句话第一次明白地把殖民地人与英国人从名称上区分开来，殖民地人民终于有了自己民族的名号American，现在通译作美国人。

不久后全部13个殖民地都团结起来了。

殖民地们团结起来后采取的第一个统一行动就是抵制英国货。这给英国造成的后果之严重可想而知，大批替殖民地出产品的工厂关门大吉、大批工人失了业，工厂主和工人们都起来反对印花税。

内外夹攻之下，英国政府被迫让步，在印花税法案颁布一年之后就废除了它。

但《印花税法》废除仅一年后英国议会又抛出了《唐森德法》，中心是向所有殖民地从英国进口的商品征收进口税。

又一次抗税高潮立即兴起了，波士顿市民首先起来反《唐森德法》，马萨诸塞殖民地的议会正式声明，英国无权向殖民地征收任何税。

为了征税和反击反征税，英国人终于诉诸暴力了。他们派出了巡逻艇在殖民地各港口到处搜索，一边收税一边没收没交税的货物。

反抗的中心是波士顿，这里是英军驻防的中心，也是殖民地人民反抗的中心。1770年3月，正是这里发生的波士顿惨案使殖民地的反英斗争进一步扩大。

波士顿惨案的情形是这样的：在一个很冷的白天，在一条大街上英国兵和市民们发生了冲突，一个士兵率先用枪托揍了一个理发匠的学徒。市民们便群起还击，还有人跑到一个会议厅摇起集合铃来，一时市民们从四面八方冲过来，随手抄起地下的积雪做武器向英国兵扔过去，有的人还举起了木棍。英国人悍然开枪，当场打死三人，几天后受伤的两个也死了。第一个死者名叫阿塔克斯，是自由之子。

鲜血终于惊醒了美国人民，他们发动了更大规模的抵抗运动，最后英国政府又被迫废除了《唐森税法》。

但英国人保留了每磅三便士的茶叶税。

这税其实是非常之少的，主要是个象征，象征英国人有权在殖民地征税。

波士顿倾茶事件

殖民地人民就是不给英国人这个面子，为了让英国人收不到这每磅三便士，他们干脆不喝茶。后来索性不准英国人把茶叶运过来，这就直接导致了著名的“波士顿倾茶事件”。

一天，东印度公司的船往波士顿运来了几百箱茶叶，殖民地人听说后，不但不买茶叶，甚至不准运茶船停在他们港口。英国人当然不理会这有点儿仗势欺人的要求，于是就发生了下面的情景：一群“印第安人”像猛虎般直扑茶叶船，手里操着斧子，他们劈开了茶叶箱，将整船整船的茶叶倒进大海，价值1.8万英镑。这是1773年12月的事。

英国人立即宣布了针锋相对的反制措施，如封锁波士顿港口，要求波士顿赔偿损失；取消马萨诸塞的自治，议员不再选举，而由英王任命；英国军队可以任意进入殖民地的任何地方，等等。

面对英国人空前的高压措施，殖民地人民士气高涨，决心团结起来进行反抗。

战争，为了自由与独立　殖民地进一步团结起来的标志是“第一届大陆会议”的召开。

1774年9月，北美13个殖民地中的12个在费城召开大会，共商抗英大计。会后决议殖民地成立联合政府，共同抵制英货，并建立武装，用武力反抗英国统治。但同时并没有宣布独立，甚至表示仍然效忠英王。

如果这时候英国人能够让步，尊重各殖民地权利，战争仍可避免。因为这时候大多数殖民地人都没有想到要独立，他们只想维护自己的正当权利。

但这时的英国国王乔治三世比铁还硬，他下了决心打，打赢了殖民地还得像从前一样帮他发财，打输了就让它独立。名义上的什么效忠，没有一点实际好处，他不需要。

殖民地人民被逼到墙角了，要么完全屈从英王，缴税纳粮；要么就战争，直至独立。

他们不可能完全屈从，决心发动独立战争。

独立战争是从“列克星敦的枪声”开始的。

1774年4月18日，马萨诸塞波士顿附近的小镇康科顿，一队英军奉英军头目盖治之命前来夺取这里的民兵武器库。银匠勒维尔和工人戴维斯首先发现了他们，立即飞马沿途报信，英军刚走到列克星敦，民兵们就向他们射出了第一枪，这也是整个北美独立战争的第一枪。这就是“列克星敦的枪声”。

独立战争正式爆发了。

列克星敦的枪声霎时传遍了整个殖民地，人们到处自发行动起来，夺取武器，抢关占隘，向英国人开火。

美国民兵人数越来越多，但像一盘散沙一样，各自为战。为了使这些散兵游勇成为一支正规军，1775年5月，美国人召开了第二次大陆会议。会议做了三项重大的决定：一是发行美国自己的货币，建立独立的美国经济；二是组建正规的反英军队，由华盛顿任总司令；三是向外国购买武器，并且积极寻找外国同盟军。

乔治·华盛顿

1776年7月4日，这是美国历史上最难忘的一天。

这天，在宾夕法尼亚州的议会大厦里，大陆会议的代表们通过了由托马斯·杰斐逊主持撰写的《北美13州联合一致的共同宣言》，简称《独立宣言》。上面有这样的话：

1776年7月4日，美利坚合众国13州议会一致通过的宣言。

……

我们认为下述真理是不言而喻的：人人生而平等，造物主赋予他们若干不可让与的权利，其中包括生存权、自由权和追求幸福的权利。为了保障这些权利，人类才在他们中间建立政府，而政府的正当权利，则是经被治者的同意所授予的。任何形式的政府一旦对这些目标的实现起破坏作用时，人民便有权予以更换或废除，以建立一个新的政府。新政府所依据的原则和组织其权力的方式，务使人民认为唯有这样才最有可能使他们获得安全和幸福。若真要审慎地来说，成立多年的政府是不应当由于无关紧要的和一时的原因而予以更换的，过去一切经验都说明，任何苦难，只要尚可忍受，人类就情愿忍受，也不想为申冤而废除他们久已习惯了的政府形式。然而，当始终追求同一目标的一系列滥用职权和强取豪夺的行为表明政府企图把人民置于专制暴政之下时，人民就有权，也有义务，去推翻这样的政府，并为其未来的安全提供新的保障。

……

因此，我们这些在大陆会议上集会的美利坚合众国的代表们，以各殖民地善良人民的名义，并经他们授权，向世界最高裁判者申诉，说明我们的严正意向，同时郑重宣布：

我们这些联合起来的殖民地现在是，而且按公理也应该是，独立自由的国家。

……

在《独立宣言》上签字的共有56名各殖民地代表，第一个签名的汉考特特意把自己的名字写得格外的大，还一边幽默地说这是为了“让乔治三世不戴眼镜也能看清楚”。

美国独立战争包括两个阶段：第一个阶段从列克星敦的枪声开始到萨拉托加之战为止，这个阶段美军处于守势。第二个阶段从萨拉托加之战结束直至整个战争的结束。这个阶段美军节节胜利，直到最后英国战败投降。

独立战争之初，战争双方势力之悬殊是明摆着的，英国有3000万人口，几十万军队，尤其海军打遍天下无敌手。仅在北美就有近10万正规军，都是装备精良、久经沙场的老兵，此外在加拿大、西印度群岛等地到处有后方基地，可谓兵精粮足。

与兵精粮足的英军相比，美军是兵不精粮不足。美国人口不到英国本土的1／10，更不用提其殖民地的几亿人口了，军队只有两万来人，谈不上有什么海军。这可怜的几个兵的装备也差得可怜，连步枪都不够，那些没步枪的人只好拿棍棒当枪使，鞋子不够，有时只能赤着脚在雪地行军。

但美军也有一个优势，就是本土作战、熟悉地形，打不赢跑得赢，使英军从来没能抓住美军主力聚而歼之。二是美国人虽然正规军少，但民兵却多得很，不下几十万，甚至是全民皆兵。

面对这样的情势，英国的唯一出路就是速战速决，为此制定了一个三路并进的战略方针：第一、二路从加拿大出发南下，第三路由纽约北上，发动钳形攻势，占领反抗的中心地区新英格兰。

这个战略计划也许听起来很美，实际上极其荒唐。因为英军从加拿大千里迢迢赶往目的地，劳师远袭，这是兵家大忌，孙子云：“行三百里而趣利者，必蹶上将军。”英国人的命运正是如此。

英军一路冒着炮火前进，损失惨重，而且给养极难，结果第二路刚到美国境内，就遭到埋伏在一个山谷两侧的民兵的攻击，狼狈逃回了加拿大。第三路由克林顿率领，他没有按照计划北上向新英格兰搞钳形攻势，而是南下去找华盛顿的主力决战，这样三路大军之中只有由柏高英率领的第一路按计划南进，结果孤军深入，在萨拉托加陷入美军重重包围之中。

1777年10月17日，这是独立战争一个转折性的日子，被围的柏高英军队，眼看内无粮草，外无援兵，冲出去又无望，只好在这一天带着五千残军缴械投降。

这就是萨拉托加大捷。

萨拉托加大捷后，美军开始转守为攻，战争进入第二阶段。

美军之所以能取得最后胜利与另一个因素是分不开的，那就是国际援助。

第二届大陆会议讨论独立的同时派出了代表前往欧洲，首先是法国，去活动法国支援美国独立战争的主要代表就是著名的本杰明·富兰克林。

本杰明·富兰克林

本来在高傲的法国人眼中，美洲蛮荒之地的人都是些愚夫，但富兰克林的到来彻底纠正了他们的看法，富兰克林的幽默、博学、深邃极大地震动了法兰西人，令他们相信能产生这样完美的人物的民族一定有伟大的未来，值得援助。同时富兰克林抓住法国的军官们在七年战争中被英国人打得大败亏输，做梦都想报复的心理，在他们中间做起了工作，使军官们群情激仰。

萨拉托加大捷后，法国人看到美国人胜利的曙光在前了，同美国签署了同盟条约，条约规定法国承认美国独立、并且承担向美提供军事援助的义务。美国则承担保卫法国在西印度群岛领地的义务。同时约定一方得不到另一方的预先同意不得与英国议和。

法美同盟后，法英战舰在欧洲发生战斗，英法正式开战了。

法国人又大力向西班牙和荷兰宣扬复仇的主张，这两个国家也是被英国人打惨败了的，现在它们的舰队也纷纷加入了法国海军的行列，使双方海军的势力基本达到了平衡。

法国除提供了大量金钱和武器援助外，还招募了大量“志愿军”，他们来自欧洲各国，都是富有理想的浪漫主义者，愿意为理想而献身。

这些人中最有名的当属拉法夷特了。他本是法国大贵族，家财万贯。他自己掏钱装备了一艘“胜利”号军舰，装满了各种军需用品，还带着一大群法国军官，来到了战场。这年他才19岁，就成了华盛顿的主要将领之一，率军与英国人展开了血战，屡战屡胜，功勋卓著。他还动员了同胞罗尚博伯爵来参战。于是罗尚博也来了，带着一支5500人的军队。

有了这些外援后，美国人势力大增，相反英国人势力大减，节节败退。

这时的英军总司令是克林顿，他把军队集中在纽约，以它作为根据地向美军发动了反攻。他一路顺利，占领了许多城市，包括有重要战略地位的查尔斯顿，打到这里他就撤回去了，但把大量部队留在了这里，由康华利指挥。

康华利是个只懂战术，不懂战略的人，他不甘心默默地留在查尔斯顿，率军北进，攻入弗吉尼亚，大败华盛顿的大将盖茨。后来又大败拉法夷特的法国志愿军，还差点逮住了《独立宣言》的起草人、弗吉尼亚州州长杰斐逊。他扬扬得意地进驻约克镇。以为这里是个进可攻、退可守的好地方。

但他打错了算盘，关键是没想到美军的战略。看到康华利孤军困守，华盛顿立即率大军直扑约克镇，不久，大军三面将小小的约克镇从陆上围得铁桶也似。不久美国的盟军又在海上打败了英军舰队，这时康华利内无粮草、外无救兵，走投无路，只好投降。

1781年10月19日，康华利耷拉着脑袋，将他的佩剑交给了华盛顿，后面缴械投降的还有八千名士兵。这是独立战争胜利的标志。

一年多后英美签订和约，英国承认美国独立，并且把密西西比河以东、阿巴拉契亚山脉以西的土地割让给美国。

第二十六章　王权的陨落

我们前面说到，中世纪的法国本是一个诸雄割据的国家，最后在路易十一的努力之下，法国成了一个统一而实行君主专制的国家。

这时候，法国社会总的大背景是全体法国人被分成了三个等级，分别以教士、贵族和平民为核心，彼此之间壁垒森严。

教士、贵族与平民　第一等级是教士。法国是天主教国家，在这样的国家里教士们总享有最多的特权，他们是法国社会的最高等级，成员包括各级教士，像大主教、主教、修道院院长等。

第二等级是贵族。就是那些公爵、侯爵、伯爵、子爵、男爵之类。他们又分成两大类：佩剑贵族和穿袍贵族。佩剑贵族是大贵族，靠从领地榨取或从国王那里获得年金生活，住在巴黎和凡尔赛，成天灯红酒绿、纸醉金迷。穿袍贵族大多住在乡下，靠农民和农奴的劳动过日子。

这第一、第二等级基本上是一伙，都是统治阶级。

第三等级则是除其他两个等级之外的所有人了。

这个等级的成分要多复杂有多复杂，包括资本家、包税人、军火商等腰缠万贯的富翁，也包括农民、工人、个体手工业者、小商贩等等，总之贩夫走卒、三教九流、乞丐妓女都被算在内。

第三等级看起来有点古怪吧？怎么能把腰缠万贯的资本家和无立锥之地的农奴乞丐混为一谈呢？但事实上就是这样，第三等级虽然财富天差地远，但有一点他们是共同的：都没有政治权利，在第一、第二等级眼里通通是下等人。法律不给予他们政治权利，只给他们大量的税，什么人头税、所得税、什一税、关税、盐税等等，数不胜数。

权没有、税却这么多，第三等级的人们怎不对这个政权恨之入骨？这可以算是大革命的第一个起因。

想当初，君主专制曾对法国的成长壮大起了很大的作用。由于法国人民对君主专制一向默默忍受，对君主们的过分行为也不提抗议。这就更纵容了他们，使他们视人民若无物，变本加厉地剥削他们、压迫他们。本来法国有一个三级会议，对君主有一丁点儿的限制作用。但1614年后就再也没开过了。这使法王成为绝对的独裁者，他可以做任何坏事、对人民进行任何压榨，却没有任何力量可以阻止他。

法国的专制君主们在一开始还算可以，对人民的压榨也不那么厉害，但到路易十四时一切都改变了。他的专制作风达到了前所未有的顶点，一切大权，从立法、司法到行政都牢牢抓在手心，他可以任意调动军队、任意从本国以至外国招兵买马，全国各省各城市所有官员的任命都由他说了算。总之像他所自己说言：“国家即朕。”

路易十四

单纯的君主专制并不一定意味着它会遭到人民的反抗，如果它仍像以前一样使法国走向强盛，使大家都得一点好处，就不会有人起来反抗，像路易十四就是这样。在他的领导之下，法国成了欧洲首屈一指的军事强国，发动了一系列对外战争，收获颇丰。

大革命的象征　路易十四死后，他儿子的儿子的儿子继位，是为路易十五，他继位时只有5岁。长大后他对权力一点也不感兴趣，大小政事都交给臣子和情妇去决定，自己只管想法子取乐。他的情人之一是蓬皮杜夫人，她在法国野史上是有名的人物，是路易十五时期真正的专制君主，她为法国建筑了许多壮丽的宫殿，对文学艺术也奖掖有加。

但到路易十五时代法国已经是一个乱七八糟的国家了，不过由于曾祖父的余荫，即使在七年战争中惨败，人民也没有起来反抗他，路易十五平平安安做了足足59年王。

1774年，路易十六做王了。

路易十六

路易十六上台时法国的腐败和乱七八糟与上面讲过的路易十四时代差不多，只是更加厉害而已，其中最令他头痛的事是缺钱。

正所谓屋漏偏逢连夜雨，路易十六在财政面临崩溃时又揽了件花大钱的苦差——援助美国独立战争，花了他超过20亿锂的巨款，使他雪上加霜。渐渐地，路易十六和法国国家财政都到了破产的边缘。

怎么办呢？这时路易十六只剩下一条路了——召开三级会议。

三级会议的代表是要经过选举产生的，经过竞争激烈的选举，三级会议的代表选出来了。结果，在第一个等级，即教士们选出来的代表中，主要是些乡村牧师，占了第一等级代表总数的2／3，在第二等级乡村贵族也占了大多数，他们分别在教士和贵族中人数是最多的。

最古怪的当数第三等级的代表。按理说，如果数钱多，那么应当是商人们来做代表，如果数人数多，应当是劳工大众来做代表。但实际上第三等级的代表中人数最多的是律师。因为他们能言善辩、最善于讨选民们的欢心。

除律师外，在第三等级的代表中还颇有几个特殊人物，他们根本不是第三等级的，却是第二等级的代表，最有名的是两个：米拉波和西哀士，前者是伯爵，后者是修道院院长。他们本来可以在第一、第二等级享受富贵生活，但出于对下层人民疾苦的同情和对正义的渴望，他们勇敢地站到了第三等级，不但成了代表，而且成了领袖。

三个等级的代表选定以后，三级会议就可以开了，日子定在1789年5月5日。

三级会议召开了，内战的导火索也点燃了。

不久，在三级会议上，人数众多的第三等级的代表就公开宣布已经不是什么三级会议，而是“国民大会”。这意思很明白，就是说他们所代表的不是哪个等级，而是法兰西的全体国民！这就意味着他们说的话、做出的决议是全体法兰西人民的公意，其他无论什么人，包括路易十六，都无权反对。

紧接着，国民大会就颁布自己的新法令，它最初的法令之一就是宣布国王随意征税不合法，同时宣布国王不能否决国民大会的决议。

这些措施受到了第三等级的欢呼，因为他们可以少掏腰包了，但国王同贵族教士们可不这么想。

接下来便出现了这样一幕：6月20日，清晨，当代表们像往常一样走向会场时，发现铁将军把门，原来国王竟蠢到认为用一把锁就能将代表们赶回老家去。

代表们看到这个情形，不但没有退回老家，反而胸中热血沸腾，他们和成群结队的巴黎市民一起来到附近一个网球场。代表们和广大民众发誓一起向一个新目标前进——为法兰西制定一部新宪法。

这时天空突降暴雨，只听见风声雨声中混合着代表们高亢的誓言声，还有无数巴黎民众的欢呼声：“国民大会万岁！”

这就是著名的“网球场宣誓”。

代表们的行动无异于在国王胸膛上插了一把尖刀，他暗暗从外省调来成千上万的瑞士和德意志雇佣军，准备大开杀戒。

这些消息像风一样传遍了巴黎的大街小巷，面对死亡的巴黎市民知道唯有团结起来，拿起武器才能求得一条生路，他们立即组成庞大的游行队伍，在街上大喊口号，支持国民会议。

他们的喊声惊动了国王和他的军队，镇压开始了，于是革命也开始了。

几天之内，巴黎市民们夺取了成千上万支枪、组成了成千上万的市民军队，占领了绝大部分巴黎。

巴士底狱

最后剩下的是路易十六专制统治的象征——巴士底狱。

经过一番惊心动魄的战斗，巴士底狱被攻下来了，在里面关了些什么“要犯”呢？

里面共关了7人，其中2个是精神病患者，4个是造假者，最后一个是性变态者，由他的父母交给巴士底狱代为照管，并且支付照看费。这是1789年7月14日的事。

不过，巴士底狱仍旧是巴士底狱，对它的攻占仍是法国大革命正式爆发的象征。

专制的覆灭　占领巴士底狱后，国王屈服了。国民议会召开了制宪会议，要为法兰西制定一部根本大法。但在颁布宪法之前，有一个人建议应当先颁布另一部比宪法更加根本的法典——它不是有关一个国家的，而是有关所有人的，无论这个人出生在哪个国家都是如此。这个法就是有关人的基本权利的法，称为《人权宣言》。

1789年8月26日，《人权宣言》正式发表了。这是人类历史上最经典的文献之一，通过它，人类第一次宣示自己作为人所理当享有的最基本权利，这些权利是神圣不可侵犯的，一切政府与权力机关如果非法地剥夺这些基本权利，我们就可以义正词严地斥之为暴政，应当，而且有义务断然地予以推翻。它是这样开始的：

就人们的权利而论，人人生而自由、平等，且始终如此……

此后，制定宪法的事就迫在眉睫了。

1791年，宪法出来了，它有三个基本原则：君主立宪、三权分立、以财产定权利。其中第三点规定，只有那些能交纳三天工资的直接税的人才有投票权，宪法称这样的人为“积极公民”，那些没有钱交税的人被称为“消极公民”，没有投票权。结果在全法国约2600万人口中，积极公民仅仅只有400万多一点，即使成年男子，也足有300万人不是“积极公民”，没有投票权。

至于路易十六，他们一家子本来平平安安地住在豪华的凡尔赛宫，革命群众们并没有去招惹他们，但他的皇后，奥地利公主安东妮特，天天在丈夫耳边吹风，指责他太软弱了，应当给革命党人一点颜色瞧瞧。路易十六终于被煽起了国王的自尊。于是，一支军队被暗暗召来了，它就是忠于王室的弗朗德勒旅。

这支军队到达凡尔赛后，国王的御林军，主要是瑞士卫队的军官们，开了个盛大的派对招待战友们。在宴会上，军官们用山呼海啸般的祝酒声祝国王和王后健康。但是却没有按常规祝祖国昌盛。而且当军官们看到美丽的王后那充满忧郁的双眼时，他们愤怒了，他们知道她为什么如此——都是那帮该死的革命党！恰在此时，乐队奏出了一支忧伤的曲子，词中说：“啊，理查德，啊，我的国王，全世界都抛弃了你！”

这充满忧郁的曲子，加上美丽的王后同样忧伤的眼神，令年轻的军官们再也忍不住了，他们高叫起来，痛骂革命党，并把象征革命的三色帽徽摔在脚下猛踩。

一切祸根就此种下了。

第二天，美丽的王后竟公然说她对昨夜的宴会感到十分高兴，而昨夜宴会上的情形这时已经传遍巴黎的大街小巷了，巴黎人愤怒了——当他们的孩子正因没有面包而啼哭的时候，凡尔赛那帮狗杂种却在痛骂他们、痛骂革命、痛骂法兰西！于是，男男女女像当初攻占巴士底狱一样，再一次集合起来，向凡尔赛进军。

人们先是在凡尔赛宫外面示威，后来终于愤怒地冲进了宫殿，还打死了好几名试图阻拦的卫队士兵，并把他们的头挑在长矛上。

看到这架势，路易十六一下子跨了，被从自由的凡尔赛带回了革命的巴黎。

至此的一系列革命行动中，法国的贵族们似乎表现得十分宽宏大量，但这只是对一部分贵族而言，还有很多贵族对革命愤恨之极，他们自知力量不够，不敢公然反抗，但他们用另一种方式来反抗——逃亡。他们大批大批地逃到了国外，尤其是与法国接壤的普鲁士、奥地利和意大利，并以德意志境内的科布伦茨为中心开始组织反抗。

他们不但自己起来反抗革命，而且更主要的是策动欧洲各国的国王们，特别是普鲁士国王和奥地利皇帝起来向革命的法国进攻。

这时，革命派又怎样了呢？

他们开始分裂了。

1791年宪法出笼后，按照宪法，制宪会议解散了。第二天，按照宪法行使立法权的立法会议也开张了。这个立法会议一开始就明显地分成了左中右三派。右派认为革命已经成功，同志们无须再努力，国王也是无论如何要保住的。左派认为革命尚未成功，同志仍需努力。中间派则是骑墙派，墙头草两边倒。三派中的左派又包括两派：吉伦特派和雅各宾派，其中雅各宾派更是彻底的革命派，这两派将主导下一阶段的革命。

在国外，欧洲诸国的国王们一则由于法国流亡贵族的恳求，二则也害怕革命的大火烧到他们自己的国家去，开始商量对付法国革命了。结果，普鲁士和奥地利公开发表了联合宣言，说要采取“共同措施”来“主持公道”，也就是说，要把法国恢复成老样子。

面对武装干涉的直接威胁，法兰西的革命者们毫不畏缩，整个法国都激荡着战争的欲望。于是，不等普鲁士和奥地利的侵略军到来，由吉伦特派掌握的法国内阁便主动对普、奥宣战。这是1792年4月的事。

随即，法国的十万大军便向四万奥军发动了进攻。按理说这场战争应当是一面倒，区区四万奥军应当一触即溃，狼狈而逃。然而事与愿违，十万法国大军竟节节败退，法国立时处于危急之中。

前线失败的消息传遍了法国，法国人民没有被吓倒，而是更激起了空前的爱国热潮。一方面，立法会议宣布“祖国在危急中”，实行全民总动员。同时各省也纷纷组织义勇军，自动从四面八方向巴黎出发，保卫首都、保卫祖国。

义勇军们向朝着巴黎扑来的普奥联军发动了猛烈反击，战场就在瓦米尔高地，义勇军们前仆后继，向敌人冲去，虽然他们衣着不整，也没有经过正规军事训练，但正如兵家所言：两军相遇勇者胜。他们那股一不怕苦、二不怕死的劲儿把敌人吓坏了，他们丢下大炮军旗，狼狈而逃。革命军乘胜进攻，不久就把敌人赶出了法兰西。

这场小小的瓦米尔之战实际上成了一场决定法国革命命运的战斗，对法国乃至世界历史产生了极大的影响。

战斗胜利后，人们更加痛恨路易十六了，他们相信先前对普奥战争的失败是国王与敌人串通的结果，路易十六是个地地道道的卖国贼，加之他曾试图逃往国外，只是在半路上被追了回来，所以法国人像当初英国人对查理一世一样，已经失去了对他的一切信任。本来法国只有少数人有些很抽象的共和思想，国王自己的行为把这些抽象的思想具体化、坚强化了。

这结果就是另一场革命，这场革命发生在1792年8月。

8月9日，深夜，巴黎突然警钟长鸣，起义者们冲出破街陋巷，向巴黎市政厅攻去。市里的大小官员们被吓得落荒而逃，起义者很快占领了全市，成立了新的市政府。

在巴黎公社起义者的刺刀压力下，本想保护国王的立法会议让步了，宣布国王退位，并且把他交给了起义者，起义者们把他关押在一座坚固的堡垒里，昔时全欧最威风的法兰西国王如今沦为了阶下囚。

统治法国千年的君主专制覆灭了，法国历史走进了一个充满革命热情也充满腥风血雨的时代——大革命时代。

第二十七章　波澜壮阔的大革命

路易十六被革命者关起来后，法国革命也随着王权的陨落而进入了第二幕，这一幕的主角是吉伦特派。

斩首国王　吉伦特是法国的一个省，吉伦特派取这个名字同它的代表多为外省人有关。

与路易十六被捕的同时，起义者们还进行了另一场重要的政治运动，他们要求立法会议废除令人恶心的以钞票定投票的1791年宪法，举行真正的全民普选，再在这个基础上选出代表，召开国民大会。立法会议在大炮的威胁下被迫答应了这个要求。选举不久得以顺利进行，到9月国民大会就开幕了。

会议的第一项议题是废除君主制，法兰西的千年君主制就在一阵热烈的掌声中寿终正寝了。

废除君主制后，法国成立了共和国，历史上称这个共和国为“法兰西第一共和国”，在法国以后的历史上，还有第二第三第四第五共和国。这天，1792年9月21日便被称为“共和日”。

在这次国民大会的选举中，虽然吉伦特派的支持者在七百余名代表中只占了165名，但人数多达500名的“沼泽派”倒向了吉伦特派一边，使吉伦特派实际上在国民大会的700多个代表中占了六百多，自然居于执政党地位。在选举真正的执政机构——执行委员会时，执行委员们几乎全是吉伦特派，吉伦特派就这样掌握了国家大权。

吉伦特派上台后第一件棘手事就是如何处置路易十六。

本来，吉伦特派早该把路易十六付诸审判，但却迟迟没有行动，因为他们根本不想审判国王，更不想把他处死。

但宫殿中的一个发现最后决定了路易十六的命运。

这年11月，正当国民大会因审判还是不审判国王而争论得不可开交时，在路易十六居住的杜勒伊里宫的墙壁里发现了一个铁柜。里面有大量文件，这些秘密文件证实路易十六与流亡国外的贵族有大量联系。

这是路易十六阴谋叛国的铁证。

1793年1月，国民大会进行了投票，来决定两个问题：一是国王是否有罪？二是如果国王有罪，该不该处以死刑？

投票结果一边倒，绝大部分国民大会代表主张国王有罪，并应处以死刑。

1月21日，在蒙蒙细雨里，路易十六缓缓走向断头台，一声巨响，他的头无声地滚落下来，从留下来的一幅描绘当时情景的画上，可以看到刽子手抓着他的头颅，伸向断头台下无边无际的革命者们。

吉伦特派之所以能顺利掌权，与其从一开始就力主向反法反革命的普奥开战有关。虽然法军最初遭到了失败，但自从瓦尔米之战后，法国军队时来运转，节节胜利，吉伦特派由此得到了法国人民的拥护，以为是他们的英明领袖才使法国取得了胜利，获得了光荣。

在南面，法军一举攻入意大利，占领了大片土地；在北面，法军进入比利时，大败奥军，取得了辉煌胜利；另一支法军攻入德意志，连战连捷，打下了美因兹和重镇法兰克福。

法军之所以能取得这些胜利与他们在被占领土实行的政策有关。吉伦特派的政府下令，每占领一个地方便立即在那里采取革命措施。为此还通过了一个法令，宣布："国民大会以法国人民的名义宣布，对凡欲恢复其自由的人民，均将予以友爱与援助。"并宣称："在我们所踏入的国土之内，我们将把一切有特权的人或暴君视为敌人。"

在这样的政策之下，法军每到一地，立即宣布取消贵族的一切封建特权、取消什一税、取消全部封建奴役制度。

这些措施使法军的占领没有遭到被占领地区人民的反抗，相反，那些被封建主义压迫了千年之久的意大利、比利时与德意志人民将法国人看成解放者，见到法军到来就像遇到了自己的亲人一样，捧着面包和盐去迎接他们。以至于一位法国将军扬扬得意地向国民大会报告说：

> 我军之前进有如凯旋一般。城市及乡村的人民都来欢迎我们，到处竖起了三色旗。

但随着战争的进展，法国的胜利在全欧洲引起了恐慌。于是，全欧洲的大国们这时空前团结起来，必欲灭法国、铲除革命而后快。

1793年初，路易十六被送上断头台之日，也就是反法同盟成立之时。这也是以后若干次反法同盟的第一次。参加反法同盟的国家除普鲁士、奥地利这两员主将外，还有西班牙、葡萄牙、意大利半岛上的撒丁尼亚、那不勒斯等国，另一个最积极的支持者是英国，它不但出兵，还为其他国家组织反法同盟军大撒银子，这些国王背后的总后台是俄国女皇叶卡捷琳娜。

反法同盟成立之后，立即纠集庞大的军队，向法军展开了大反击。

在占极大优势的敌军的打击之下，法军抵挡不住，步步后退，退出了比利时，又退出了意大利和德意志，战争开始向法国本土发展。与此同时，法国内地的反革命分子们趁火打劫，各地到处发生了反革命暴乱，革命再次危机四伏。

面对这样的情形，吉伦特派找不到任何有效的方法拯救法国。雅各宾派乘机而起，提出了自己的政治主张，要求按他们的办法来挽救法兰西、挽救革命。

首先，在雅各宾派要求下建立了非常法庭，以镇压国内的反革命分子。其次，经雅各宾派力主，国民大会撤销了执行委员会领导战争的责任，另外成立了一个机构——公安委员会来领导战争。还有，雅各宾派主张从富人那里收税，而且一收就是10亿锂。

吉伦特派无奈之下接受了这些措施，但他们暗暗开始反攻倒算。他们首先向雅各宾派的主要领袖之一马拉开了刀，下令将他逮捕法办。

马拉生于1743年，在雅各宾派的几名领袖之中是最年长的一位，所以也是第一个雅各宾派的领袖。他本是瑞士人，成为政治家之前是一个相当有成就的医生和科学家，曾被英国的圣安德鲁大学授予名誉医学博士学位。他本可以过优渥的生活，但怜悯之心使他不能耽于书斋之中。革命甫一爆发，他就立即投身进来，并迅速成为革命者中的革命者，成了最贫穷人们的喉舌。他与他们同样过着最贫困的生活，义无反顾地维护穷人们的利益。

马拉

吉伦特派逮捕马拉后，从巴黎到外省都响起了一片反对之声，迫于压力，吉伦特派释放了他。

事情并没完，1793年的一天，正值傍晚，一个吉伦特派女人借口向马拉报告消息，暗杀了他。

吉伦特派谋杀马拉后，并没就此束手，他们继续想法打击雅各宾派，怂恿国民大会成立调查委员会，调查雅各宾派为主导的巴黎市政当局的行为，甚至在全国各地杀害雅各宾派人士。

面对如此情形，雅各宾派退无可退，只有起来反抗。

1793年5月底的一个晚上，罗伯斯庇尔在雅各宾派俱乐部公开发出了暴动的号召。

几天后的凌晨，巴黎街头忽然警钟长鸣，巴黎的民众开始从各处向国民大会集中，不久便挤满了会议大厅，他们向国民大会提出了一系列要求，如逮捕反革命分子、把旧贵族从军队中清除出去、限制物价等，中心是把吉伦特派从国民大会和各权力机关中清除出去。

这样，国民大会里的吉伦特派分子被赶了出去，国民大会落到了雅各宾派手中，整个国家的政权也是雅各宾派的口中之肉了。

罗伯斯庇尔

大革命由此进入了第三幕——雅各宾派专政。

红色恐怖　雅各宾派上台之时，正是大革命最危急之日。在法国国内，倒台的吉伦特派不甘失败，与保王党联合起来向革命开战，保王党继续在国内许多地区策动叛乱，不择手段要打垮革命。间谍们、刺客们像老鼠般横行全国，雅各宾派成员随时有被杀的危险。在国外，反法同盟步步紧逼，战场已经移入法国境内，普鲁士、奥地利、英国、西班牙的军队已经从西、北、南等各处涌入法国领土。法国军队内无粮草、外无救兵，节节败退，革命的法兰西处于危急存亡之秋。

面对这种情形，雅各宾派激起了革命者的万丈豪情，他们决定以革命的两手对付反革命的两手，采取了一系列果断措施来维护革命、拯救法兰西。

为了让占法国人口绝大多数的农民支持他们，雅各宾派规定凡在一百年之内被贵族剥夺的原属村社公有的土地一律无偿收归村社，并且可以无偿地分配给贫苦农民，并且无条件废除了农民们仅余的一切封建义务，甚至把有关它们的所有契约都烧了。

经过上述措施，农民们成了革命力量的中流砥柱。

雅各宾政府的另一大团结穷朋友的措施是限价法令。

由于战时物价高涨，有商人囤积居奇，雅各宾政府立即推出了全面限价法令，规定了一切商品的最高价格，谁敢擅自抬价就杀头。

团结朋友之后，雅各宾派便要对付敌人了。

他们对付敌人的方式是很有名的——就是以革命的恐怖对付反革命的恐怖。

何谓恐怖？就是杀人如麻。

1793年9月，雅各宾政府公布了《惩治犯罪嫌疑人条例》。

依据这个条例，只要谁有反革命的“嫌疑”就可以被抓起来，不必经过审讯就可以被处死。

在这样的“条例”之下，大批人，从贵族到平民被抓起来了，他们中的许多人仅仅是因为有所谓的反革命“嫌疑”就被处死，而这个嫌疑可能完全来自诬陷或者某个革命领导的心血来潮。

依据这个条例，路易十六的妻子、美丽的王后安东妮特被砍掉了脑袋。和她一起掉脑袋的还有大批贵族，事实上当时留在国内的所有贵族除了极少数幸运者外都失去了他们的头颅，法国社会失去了他们千百年来着力培养的精英。因为封建制诚然腐朽、贵族诚然可恶，但不能否认的是，他们中的大多数都是社会的精英人物，是传统优雅的法兰西文明的主要代表。

除贵族外，还有大量的商人也被杀，因为他们“投机倒把”。

那些叛乱分子、间谍、吉伦特派就更不用说了，一抓起就格杀勿论。

后来贵族、奸商、乱党、间谍、吉伦特派等杀完了，革命者们的杀人欲望还没有得到满足，于是大批其他人被以各式各样的反革命罪名抓了起来，送上断头台，他们中有许多是老人、妇女和孩子，正如有许多是普通工人、农民和教士。

其中甚至有拉瓦锡这样伟大的科学家。当有人因为拉瓦锡是一个著名的科学家而请求雅各宾的领袖赦免他时，只得到一个漠然的回答："革命不需要科学。"

到后来，断头台不够用了，因为它一次只能杀一人，下面等着杀的"反革命"已经排成了一眼望不到头的长队。于是出现了许多杀人效率更高的新花样。例如用大炮轰，把一大堆所谓反革命，或者是"对革命不积极的人"，排在前面，把炮口调下来，用平射的方式对准他们，一发炮弹轰过去，成百的人立时化作齑粉。

或者把一大堆判了死刑的人赶到一口深塘边，绑起双手，再用刺刀推下塘去，活活淹死。

通过上面一系列的措施，雅各宾派取得了相当的成功。

在国内，通过革命的恐怖，反革命分子基本上被肃清了，国内秩序就这样基本安定了。

雅各宾派可以腾出手来对付外来之敌了。

1793年8月，国民大会通过了法令，宣布进行"全民总动员"——这是不折不扣的全民总动员：

> 青年人去打仗，已婚男子则制造武器和运送粮食；妇女制作帐篷、衣服和在医院服务，儿童将旧布改成绷带；老年人则到广场鼓舞战士们的勇气，宣传仇恨国王并呼吁共和国的统一。

雅各宾派的政策已经为他们在人数众多的农村和城市的下层人民中找到了朋友，所以动员令一出，立即获得热烈响应，一下征募到40余万大军。

征集到军队之后，雅各宾派又对军队进行了大改造，赶走了贵族军官，代之以平民出身且深受士兵爱戴的青年军官，这时一个青年军官只要具备了下面三个条件，很容易以直升机的速度得到提拔：一、平民出身；二、士兵爱戴；三、立有战功。例如一个叫欧什的青年在一年之内就由普通士兵成为司令官，不过更有名的还是拿破仑，他也在一年之内由上尉蹿升为将军。

面对法国的新型军队，反法同盟的旧军队明显不是对手，奥军连战连败；英军被赶出了土伦；西班牙人从西面、意大利人从南面逃回了本国。到1793年年底，距发布全民动员令短短三个来月后，法国领土上已经看不到外敌，内敌也销声匿迹了。但法军没有就此止步，他们乘胜追击，次年6月，在比利时的弗勒吕斯，名将朱尔坦统率法军大败反法同盟军。

在这场战争中，法国以一国之力战胜了几乎整个欧洲的联军。

就在雅各宾派在国内国外取得光辉成就之时，就像全盛时期的太平天国一样，它的内部开始分裂。

雅各宾派本来有三个最重要的领袖：马拉、丹东和罗伯斯庇尔，这时候马拉已经被刺杀了，分裂的结果是剩下的是丹东和罗伯斯庇尔也被送上了断头台。

把罗伯斯庇尔送上断头台的事件叫“热月政变”。

这是1794年7月28日的事。

督政府与新危机　罗伯斯庇尔被砍头后，大革命实际上也死了，剩下的是所谓热月党人。热月党人的政府立即采取了与雅各宾派截然不同的施政纲领：首先立即结束了革命恐怖政策，大批犯罪嫌疑人从监狱里被释放出来，也没有再抓新的犯罪嫌疑人。还对那些公开暴动的保王党说，只要他们停止暴乱就可以得到赦免。

通过这些，热月党人牢牢巩固了政权。此后，他们便大力开始发展国家，使法国走上了正常发展的轨道。

为了更好地贯彻执行政府政策，热月党人建立了一个新政府——督政府。

督政府由五个人组成，它是实际上的国务院，享有行政大权，负责处理除立法之外的几乎国内外一切事务，例如负责执行法律、统率军队、对外宣战媾和，等等。

然而，督政府并不是一个好政府，在它的统治下，贪污受贿不但不是可耻的行为，甚至于成了一种时髦。贫富悬殊再次抬头，一方面是革命新贵们恣意的铺张浪费、花天酒地，另一方面是贫民们的无立锥之地、无隔夜之粮。

这主要是因为督政府的赫赫战功。督政府虽然腐败，但有一个大优点：知人善任。他们挑选的统军将领都是些有真本事的人，拿破仑就是其中一个。在这些将领的统帅之下，本来就士气高昂的法军更焕发了惊人的战斗力，简直战无不胜、攻无不克。

法军先打败了普鲁士这个反法中心国，逼迫它订立和约、退出反法同盟。又派拿破仑攻入意大利，把反法同盟的另一个老伙伴撒丁尼亚彻底击败，也逼它退出反法同盟，割地赔款。拿破仑又在意大利大败奥军，几乎占领了整个意大利北部。此后法军就向反法同盟的最后一个主力奥地利发动了总攻，奥军哪是对手，不久被迫割地求和。第一次反法同盟彻底完蛋了。

此外，为了打击最强大的敌人英国，督政府派拿破仑远征埃及，想以此法切断英国的对外贸易通道——对于英国，这就等于死亡。拿破仑很快打败了埃及的马木留克骑兵，占领了整个埃及。

这一系列赫赫战功自然被督政府归到了自己名下，即使督政府再腐败，法国人民这下也没有什么话说了。

然而，当这些不再存在时，督政府的末日也就来临了。

第二次反法同盟的建立之日就是督政府的末日来临之时。

比起第一次反法同盟来，第二次反法同盟的力量要强大得多。除英国和俄罗斯之外，还包括奥地利、西班牙、意大利的那不勒斯王国、土耳其等。其中有三大帝国：大英帝国、俄罗斯帝国和土耳其帝国，这也是当时世界上最强大的三个大帝国。它们联合起来的力量之强大可想而知。

在北意大利，俄罗斯军队与法军交战了，此前一向战无不胜的法军在陌生的俄军面前简直一触即溃，狼狈不堪地逃回了本国。

在东面，奥军又回来了，向法国本土步步紧逼；在北面，英国远征军也在荷兰登陆，击败阻拦的法军，乘胜前进。

国内的王党分子趁火打劫，起来造反。

法国又一次面临危机。

督政府束手无策。

它认识到，要挽救它的统治唯有找到一位能够战胜敌人的将军，替它打败外敌、清除内敌。

不但督政府认识到了这点，其他法国人也认识到了这一点——要找到一位伟大的将军来拯救革命、拯救法兰西。

这位将军来了，他就是拿破仑。

第二十八章　拿破仑

我们这里要讲的英雄就是拿破仑。

拿破仑其实算不上百分之百的法兰西人，他的祖先是意大利人，出生于科西嘉岛，就在拿破仑出生前一年，科西嘉岛终于归并法国，直到这时科西嘉人才成为法国人，小拿破仑也一生下来就是法国人了。

拿破仑的崛起用五个字最好概括，就是“乱世出英雄”。

拿破仑

初露锋芒　拿破仑生于1769年8月15日。他的母亲在30岁之前已经生了13个孩子，活下来的有8个，后来都很有出息，他的4个兄弟中有3个做了国王，另一个是法国国民议会主席。

刚满10岁时，拿破仑就进了少年军校，接着又进了巴黎军校，当他离开军校成为王家炮兵团的少尉军官时，只有16岁。

4年之后，法国大革命爆发了。拿破仑一开始就站在了革命的同情者一边，后来更成了一名雅各宾派，热烈地支持革命，准备为了革命与自由而战。

革命开始不久，拿破仑便加入了共和政府的军队，并在1793年夏第一次指挥了战斗。

后来他到了南部的土伦港，当上了炮兵司令。

到达土伦后，拿破仑第一次显示了他杰出的将才，利用地形十分巧妙地设置了大炮，直接轰击停在港口里的英国舰队，取得了大胜。

土伦的胜利像风一样传遍了法国。此前，法军面对强大的英军几乎是每战必败，雅各宾政府大喜过望，立即把年仅24岁的拿破仑从上尉直升将军。

但令他一飞冲天的是"葡月政变"。

政变是保王党人发动的，他们乘督政府由于腐败无能，在民众中威信下降的大好时机发动了大规模叛乱。这时督政府的军队都在外国领土上作战，国内一无强兵，二无良将，民众也出现了离心倾向。督政府顿时岌岌可危。督政府首脑，就是一位被称为流氓的拉巴斯记起了在野的拿破仑。立即召见他，任命他为巴黎城防副司令，实际上是司令。

平叛的具体过程不用说了，总之拿破仑创造性地采取了用大炮平射来在城市中平叛的法子。一阵葡萄弹轰过去，乱党顿时尸横遍野、血流满街。在此沉重打击之下，保王党人再也无力搞大规模骚乱了。

经过这次事件，拿破仑又一次成了政府的宠儿、巴黎最有势力的人物之一。

也就在这时，他认识了一个女人——约瑟芬。她本是共和政府一个将军的妻子，那位将军像其他许多将军一样，死于罗伯斯庇尔的恐怖之手。约瑟芬的美貌娇姿令拿破仑一见钟情。虽然她比他大上好几岁，又是个寡妇，还有两个孩子，大的十多岁了，但这些都阻挡不了他娶她为妻的决心。1796年3月9日，他们结婚了。

蜜月期刚过了10来天，他就匆匆离开了巴黎，前往意大利。因为他被任命为法国意大利方面军司令，去收拾乱得一团糟的意大利。

这时他尚未满27岁，却已经是独当一面的大将了。

他将在这里开始他一生的事业，他辉煌的马上生涯。

这时的法国意大利方面军正陷入难以自拔的困境，既不能进、又不能退。骑兵没有马、步兵没有枪，甚至没有吃的。拿破仑刚一上任就对他的士兵们发表了一通有名的演说，他说：

> 士兵们，你们缺吃少穿，共和国亏欠你们很多，但国家还没有力量还这笔债。我来是为了带领你们打进天下最富庶的平原，丰饶的省区、富裕的城镇，全都等着你们去处置。士兵们，你们面临这样的前景，能不鼓起勇气、支持下去吗？

听了司令的演说，饥寒交迫的士兵们立即士气大振，拿破仑于是亲率大军，马不停蹄地穷追猛打，先后击溃了奥地利的东西两路大军，这时候距他发动进攻之日不到一个月，他已经把富庶的意大利平原踩在脚下。

拿破仑下一步要面对的是更加强大的敌人。

得到在意大利惨败的消息，奥地利帝国政府立即再派大军驰援，率军的是久负盛名的沙场老将。

但他们根本不是拿破仑的对手，不久，拿破仑就不费吹灰之力占领了罗马这座“永恒之城”。

1797年2月，他与罗马教皇签订了和约，4月又与奥地利签订了和约。这时，距他担任意大利方面军司令仅仅一年。在这一年里，他以区区5万名装备不齐的疲惫之师横扫意大利，取得了以下战绩：

15万名战俘；170面军旗；550门攻城炮；600门野炮；……9艘64炮军舰；12艘32炮巡洋舰；12艘海防舰……

解放了波伦亚、斐拉那、摩吉纳、马撒–卡那拉、罗马尼阿、伦巴第等地的人民。

运往巴黎米开朗琪罗……提香……拉斐尔以及列奥纳多·达·芬奇的大批杰作。

以上取自他献给法兰西人民的一面军旗，这面军旗一面写着：“祖国感谢意大利方面军”，另一面记录着这些战绩。

回到巴黎，接受欢呼后，拿破仑又将眼光投向了更远的目标——埃及。

这时候法国的主要敌人是英国，英国是个靠贸易立国的国家，没有对外贸易就不能生存，他要切断这条通道，而征服埃及就能够做到这点。

1798年4月，拿破仑被正式任命为东方军总司令，准备入侵埃及。

金字塔之战　拿破仑在埃及的这场战争我们一般人不大清楚，但实际上这是一场很有意思的战斗，我在这里要特意说一说。

这时候的埃及是土耳其的一部分，对了，信仰伊斯兰教的土耳其虽然现在来看似乎是亚洲国家，但土耳其人一直认为自己是欧洲国家。为什么呢？就是因为它一度在欧洲拥有广大的领土，包括现在的几乎整个巴尔干半岛都属于土耳其，其中就包括西方文明的发祥地希腊，它就被土耳其人统治了数百年之久，关于这个我们后面讲希腊的独立战争时还要说。

当拿破仑进军埃及的时候，这时候的土耳其已经远没有以前强大了，基督教世界却已经更加强大起来了，其中又数英国与法国最为强大。在这样的情形之下，拿破仑才敢公然入侵埃及。

1798年5月，拿破仑在向士兵们发表一篇激动人心的演说，将古代的迦太基与扎马战役还有罗马人的范例都拿出来激励战士们之后，率领庞大的法国舰队从土伦港出发了。不久之后就顺利登陆，往开罗方向而去。

一路都是法国士兵们从来没有见过的漫天黄沙，但他们在拿破仑的激励之下，忍受着难耐的饥渴，一路前行，到7月，大军已经抵达了距著名的吉萨大金字塔约15公里的地方，在这里遇上了前来迎击的当时统治埃及的马木留克骑兵，于是双方展开了大战，这就是著名的金字塔之战了。

马木留克大都是来自高加索山区的突厥人，从小被阿拉伯人买来或拐来，然后拿到中东的奴隶市场上贩卖，那些最强壮者就被各国的苏丹买走，然后加以严格的军事训练，长大之后自然成为极为勇猛的战士。其中最为出色的就是埃及苏丹所训练的马木留克。虽然就名义上的身份而言他们只是奴隶——马木留克本来就是“奴隶”之意，但由于他们往往是苏丹军队的主力，特别是禁卫军主力，因此深得苏丹器重，其将领也往往成为苏丹的心腹重臣。后来甚至统治了埃及，如曾是马木留克兵领袖的巴尔拜一世后来就建立了自己的王朝，因此这个王朝也被称为“奴隶王朝”。

到现在，500余年过去了，虽然埃及后来名义上附属于奥斯曼土耳其，但实际上一直主要由马木留克统治，他们也一直以强悍著称，现在，这支传奇般的东方强军要与新兴的西方强军对阵了。

双方的战区就在尼罗河左岸或者说西岸，再往西不远就是茫茫沙漠了。在排兵布阵方面，法国人在北方，自西而东列阵，西边或者说左翼靠近尼罗河，共分成五个大型方阵，东西并列前行，右翼已经靠近沙漠了。另外还有一支小部队处于机动状态，攻击周围一些孤立的小村庄。埃及人则在南面，右翼或者说东边靠近尼罗河，主要力量是步兵和一些非常陈旧过时的大炮，左翼则是强大的马木留克骑兵，之所布置在这里，当然是因为这一带地势平坦，适合骑兵的冲锋陷阵。

战斗伊始，由马木留克首先发起了冲锋，他们强悍的骑兵挥舞着战刀往法军的右翼扑来，但这时候，拿破仑的排兵布阵起了决定性的作用。

法军的特点是采用五个巨大的方阵，这五个方阵四面是步兵，从外到内一层一层地密集排列，中间则是骑兵和大炮还有弹药补给等。这个方阵一个很大的优势是敌军无论向哪个方向冲锋，总会遇到密集的步兵子弹射击，方阵中心还有大炮向攻击者轰击。同时骑兵还可以随时向步兵们运送弹药等补给。此前西方从来没有过这样的阵列，因此这是拿破仑一个了不起的战术发明，对后世很有影响。也对这次的战局起了决定性的作用。因为马木留克骑兵们虽然极为勇猛，然而他们冲不破法国的方阵，反而在法军密集的枪炮协同攻击下大批被杀。

这个方阵还有一个特点就是机动，它可以不断地滚滚向前，只见法国的方阵合起来就像一条巨大的长龙或者坦克一样，辗向埃及军队，先是打垮了攻击的马木留克，然后又攻向埃军的右翼步兵，他们更不是法军方阵的对手了，很快被打垮。

战斗结果，法国只付出了300名左右士兵的牺牲就几乎全歼了埃及人的数万大军，这就是金字塔之战了，是东方近代的著名战役之一。

它不但有战术上的重要意义，还有历史性的重要意义。我们此前看到，自从遥远的古罗马之后，在东方与西方千年不断的血腥战争之中，东方总的来说一直处于优势，不但毁灭了东罗马帝国，而且牢牢地统治着属于西方欧洲人的大片土地，例如几乎整个巴尔干半岛，甚至包括西方文明的发祥之地希腊。在地中海，代表东方的奥斯曼土耳其也一直处于优势，不但牢牢地控制着东地中海，甚至一度控制了整个的地中海。而西方人也一直对强大的东方心存惧怕，很少敢主动攻击，特别是在陆上，东方拥有更大的优势，这只要看看十字军东征的结局就清楚了。

然而现在，经过了金字塔战役，就清楚地显示了东方已经不是西方的对手，原因很简单：西方一直在进步，东方却止步不前，自然越来越落后，而落后就要失败，就要挨打，这是自古的常理，也是历史的事实，现在的埃及人如此，后面的奥斯曼土耳其人也是如此，我们中国人在金字塔战役之后不过40年来看也会如此。

但这种胜利只是暂时的，不久之后，拿破仑就遭到了失败，这就是在海战中的失败，那就是发生于1798年8月初的英法之间的尼罗河大海战。

关于这场战斗我就不多说了，总之尼罗河之战以英国海军的大胜告终。这也是近代西方世界最早、最重要的大海战之一。

这也决定了拿破仑此次埃及之战的结局，他清楚地看到了在埃及是没有什么前途的，甚至将不可避免地走向毁灭。道理很简单：地中海被英国人牢牢地控制着，倘若他一直留在埃及，等待他的只有一个后果，就是被消灭。

于是，不久之后，他悄悄地带着最忠勇的几个将军离开了埃及，后来回到了法国，将在那里、在整个欧洲掀起滔天巨浪。

对了，由于寻找古埃及的珍宝是拿破仑出征埃及的主要目的之一，因此他随军带来了法国最优秀的考古学家，战败后他发掘出来的无价之宝也被交给了英国人，其中最为珍贵的就是罗塞塔石碑（Rosetta Stone），上面有古埃及象形文字、一种埃及通俗文字以及希腊文，后来伟大的商博良（Jean-François Champollion）正是以之破译了古埃及的象形文字，为我们了解古老的古埃及文明提供了最珍贵的基础。

倘若说拿破仑的远征埃及有什么贡献的话，应该就是这个了。

皇帝拿破仑　拿破仑一踏上法兰西的土地就受到了人民热烈的欢迎，而当他到达巴黎、前去拜望督政府的大员们时，他得到的是冷淡。在这种对比之下，再经过对时局的考察，拿破仑明白，他的时机来到了——长久以来，他一直在等待这么一天。

接下来的就是“雾月政变”。

政变发生于1799年11月9日，共和历是雾月18日，得到了广泛支持的拿破仑迅速获得了成功，兵不血刃地成了法国的统治者。

他着手建立的新政府由三个执政当权，他自己是第一执政，除此之外还有参议院、保民院、国务会议等等，但实权尽归第一执政。

此后，拿破仑首先做的是重现在意大利的光荣。

1800年5月，拿破仑大张旗鼓地离开了巴黎，说是去视察新意大利方面军，随即悄悄率军奔向号称天险的阿尔卑斯山的圣柏纳德大山口。

他的秘书和传记作者布里昂先生在《回忆拿破仑》中描述道：

> 到了圣彼埃，路的外观就消失了。这支由骑兵和步兵组成的部队从此不得不用肩膀负担了全部军火，包括40门野炮和其他辎重。我们在怪石嶙峋和永久积雪的山顶攀行，这是只有羊倌、羚羊以及走私分子才敢来的地方。走在这样的悬崖峭壁上一失足就没命。头顶的冰川一枪就足以引起雪崩，所跨越的无底深渊里满是冰块雪堆……

当他们从天而降般地出现在波河平原时，奥地利人完全没有料到，一些最重要的地段竟然无人防守，在法军的猛击之下，奥军作鸟兽散。

次年2月，法奥签订了“吕留维尔和约”，奥地利退出反法同盟，割让大片领土。

由于没了奥地利这个主要盟国，英国也没法再打下去，遂被迫和法国签订了“亚眠和约”，第二次反法同盟正式瓦解。

接下来的几年法国人民终于享受了自从革命以来就没有享受过的东西——和平，拿破仑趁这难得的和平之机做了两件大事：重建法兰西、加冕称帝。

经济方面，拿破仑大力促进工商业的发展，为此兴办大规模的贸易博览会，实行了庞大的政府采购计划，创建了著名的法兰西银行，重奖发明创造，等等。甚至利用法国的军事优势，逼迫别的欧洲国家给法国商品优惠的关税，同时在整个欧洲大陆严厉排斥主要竞争对手英国的商品，使法国的经济迅速发展。

但他最重要的政绩是制定《拿破仑法典》，1807年法典正式颁行。

在这部法典里，拿破仑用法的形式牢牢确立了大革命以来取得的许多成果。如彻底否定封建等级制度与封建特权，强调法律面前人人平等，并确认了大革命时期剥夺封建贵族和教会财产土地的合法性，它的中心之一是强调私有财产神圣不可侵犯。

《拿破仑法典》在拿破仑留下的众多遗产中也许是最为重要的一个，足以与他的军事遗产相比。直至今天，它不但成了法国的法典，而且是比利时、德国、意大利、瑞士甚至日本等世界各国法典的典范，被称为整个西方历史上两部最重要的法典之一。

通过这些措施，法国出现了工业、商业、农业全面发展的大好局面，法国从上到下都衷心拥护甚至狂热地爱戴他们的领袖。

这时，拿破仑的权力其实已经与皇帝无二了，但他并没有以此而满足，他不但要做实际上的皇帝，还要做名义上的皇帝，一句话，他要实至而名归！

于是，1804年12月26日，在法兰西的巴黎圣母院拿破仑正式登基称帝。

称帝后，拿破仑又举了战刀，第一战是乌尔姆之战。

他在1805年9月24日离开巴黎，以惊人的迅速调集了军队。

10月2日，乌尔姆之战正式开始，法军迅速推进。

6日，拿破仑派军横渡多瑙河，从侧翼包抄奥军，奥军被围。

8日，缪拉元帅在多瑙河畔截击奥军，俘敌2000余名。

10日，法军进入军事重镇奥格斯堡。

12日，占领慕尼黑。

14日，6000奥军向苏尔特元帅投降。同日内伊元帅占领埃尔欣根大公国。

17日，在乌尔姆，奥军统帅马克率全军残部3万余名向拿破仑投降，包括将军17名，内有克勒瑙、德·朱莱等奥地利名将。

乌尔姆之战就此结束。

紧接着，一场更加重要的战役开始了，这就是西方历史上最经典的战例之一——奥斯特里茨战役。

乌尔姆之战后，法军乘胜前进。10天后就渡过了莱茵河，进入奥地利本土，随即占领军事要地萨尔茨堡。凭着拉纳和内伊两位元帅莽撞似的勇敢，法军得以占领多瑙河上的桥梁，不久就几乎兵不血刃地占领了奥地利的首都维也纳。

奥地利皇帝逃往维也纳之北的奥斯特里茨，在那里见到了前来援助的俄国皇帝亚历山大一世。他们把尽可能多的军队会集到了这里，拿破仑也以他惯有的快速调集大军：在意大利、在法国、在德意志，到处都有赶往奥斯特里茨的法军。

到11月底，俄国和奥地利在奥斯特里茨集聚了6.3万大军，并且不久将再增加一倍。而拿破仑也在此地合军6.8万之众。

于是，一方是俄奥联军，另一方是拿破仑的法军，在奥斯特里茨这个小小的村庄展开了空前大会战，由于全欧洲的三个皇帝都亲临战场，史称“三皇会战”。

会战的大体情形是这样的：

在法军与俄奥联军之间有一个湖和一大片沼泽，时值隆冬，上面结着厚厚的冰，足以通过大军和大炮。

湖和沼泽位于法军的右翼。是夜，拿破仑巡行各营，把敌人的战略以及他的战略向全军将士大张旗鼓地公开。

这战略简而言之是这样的：拿破仑以他的战略智能推测到联军将会以湖沼为突破口进攻。于是将计就计，决心就在这里歼灭敌人。具体方法是故意让敌军知道右翼乃法军薄弱之处，引诱奥军把主力部队调到这里，然后法军将先退后进，把敌军包围在这里聚而歼之。

1805年12月2日，凌晨，大雾弥漫，奥斯特里茨大会战正式开始。而战斗的经过与结果完全按照拿破仑的预测进行，联军死伤及被俘3.5万余人，损失了所有大炮与辎重，俄军作为皇帝最精锐之旅的近卫军全部被歼，亚历山大一世要不是有他忠勇无比的近卫军殊死奋战，用自己的生命保住了他，也早当了法国人的俘虏。

奥斯特里茨战役后，俄军狼狈逃回国了，奥地利被迫求和。

12月26日，奥法签订《普里斯堡和约》，奥地利赔款4000万法郎，失去了德国和意大利的大片领土。

奥斯特里茨战役是拿破仑一生中最辉煌的战例之一，在下一次战役里，他达到了人生辉煌的顶点，这就是征服普鲁士。

彻底击溃奥地利后，拿破仑在欧洲的四个主要对手只剩下三个了：英国、俄国和普鲁士，英国他打不着，俄罗斯在普鲁士后面，他下面的主要对手就只有普鲁士了。

普鲁士军队甚至被认为是当时欧洲最强大的陆军，英勇无畏且极守纪律。

1806年10月7日，普鲁士国王腓特烈·威廉三世向拿破仑宣战。

接下来的事用不着说了，简而言之，拿破仑取得的胜利竟然较之他对奥地利人的胜利更加快而且大。普鲁士人一宣战，他就率15万大军急速北上，一战耶拿、再战瑙堡、三战荷尔斯泰特，彻底击溃了普军，开战仅10余天之后，10月27日，拿破仑就兵不血刃地占领了普鲁士首都柏林。

拿破仑在20天之内就征服了普鲁士，欧洲最强大的国家之一。

拿破仑由此走上了人生之巅。

征服普鲁士后，普鲁士国王逃往北方，那里他的盟友俄国大军正在驰援他的途中，拿破仑穷追不舍，直抵一个叫埃劳的地方，与俄军对峙。

接下来，埃劳会战开始了。

这一天是1807年2月8日，会战在鹅毛大雪之中进行。

这是一场不折不扣的血战，谈不上有多么高超的指挥艺术，俄罗斯人和法兰西人在这里都展现了他们全部的勇敢精神，结果不分胜负，双方都损失惨重。

但对于拿破仑而言，不胜利就是失败，这也是若干年以来他第一次没有取得胜利的战斗，而且是在法军受到如此惨重的损失之后仍没有胜利。

接下来，6月份法军与俄军再次决战，这次拿破仑赢得了胜利。

比胜利更为重要的是，他终于可以和欧洲最古老而强大的皇族之一的皇帝坐下来平等地谈判了。因为，在弗里德兰再次失败后，亚历山大一世终于向拿破仑求和了。倒不是他不能打，而是他敏感地发觉，求和好处更大。

1807年7月7日，在提尔西特小镇涅曼河中的一个木筏上，出现了历史性的一幕：当时西方、也是全世界最强大的两个皇帝会晤了。

在这次“最友善的”会面中，两个人把自己当作整个欧洲大陆的主人，以“我们就是欧洲”的姿态把欧洲大陆瓜分了，结果就是《提尔西特和约》。

拿破仑当然是最大的得利者，根据和约，他的哥哥约瑟夫成了那不勒斯国王，大弟弟路易成为荷兰国王，小弟弟热罗姆成了在德意志新建立的王国——威斯特伐利亚王国的国王。昔日的欧洲强国普鲁士则成了任人宰割的羔羊，大片国土被剥夺，军队被规定不得超出4万人，还要付出1亿法郎的赔款，这在当时几乎是一个难以想象的天文数字。

欧洲大陆就此成了拿破仑的掌中之物，自从千年之前的查理曼大帝以来，欧洲还没有如此强大的君主。这时的拿破仑皇帝和他的仆从国王们所统治的国土几乎囊括了除俄罗斯之外的整个欧洲大陆。

这就是业已走上巅峰的拿破仑。

由盛而衰　俗话说“美景不常，盛筵难再”，又说“盛极而衰”，登上巅峰后的拿破仑，也盛极而衰了。

拿破仑有四大敌国：英国、俄罗斯、普鲁士、奥地利。经过《提尔西特和约》之后，俄罗斯成了他的盟友，普鲁士成了他的俘虏，至于奥地利，早在《普里斯堡和约》后就成了他的囊中之物了。

这样，他只剩下一个对手了——英国。

一开始，拿破仑想与英国签订和约。1802年，在马伦哥之战中打败英国的老盟友奥地利后，拿破仑同英国签订了“亚眠和约”。

但不久和约就破裂了，英国又组织了一次新的反法同盟，这次同盟的结果我们已经说过了，就是奥斯特里茨战役。

于是拿破仑决心与英国决战。

他集结了一支庞大的舰队，在特拉法加海角，英法海军展开了历史上规模最大的海战之一。结果，拿破仑用来消灭英国的舰队就此全军覆没。

无法用战争征服英国，又不能与之讲和的拿破仑，这时祭出了最后一招——大陆封锁体系。

1806年11月，拿破仑发出“柏林敕令”，宣布全面封锁英国；规定任何同英国的交往都是犯罪；英国出产的任何物品一经发现，立即没收，并严惩走私者。

“提尔西特和约”之后，这个敕令在整个欧洲大陆得到实施，重点是查禁英国货。

但这个“大陆封锁体系”是拿破仑使自己走向衰落的第一个损招。

它造成了两个严重后果：一是遭到了广大民众的怨恨，由于英国货是广大民众的日常生活用品，如布匹、食糖等，封锁使得大家无法得到这些价廉物美的生活必需品。二是使他和各国君主，不管是被他征服的也好，他的盟友亚历山大一世沙皇也好，甚至他委以国王的兄弟和大将也好，都与他发生了矛盾。因为他们已经是一国之君，必须为自己的人民谋福利，绝不能无视自己人民的需要。所以通常对国内的走私分子们睁只眼闭只眼，尤其当他们看到走私能带来巨大的利润时，就更加明帮暗助了。

这些都是拿破仑所不能容忍的，他横加责备，甚至撤掉国王，其中就包括被他封为荷兰国王的弟弟路易，最后他与亚历山大一世也决裂了，亚历山大一世开始不理睬拿破仑的封锁令，任由英国货进入俄罗斯。

这激起了拿破仑的愤怒，两人正式决裂。

从1810年起，拿破仑就着手准备征讨俄罗斯。

他把除俄罗斯外的几乎整个欧陆国家都拉到了自己一边，所有这些国家都向他的侵俄大军派出了军队。

1812年6月，准备就绪的拿破仑率领一支庞大无比的军队不宣而战地侵入俄罗斯。

这是欧洲历史上迄今为止从来没有过的大军：它的成员来自除英国和俄罗斯外几乎所有欧洲国家，包括法国、奥地利、普鲁士等德意志诸国、西班牙、葡萄牙、意大利、荷兰、波兰、立陶宛，等等，总人数超过60万，其中法国人不到一半。

但结果的悲惨超乎想象，面对俄罗斯的坚壁清野，拿破仑一筹莫展，只好狼狈逃回国，他出发时的60多万大军有的说还剩5万，有的说还剩1万，有的则说只剩下1000了。

不久，一支总人数达百万之众的普、奥、俄罗斯、瑞典军队，向他猛扑过来。

决战在1813年10月进行，这就是著名的莱比锡大会战。

但这次拿破仑以惨败告终，这也是拿破仑与联军之间最后的决战。

1814年3月，联军打败拿破仑最后的抵抗，占领巴黎。

4月，在巴黎郊外的枫丹白露，拿破仑签署了退位诏书，宣布他以及他的家族成员永远放弃法兰西和意大利的王位。

对拿破仑的处理是：他被准许保留皇帝尊号，并享有200万法郎年金，被送往地中海中、距他的家乡科西嘉不远的厄尔巴岛，那将是他这个皇帝的全部领土。

然而，拿破仑不会甘愿这样一辈子，他决意找机会重归法兰西。

1815年2月26日，拿破仑悄悄离开了厄尔巴岛。

三天后，他在法国南部的戛纳登陆了，刚一下岸，立即获得了人民狂热的欢呼，不过20来天之后，他重新控制了整个法国。

反法同盟立即组织了一支庞大的军队，向法国扑来，两军在比利时的小村滑铁卢展开了生死决战。结果我们都知道，拿破仑兵败滑铁卢，被迫再次退位。这年6月22日，在巴黎的爱丽舍宫，他再次签署了退位诏书。

这次他被英国人的军舰送到了茫茫大西洋中的圣赫勒拿岛，这里距最近的海岸也有上千英里。

他在圣赫勒拿岛上共生活了5年又7个月。

1821年5月5日下午6时，拿破仑在半昏迷中离开了这个世界。

第二十九章　有点美好的新英国

1814年，拿破仑失败了。

1914年，第一次世界大战爆发了。

在拿破仑的事业里，我们被一种英雄主义深深打动。

在1914年，我们也将为战争的残酷而唏嘘。

然而，在这之间的100年里，西方历史上发生了什么呢？

这段时间发生了许多事，多得令我们眼花缭乱。

不过，较之1814年之前与1914年之后那些令人惊心动魄的大事，这段时间中的事不再那么惊天地泣鬼神。

这是一段乱七八糟的历史，我们可以称之为百年乱世。

在这百年乱世之中，我们将用五章篇幅依次介绍英国、法国、德国、美国与俄罗斯在这百年之中乱纷纷的历史。

我们先说英国。

在前面我们讲到英国在各大洲拥有辽阔的海外殖民地，成了不折不扣的“日不落帝国”，因为在任何时间，总有太阳升起在大英帝国及其殖民地上空。

这个帝国就实力而言当时可谓举世无出其右，即便是那么强大的拿破仑，最终也折在它手里。

然而，在帝国这时繁荣昌盛的外表之下，内部正历经着堪称剧烈的变革，这一变革体现在英国社会的每个角落：从首相大臣直到平民百姓。

它的时间由1832年前的选举制度改变一直延伸到第一次世界大战爆发前夕。

在这些变革着大英帝国的大事之中，第一个是著名的宪章运动。

宪章运动　宪章运动可以说是一个新的、伟大的阶级——工人阶级第一次隆重登上历史和政治舞台后的第一场生动的表演。

我们知道，英国工业革命早就开始了，由此英国的经济迅速发展，在这发展之中，固然新技术的采用有重大作用，然而没有工人机器能自己开吗？所以在英国的繁荣昌盛中工人们也有很大的一份贡献。然而像1932年的改革一样，得到好处的只是资本家们，而工人们的生活甚至比以前更苦了。他们住的房子像狗窝一样又脏又小，吃的东西也是资本家们的狗都不吃的，而且，连这样的东西他们都不一定有，因为他们随时随地面临着一个资本主义发展后才有的新危险——失业。

这使得工人们对这个黑暗的世道充满了批判精神，并且早就开始反抗它，只是他们还没有组织起来，那些反抗也零零碎碎，没有产生什么大的影响。

但这并不说明他们没有进行能够产生大影响的反抗的能力，相反，他们的能力大得很呢，这次宪章运动就是他们力量的第一次大检阅。

从这里我们也可以看到，从前工人们的反抗之所以没有大反响，原因是他们没有组织起来，在这场宪章运动中，工人们终于组织起来了，也就是说，他们有了自己的组织与领袖。

英国第一个城市工人领袖也许是伦敦的木匠洛维特。1836年他就组织了“伦敦工人协会”，由于他口才出众，又写得一手好文章，他的组织迅速扩大，并且有了自己的纲领。这就是1837年协会公开提出的6点政治要求，其第一条就是要求凡年满21岁，没有被判过刑的男子都被给予选举权，即普选权。与工人协会合作的甚至有一些同情工人疾苦的国会议员。

次年这个要求正式公布，并被称为“人民宪章”，这也就是宪章运动名称的来源。

这个替工人争取选举权的好事得到了广大工人的热烈支持。除了工人而外，所有对现存选举制度不满的人，包括个体手工业者、技术工匠、贫下中农——他们都是没有选举权的人；另外，还有些自己有选举权的人，例如那几个参与制定宪章的国会议员，因为同情下层社会的人们、痛恨这个选举制度的不公，也都起来支持宪章运动。

一般说来，宪章运动有三个高潮。第一个高潮就发生在宪章正式公布后。1839年，宪章派召开了全体代表大会，讨论如何实现宪章中提出的目标。虽然有些人提出要用武力来实现宪章，但大部分人倾向于和平实现。5月份，他们把一份请求实行宪章的请愿书递呈给了国会，附有多达125万人的签名。

对于穷人们的要求富人们总是不大情愿的，请愿书送到国会后，下院随即以335票反对、46票赞成予以否决。

不单如此，阔人们的政府还进行了镇压。他们派出警察甚至军队，大肆逮捕宪章运动的领袖和积极分子，没有任何反抗经验和反抗决心的宪章运动代表们，面对这局势感到无可奈何，只得树倒猢狲散，各自躲灾去了，宪章运动第一次高潮到此结束。

又过了两年，那些被捕的领袖们纷纷出狱了。他们有的退出了宪章运动，但有的立即重新开始。而且，他们汲取上次失败的经验，成立了一个更加严密的组织“全国宪章派协会”。有小组长、执委等，甚至还有会费。并且向国会提供了第二份请愿书，上面写道：

你们的请愿者控诉：劳动时间，特别是工厂工人的劳动时间，被延长到超出人所能忍受的限度，在高温和简陋的厂房内进行非人的劳动，所得工资又不足以维持体力过分消耗所需要的物品。你们的请愿者要求国会注意农业劳动者不能靠工资获得温饱，并且看到那些用辛勤劳动为人民生产主要粮食的人们取得极其菲薄的工资不能不感到恐怖和愤慨……

这我们看了也许觉得愤慨，可惜的是英国那帮议员老爷们半点也不。他们只愤慨这帮穷光蛋竟敢要求有权选举高贵的国会议员，说不定他们还想自己也来竞选呢！简直是痴人说梦。

所以，这张请愿书又被下院以287票对49票拒绝了。

当工人们想用大罢工来反抗时，他们便以大逮捕来镇压，一下逮了1000多人。加之这段时期英国的经济迅速成长，工资也有了一定提高，工人们便顿时失去了革命热情，宪章运动第二次高潮过去了。

1848年，法国爆发了二月革命，这一下子又把宪章运动积极分子们的热情提起来了。他们又把宪章运动推向了第三次、也是最后一次高潮。但这次高潮一开始就不顺利，先是，在格拉斯哥，宪章派举行大会时与警察发生了冲突。工人们也许搞了点儿打砸抢，政府和新闻界就把这件事抓住了，大做文章，把这次事件与法兰西邻居的革命联系起来，声称如此下去，将把英国变成第二个法国。

法国大革命的血腥与结果大家已经看到了，虽然拿破仑曾经辉煌一时，然而结果如何呢？所以，连工人们也对宪章运动惧怕三分了，纷纷退出甚至报名参加所谓的特别警察，这些人就像我国的工人纠察队一样，用来防动乱发生。

这样，宪章运动的这次高潮在它开始的一天起就走向了没落。

1848年4月，宪章运动的领袖们宣布要举行一次大规模的游行，声称将有50万人参加，把政府吓得魂飞魄散，准备了大批警察甚至军队以防骚乱，可是，到了那天，真正去参加集会的连他们声称的1/10都不到。会后，代表把第三份请愿书递交给了国会。

宪章运动的领袖欧康诺宣称有500万人在上面签名，但经过核查，实际上签名的不到200万，而且这些签名中还有许多根本没有这个人。

靠欺骗与虚伪是不能成就大事业的，不正义的事业如此，正义的事业也是如此。

这是宪章运动的最后一击，从此便迅速衰落了，再也没有起来。

宪章运动虽然失败了，但它的作用却是显而易见的：它为普通工人农民争取普选权，这个崇高的目标始终存在，并且深深融入了英国人民的心中。以后他们继续以别的方式为之奋斗，并最终取得了胜利：

1867年，英国通过了改革法案，几乎所有城市工人都获得了选举权。到1884年，贫苦农民们也获得了选举权。

一句话，宪章运动虽然失败了，但它的所有目标都获得了最后胜利，而正是这样的胜利造就了一个新的、相当美好的英国。

美好的新英国　宪章运动要求英国国家选举制度的改革，实际上，在这百年之中，英国不但选举制度在变，而且几乎所有的方面都在变，只是这个变不同于法国革命一样是革命，而是改革，这个改革在内部进行，而且似乎是在悄悄地进行。然而它对于英国人民的意义、带来的好处绝不亚于流了那么多血的法国大革命。

我们下面将谈三个“无声”的剧变：内阁制、文官制和有利于穷人的社会改革。

走向内阁制　关于内阁制这种典型的西方式政府机构，我们大家应当不会陌生。它的大体特色是有一个由首相（或称总理）为老大组成的政府，这个政府掌握国家的行政大权，必须向某个对象负责，可以是总统，也可以是议院或国王。所谓向什么负责，也就是说凡它做过的事，必须向它所负责的汇报，并且通常要征得后者的同意。然而这并不是说向其负责就是它的下级，这得看各国具体如何规定。我们现在来看看英国的内阁制是如何的吧。

英国的内阁直到光荣革命之后才产生，此前是君主专制，行政大权由国王一手掌握，称不上有什么内阁。直到光荣革命后，国王的权力削弱了，国家各部大臣们不再对国王负责，而是要对议会负责时才产生了内阁。

后来，议院，尤其是下院的权力一步步扩大，首先是威廉国王和玛丽女王同意他们任命大臣必须征得议院同意。并且他们通常从议院的两个主要政党中挑选各部大臣。后来由于议院两党总惯于互相攻讦，来自两党的大臣们在处理政务时互相拆台。要知道政府可不是下院，下院搞的是长期性的立法工作，争争无所谓，大臣们处理的是每天每日的国家大小事务，要当机立断才行，吵来吵去结果只会是一事无成。以后国王便改变了方针，只从下院中占多数的政党选大臣。这样他们就不必争来争去了。

这时的内阁制已经大体完备了，但它还有一个缺点：没有足够的权力。只是国王的一个参谋机构，而且还得听议会的话。与现代英国的内阁大不相同——现在英国的阁实际上是最有权力的机构。

这关键的一步是在乔治一世时完成的。这个乔治一世是英国汉诺威王朝的人，汉诺威是德国的一个地区，英国有很多国王都是来自这个地方。

大家也许会奇怪，怎么英国人会弄个德国佬来做国王呢？这是因为这个德国佬是詹姆士一世的外孙，这个詹姆士一世我们前面已经说过了，他的母亲就是被伊丽莎白女王斩首的玛丽·斯图亚特，而他自己则是伊丽莎白女王的侄儿，伊丽莎白女王终身未嫁，死后就把王位传给了这个侄儿。詹姆士有个女儿叫索菲娅，嫁给了德国汉诺威的一个王子，这个乔治一世就是索菲娅的儿子，当然有权继承英国王位。他是如何做上英国国王的呢？

原来光荣革命后威廉与玛丽登上王位，死后由他们的女儿安妮女王继位，安妮女王只生了一个儿子，可比母亲还死得早，所以英国议会在安妮女王死前就通过了王位继承法，宣布安妮女王的王位由汉诺威的索菲娅及其子孙继承。就这样，乔治一世代他妈做了英国的王。

乔治一世自小在德国长大，满口德语，不会说、也不会听一句英语。他来到英国后，几乎什么事都不管，也管不了。他很信任一个叫沃波尔的大臣，就把什么事都交给沃波尔去决定，他自己连内阁会议都不参加。此前，国王只有大臣，没有首相，国王自己才是首相。现在国王不理政务了，才出现了首相，由他代国王处理政务。

我们可以相信，沃波尔处理政务比乔治一世肯定要行，而且想必比前几任亲自处理政务的国王都行——这完全可以理解，大臣们都是千挑万选选出来的人精，国王却是因为出身才做上的，能力哪比得上大臣们？后来，看到了这个好处的英国人遂定下规矩，由首相管理内阁。

以后，内阁，尤其是首相的权力更加扩大，首相不但有行政大权，还是军队的首脑，虽然他要对下院负责，但也不是什么都得听下院的，如果他与下院发生了冲突，他可以辞职，但也可以断然解散下院，重新举行大选。

英国的科举考试 大家都知道，现在中国也实行了公务员考试制度，考上便可以做官，而且可以相信将来慢慢会只有考上才能做官。

这个制度的起源地就是英国，当然中国应该是最早的，就是我们的科举考试了，不过两者有着本质的不同。

与内阁的改革几乎同时进行的是文官制度的改革，也就是有了英国的“科举考试”了。

光荣革命后，议院拥有了最高权力，然而国王还掌握行政大权。他可以自行任命大臣，虽然要经议会同意，然而议会出于对国王的尊重，一般情况下不会驳回国王的任命。而且，只有任命各部大臣才要经议会同意，至于各部大臣之下的大小官员呢，那就任由国王与大臣们去决定了。我们要知道，国王和大臣们大都是贵族，他们当然喜欢挑选自己一伙的人当官，由于没有制度约束这一切，便出现了这样的局面：当官的不一定有才能。当了官后又没有人管，饱食终日，无所用心。在晋升方面也不是凭才干、功绩与勤劳，而是靠论资排辈、溜须拍马——这倒与我们现在的官场颇为相似。这样，英国的官僚机构便做官的多、办事的少，薪金高、效率低。

这一切弊端令有责任心的大臣们痛心疾首，深知只有改革才是唯一的出路。

自由党出身的财政大臣格拉斯哥是最早提出切实改革措施的一个。1853年他提出了一个“关于建立英国常任文官制度的报告”，痛陈现行官僚制度的弊端，提出了全面改革的建议，其中心是通过竞争性的考试来录用官员，只有能通过考试的人才能做官。

报告中有一段话，我相信即使对我们今天的公务员改革还是适用的：

> 他们（指考试而来的官员们）的晋升和未来的前途，完全取决于他们履行职务的勤奋程度与能力。靠一般的才能和适当的努力，他们可以有信心地期待他们的生活能够得到一定的保证；有卓越的才能，他们就有理由希望得到职务的最高奖赏；但如果他们表现得明显的不称职，或是不可救药的懒惰，那么他们就必须准备离开他们的岗位。

这个报告在提出之初并没有得到采纳，因为明显地它将损害当权者们的既得利益——从古至今，从外国到中国，总有大量这样的人，他们可能身处高位，但考虑问题的中心从来不是国家与民族，而是一己之利。

然而，格拉斯顿没有放弃努力，1868年，他终于当上了首相，上台伊始，他立即大力推行他的改革措施。两年后，政府正式颁布了文官制度改革的法令。它的内容我们前面已经说过了，就是通过公开的考试择优录用各级官员。

在此之前的1855年，在另一个首相帕麦斯顿的努力下，进行了一部分的改革，不过中心不是通过考试录用合格的官员，而是在已经录用的官员中进行考试，淘汰那些不合格的人。

当然并不是所有官员都得通过考试录用，例如官最大的首相就是例外，他是通过人民的选举产生的，各部大臣则是通过首相任命产生的，我们可以相信他们的素质是有保证的，因为任命不胜任的人只会害了首相自己，叫他在以后的选举中名落孙山。除大臣之外，绝大部分其他官员将来自考试，他们的晋升来自他们的工作实绩。

官员考试制度的实行为英国带来了高效率的政府机构，通过考试而上的官员们能力强、责任心也强，他们知道只要他们努力工作，用不着溜须拍马也能使自己有美好的前程，正如通过他们的努力，英国也有美好的前程一样。

事实上也是这样，在改革进行的这段时间正是英国经济高速成长的时期，例如到1870年，英国及其殖民地的对外贸易占了全世界对外贸易的差不多40%，超过了美、法、德三国的总和。

穷人的福音　我们家乡有句土话：人心都是肉长的，用孟夫子的话来说，就是“恻隐之心，人皆有之”。这句话对许多资本家也是适用的。虽然资本家们为了赚钱剥削工人是不容否认的事实，但他们毕竟也是人啊，而且大都是有文化、有教养的人，不可能没有一点人道主义思想。特别是在自己赚到钱之后，他们很多人并不一味用这些钱来挥霍浪费，而是用来投资，除此之外，另一个大用途是搞慈善事业，他们把大量的钱财捐赠给老人院、孤儿院、大中小学等。西方的资本家有句座右铭：“赚钱为上帝”。也就是说他们赚钱并不是为了自己，而是为了上帝，那如何给上帝呢？就是捐给上面那些需要钱的人们。

这其实是从过去到现在很多资本家的心态，如果我们不透过穷而红眼的目光看资本家们，就会发现他们无论大小，很多人都有一颗人道的心。

一个最近的例子是比尔·盖茨，这位世界首富，财产已经超过1000亿美元，就屡次公开表示，他并不准备把财产留给后人，而要在有生之年散尽千金，现在他每年给世界各慈善机构、大学、博物馆等的捐赠不下于10亿美元。

另一个更伟大的例子就是诺贝尔，这位昔日欧洲的首富，或许也是世界的首富，生前留下遗嘱把自己的所有财产用来建立诺贝尔奖，奖给那些为人类的科学、文学与和平事业做出最大贡献的人。

这些顶有钱的资本家是不是穷人的福音呢？

资本家如此，西方资本主义国家的政府同样如此，他们也许代表资本家的利益，然而更代表普通人民的利益，其中包括自己国家的穷人们，他们用各种改革为穷人带来福音。

英国的资产阶级政府就是如此。

首先，我们前面已经说过了，到1884年，英国的普通工人农民都有了选举权；到1918年，英国所有成年人，包括妇女都有了选举权。也就是说，国家领导人，从首相到议员，都是由他们选举出来的。一个人，不管出身如何，哪怕是叫花子，都可以做议员首相，就像英国现在的首相布莱尔和他的前任梅杰一样，都是地地道道的无产阶级出身，后来的美国总统克林顿、德国总理施罗德也是。

他们做上首相、总统、总理的条件只要有一个：得到普通工人、农民的支持，这些穷人们才是决定从国家总理到地方首脑的人，而不是那帮有钱的资本家——如果你有这个本事，也可以去美国做总统呢！就像华人骆家辉，也可以做美国的州长。

原因只有一个：普通工人农民人多，他们是一票，百万富翁也只有一票。

英国的这个选举制度是不是穷人的福音呢？

穷人们的另一个福音是从1870年开始，英国政府采取了一系列的措施，大力促进有利于社会下层人民的社会改革，其领域遍于教育、卫生、住房等：

这一年通过了初等教育法。规定适龄儿童必须入学，否则父母受罚。又大力兴办学校，其经费由国家、地方和父母共同分担，以国家为主。对于贫穷地区则兴办免费学校，学生免费入学。6年后又进一步通过法案，规定父母有义务使自己的子女接受初等教育，在全国任何地方，如果父母贫穷，都可以到国家福利机关去领钱交学费。以后又通过法案，令地方筹建技术学校，培训穷人家的孩子，让他们掌握一技之长后再去工作。

卫生方面，也在这个时期，政府建立了相当完善的公共医疗保健体系，使身无分文的穷人也可以接受完全免费的治疗。

当时，英国的各个城市都还存在贫民窟，1890年，议会通过了“工人阶级住宅法”，勒令各市政府购买那些贫民窟，拆掉破房子加以重建，再交给穷人们住。不久又建立了劳动局，广泛调查穷人们的生活状况，寻找改善的法子。

1897年又颁布了工人赔偿法案，规定工厂主对受了工伤的工人要进行赔偿。

从以上措施可以看出，这时候英国工人们，或者说穷人们的生活应当是相当舒服的，他们不但有了民主，而且有了相当完善的福利，其中有些是百年之后的中国还没有的。例如医疗保健，现在我们的工人有几个看得起病呢？尤其是遇到那些花大钱的病，动辄几万几十万，工人们只有等死的份了，如果不想等死，只有通过新闻媒介来请求捐赠了——所以报纸电视上常有这样的消息，然而又有几个人能上电视报纸呢？即使上了又有几个人能够筹到足够的治疗费用？我想我们的政府是否应当向百年之前就解决了这些问题的英国政府学学呢？

以上就是英国无声的剧变，我们不妨与法国惊天动地的大革命比较一下，看哪个对国家、对人民（包括富人和穷人）更有利？

第三十章 新革命与新法国

1814年拿破仑帝国崩溃后，路易十八的波旁王朝复辟了。

虽然法国被彻底打败了，但却并没有吃多大的亏，它只是把原来从其他国家手里夺来的领土还给人家罢了，它还是欧洲主要大国之一，还在随后召开的维也纳会议和成立的神圣同盟中发挥重要作用，一句话，还将在以后的欧洲历史中充当主要角色。

与从前一样的是，大革命似乎已经彻底改变了法国的国民性，使之患上了一种“革命病”。从此法国继续淹没在持续不断的革命之中。

两次新革命 路易十八复位后，深感“王座是最舒服的椅子”，为了不再出去“旅行”一次，想了许多办法。

上台后不久，他就颁布了一部新宪法，新宪法中承认《拿破仑法典》继续有效，确认了革命期间发生的财产转移，又承认了革命的其他一些基本原则，如法律面前人人平等以及新闻出版言论等的自由。此外他又努力推动法国经济的发展，并取得了相当的成绩。

这些使得路易十八稳稳地坐了10年最舒服的王座。他死后，弟弟继承王位，称查理十世。

这个查理十世与哥哥完全不一样，他痛恨革命就像疼爱君权一样。上台伊始，他就推出了一套坏政策。例如他宣布要给大革命时逃亡的贵族赔款，为数达10亿法郎。羊毛出在羊身上，这些钱自然从法国人民头上出。

不但如此，1830年7月，他更颁布了6条所谓的“非常法令”，剥夺了人民的言论、集会、出版等自由，还剥夺了资产阶级的选举权。因为非常法令规定只有大土地所有者才能投票，资本家们只有钱，哪会有那么多土地。

这一切立即激起了几乎全体人民的愤慨。就在他颁布非常法令的第二天，7月26日，巴黎人又上街了，他们先是抗议，当军警前来镇压时，他们举起了武器，而那些军警哪是镇压，几乎一股脑儿投到革命者一边了，他们一齐向王宫冲去。查理十世吓得屁滚尿流，没命似的逃到英国去了。这就是七月革命，前后3天。

革命胜利后，革命者们推举奥尔良公爵路易·菲力普为王，史称七月王朝。

路易·菲利浦上台后，政策实际上又恢复到当初路易十八复辟后的那些。路易·菲利浦及其支持者的特点是：一切向钱看，至于大革命时盛行的什么国家荣誉之类，他们嗤之以鼻，他们的口号是“不要为荣誉花一分钱”。

在路易·菲利浦的统治下，法国成了当时欧洲最腐化堕落之地，大资本家们、官僚们不择手段地榨钱发财，平民百姓们却过着暗无天日的日子，他们既无选举权，甚至连吃面包都成问题。

这样下去的必然结果只有一个——革命。

1848年2月22日这天，革命者们举行了示威游行，高呼：“改革万岁！”

革命者们本来不准备搞起义，但不知怎么搞的，越游行越兴致勃勃，黄昏时示威者们开始搞起了打砸抢。他们冲向街道两边的店铺，抢到东西就吃、抢到酒就喝，然后开始筑街垒了。这技术他们通过历次革命已经娴熟之极了。

不久，巴黎大街竖起了上千的街垒，参加者越来越多，示威游行已经变成起义了。情形同18年前的七月革命一模一样，起义者们向王宫冲去，前来镇压的军队掉转枪口加入起义者。路易·菲利浦一看这架势，知道完了，像他的前任国王查理十世一样，撒腿就奔，逃到英国去了。

二月革命胜利了。

革命胜利之后，成立了临时政府，这个临时政府没有再为法兰西找一个国王来，而是宣布法兰西为共和国，这就是法兰西第二共和国。

法兰西第一共和国就是前面法国大革命时建立的共和国，拿破仑称帝后它就灭亡了，拿破仑建立的叫作法兰西第一帝国，后面还会有一个法兰西第二帝国。

临时政府成立后，立即搞了个制宪会议，为法国制定一部新宪法。这年11月，宪法制定完毕。主要内容一是确定了普选制，选民的财产要求没有了，只要在某一选区连续居住半年以上就可以成为该选区选民，这等于让所有工人成了选举人，因为很难想象一个工人找不到只要他连续住半年的地方。二是替法国找到了一位总统、一位美国式的大权在握的总统：他由全体人民直接选出，能任免内阁，还是军队最高统帅。

新宪法通过之后，下一件大事就是总统选举了，结果，一个令人意想不到的人以令人意想不到的优势击败了所有对手，成了法兰西总统，他将把法国带入另一个深渊。

另一个拿破仑　这个新当选的总统名叫路易·拿破仑·波拿巴，常称为路易·拿破仑，他是拿破仑的弟弟路易·波拿巴和约瑟芬的女儿、拿破仑的继女奥坦丝的儿子。路易·拿破仑从小过着有钱人的生活，不过也饱受颠沛流离之苦。

1830年七月革命后，路易·拿破仑从流亡地回到了祖国，这时他年仅22岁，从1836年开始他策划了两次政变，但都迅速失败了，他也被逮捕了，在牢里关了几年。

后来他设法逃了出来，跑到了英国。在那里网罗了一帮支持者，还得到了急需的大笔资助。

二月革命后，他觉得新政府大概不会找他算旧账了，便回到了法国。这时正值新政府要举行总统选举，他立即参加了。

这次选举共有4个候选人，令他自己也意想不到的是，他在选举中大获全胜，总共约700万张选票中他独获550万张，比其他3个人加起来还多得多！几个月内他便由流亡者变成了法兰西共和国总统，世事真是变幻莫测啊。

然而他的欲望远没有满足。

上台后，路易·拿破仑采取了许多措施来兑现他的诺言：他大力发展工商业，照顾资本家们的利益；又提出了一整套的社会福利计划，大谈如何让穷人们过上好日子，虽然他的这些计划大部分从来都只是计划而已，然而也有一些变成了现实，穷人们从中得到了不少好处。整个法国经济在他的治理之下也变得一派欣欣向荣。

他又严格控制言论自由，促使报纸杂志等一律吹捧他。通过这许多措施，他获得了空前的崇拜，也许在人民眼中，他就是拿破仑复生呢！

1851年，他看到时机已到，就开始着手实施他的野心了，他宣布为了人民的利益，他需要更大的权力。为此，这年年底法国举行了全民投票，他获得了超过9／10的选民的支持，如愿以偿地获得了一个权力：他可以凭自己的意愿制定新宪法。

仅仅一个月之后新宪法就弄好了，它的中心只有一个：让总统享有几乎无限的权力：他不但是行政首脑，还得到了立法大权，宣战与讲和都是他一个人的事，军队归他一人指挥。一句话，他成了名副其实的独裁者。

又过了一年，他举行了第二次全民公决，公决的结果也是令人吃惊的：全体选民中竟有95%赞成他取缔共和国，登基称帝。这是1852年12月的事。

从英国亡命归来4年之后，路易·拿破仑就以惊人的速度建立了一个帝国，史称法兰西第二帝国，路易·拿破仑自称法兰西皇帝拿破仑三世。

为什么是三世而不是二世？因为已经有了二世，就是拿破仑与第二个妻子、奥地利公主玛丽·路易莎所生的儿子，他生下来后就被封为意大利国王，称“罗马王”，只是父亲败亡后，他便沦为了无人理睬的弃儿，十多岁就死了，听说他长得异常英俊。

拿破仑三世——称帝后的路易·拿破仑

登上帝位后，路易·拿破仑一度十分风光，他对内励精图治、使法国经济蒸蒸日上，工人们的工资也提高了。对外也屡屡得手，在北非吞并了阿尔及利亚，又把自古以来就是中国藩属的越南弄到了手。他发动的更大的一场战争是克里米亚战争，对手是强大的俄国。在英国和土耳其的帮助下，他胜利了。我们知道拿破仑之所以失败，主要就是败在俄罗斯人手里，丢掉了整整60万大军。现在他竟然打败了能打败拿破仑的人！可以想象他是多么得意忘形、法国人又是多么兴高采烈。

然而好景不长，从1860年开始，他的声望开始下坠了，而且坠得越来越快，主要是因为他在对外战争中屡屡失利，路易·拿破仑发现自己已经岌岌可危。

他知道如果再这样下去——既不能给法国人荣誉，又不能给他们钱财，还要剥夺他们的自由，他就当不成皇帝了。于是他决定再发动一次对外战争，他知道只要他打赢了一场这样的战争，他就一俊遮百丑，谁也不会反对他了。

他急切地寻找着战争的借口。

1868年，借口终于来了。这年，西班牙发生了革命，女王伊莎贝拉被推翻。革命建立的临时政府想把王位送给普鲁士国王的堂兄弟列奥波尔亲王。

路易·拿破仑这下可不干了，立即向普鲁士国王提出了抗议，要求不要让他的兄弟接受这顶王冠，甚至要求普鲁士王答应永远不让他的兄弟、他整个家族的成员接受西班牙王位，而且口气强硬之极、无礼之极。

即使在这时，普鲁士国王也没有发怒，他只是温和地拒绝了路易·拿破仑的无礼要求，又把这事用电报告诉了他的首相——他不知祸由此起。

他这个首相就是大名鼎鼎的奥托·冯·俾斯麦，闻名于世的“铁血宰相”。

俾斯麦

他这时正想着要同法国开战呢！

他把国王的电报加以篡改，结果国王那彬彬有礼的回答变成了极其傲慢的侮辱性答复。然后俾斯麦把这封电报在报纸上公开发表。

这下可捅了马蜂窝了，法国从上到下都一致要求以宣战来回答普鲁士人的侮辱。路易·拿破仑当然求之不得，于是，他正式向普鲁士人宣战。这是1870年7月的事。

普法战争爆发了！

由于这场战争是普鲁士人的光荣，所以它的详情我留在后面讲普鲁士统一德意志的故事中再讲。

总之战争一爆发法国人就被打得落花流水，9月2日色当一战，12万法军几乎全部被俘，其中包括路易·拿破仑。

色当惨败的消息传到巴黎，他们被路易·拿破仑的无能激怒了，立即再次革命，路易·拿破仑的议员们、官员们这时也顾不得他了，宣布废除帝制，重建共和。这就是法兰西第三共和国。

然而对于法兰西，这只是一场更加血腥的内战的开始。

宣布共和之后，法国成立了临时政府。政府的主要成员还是原来的议员官老爷们。由于德军这时已经长驱直入，直逼巴黎，所以他们宣布自己是“国防政府”，并成立了国民自卫军，以保卫国家。

然而这个国防政府卫国是假，卖国是真。它早就派出大员与普鲁士谈判投降事宜，又到处请求英俄等国调停。最后普鲁士人总算给了面子，同国防政府签订了停战协定，根据协定，法国要向普鲁士先赔偿2亿法郎、解除正规军武装，并由国防政府召集国民大会，以批准正式的和约。

停战后，普鲁士人兵临巴黎城下，国民大会选举开始了，结束后随即在波尔多召开了第一次大会，成立了政府，梯也尔任政府首脑。

新政府成立后，梯也尔开始与俾斯麦商讨正式和约，在普鲁士人的刺刀威胁下，签署了这样的协议：法国向普鲁士赔款50亿法郎，割让阿尔萨斯全省和洛林省一部分给普鲁士，在赔款付清以前，普鲁士军队留驻巴黎，由法国供应给养。

如此丧权辱国的和约在法国历史上可是“新媳妇坐花轿——头一回”，要知道就是拿破仑失败了的那次他们也既没有赔款，又没有割让一点法兰西的固有领土。而这次，竟然要把自古就属于法兰西的两块宝地割让出去！还要赔50亿法郎！悲愤不已的巴黎人奋起反抗，向卖国政府发动了进攻，梯也尔抵挡不住，很快带了走狗们夹着尾巴逃跑了。

胜利的起义者们成立了自己的政府——巴黎公社。这是1871年3月28日的事，但在梯也尔政府和普鲁士人的合伙镇压下，失败了。

这场革命可以说是法兰西自1789年以来百年革命的“天鹅之歌”。

此后，法兰西，这只美丽的天鹅，真的累了，在满目疮痍的国土上躺下来，静静地等待伤口的愈合。

第三十一章　新德国的强盛与统一

前面我们已经讲到，13世纪德意志神圣罗马帝国的皇帝查理四世颁布了《金玺诏书》。诏书中明文规定了封建割据的合法性，给予各地领主在各自领地之内的全权，这样的诏书使德国的分裂成为法律，直到中世纪结束很久，再无国家统一之希望。

然而，像《三国演义》中开篇所言："话说天下大势，分久必合，合久必分。"德意志，或者说德国，我将把这两个词混合使用，虽然分裂了千年，终究是统一了。

它是如何统一的呢？我们现在就来谈谈这个过程。

在四分五裂的德意志众多诸侯国中，最强大的当数奥地利与普鲁士，然而对德国的统一做出最大贡献的只有普鲁士，至于奥地利，它不但没有做贡献，还成了统一的最大阻碍。

要谈德国的统一必先谈普鲁士的强大。因为德国之所以能统一，几乎完全是普鲁士的功劳，甚至可以说，它命定就是为了德意志的统一而诞生的。

普鲁士的强盛　普鲁士最初并不叫普鲁士，它自古以来由一个家族——霍亨索伦——统治。这个家族本来只是现在瑞士地方的一个小贵族，领地只是一座叫索伦的山上的一个小城堡，那时大约是10世纪。

过了两百来年，这个霍亨索伦又弄到了另一块领地——纽伦堡，又过了两百多年，这个家族出了一个出色的将军——腓特烈，他因战功卓著，被神圣罗马帝国的皇帝册封为选帝侯，并且又取得了一块更重要的领地——勃兰登堡。有了这个基业后，霍亨索伦家族才真正称得上德意志的一个重要诸侯了。

又过了两百多年，这时已经是17世纪，在这个世纪中，霍亨索伦家族，这时被称为勃兰登堡选帝侯了，通过各式各样的办法，主要是联姻，也就是通过自己的儿子们去娶其他诸侯的小姐们，获得了许多其他的领地。

在他新取得的领地之中，最重要的一块就是东普鲁士。到1701年，又一个叫腓特烈的领主帮了神圣罗马帝国皇帝一个大忙，帮他去夺取西班牙王位，这也就是所谓的西班牙王位继承战争，由此腓特烈得到了丰厚的报酬——被皇帝册封为普鲁士国王，他的领地也就成了普鲁士王国了。

普鲁士诞生了。

普鲁士自诞生之日起，就迫不及待地张开了掠夺的爪牙。

这时普鲁士的国王是有名的腓特烈一世。他继位后，组建了一支为数达8.5万的庞大常备军，为了使这支军队庞大而且强大，他采取了一些令人匪夷所思的法子，例如，他从全欧洲各地寻找身材高大的人组成一支特别部队，带着他们到处耀武扬威，甚至去抓同样身材高大的妇女，让她们同他们婚配，好生育身材更高大的后代。为了整肃军纪，他经常手执大棒，棒打士兵、军官甚至将军。他还很瞧不起当时他最伟大的一个臣民——伟大的数学家和哲学家莱布尼茨，说他是“一个废物，连站岗都不行”。

他的儿子从小在乃父的教育之中长大，继位后更是青出于蓝，他就是闻名于世的腓特烈大帝。

这个腓特烈大帝训练了当时欧洲军纪最严明、战斗力最强、甚至也是最讲战争艺术的军队，这支军队的军官都是贵族出身，即所谓的容克阶级。他率领这支军队屡战屡胜，又为普鲁士夺取了大片的土地：从奥地利手里夺了西里西亚，从波兰那里瓜分到了西普鲁士，等等。

但到拿破仑崛起时，机器般的普鲁士军队较之拿破仑那些为了他们热爱的国家与荣誉而殊死奋战的军队已经明显落后了，所以几仗就被征服了。但普鲁士人并没有因此气馁，而是立即改造自己，像法国革命后搞的一样，废除了农民对地主的人身依附，并且让农民们向领主购买自己耕种的土地。那些卖土地得了大笔钱财的前地主便用这些钱去投资工商业，又促进了普鲁士工商业的发展。这样普鲁士政府的改革措施可谓一箭双雕——既给了农民以自由与希望，又给了地主以钱财，让他们成为更有钱的资本家。

通过如此这般若干代人的努力，普鲁士无论经济、军事还是面积、人口，都成了欧洲最强大的国家之一。

他们的下一个目标就是统一。

德国的统一　到19世纪30年代，普鲁士联合18个德意志国家成立了一个“关税同盟”。在同盟内部取消了关税壁垒，这样同盟各国的商品就可以彼此畅通无阻了。

1848年和1850年，普鲁士国王两度颁布宪法，成立了议会，分为上院与下院，部分地把德意志由一个封建专制国家变成了先进的资产阶级国家。

从这时候起，德国进入了经济飞速成长的时期：在短短的20年间，其经济规模几乎增长了整整7倍！

普鲁士统一的最大障碍不是外敌，而是内患，这个内患就是同为德意志国家的奥地利。

俗话说，一山难容二虎，奥地利和普鲁士一样是德意志国家，并且两个都很强大，它们就像一山之二虎，谁也不服谁。与普鲁士不同的是，奥地利从来不想统一德意志，奥地利人爱德意志的程度远不及普鲁士人，正像他们的尚武精神远不及普鲁士人一样。普鲁士做梦都想统一德意志，但奥地利就是不让。普鲁士终于认识到：欲统一德意志，必先打败奥地利。

这两件大事都是由一个人主导完成的，这个人不是普鲁士国王，而是比国王更有名的他的首相：奥托·冯·俾斯麦。

俾斯麦是个典型的容克贵族，他将自己的整个一生奉献于一个伟大事业：用武力和阴谋统一德意志。他说过下面一段有名的话：

> 德意志所瞩望的不是普鲁士的自由主义，而是普鲁士的威力……当代重大问题不是说空话和多数派决议所能解决的——1848年和1849年的错误就在这里——而必须用铁和血来解决。

他的这个方针得到了普鲁士国王的赞赏，1862年，他请俾斯麦担任他的宰相，俾斯麦立即着手采取了一套被历史学家称为“有魔鬼般智慧”的办法来统一德意志。

这个计划大体是这样的：第一步是建立更加强大的普鲁士军队，这是统一之根本。有了强大的军队做基础，俾斯麦那“有魔鬼般智慧”的办法就出笼了。

俾斯麦深知，在统一的道路上要拔掉两颗钉子：一是奥地利，二是法国。他的计划就围绕这个而展开。

在德国北面有个小国叫丹麦，讲实力而言当然不是普鲁士的对手，俾斯麦就在这里露出了他的不世雄才。他不是自己单独去向丹麦作战，而是以德意志同胞的名义邀奥地利一起参加，并且许诺胜利后好处一边一半。奥地利当然知道就是不用它帮忙普鲁士打赢也会易如反掌，它只要随便派几个兵就行了，送到手上的便宜如何不捡！

结果当然是丹麦战败求和，献出了两个邦，普鲁士就把一个叫霍尔斯坦的给了奥地利。

我们马上就会看到俾斯麦是多么的狡猾了。

奥地利一拿到霍尔斯坦，俾斯麦立即开始了频繁的外交活动，分别向普鲁士和奥地利的三个大邻邦，包括法国、俄国和这时候已经基本独立的意大利大肆献媚，例如帮俄国镇压被沙俄吞并的波兰的起义；又对法国说，他不反对法国把卢森堡占过来；

又对意大利说，他一定帮忙把威尼斯从奥地利手里夺过来。

这样，这三个国家都答应在未来的战争中与他站在一边。

这一切安排好后，俾斯麦开始向奥地利挑衅了。他的法子直截了当：要奥地利人把霍尔斯坦让给普鲁士。因为在霍尔斯坦与奥地利之间隔着一个普鲁士呢。奥地利当然不答应平白无故地丢掉一大块领土——俾斯麦当然也知道，他要的就是奥地利人不答应。

他便把这个作为借口，向奥地利宣战。

萎靡不振的奥地利人哪是雄赳赳气昂昂的普鲁士大军的对手？萨多瓦一战，奥军被普鲁士军打得惨败，意大利这时也来个趁火打劫，从背后向奥地利杀来，奥地利只好忙不迭地求和了。这时距战争开始才两个月。

普鲁士也见好就收，答应了奥地利的求和，双方在布拉格签订和约，奥地利割让霍尔斯坦，并同意普鲁士在北部德意志建立联邦。不过普鲁士只象征性地要了一点战争赔款，本来它可以要得更多的，这让奥地利很高兴，甚至心存感激。——下文我们会看到，这也是俾斯麦的妙计。

这是1866年8月的事。

第二年，北德意志联邦成立了，在这个联邦里当然一切是普鲁士说了算：普鲁士的国王是联邦的世袭首脑，普鲁士的首相是联邦的总理。

德意志由此统一了一半。

但对于俾斯麦，这只意味着另一半德意志尚未统一。

是谁阻碍了统一？当然不是奥地利，它已经没这能力了。我们前面说过，有两个大敌在阻碍俾斯麦统一德意志，一个奥地利已经不能阻碍了，这次阻碍统一的是第二个大敌：法国。

俾斯麦寻找着向法国宣战的借口。

这时法国正处在路易·拿破仑，即拿破仑二世的独裁统治之下，而且他也正渴望用一场战争来平息人民对他的不满呢。他也把目光投向了尚未完全统一的普鲁士：普鲁士这时候还是羽翼未丰，要打得趁早下手，用他们自己的话来说，叫“此刻或者永不”！

后面的事我们已经说过了，双方都如愿以偿，找到了战争的借口。结果就是1870年7月的普法战争。

普鲁士军的总司令是威廉一世，实际指挥是总参谋长老毛奇，老毛奇是个出色的统帅，他制订的战略计划简单实用：集中优势兵力，将法国主力聚歼于德法边境，再乘虚直捣巴黎。

这时的普鲁士充分显示了其经济与军事的双重优势：它有比法国更稠密的铁路网、更迅捷的军队。到7月底，普军已有装备整齐的近50万大军集中于边境，等待决战。

8月2日，法军先向普军发动进攻，但随即被击退。4日，普军转入反攻。

4日、5日、6日，普军三日三战三捷。

这时，法军两大统帅之一巴赞连败之后，没有迅速退兵，被行动极速的普军四面围困于麦茨要塞。

另一路法军由麦克马洪指挥，本想退往巴黎固守，然而拿破仑二世命令他去救巴赞，于是他率军冒险北进，他自己也随军行进。随即在色当被普军重重围困。

9月2日，拿破仑二世孤注一掷，与普军决战于色当，惨败。

次日，拿破仑二世率全军投降，共计10万余人、39名将军。

10月27日，在梅斯城，巴赞亦率整整14万装备完好、士气也并不低落的法军向普军投诚。

普法战争以普军彻底胜利而告终。

接下来普鲁士与法国签订的和约的内容我们已经知道了。与战胜法国同样重要的是：普鲁士统一德国的最后一道障碍被扫除了。

1871年1月18日，在凡尔赛宫镜厅，威廉挟法兰西征服者的威风宣布成立德意志帝国。

分裂了千年之久的德意志终归统一。

第三十二章　扩张、黑奴与内战

我们在前面已经讲到了美国是如何成为一个独立自由之国的，从诞生之日起，它注定将成为西方世界最重要的国家之一。

美国的扩张　美国独立之初的国土只包括东部大西洋沿岸狭长的一小块，大概只有现在美国领土的1／10，所以美国独立之初的历史首先就是一部不断西进的历史。

为了开疆拓土，美国佬真是绞尽脑汁，什么招都使尽了，坑蒙拐骗、巧取豪夺，种种伎俩无所不用。

美国人最常用的法子是用钱买土地。

拿破仑当政时，法国在美国有一块殖民地叫路易斯安娜，拿破仑甚至想过要在那里建立一个殖民帝国，但由于他那时已同英国干上了，深知英国人有力量随时占领路易斯安娜，就干脆以1500万美元把路易斯安娜卖给了美国人，这是1803年4月的事。美国这1500万美元买到的土地超过300万平方公里，也就是说，每平方公里只卖了不到5美元。

美国人买到的第二大块地是俄罗斯的阿拉斯加。

当时，俄罗斯占领了整个阿拉斯加，然而阿拉斯加距俄罗斯实在太遥远了，沙皇认为是一片无用之地，就主动提出要卖给美国。

1867年，双方签订了条约，美国人只花了700万美元就买到了这片广袤的土地。这价钱意味着差不多4亩地才卖了不到1美分。

不过，世界上这样的美事并不很多，对于那些不肯卖地，而美国又偏偏看上了它的地的国家，怎么办呢？

很好办——抢。这是美国扩张的第二个法子。

从地图上我们可以看到，美国北面是加拿大，这是英国的殖民地，它可以抢的就是南面的佛罗里达和墨西哥，前者是西班牙殖民地，后者是前任西班牙殖民地。

1810年，在美国的金钱收买下，几个人在佛罗里达闹起了独立，美国立即派兵

"支持独立"，不久之后就把这个"独立国家"并入了美国。

在美国扩张的过程中，吃亏最大的是墨西哥。

墨西哥是美国南面的邻邦，本来是西班牙殖民地，后来独立了。初独立时，墨西哥的领土比现在大上一倍还不止，它其余的领土都被美国人抢走了。包括现在的得克萨斯州、新墨西哥州、加利福尼亚州、内华达州、亚利桑那州、科罗拉多州，等等。

经过如此这般的巧取豪夺，到19世纪中叶，美国已经把自己的领土从阿拉巴契亚山脉以东小小的一隅扩充到了横贯太平洋东西两岸的广大地区。

罪恶的制度　美国南方是一片广阔而肥沃的土地，那里种植的不是玉米和小麦，而是棉花，工业革命使得市场对棉花产生了巨量的需求，而这些棉花的主要产地就是美国南方。可以说他们是整个工业革命的奶妈。没有了这些"奶"，英国工业革命中产生的那些珍妮机之类就全无用武之地，因此就像一个南方种植园主得意扬扬地说的一样："那根小小的、细弱的棉线，一个小孩子可以弄断它，但是它却能把世界绞死。"

种棉花这种活是不能靠机器来做的，得靠人类灵巧的双手来做。

谁的双手呢？白人吗？不！他们这些"高等种族"怎会去做这些低等的活呢？印第安人吗？不行，一则印第安人宁死也不愿受这样的奴役，二则他们体力不行，干不了这样累的活。那么什么人能行呢？当然是黑人了。他们身强体壮，而且似乎能够忍受奴役。

结果是，在广大棉花种植区产生了对黑奴的大量渴求，英国奴隶贩子们便源源不断地从非洲把黑人当奴隶运了过来，到19世纪中叶美国已经有了多达500万的黑奴。

这些黑奴们是种植园主用钱买来的，他们算不上是人，主人可以任意处置他们：例如可以把他们送给自己的好朋友或者作为陪嫁送给女儿，如果黑奴胆敢反抗的话，他就用鞭子猛抽。不过一般不会杀死他，因为买一个黑奴要花不少钱呢，但他绝对有这个权力，如果他想，大可以随便把一个黑奴杀了，没有谁敢管。

这样一种罪恶的制度按理说是不应该存在的，自从千年之前的中世纪初起人类就离开了奴隶制时代、进入更高级的社会了。所以，从有奴隶制之日起，同时产生了对这种制度的痛恨、产生了废除它的运动，即废奴运动。

在美国南方，很早就开始了废奴运动，而且越搞越红火。参加的不但有黑人，也有很多是有良知的白人。他们一边到处宣传鼓动、发表演说，呼吁人们起来废除奴隶制，一边亲身投入到解放奴隶的行动中去。

这种解放行动被称为"地下铁道"。他们就像铁道游击队一样，悄悄地接近奴隶主的种植园，把黑奴们悄悄带走，送到美国北方或者更北的加拿大去，因为在这两个地方奴隶制是非法的，黑奴们只要一到那里就成了自由人。

然而要是游击队员们被奴隶主抓到，那就惨了，不管白人黑人，都可能会被奴隶主用私刑处死。然而这是正义的事业，所以仍有许多游击队员们在“地下铁道”上前进，他们将努力直到罪恶的奴隶制被彻底废除，直到最后一个黑奴获得自由！

从现在开始我们要讲美国之乱了，这美国之乱就是美国的南北战争。

内战的最根本原因就是罪恶的奴隶制。

不过奴隶制并不是唯一的原因，只是主要的原因，或者说是导火线。

前面我们已经说过美国的大扩张，美国通过这些扩张获得了广大的新领土，在这些新领土上成立了许多新州，这时美国的州分两大类：一类是允许奴隶制存在的州，它们均位于美国南方；第二类是禁止奴隶制的州，它们均位于美国北方。

这两件加起来就产生矛盾了：在新成立的州，是搞奴隶制呢，还是不搞？

南方的奴隶制州当然希望搞，那样的好处是明显的：他们可以开辟新种植园，让黑奴们在那里流血流汗种棉花，他们坐在凉亭里数钱就行了，这是好处之一。另一个好处与美国的政治制度有关。我们知道美国是民主国家，从总统到国会议员都是由人民来选举的。如果要当上总统议员，就必须获得很多选民的支持。如果能把奴隶制推向新州，也就说明能有更多选民拥护奴隶制，这不等于奴隶主们可以做总统、做议员、控制国家吗？到那时，他们说不定能在整个美国都推行奴隶制呢！

与之相对，北方的禁奴州却不希望在新州搞奴隶制。一方面因为北方人的确具有较多的人道主义思想，把奴隶制看作一种罪恶的制度，想废除它。另一方面是因为北方有大量无地人口，他们有的是刚从欧洲移民来的，有的是没有足够土地的农民，有的是渴望有自己土地的工人市民，这些人都希望在西部得到属于自己的小块土地，在上面辛勤耕作、生儿育女，建立自己的美好生活——这在当时是大多数普通人的人生梦想。但如果在新州搞奴隶制，那里的土地就会被奴隶主们一口吞掉，他们会在新州上建立起庞大的种植园，让黑奴为替他们劳动，北方人想有自己的小块土地的梦想就会“竹篮打水一场空”了。

在这个问题上南方和北方之间产生了尖锐的矛盾，终于，这种矛盾已经达到要用武力来解决的程度了。

正式引爆这枚地雷的是亚伯拉罕·林肯当选美国总统。

林肯是共和党人。我们知道现在美国是两党——即民主党和共和党——轮流执政，这个局面就是反奴隶制时候形成的，那时候的共和党坚决反对奴隶制，而民主党则是南方奴隶主们的政党。

林肯在竞选时，公开提出了限制奴隶制的施政纲领，并且要求在新开发的西部实行“宅地法”，也就是让人们到西部去自由开垦土地。

林肯

林肯的这些措施对老百姓是有利的，这也许同他的出身有关。他出生在西部，父亲是个贫苦农民，他从小也饱受穷困的折磨，很早的时候就要在地里干活，面朝黄土背朝天。长大一点后就去给别人当雇工，做过船夫、店铺伙计、乡村邮递员、土地测量员的帮手等。后来一半由于运气，一半由于天资，他成了律师，又从了政。由于深知下层社会之所需，他提出的主张深得广大群众的欢迎。在美国，像在前面说过的英国一样，这就等于胜利，因为决定谁能当总统的就是这些普通人——现在还是一样。要是哪位读者有本事能得到普通美国人的支持，阔佬们支不支持没关系，你不擅长对上级溜须拍马也没关系，只要你能得到人民的欢心，你就能当上美国总统。

林肯的当选使得他反奴隶制和实行宅地法等措施面临实施。这对南方的奴隶主们不啻为致命一击，他们立即组织反击。

他们凭什么反击呢？他们反击的措施是早就想好了的——用武力。在林肯当选之前，他们就做好了两手准备：一手是努力竞选成功，另一手是大量储备武器，准备一旦不成功便造反，来它个枪杆子里面出政权。

林肯的当选使另一手成为必要了。

1861年2月，林肯当选总统不到三个月，奴隶主们正式宣布南方七州独立，成立一个新国家——美利坚诸州联盟。

又过了不到一个月，南方借林肯总统刚上任，国家形势不稳之机向北方发动了进攻，妄图占领北方，把美国变成一个奴隶制国家。

美国之乱由此开始。

奴隶的解放 这场战争中双方势力的差异是“秃子头上的虱子——明摆着”的：北方有先进的工业、能够制造大量精良的武器及其他各种军需品，南方却只有棉花和棉纺业，棉花能用来造武器吗？北方有庞大的人口，光白人就有2000万，还有大量乐意为联邦效劳的黑人，军队人数最多时达上百万。南方总共只有900来万人，其中400万还是黑奴，不但不会帮忙，还会随时起来造反，军队最多时也不超过50万。更为重要的是，北方是为正义而战，得道多助，南方却是为了维护一个人神共愤的罪恶制度，失道寡助。

当然南方也有它的优势，主要是南方的奴隶主们像古罗马人一样，历来有尚武精神，能征惯战。联邦军中的名将也多是南方人，一旦开战，他们就回到南方，成了南方军的统领。而且南方早就准备一旦选举失败，就用战争决胜负，所以战争准备充分，北方却没什么准备。

这一切都决定了这场战争的胜负大体如此：南方先胜，然而北方将笑到最后。

我们来看看具体的战争经过吧。

一开战，南方名将罗伯特·李便提出了以攻为守，集中优势兵力歼灭敌人的战略，北军总司令却是想通过陆海封锁来扼杀南方，这样做的必然结果是兵力分散，战线漫长，易于被敌人各个击破。

1861年7月，两军进行了第一次大战——布尔河会战。战斗在北方首都华盛顿和南方首都里士满之间进行，结果南军大胜，乘势向华盛顿杀去。1862年6月，双方又进行了“七日会战”，北军遭受了开战以来最大的失败。罗伯特·李乘势北上，8月底，在第二次马恩河会战中再次大败北军，李又乘势大进，前锋直逼华盛顿。

由于屡战屡败，北方陷入了风暴之中，人人愤愤不平，因为大家都知道，讲势力南方根本不是对手。他们也知道北方屡败的原因：一是政府不愿公布《宅地法》，二是不愿宣布解放黑奴。使战争局限在政府军之间，但北方缺乏训练、懒懒散散的政府军哪能打得过南方的精兵良将？人们纷纷指责林肯与北方联邦政府。

林肯看到这架势，知道只有改革了，否则将会有一场革命。

1862年9月24日，凌晨，林肯终于发表了《解放宣言》，庄严宣告：南方叛乱诸州的奴隶“从现在起永远获得自由”。

不用说，这个声音震撼了全世界、也震荡了历史，从此，奴隶制这种罪恶的制度终于被文明世界抹去了最后的残迹。

在解放奴隶的同时，林肯还采取了一系列的措施，以求击败叛乱分子：

一是实行《宅地法》，规定所有忠于联邦的成年男子只要交纳10美元的登记费，均可以在西部领取160英亩的土地，大约相当于我们的1000亩。耕种5年之后，这块土地就成为他的私产了。

二是武装黑人。从前联邦军队是不允许黑人参加的，现在黑人们可以自由参军作战了。从北方到南方的黑人们顿时欢呼雀跃，一窝蜂拥进了联邦军。

黑人的身体素质大家清楚——看看美国那些体育明星吧，从拳王阿里、霍姆斯、泰森到篮球明星乔丹、约翰逊、奥尼尔，还有"田径之王"卡尔·刘易斯、乔伊纳，以及网球高手威廉姆斯姐妹，哪个不是皮肤煤炭一般又黑又亮？有这样身体倍儿棒的人当兵，北方军势力怎会不长高一大截！

三是实行《征兵法》，由志愿兵制改为义务兵制，规定凡20–45岁之间的男子都有当兵的义务。这样一来，北方军顿时扩大到了上百万人，这可是西方国家前所未有的大军！

除此之外，林肯还改革了军队领导体制。由各军区的分散指挥变成全国统一指挥，他任命智勇双全的格兰特将军为"全军大将军"，统一指挥全国所有军队。

北方的胜利　实行了这场大改革后，北方势力大长，重新转入进攻，虽然开始仍打了几场败仗，但迅速扭转了颓势，转折性的一仗是1863年7月的葛底斯堡之战。

是役，米德指挥的12万余北方大军与罗伯特·李的近9万南方大军在葛底斯堡地方展开大战，经过3天血战——这被有的历史学家称为历史上最惨烈的战斗之一，罗伯特·李终于退却了。

南方从此一蹶不振。

在进行葛底斯堡之战的同时，格兰特率领北方军沿密西西比河南下，一举攻克军事重镇维克斯堡；不久，另一重镇哈得逊港的守军也缴械投降。这样，南方被北方军拦腰切断，已经危如累卵。

为了彻底打败南军，北方军两员大将格兰特和谢尔曼商定了共同战略：由格兰特负责东部战区、谢尔曼负责西部战区，两军同时打击，务必尽快消灭敌人。

此后，格兰特统领12万大军，在东部向只有不到6万人的罗伯特·李发动了总攻。1864年5月与南方军展开了世界上第一次大规模堑壕战。6月又进行了冷港会战。这两次会战都是"皮洛士式的胜利"，北方虽然赢了，然而付出的伤亡比南方军大得多。然而与没有后援的皮洛士不同的是，北方有着强大的后援，损失的兵力没多久就完全补充了。而南方却几乎陷入了弹尽援绝的境地。南方军虽然英勇奋战，以一挡二，然而问题是他们的兵力不及对方一半。

在西线，谢尔曼率领10万大军进攻约翰斯顿的6万人。他的进攻重心是南方的交通中心亚特兰大。他统领6万精兵，由西向东横扫，历时1月，长驱千里，一直打到大西洋之滨的萨凡纳。他所过之处都是南方的经济重心，为了摧毁南方的战争基础，他下令拆毁铁路、炸塌桥梁、把工厂变成一片瓦砾、把棉田弄成不毛之地。这残酷的釜底抽薪之计几乎把南方变成了废墟。

如此，南方还有什么力量抵抗呢？这时南方军的统帅是罗伯特·李，他知道大势已去：后有已经打到海边的谢尔曼10万大军，前有格兰特12万大军，两军南北夹击，向他步步逼来，他却只有不到3万的残破之军。

但他仍率军苦战，直到听说南部联盟的首都里士满已被占领，总统议员们全当了俘虏。

到这时，罗伯特·李才终于放下武器。这是1865年4月9日的事。

26日，约翰斯顿也率残部向谢尔曼投降。

历时4年的美国内战到此结束。

虽然只是一场内战，然而它的规模却比前面所讲的欧洲那些国际战争要大得多：整个战争中，南北双方总共动员了将近400万军队，伤亡近200万，消耗军费超过250亿美元。大量新技术，如铁甲列车、高射速霰弹枪、使用蒸汽机的装甲战舰乃至无线电等都在战争中首次使用，科学技术显示了它的巨大威力，从此将在战争中扮演日益重要的角色。

与它的军事意义同等重要、也许更加重要的是，这场战争是民主、自由与正义的胜利，它彻底打垮了一个人神共愤的罪恶制度，用热血向世人宣示——民主、自由与正义必将获得胜利，而一切反民主、自由与正义的，无论它是一个国家、一种制度还是一个政府，必将遭到失败！

第三十三章　沙皇俄国的盛与衰

现在我们来讲俄罗斯，这个充满矛盾的国家。

俄罗斯是强大的，它曾打败了拿破仑；欧洲其他国家都只在某一时候强大，而俄罗斯，打它从蒙古人那里获得独立之日起似乎就从来没有弱小过，它总是一个征服者——向东、向南、向西、向北，它的存在似乎就是为了征服。

但俄罗斯又是弱小的，它的生产力也是欧洲最低下的，如果讲人均的财富，它是欧洲最贫穷的国家。

俄罗斯是腐朽的，它的社会制度——农奴制是欧洲最腐朽、最落后的社会制度，它几乎可以算是一种封建甚至奴隶制度。

大帝与女皇　我们在前面讲到了1685年，中俄签订《尼布楚条约》，规定整个黑龙江流域和外兴安岭都是中国的领土，除此之外，整个西伯利亚尽属沙皇俄国。

但对于沙皇而言，这远不是他们扩张的结束，甚至仅仅是个开始呢!

1685年以后，对于俄罗斯的扩张产生最大影响的是两个人：彼得大帝和叶卡捷琳娜女皇。

彼得大帝

叶卡捷琳娜女皇

我们先来看看俄罗斯的第一个伟大的改革者彼得大帝。

彼得大帝1682年就继承了皇位，称彼得一世，他继位时年龄很小，不足以担当国事，因而国家大权落到了姐姐和臣子们手中。但他长大成人后，立即把所有权力抓将过来，牢牢掌握了国家与军队，成了一个专制君主。

这以后他大力向先进的欧洲国家学习，无论军事还是工业都是如此。为此他想尽了各种办法，如强迫大批贵族子弟到西方各国学习从冶铁、制革到造船等各种技术，又用优惠条件从英国、法国、丹麦、荷兰等国聘请了大量技术人员和军官来俄罗斯工作，技术人员帮助俄罗斯建工厂，军官则帮助俄罗斯训练军队。

他甚至亲自到英国、荷兰等国去访问，不过不是以皇帝的身份，他穿上水手的衣服，自称是水手，到造船厂、冶金厂等地去向那里的工匠们请教，结果他自己成了个出色的木匠和铁匠，还获得了一级资格证书。

彼得大帝知道强大的军队必须有强大的工业做后盾，所以他大力提倡发展本国的工业。为建立工场的地主商人提供种种好处。

他甚至连习俗上都要俄罗斯人向西方学习，抛弃东方习俗。例如他曾强迫大臣们脱掉东方式长袍、剪掉大胡子，这种长袍大胡子是俄罗斯人从蒙古人那里学来的，已经有几百年了。

经过彼得大帝的这些改革措施，俄罗斯由一个东方式的国家变成了准西方国家。

与改革同步的是彼得大帝的征服，他的目标主要是一个：为俄罗斯寻找出海口，在彼得大帝的眼中，这是俄罗斯得以呼吸新鲜空气的窗口。

具体地说，他要在南面和西面为俄罗斯打开通向黑海和波罗的海的门户。

这时候的俄罗斯南面是土耳其，西面则是强大的瑞典。

早在1695年，他刚亲政时，就向土耳其发动了进攻，但没有把土耳其人从黑海赶走，只占领了一些靠近黑海的地盘。

与黑海的出海口相比，彼得大帝更重视的是波罗的海的出海口，因为从这里可以直接到达他所向往的欧洲所有重要国家：英国、法国、丹麦、荷兰等，因此他用了吃奶的力气来与瑞典人作战。这场战争就是漫长的北方大战。

北方大战持续了21年之久，先是1700年的纳尔瓦一战，年轻的瑞典王查理十二以8000之众力敌俄军3万余人，并且勇敢进攻，取得了辉煌胜利。但瑞典毕竟国小民寡，1709年，俄军在波尔塔瓦大败瑞典人，到1721年，已经被打得没了元气的瑞典与俄国签订了和约，根据和约，俄国获得了几乎整个波罗的海东岸和芬兰的一部分，彼得大帝终于打通了梦想的通向海洋的窗口。

彼得大帝之后的另一个大改革者和扩张者是叶卡捷琳娜女皇。

叶卡捷琳娜女皇1762年继位，共做了34年王，在位期间将俄罗斯进一步欧化，继续大搞扩张。

叶卡捷琳娜女皇从小受到欧洲的西方式教育，认为自己是百分之百的欧洲人，她也要求她的国家成为一个百分之百的欧洲国家，具体来说，她想把俄罗斯变成第二个法兰西、把俄罗斯宫廷变成第二个凡尔赛宫。在叶卡捷琳娜女皇治下，在俄罗斯贵族们家里，子女生下来后听到的第一个词汇不是俄语而是法语。从小孩子们就被法国的保姆带着，开始学习读书写字时，学的不是俄语而是法语。成天听到的也不是俄语而是法语，因为他们的父母也同他们说法语。只有当他们的法语已经说得很流利了，才让孩子们学点儿简单的俄语，简单到什么程度呢？只要能够向仆人们发号施令就行。因为仆人们是俄罗斯人，不懂法语。

至于服饰、礼仪等，当然全是径直从凡尔赛宫搬过来的。

女皇还积极地赞助文学艺术等，使文学家与艺术家们成为她宫廷沙龙中的宠儿，又与法国的启蒙思想家们如伏尔泰等通信，赞美他们的思想与智慧。

当叶卡捷琳娜女皇在宫廷沙龙里、或与哲学家们通信时，是温柔有礼、富有教养的高贵女王，然而当她步入战场后，便成了个不知餍足的老饕，她的胃口甚至比彼得大帝还要大。

1768年开始，她两次进攻土耳其，都取得胜利，终于夺取了几乎整个黑海北岸。她又三次伙同普鲁士和奥地利瓜分波兰，把波兰大部分领土归并到自己的帝国，使波兰这个一度强盛而广阔的国家从地图上消失了。

经过叶卡捷琳娜女皇的改革与扩张，俄罗斯不但成了欧洲面积最广大的国家，也成了最为强大的国家之一，已经再没有力量能阻止它的进一步扩张了。

1814年俄罗斯人打败了拿破仑之后，通过在维也纳的谈判取得了芬兰和罗马尼亚的一部分。

这是俄罗斯人在欧洲的最后扩张。我们再来看他们在亚洲是怎么扩张的。

这时候的亚洲诸国，包括我们中国在内，已经衰落了，没有什么力量再能阻止俄罗斯人。于是往东，俄罗斯不停地推进，直到亚洲的最东端，太平洋西岸，后来又越过了白令海峡，进入美洲，占领了阿拉斯加。

往北，它一直推进到了北冰洋，占领了北冰洋中的许多岛屿。

往南，通过《中俄北京条约》《中俄瑷珲条约》以及《中俄勘分西北界约记》等不平等条约，中国被割去了外兴安岭以东以南、乌苏里江、黑龙江以东以北以及贝加尔湖、巴尔喀什湖一带大片国土。

在俄罗斯之南的中亚地区是一些穆斯林部族，像塔吉克人、哈萨克人、吉尔吉斯人，等等。这些既落后又小的部族国家哪是俄罗斯的对手？所以俄罗斯人几乎不费吹灰之力地推进着，一直推进到阿富汗和伊朗边境。这些地方这时已经是英国的势力范围了，俄罗斯人至此才止步。

到1914年第一次世界大战前夕为止，俄罗斯的版图已经东起太平洋、西到波罗的海对岸的芬兰、北抵北冰洋、南达阿富汗和伊朗，是一个总面积超过2200万平方公里的巨大帝国。在古往今来的所有大帝国中，讲面积而言仅次于成吉思汗的蒙古帝国。然而蒙古帝国转瞬即逝，俄罗斯帝国却长期存在。

腐朽的农奴制　前面说过，俄罗斯是一个矛盾的国家，它既是强大的、先进的，又是腐朽的、落后的。

这腐朽与落后主要表现在它的社会制度是欧洲最腐朽与落后的制度。在俄罗斯的所有人口中，农民占了80%以上，农奴制下，他们不是法国或者英国那样的农民，而是近似于奴隶的农奴，他们像美国的黑奴一样，可以被买来卖去，沙皇和贵族们也经常把他们连同他们耕种的土地像一块布或者一个戒指一样送来送去。

在这种情况下，农奴们哪有什么生产积极性，他们不但不想干活，甚至连活都不想，因为他们活不下去！

这腐朽的农奴制给俄罗斯造成了极其不利的影响，首先是经济。虽然在彼得大帝和叶卡捷琳娜女皇期间俄罗斯经济得到了一些发展，但比起其他欧洲诸国来，那发展还是既慢又落后，并且后来几乎停止了，越来越落后于其他欧洲国家了。

另一个结果是不堪忍受的农奴们纷纷起来反抗，仅仅在1825到1855年尼古拉二世执政的30年间，就发生了500余次农奴的大小起义。

在这样的情况之下，俄罗斯的地主贵族们不能不感觉时时坐在火山口上。

一些有识之士认识到，要改变这种局面唯有废除农奴制，克里木战争的失败更使得这样的改革成为必需。

克里木战争的起源是俄国一贯的扩张方针。这次它的目标是土耳其，这个也曾一度强大、然而现在已经衰弱不堪的欧亚混血帝国。

1852年，由于土耳其宣布把耶路撒冷这个基督教圣地的管辖权交给天主教会，沙皇认为土耳其的决定对东正教不公平，就乘机向土耳其发动了进攻。

土耳其哪是俄国人的对手？一触即溃。英法眼看土耳其要给俄国人灭了，那还了得，这不等于把整个地中海东岸都交给俄罗斯人吗？立即向俄国人宣了战。这是1854年3月的事。

这场战争对一向以为自己不可战胜的俄罗斯人是一次莫大的教训，使他们看到了一个冷酷的现实：他们在欧洲已经算不上一个强国了，俄罗斯已经比英法这些欧洲发达国家落后得太多太多。

在克里木战争中，俄罗斯军人依然像面对拿破仑时一样奋不顾身地作战。但他们却发现敌人已经不是过去的敌人了，敌人太强大，而他们自己却太弱小。过去他们面对敌人时就像一个巨人面对侏儒一样自信，而现在他们反而觉得自己是侏儒，而敌人是巨人。根本原因就在于敌人巨大的技术优势。特别是海军，虽然联军远在异国作战，却可以依靠海上获得充足的给养。本土作战的俄军却从粮食炮弹到医药样样都缺。俄军的给养只能靠大车拉，从后方到前线要拉它上千里。俄国人当然也想从海上运，不过他们的帆船哪跑得过英法用蒸汽机发动的新型战舰呢？

整个战争中联军进攻的重点是塞瓦斯托波尔要塞。这里是俄国在黑海，也是在整个南方最重要的军港，它的得失就等于整个战争的得失。虽然俄国人有极其坚固的工事为依托，士兵也英勇作战，但由于联军技术上无比的优势，俄军仍守不住，1855年9月，在联军排山倒海般地猛轰了差不多1年之后，俄军终于撤出了塞瓦斯托波尔，战争结束了。

仅在这个要塞，俄军就损失了10万以上的官兵。

停战和约——“巴黎和约”——对于俄罗斯是耻辱性的，它被迫拆毁了包括塞瓦斯托波尔在内的黑海沿岸所有军事基地，被迫放弃了许多早已夺到手的土地和权利。

彼得大帝的梦想再次沦为泡影。

俄罗斯再次沦为欧洲的二流国家。

改革与革命 面对这样的现实，俄罗斯从沙皇到贵族们都认识到了一点：除改革之外，俄罗斯别无出路。

改革最起码的一条就是要废除农奴制，它是俄罗斯基本的制度，也是俄罗斯腐朽的根源，就像锁链一样捆缚着俄罗斯。

1861年2月19日，在经过了长期的准备之后，亚历山大二世签署了废除农奴制的法令。法令宣布：

自即日起，所有农奴均成为自由人，地主必须把农奴耕种的土地的一部分交给农奴，贵族因土地被分配给农奴而受的损失由国家负责补偿，等等。

亚历山大二世

这些改革措施看上去是相当广泛的，它们对于俄罗斯以后的发展确也起了不少的作用。俄罗斯的经济政治乃至军事等都由此得益不少。

废除农奴制以前，俄国社会已经兴起了另一股力量——革命的力量，农奴制废除后，这股力量并没有因此消失，相反更加高涨。

当时的革命者有两波，第一波即所谓的“民粹派”，民粹派的革命者有两个特点：一是他们认为农民，而非工人是革命的主力军，二是他们不喜欢发动群众起来大伙儿闹革命，而主张通过一些英雄的个人化行动，包括搞恐怖主义活动来达到革命的目的。他们革命的目的是要把土地无偿分给农民，这样的革命当然不会成功。成功的是另一种革命，这种革命的特点是吸收了马克思主义，认为工人阶级是革命的主导力量，领袖就是列宁。

列宁1870年4月生于俄罗斯的辛比尔斯克，原姓乌里扬诺夫，18岁时他进了喀山大学法律系学习，很快便接触了马克思主义，成为一个革命者。

在列宁接受马克思主义时，俄国已经有许多其他马克思主义者了，还有了各式各样的马克思主义小组，革命迫切地需要把这些小组组成一个真正的革命政党。

1898年，俄国各地的马克思主义者们在明斯克市开了一次大会，宣布成立俄国社会民主党。

这次成立活动列宁没有直接参与，因为他搞革命给沙皇的密探逮住了，1897年被流放到了西伯利亚。1900年列宁服完了流刑，他立马又出了国，在外国办了一份革命报纸《火星报》，宣传他的革命主张，并且把报纸送回国内广为散发，这极大地影响了革命者们，使他成了革命们的思想领袖。

1903年7月，俄国社会民主党第二次代表大会在伦敦举行。在这次大会上，年轻的社会民主党发生了大分裂。以列宁为首的一派认为，社会民主党必须不同于其他一般社会党，也就是说，它不能敞开大门，笑纳所有愿意入伙的人，而应该是一小批职业革命家的政党。党必须有严格的纪律，决策则要按“民主集中制”进行。也就是说，对任何重要问题党员们可以自由讨论，然后以民主的方式通过投票决定采取什么措施，然而一旦做出了决定，每一个党员，无论它是否同意，都要严格执行。也即党要彻底实行少数服从多数的原则。如有违背，则要毫不留情地开除出党。

列宁这个主张得到了大多数党员的赞同，然而也有一部分人不赞成，他们主张把社会民主党建成一个别的党一样的党，用不着那么苛刻的入党条件和严格的纪律。

这个分歧直到最后都没有得到解决，大家谁也说服不了谁，社会民主党从此分成了两派：列宁的布尔什维克、即多数派，以及孟什维克、即少数派。

列宁成为革命领袖不久，一次考验的机会就来了，就是1905年革命。

1905年革命的导火索是日俄战争。

这场战争在中国进行，可中国不是战争的任何一方，受到最大伤害的却是中国人民：我们的家园被毁，良田成了战场，更有众多无辜百姓被残酷虐杀——日本人把他们当成俄国人的奸细，俄国人把他们当成日本人的密探，鲁迅先生就是因为这样的事而毅然弃医从文的，我们都记得他在《〈呐喊〉自序》里那段让人刻骨铭心的话：

> 其时正当日俄战争的时候，关于战事的画片自然也就比较的多了，我在这一个讲堂中，便须常常随喜我那同学们的拍手喝彩。有一回，我竟在画片上忽然会见我久违的许多中国人了，一个绑在中间，许多站在左右，一样是

强壮的体格，而显出麻木的神情。据解说，则绑着的是替俄国做了军事上的侦探，正要被日军砍下头颅来示众，而围着的便是来赏鉴这示众的盛举的人们。

这一学年没有完毕，我已经到了东京了，因为那一回以后，我便觉得医学并非一件要紧事，凡是愚弱的国民，即使体格如何健全，如何茁壮，也只能做毫无意义的示众的材料和看客，病死多少是不必以为不幸的。所以我们的第一要著，是在改变他们的精神，而善于改变精神的是，我那时以为当然要推文艺，于是想提倡文艺运动了。

1904年，日俄战争一开始，俄军就屡战屡败。这在俄国是一石激起千重浪，打掉了俄罗斯最后一点自尊：前者输给英法联军还情有可原，现在竟然输给了日本！本来就对腐朽的社会现实深感不满的国民们，从农民、工人到中小资本家们，一下都起来反抗了。

1905年1月的一天，星期日，在首都圣彼得堡，几千名和平抗议者朝沙皇居住的冬宫走去，他们是来请愿的，他们希望沙皇能为人民做点事，体恤一下他的臣民们的苦难，实行改革。当他们走到冬宫前时，迎接他们的却是沙皇禁卫军的排枪，无数人立即躺倒在血泊之中，据后来统计，竟有上千的抗议者被无辜杀害！

是可忍，孰不可忍！俄罗斯人终于发出了愤怒的吼声，1905年革命爆发了。

这场革命看起来有点虎头蛇尾。革命开始之初，对沙皇极度失望的全国人民都站了起来闹革命：农民起来了，他们到处抢劫地主贵族的庄园，夺占他们的地产；工人起来了，他们组织了大规模的罢工和示威游行，使国家几乎陷于瘫痪；甚至连军队也起来了，驻在敖德萨的黑海舰队的大型铁甲舰波将金后的水兵们举行了起义。除了工农兵外，其他如学生们、小商店主和店员们，都起来参加了反沙皇的革命。一句话，全体俄罗斯人都起来反抗沙皇的倒行逆施。

这下，沙皇害怕了，10月底他颁布了一个《十月宣言》，承认了他的错误并且宣布要在俄罗斯实行大改革，把俄罗斯人所要的自由给他们，还要制定宪法、选举国会。

沙皇的糖衣炮弹立即见效，许多革命者，像那些小资产阶级们和孟什维克们认为这样革命就算成功了，不要再搞下去。

但布尔什维克认为还不行，继续举行示威与罢工，还在12月份搞了武装起义，但很快就被镇压下去了。

但这次失败只意味着一个新的开始。

第三十四章　希腊与意大利

在这里我要加上特别的两章，分别讲述西方世界的两个国家的历史。

这就是希腊与意大利。

为什么要加上它们呢？因为它们是西方文明的起源之国。

西方文明有两大起源国，一个是希腊，另一个是意大利。

希腊是整个西方文明的初祖，也是西方文明最重要的精神家园。所以，为了了解西方文明的历史，我们最好能够了解希腊人的历史。

而意大利则不但过去是罗马帝国心脏的所在地，直到今天都是西方经济最发达的国家之一，不亚于英国。因此，我们也有必要了解一下它的历史。

在这一章里，我们先来讲述一下希腊人的历史。

土耳其统治下的希腊　我们知道，希腊是西方文明的发祥地，从哲学、文学到艺术科学到政治制度迄今仍深深地影响着西方世界。甚至可以说，现代西方文明就根本而言与古希腊文明是几乎完全一致的，只是形式上有了很大的变化而已。就像一个人一样，虽然到了四五十岁时样貌与四五岁时是大不一样的，但就本质而言还是同一个人。西方文明也是一样，虽然现在与古希腊相比变化很大，但就根本特性而言还是一种古希腊文明——是一种长大了的古希腊文明。

当然，这里的“长大”并不意味着更为出色，因为古希腊文明的许多方面，如哲学、艺术或者文学，很难说已经被超越了，甚至于可以说，就发展的高度而言，古希腊在这些领域之中是要高于此后的整个时代的。就像荷马的史诗一样，能够说它之后的哪部文学作品超越了它吗？当然不能。或者说亚里士多德的哲学，能够说他之后有哪位哲学家比他更伟大吗？那更是不可能的。

但是，这个伟大的古国，这个西方文明的发祥之地，在它漫长的历史时期之内却是相当悲惨的。除了在古希腊时期独立自主过之外，从公元前4世纪开始，它就被其他民族统治，从马其顿人到罗马人。特别是，当东罗马帝国灭亡之后，从15世纪开始，一直被民族、文化、宗教都大异于希腊人与西方文明的、异教异族的奥斯曼土耳其统治，持续了四百年之久。

这对于整个西方文明来说都是一种耻辱，因此之故，当西方国家开始在力量上压过奥斯曼土耳其人时，便开始支持希腊人的独立，希腊人民也站了出来，通过武力斗争争取民族的独立与自由，这就是希腊独立战争了。

在讲希腊独立战争之前，我们先来简单地看一下独立战争爆发之前的希腊。

我们此前已经讲过了罗马帝国，希腊人当然也被罗马人征服了。

罗马帝国分裂之后，希腊归属于东罗马帝国，并且成了东罗马帝国的主要组成部分之一，特别是在文化上而言，东罗马帝国文化的核心就是希腊文化，就像希腊语是东罗马帝国的官方语言一样。在这样的时候，希腊人自然是不会掀起什么独立战争的。

但后来东罗马帝国日益衰落，它的领土也一天天地被他国占领了，包括希腊在内也是如此。

一开始，塞尔维亚人入侵，占领了希腊半岛的相当一部分，后来奥斯曼土耳其征服了塞尔维亚人，就是乘机占领了属于塞尔维亚人的希腊地区，并且进一步南下，到15世纪，希腊的大部分已经被土耳其人占领了，东罗马帝国只留下南部的摩里亚。

对了，这时候的希腊都不叫希腊了，它的主体叫摩里亚。

当土耳其人在1453年攻占君士坦丁堡、灭亡东罗马帝国之后，接下去就出兵摩里亚，消灭了这里的东罗马帝国残余势力。但后来摩里亚又归属了威尼斯人，于是后来在土耳其人与威尼斯人之间又发生了两次摩里亚战争，以威尼斯人的失败告终。此后，几乎整个希腊都属于奥斯曼土耳其了。

此后，在漫长的岁月里，绝大部分的希腊一直属于奥斯曼土耳其，这也是希腊人历史之中最漫长而黑暗的篇章之一。对于这段时间希腊的情形我们也要简单述说一下。

在土耳其人的统治时期，希腊总的来说有一个特点，就是比较“矛盾”，可以用不少的“一方面，另一方面”来说明。

第一，一方面，这时候的希腊是一个民族的熔炉，除了希腊人之外，生活着大量的其他民族人民。首先当然是土耳其人，他们是统治阶级，也是希腊最“高贵”的族群。但此外也有许多的其他民族，如犹太人、亚美尼亚人、威尼斯人、热那亚人、塞尔维亚人、阿尔巴尼亚人、保加利亚人，等等，因此是一个比较典型的多民族混居社会。

但另一方面，希腊又始终是希腊人的希腊，因为在这里生活的人民主体始终是希腊人，就像希腊语而非土耳其语始终是希腊的主要语言一样。

第二，一方面，由于这些外来民族的到来，在希腊形成了许多新的特色，从饮食到服饰都是这样，使得这时候的希腊人看上去和古希腊人相当不一样，威尼斯表现在衣饰方面，具有了一种相当明显的土耳其色彩，直到今天都是如此，我们可以看到，现在所谓的希腊民族服装与古希腊是大不一样的，而具有一种相当明显的土耳其色彩。但另一方面，总的来说，希腊的风土人情与生活习惯依然主要是希腊色彩的，是属于希腊人而非土耳其人或者其他民族的文化，这也是很明显的。

第三，一方面在政治制度层面，这时候统治希腊的当然是土耳其人，土耳其苏丹也是希腊法理意义上的最高统治者，并且具有独裁专制的色彩，从这个角度而言希腊是没有什么自由可言的。但另一方面，土耳其人的统治又是相对温和的，即他们并不想消灭希腊人的民族特色，也并不想同化希腊人。而是让希腊人保持着相当程度的自由与自治，并且在商业贸易上给予希腊人一定的特权，尤其是那些上层希腊人更是如此，在土耳其人的统治之下，他们通过土耳其苏丹给予的各种特权获得了巨额的利益，成为巨商大贾。

第四，在宗教方面，土耳其人一方面尊重希腊人的传统宗教信仰即东正教，允许他们有自己的教堂，自由地礼拜他们的上帝，并不加以干涉，甚至给东正教的领袖即普世牧首以很大的尊荣，使他成为希腊人的实际统治者之一，对希腊人的事务有很大的发言权。但另一方面，他们又允许希腊改信伊斯兰教，并且对于改宗的希腊人给予税收上的优惠。

第五，在社会地位方面，一方面，土耳其人当然拥有最大的权力，并且法律规定只有穆斯林可以骑马和携带武器，土耳其人也在社会生活中处于最高的等级。但另一方面，土耳其人又并没有种族歧视之类，希腊人只要愿意转信伊斯兰教，也可以比较轻松地跻身于社会高层，拥有很大的财富与权力，这样的希腊人在希腊和伊斯坦布尔都所在多有。

不仅如此，有时候土耳其人甚至还强迫希腊人跻身社会的高层，这就是“儿童贡品”，这是土耳其人一种很奇怪的政策，就是要求被压迫的欧洲民族尤其是希腊人将他们的一部分男女儿童进贡给政府或者说苏丹，但这样的进贡可不是要他们去当太监或者普通宫女这样的低贱职业，而是将他们转为穆斯林之后加以良好的教育与训练，长大后男童中的优秀分子一般会被训练成苏丹的亲兵。这些亲兵不但是土耳其军队的主力与精英，而且是苏丹的近卫军，拥有巨大的权力，甚至可以废立苏丹。女孩中美貌聪明者则会进入苏丹的后宫，成为苏丹的嫔妃甚至皇后即女苏丹。这不但说明土耳其人并不歧视希腊人，而且土耳其的苏丹身上也流着希腊人的血。

正因为如此，虽然许多希腊人很讨厌这种进贡，但也有不少希腊人愿意进贡，甚至贿赂有关官员，请他们关照自己的孩子，施以更好的教育，将来好出人头地。

如此等等，还有其他，从上面这些“一方面，另一方面”的分析可以看出来，在土耳其人统治之下的希腊人的生活可以说是相当矛盾的，但并不是没有希望。因此希腊人一般来说都是愿意服从土耳其人统治的，甚至相较更愿意接受土耳其人的统治而不是基督教国家的人如威尼斯人。这从土耳其人与威尼斯人之间发生的摩里亚战争就看得很清楚，威尼斯人在战争中之所以失败，一个重要原因是他们得不到广大希腊普通人民的支持，许多希腊人甚至支持土耳其人去与威尼斯人作战。

正因为在土耳其人的统治之下希腊还是有希望的，因此他们才愿意接受土耳其人的统治长达数百年。

反抗与独立　当然，这也并不是说在这数百年之中所有希腊人都甘心接受作为穆斯林的异教徒与别的民族的统治，也有希腊人起来反抗，只是规模不大，几点星星之火而已，也并没有得到广大希腊人的普遍支持，这也是他们失败的主要原因。

到了19世纪，随着土耳其帝国的衰落，这种起义就越来越多了。到1821年4月，一位起义领袖热马罗斯主教在摩里亚北部向一面希腊的旗帜进行了祝福，同时宣布起义，正式开启了希腊独立战争，后来这一天也被宣布为希腊国庆日。

起义者们向摩里亚的土耳其人发动了攻击，他们不但攻击土耳其的军队，还杀向了普通的土耳其平民，据估摩里亚40%的土耳其人都被屠杀了，其余的也是逃走了方幸免于难。

这样的暴行激起了土耳其人的极度愤慨，为了报复，土耳其人在他们统治的希俄斯岛对当地的希腊人也进行了大屠杀，这就是著名的“希俄斯大屠杀了”。

土耳其人的暴行虽然事出有因，但还是在欧洲激起了广泛的指责，这也成了他们后来干预起义的重要原因，当时法国最杰出的画家之一德拉克洛瓦更为此画下了杰作，名字就叫《希俄斯的屠杀》。

希腊人的起义、希俄斯发生的可怕的大屠杀，当然主要是因为希腊在西方文明中的核心地位，这些都在欧洲激起了巨大的反响，不但是政府，更是许多欧洲人，既有百姓也有精英，他们纷纷参与到希腊独立战争中来，有的出钱，有的直接参战，在这些支持希腊人民独立事业的人当中，最有名的就是拜伦了。

后来拜伦还死在了希腊的军营中。拜伦去世之后，不但全希腊为之哀悼，也在欧洲产生了巨大的反响，更多的志士从各地赶来支持希腊人民的独立事业。

这时候，欧洲主要大国再也不能无视希腊人民的独立要求以及土耳其人的暴行了。

于是，当时三个最强大的欧洲国家英国、法国与俄国终于联合起来进行干涉。不久，他们就与土耳其海军在伯罗奔尼撒西部的纳瓦里诺湾展开了大海战。

纳瓦里诺海战在海战史上也是有名的，因为它是最后一次使用帆船的大规模海战，此后的大海战就是靠蒸汽机而不是风力驱动的了。

战斗的进程相当特别。本来，土耳其人已经在纳瓦里诺湾中停泊，这里是土耳其人的地盘，但联军的舰队奉命同样进驻这里，但是他们同时也得到要求，就是不可以主动攻击。

于是就发生了这样的一幕：土耳其人的战舰稳稳地停泊在海湾里，外面来了一大群的敌方舰队，但双方这时候并没有正式宣战，因此大家一开始并没有火拼。联合舰队的军舰慢慢地开进了土耳其人占据的海湾，这时候，土耳其人发出了信号，说不准他们进去。这时候，联合舰队是以最强大的英国舰队一马当先的，后面跟着法国人，另一边则是最后跟进的俄国舰队，以两个纵队的方式进入海湾。英国人清楚地告诉土耳其人，他们必须进入，倘若土耳其人敢先开火，他们将遭到灭顶之灾。这时候大家心里清楚，土耳其人是打不过强大的联合舰队的，就是其中一家都打不过，何况是三家联合作战！

一开始土耳其人也的确不敢开战，但后来看到联合舰队如此大模大样地开进了他们的海湾，对于一个军人而言可以说是公开的侮辱，于是，土耳其人终于沉不住气了，他们放出了火船，准备烧掉敌舰——这应该不算开火吧！英国人当然不能让这些火船过来烧自己，于是向火船开炮了，土耳其人也开始还击，于是海战就这样爆发了！

战斗的结果不用说了，土耳其人再次惨败，实际上整个舰队都被摧毁了。

此战之后，土耳其人并没有投降，苏丹甚至还以哈里发的名义向全体穆斯林发出了圣战的号召，要与欧洲基督徒决一死战。但这是没有用的，俄罗斯人乘机又一次发动了俄土战争，也是漫长的俄土战争的第九次，俄罗斯人在黑海沿岸打败了土耳其人，强迫土耳其人签订和约，又割让了大片土地。

而与此同时，法国人也出兵中部希腊，南部希腊早就在起义军的控制之下，在他们的支持之下，中部义军也乘势出击，迅速占领了大片地区。

在这样的背景之下，土耳其苏丹自知无力再战，于是双方终于坐下来谈判了。

到1832年，召开了有关希腊独立的伦敦会议，英法俄三巨头决定建立独立的希腊王国，并指定德意志巴伐利亚的王子奥拓为国王，还商定了土耳其与新希腊的边界线。这条边界线将北部希腊的大片地区划给了土耳其，还同意向土耳其支付一笔巨款，作为其丧失了希腊领土的赔款。但同时又承认了希腊的独立与自由，并且三强同意为未来的希腊独立提供保证。

最终，和谈各方于1832年5月7日正式签署了君士坦丁堡条约，希腊人在被土耳其人统治了四百余年之后，终于获得了独立与自由。

第三十五章　海洋帝国——意大利

在这一章我们要讲意大利的历史。

不过，讲的不是整个意大利的历史，而是意大利历史的一部分。

之所以要讲威尼斯的历史，不但因为它是西方大国之一意大利历史的一部分，而且因为它是西方历史上的重要一幕、即西方基督教与东方伊斯兰教之间大战的非常重要的一部分。

自从伊斯兰教诞生之后，就与基督徒展开了大战，最早是东罗马帝国与阿拉伯帝国之间的大战，然后是塞尔柱人与东罗马帝国之间的大战，塞尔柱帝国衰败之后就是我们上面讲过的十字军东征了，依然是基督徒与穆斯林之间的争战。

这种极为血腥残酷的争战到十字军东征结束时已经持续了超过500年之久，这是一段相当漫长的岁月，即使孙悟空压在五行山下也不过500年就出来了，但伊斯兰教与基督教之间的战争却远未结束，更为残酷的大战已经遥遥可见。

这次在基督教世界的力量方面可以分成三大部分，分别是东罗马帝国、威尼斯人以及法国、西班牙等欧洲诸强。

在伊斯兰教方面则只有一个，就是新生的奥斯曼土耳其帝国。

这也将是基督教与伊斯兰教之间最为长久的战斗，将一直要持续到近代世界。

而其中最为持久与血腥的战斗就发生在威尼斯人与土耳其人之间。

威尼斯位于地中海中北部的亚德里亚海北部海岸，被称为“亚得里亚海的女王”，它也是一个“水之都”，因为它的主体就建立在亚得里亚海沿岸的近120个岛屿上，此外还包括一个潟湖以及连接大陆的一个小半岛。城里还有波河与皮亚韦河流过，可以沟通大陆。

最早的威尼斯只是一个小渔村，生活着一些靠在亚德里亚海捕鱼为生的渔民，后来，到了罗马帝国后期，由于不断受到蛮族的攻击，有些罗马市民便逃到了这里，因为这里有一个好处，就是比较隐秘，也比较安全。栖身在这么多的小岛之上，那些来自大陆的蛮族是不大会来攻击的。

特别是当阿提拉攻击意大利半岛之时，更有不少难民涌到了这里，于是这里慢慢地就不是渔村了，而变成了一座小城市。后来这里属于东罗马帝国了，但一直保持一定程度的独立性，并且这里与其他属于贵族统治的城市不一样，而是实行了一种民主共和制，当然主权依然属于东罗马帝国。这样做对它也是有好处的，因为东罗马帝国这时候是东地中海地区最强大的力量，作为帝国的一部分，对于威尼斯赖以为生的贸易当然是有好处的，而帝国也因为威尼斯人的忠诚而给了它不少贸易特权，这些特权是威尼斯得以崛起最早的重要因素。

到中世纪时，威尼斯开始了大规模的建设，威尼斯不但面积不断扩大，也更加安全了。

为了对付外敌、保护城市，威尼斯建立了自己的军队，由于威尼斯是海上城市，军队当然主要是海军，不久之后，威尼斯就拥有了一支规模相当大的海军。

这时候阿拉伯人已经崛起了，并且进入了地中海，于是威尼斯也开始与之争斗。何况它是东罗马帝国名义上的属邦，要义务提供帮助。

在这种战斗中，威尼斯人的海军不断壮大，成为地中海中最为强大的武力之一。

到十字军东征开始的时候，威尼斯人已经拥有地中海中最大的船队了，所以威尼斯人几乎从一开始就卷入了十字军的事业。例如早在第一次东征时，威尼斯就曾派出由近200艘船组成的舰队沿着地中海岸前进，帮助十字军占领了一些叙利亚的地中海沿岸城市。当十字军在地中海东部沿岸建立了一些小国之后，威尼斯人自然也从中得到了许多贸易上的好处。特别是1117年左右，威尼斯总督法里奥率领由多达百艘船只组成的舰队驶入东地中海，帮助耶路撒冷国王鲍德温一世夺取了阿卡城。

这时候的威尼斯已经富甲天下了，这必然地引起了许多人的嫉妒，特别是在东罗马帝国的首都君士坦丁堡，威尼斯商人们从贸易中获得的财富要远过于本地商人，他们自然不忿，于是掀起了一场反对威尼斯人的运动，没收了许多威尼斯人的财产，还将许多威尼斯商人驱逐或者监禁。

这自然激起了威尼斯人极大的愤怒，也为后来第四次十字军东征中威尼斯人对君士坦丁堡的抢掠埋下了火种，具体的过程我们前面已经说过了。

十字军占领君士坦丁堡后，威尼斯人也参加了抢劫，并且将许多君士坦丁堡的珍宝运回威尼斯，其中包括四匹铜马，它们现在还被安放在圣马可教堂顶上，是威尼斯的象征之一。

特别是，随后实际上是以威尼斯为主对拜占庭帝国进行了瓜分，威尼斯几乎获得了爱琴海中的所有重要岛屿，以及希腊半岛沿岸的许多重要港口。

总之，自此之后，原来强大的东罗马帝国再也没有从这次可怕的大灾难中恢复过来，威尼斯人却从此成了爱琴海以至于整个地中海中最强大的力量，成为地中海的海上霸主，也建立了一个以地中海为中心的“海洋帝国”。

这时候的威尼斯人达到国势的第一个鼎盛之点，为了纪念他们顺利建成了这个伟大的海洋帝国，威尼斯人每年都要举行非常热闹的庆典，特别是每年复活节的庆典。这时候，威尼斯的总督都要坐上他的“金船”，这是一艘装饰得极为华美的双层甲板大帆船，上面还有巨幅的大画，描绘着大海的壮丽以及威尼斯的狮子纹章。在一大群“刚多拉”的簇拥之下，金船往亚得里亚海上驶去。到了大海后，威尼斯的主教就开始祈祷了，祈祷过后，总督就从自己的手上摘下一枚黄金精制的结婚戒指，将它抛入大海，以象征威尼斯人已经与大海结婚，大海也成了威尼斯人的新娘，总督还要以固定的辞句做出宣示：“哦，大海啊，我们已经与你缔结姻缘，对你有真正的、永久的主宰！”

当然，这个过程也不是一帆风顺的，中间也有波折，当然也有战争，在威尼斯人遭遇奥斯曼土耳其人之前，主要的对手就是热那亚。

热那亚在意大利半岛的位置大致与威尼斯相对，威尼斯在东、热那亚在西，一个面朝亚得里亚海，另一个则面朝第勒尼安海。热那亚的历史甚至比威尼斯更加悠久，早在第二次布匿战争的时候已经建城了，到了中世纪，热那亚已经成为一座繁荣的海港城市，十字军东征时也多次从这里出发，后来也建成了一个独立而强大的与威尼斯相似的海洋共和国，不但在意大利半岛上占有不少地盘，而且在地中海沿岸有好几个殖民地，甚至远至黑海和北非都有，其中地中海中的两个大岛西西里岛与撒丁岛都一度属于它。当其最强盛的时候，控制了整个的第勒尼安海，当然也是地中海中最强大的力量之一。

热那亚的崛起必然地与威尼斯人产生了冲突，其后果就是著名的威尼斯—热那亚战争了，这不但是威尼斯扩张过程中极为重要一环，也是发生在地中海中最大规模、持续时间最久的海战之一——长达百余年，从1256年直到1381年。

第一次威尼斯—热那亚战争发生于1256年至1270年之间，战争的起因是我们前面说过的位于地中海东岸的港口阿卡。这里是十字军在地中海岸的主要港口，也是这时候基督教世界与伊斯兰教世界贸易的主要窗口，而这样的贸易也是当时利益最丰厚的贸易。

当时，在阿卡城里既有威尼斯商人，也有热那亚商人，他们在城中建立了各自的社区，各种小摩擦一直不断。终于有一天爆发了大规模冲突。由于热那亚人有不少当地权贵撑腰，在城中实力更大，他们冲进威尼斯人的社区打砸抢，威尼斯人损失惨重。得到消息后，威尼斯人便从本土派出了舰队，直抵阿卡城外，威胁城内的热那亚人，第二年又在阿卡外的海面上打败了一支从热那亚过来的舰队，取得了地中海中的海上优势。

但战争并没有分出胜负，而且1261年之时热那亚人就取得了大胜，地点就是在君士坦丁堡。

我们知道，君士坦丁堡在第四次十字军东征时被以威尼斯人为首的十字军给占领了，建立了所谓的拉丁帝国，但东罗马帝国并没有就此灭亡，皇室成员们在君士坦丁堡之外继续抵抗，特别是米海尔八世，他与热那亚人联络上了，表示只要热那亚人帮助他重占君士坦丁堡，就将原来帝国内属于威尼斯人的贸易特权全部转交给热那亚人。

热那亚人自然高兴，于是答应了。后来，经过一个奇迹般的小战事：一小队米海尔八世的军队在热那亚人的支持下，利用一个侧门和一段易入攀爬的城墙潜入了城内，然后打开了一扇城门，然后冲入城内，由于城内的人们早已经恨透了这些拉丁人的统治，因此几乎没有做任何抵抗，东罗马帝国就这样收复了君士坦丁堡。热那亚人就此打破了威尼斯人在东罗马帝国境内的贸易优势。只是后来他们又与米海尔八世发生了冲突，这位狡猾的皇帝并没有真的赶走威尼斯人，而是让他们同时存在，以互相制约。

不过在海上，这时候的威尼斯海军更加强大，屡次打败热那亚人的舰队，但也有一次比较大的失利，损失惨重。

到1270年时，由于当时的法王路易九世要进行新的十字军东征了，必须有海军帮他运送部队，所以在他的强烈要求下，双方停战了，可以说是无果而终。

由于这样的停战是被迫的，所以也只会是暂时的，双方都在不停地整军备战。

到1294年又开战了。但开战不久威尼斯人就吃了大亏，他们的一个舰队被热那亚人摧毁了。而且这时候的热那亚人已经组织起了一个庞大的舰队，利用这支强大的海上力量，热那亚人取得了在地中海中的压倒性优势，一时之间，威尼斯人再也不敢与热那亚人正面作战，只能躲着打，但他们不停地袭击热那亚人的商船队，也使热那亚人损失惨重。

在这种情形之下，热那亚人决定直攻威尼斯本土。

于是，1298年，一支强大的热那亚舰队在纳姆巴·多利亚的指挥下，驶入了亚得里亚海。

由于这里是威尼斯人的大本营和后院，一直避战的威尼斯海军被迫迎战，在他们的统帅安得利亚·唐多罗的指挥下，在亚得里亚海东北部的考库拉岛附近海域与热那亚人的舰队展开了大战，这也是双方之间最大的一场海战，结果威尼斯海军在优势敌人的打击之下几乎全军覆没。

倘若热那亚人乘胜前进，直抵威尼斯，很可能取得这场战争的胜利。但是，一则由于在这一仗中热那亚海军损失也较大，同时又发生了内乱，便回国去了。这是1298年的事，第二年，双方就停战了，实际上又没有分出胜败。

这里还有一件细小的事后来产生了巨大的影响，就是热那亚人在这场海战中俘虏的威尼斯人当中有一个人，他被关在热那亚人的监狱里，无聊之际，通过口授的方式写下了一部著作，介绍了他此前在东方世界的人生经历以及那个世界的无比富饶。这个人的名字叫马可·波罗。

沉寂了近50年之后，1350年，威尼斯与热那亚之间的大战再次爆发，这次主要是因为争夺黑海的贸易优势，这时候的黑海已经成了欧洲与整个东方世界最主要的贸易通道，于是，围绕着黑海的商业利益，威尼斯人与热那亚人之间又不可避免地冲突了，然后就走向了战争。

其实，这时候双方并没有多大的本钱作战，因为此前几年，欧洲爆发了可怕的黑死病，我们在薄伽丘的名著《十日谈》中可以看到对它的生动描述，它的故事大背景就是1348年佛罗伦萨发生那次大瘟疫时可怕的情形，书中是这样说的：

> 无论白天还是晚上，都有很多人倒毙街头。很多人死在家里，直到他们的尸体腐烂发出了臭味，邻居们才知道他们已经死了。就这样，城里到处尸体纵横，活着的人要是能找到脚夫，就叫脚夫帮着把尸体抬到门口，找不到脚夫，只好自己动手，他们这样做并不是出于恻隐之心，而是唯恐腐烂的尸体威胁到他们的生存。……一个尸架上常常载着两三具尸体，往往是夫妻两个，或者父子两个，要么是两三个兄弟，一次被抬走。

这时候的威尼斯也有几乎完全一样的情景，这是当时威尼斯的一位历史学家描绘的情形：

> 疫情十分猛烈，死尸遍布广场、门廊、墓地和所有神圣场所。夜间，许多尸体被埋在公共街道上，有的被埋在自家地板下；许多人没有作告解就死掉了；尸体在被抛弃的房子里腐烂……父亲、儿子、兄弟、邻居和朋友为保命互相抛弃……医生为了躲避疫病，不给任何人看病，逃离病人……同样的恐惧萦绕在神父和教士的心头……关于这场危机，没有人能理智地思考……整个城市就是一座坟墓。

但就是这样巨大的灾难也无法阻挡战争的来临，就在黑死病刚刚结束的1350年，威尼斯与热那亚又爆发了新的战争。

双方就在撒丁岛西北海岸的阿格罗附近海域进行了一场大海战，结果威尼斯舰队取得了大胜，几乎摧毁了热那亚人的整支舰队。

在这种情形之下，热那亚人投向了强大的米兰公爵，成为他的附庸，得到了他的帮助。

于是，在米兰公爵的援助之下，热那亚海军大胜，几乎俘虏了整支威尼斯舰队。

这样一来，威尼斯就支撑不下去了，于是双方签订了和约，威尼斯人暂时放弃了整个亚得里亚海东北的达尔马提亚。这就是第三次威尼斯—热那亚战争，算是热那亚人取得了胜利。

这当然不会是威尼斯—热那亚战争最后的结局，20余年之后，1377年，双方又爆发了战争，这是第四次的威尼斯—热那亚战争了，距第一次已经过去了120年之久！

开战之初，威尼斯便处于了劣势。幸好这时候威尼斯也得到了一个大帮手，就是米兰公爵，原来，当热那亚人在第三次威尼斯—热那亚战争中取得胜利后，热那亚还清了欠公爵的债务，此后就不肯继续当附庸了，公爵愤懑不已，于是就干脆与威尼斯人联合起来了。

这一次的威尼斯—热那亚战争规模比前几次都要大，其中最决定性的一战就是吉奥佳之战。

之所以有这个名称，是因为战争发生在威尼斯城之南的吉奥佳镇。这里地理位置十分重要，因为扼守住了威尼斯南部大门，当然，倘若它被占领，也就意味着它的南大门被封锁了，而往北就是陆地，这时候热那亚人的盟军帕多瓦人和匈牙利人已经用强大的陆军在陆了封锁上威尼斯，这样一来，倘若吉奥佳被占领，就意味着威尼斯整个被包围了。

威尼斯人当然也知道厉害，于是派出了一支三千人的军队——对威尼斯而言这已经是大军了——去防守吉奥佳。

但热那亚人的统帅皮耶托率领一支强大的海军迅速突破了威尼斯外围的水道。突破之后，他的大军就通过潟湖，直抵吉奥佳，虽然吉奥佳守军拼命抵抗，但在敌人优势兵力的打击之下崩溃，热那亚人顺利占领了吉奥佳。

这就意味着他们将整个威尼斯团团包围了，这是1379年8月的事。

威尼斯人看到大事不妙，就派出使节求和，他们递给热那亚人一张白纸，表示热那亚人可以提出任何条件，只要让威尼斯保持独立与自由。言下之意是只要放过威尼斯城，它的所有海外殖民地都可以割让，巨额赔款当然也不在话下。

按理说这几乎是投降了，热那亚人也可以不战而获得巨大的利益，就是当初罗马人对迦太基人在最后一次布匿战争之前也提出了和平的条件——虽然是十分苛刻的条件，但这时候皮耶托露出了他的极端傲慢，他的回答是“在我们把缰绳套在圣马可广场上的驷马铜像上之前，不会有和平”。也就是热那亚人一定要彻底征服威尼斯，剥夺它的自由。

在这样的情形之下，威尼斯人决心死战到底。

所有市民全部动员起来，人人出钱出力，特别是在民众的强烈要求之下，这时候因为一次失利被投入狱中的名将皮萨尼被释放出来，担任了威尼斯的城防司令，实际上成了威尼斯的军队统帅。他在观察了战场的形势之后，萌发了一个大胆而富有创见的主意。

这时候，热那亚人的主力尽在吉奥佳镇内，吉奥佳位于一个小岛之上，有三条水道与外界相通，其中主要的是所谓的伦巴第水道。于是，这一天，由皮萨尼与威尼斯的总督亲自率领威尼斯的几乎全部海陆军，偷偷驶向了亚得里亚海，又驶近了吉奥佳，他们先做出姿态，要在两条通向大海的水道边建立碉堡，皮耶托率军从吉奥佳镇冲出来，将这些人打得大败，逃回威尼斯去了。于是皮耶托扬扬得意地回去了，他也看到了威尼斯人想要封锁他的意图，但他相信自己的海陆军足以如今天一样让威尼斯人的计划不能得逞。倘若真的这样战斗，的确可能这样，但他没有想到的是，就在他与威尼斯人作战的时候，威尼斯另外派出的两艘柯克船已经偷偷驶进了伦巴第水道。柯克船是一种体积庞大的商船，不能用来打仗，但可以运载很多东西。这两艘柯克船驶进伦巴第水道后，船员们立即将船底凿开，不久就沉入了水底

由于伦巴第水道并不宽阔，水也不深，这样两个大家伙沉进去，就等于是将整个水道封锁住了。

此后，皮萨尼又率领他的舰队在另外两个水道之中也投掷了障碍物，并且舰队时时守住了两个出口，防止热那亚人冲出来。而这时候，为了进攻威尼斯城，皮耶托已经将他的全部军舰都开进了潟湖。

这样的结果是，本来想要包围威尼斯的热那亚人现在反而被包围了。

等热那亚人明白威尼斯人的意图后，立即发动了反击，想要打通水道，但他们发现想要在这样的情形之下移开那些巨大的柯克船是不可能的。于是他们一次次地往外冲，但都被威尼斯人拦住了。

但皮耶托并不十分担心，因为他在镇内还有比较充足的给养，而威尼斯城同样也

被包围了，特别是威尼斯人口众多，需要的粮食给养也多得多，在包围之下是坚持不了多久的，只能投降。等城内的威尼斯人投降，外面包围的舰队自然也得投降了。

这当然也是事实，因此，虽然包围了吉奥佳，但威尼斯城内的情况更是紧急，粮食越来越紧缺，威尼斯城内也出现了投降的声音，有人还主张彻底放弃威尼斯，将全部居民移往威尼斯的殖民地去。

但皮萨尼坚决反对这样的想法，说只要他们能够坚持，就一定可以打败热那亚人，他还拿出了撒手锏，指出另一个海军大将泽若还率领了一支强大的舰队在外，只要他及时赶回来，就一定可以打败吉奥佳镇内的热那亚人，从而赢得战争的胜利。这样的理由当然是成立的，于是双方继续僵持着。

到了1月1日，在亚得里亚海，远远地，海面上出现了桅杆的尖顶，当然，这也可能是热那亚人的援军，倘若如此，威尼斯人就彻底完蛋了。但不是！而是泽若的舰队。此时，泽若已经在地中海中游弋一年多了，他的主要任务是打击热那亚人在地中海中的商船队，他几乎打遍了整个地中海，从第勒尼安海直到靠近地中海东岸的罗得岛，收获巨大，仅捕获的敌船就有70艘之多。

泽若的到来使威尼斯士气大涨，相反，热那亚人则惊慌失措。于是他们想尽一切办法要冲出威尼斯人的包围，他们的军舰也一次又一次地冲向两条道向地中海的水道，但都被威尼斯的舰队打败了，损失惨重，主要是由于这时候的航道已经被威尼斯人用各种的障碍物弄得很狭窄了，想要出来非常不容易，何况外面有威尼斯人的军舰不停地猛攻，怎么出得来呢？当然，这还不足以取得胜利，在吉奥佳镇内还有着热那亚人的大部队呢！他们也封锁了威尼斯，要解开威尼斯之围就要消灭这批敌人。

于是，威尼斯人向吉奥佳发动了猛烈的攻击，热那亚人拼命抵抗，战斗异常激烈。特别是在拉雷多要塞，这里是热那亚人主要的防御阵地，皮耶托就在这里坐镇指挥。

这时候，威尼斯人的一件重型武器产生了重要作用，这是一种巨型的射石炮，用铸铁制成，炮弹就是巨大的石头，可以发射重达百斤的“炮弹”——就是球形的大石头。

威尼斯人用这样的射石炮猛轰拉雷多要塞，有一天竟然将皮耶托给打死了，虽然热那亚人又有了新的司令，但形势已经十分危急。

当然，处于饥饿状态中的威尼斯也一样危急，于是，威尼斯人任命泽若为陆军总司令，以打下吉奥佳镇，这时候威尼斯人已经将所有能够动员的力量都动员起来了，泽若已经拥有了一支达1.5万名的军队，他率领这支大军向被困在吉奥佳镇内的热那亚人发动了猛烈的进攻。两军在吉奥佳镇外的桥上、水道上、堡垒里展开了殊死搏斗，热那亚人一次次地想冲出来，冲向大海，威尼斯人同样想冲进去，消灭镇内的敌人，但双方都没有成功，只留下了大堆的尸体。

热那亚人当然也早想到了来自本土的支援，其实这时候热那亚已经派出了一支强大的舰队驶进了地中海，并抵达了威尼斯。但这时候威尼斯人已经士气高涨，舰队严阵以待，打了几仗之后，热那亚援军知道无法战胜敌人，只好回去了。而困在吉奥佳的热那亚人以为只要外援到达就可以反败为胜了，但结果竟然这样！而这时候吉奥佳镇内几乎弹尽粮绝。

在这样的情形之下，热那亚人被迫投降，这是1380年6月的事。

这也标志着第四次威尼斯—热那亚战争的结束。

就这样，威尼斯在持续百余年的威尼斯—热那亚战争中，终于取得了胜利，并且为此后的进一步繁荣昌盛奠定了基础，成了地中海中最为强大的力量，也成为整个西方世界最强大的力量之一，其力量足以与当时的大国如英国与法国等相匹，甚至被称为帝国——海洋帝国威尼斯。

以一座城市而成为一个帝国，这是世界历史上绝无仅有的。

所以，虽然意大利自从古罗马之后一直衰弱不堪，但由于有威尼斯的存在，足以说明它并不是真的弱者，而且终有一天，会重新统一而强大。

第三十六章　意大利的统一

我们上章讲完了希腊的独立，又讲了作为意大利一部分的威尼斯建立起来的海洋帝国，由此可知，虽然意大利一直没有统一，但可不是如希腊一样只是一个被异族异教统治的可怜虫，而依然有着强大的力量，因此仅仅依靠一座城市就可以建立一个帝国。虽然这个帝国与一般意义上的政治与军事的帝国不是一回事，实际上只是一个商业帝国，但却依然有着强大的力量，甚至一度是整个地中海的霸主，这样的力量在任何时代都是不可小视的。也因此才值得我们在这里专章讲述。

但威尼斯的海洋帝国并不长久，后来与最大的对手奥斯曼土耳其经过了七次奥斯曼—威尼斯战争，最终失败，帝国也衰落了，最终沦为了一座只是比较富庶的意大利城市而已。

这时候，就要轮到整个意大利来说话了，而这个自从遥远的古罗马以来就是西方重要部分的国家，在分裂了千年之久后，终于要走向统一了。

现在我们来讲意大利的独立与统一。

我们知道，意大利与希腊一样，都是西方文明的两大早期核心，一个以文化名世，另一个则以武功名世，各有擅长，就像西方文化中的双璧一样，一文一武，交相辉映。

我们前面已经说过了古罗马及其崩溃。

崩溃之后，意大利一度被日耳曼蛮族东哥特人统治，后来东罗马帝国的查士丁尼大帝驱逐了东哥特人，重新将几乎整个意大利都纳入自己的版图，但为时很短。

不久之后，一支新的强大力量入侵了意大利，那就是伦巴第人。

伦巴第人最早生活在斯堪的纳维亚半岛南部，后来随着人口的繁盛，逐渐强大起来，并且开始往外掠取新的土地。

他们先到达了日耳曼人生活的西北部地区，后来继续往南，灭掉了日耳曼人的一支格皮德人之后，力量更加壮大。于是继续南下，就到达意大利半岛北部了。

这时候的意大利北部可以说是满目疮痍，由于连续不断的战争，使这里几乎荒无人烟了。东罗马帝国与这里相距遥远，无暇顾及，因此伦巴第人得以轻松地进入并且占领了意大利北部，然后继续南侵，也占领了意大利中部，后来他们在这里建立了伦巴第王国。

这个王国也被称为意大利王国，这也是最早称之为“意大利”的国家了。

这个王国存在了两百余年，即从6世纪中期到8世纪中期。

这时候，另一个更为强大的力量出现了，这就是我们前面讲过的另一支日耳曼人——法兰克人。他们占领了原来属于罗马帝国的整个高卢地区，建立了强大的法兰克王国，后来更涌现了一个伟大的君主，这就是查理曼，由于其建立了一个大帝国，因此又被称为查理曼大帝（Charles the Great）。

查理曼大帝所要征服的主要目标之一就是南部的伦巴第人，经过一系列的战争，他于774年征服之，灭掉了伦巴第王国，将其领土纳入自己的版图。

此后的事我们前面也提过了，814年，查理曼死了，他的儿子路易继位，840年路易死后，他的大儿子罗退尔继位称帝。三年后，他和两个弟弟在凡尔登签订条约，将国家一分为三：秃头查理获得法兰克西部、日耳曼路易获得法兰克东部、罗退尔获得法兰克中部和南部。

这三部分后来就形成了三个独立的国家，分别是法国、德国、意大利。

不过罗退尔领有的只是意大利的南部与中部，南部或者说中南部依旧由一些伦巴第贵族的统治，但不再称为王国，而是公国。其势力不断壮大，一度在意大利中南部拥有大片领土。

至于半岛的最南部，这里长期忠于东罗马帝国。

但这只是大致的情形，实际上，这时候的意大利已经是四分五裂。

我们知道，中世纪的特点就是封建制，所谓封建就是封邦建国，由于种种原因，意大利产生了许多的小国家。到了1000年左右时，意大利已经被分割成了10个以上的大小国家，如伦巴第王国、维罗那侯国、托斯卡尼侯国、贝内文托公国、教皇国，等等，当然还有著名的海上霸主威尼斯共和国，其具体情形难以尽叙。

除了这些比较大的国家之外，中世纪时，在意大利特别是其北部还有许多的城市国家。这些国家有点像古希腊的城邦，面积不大，通常只有一个城市及其附近的郊区，当然有的也比较大，如威尼斯和热那亚，那是因为它们有海外领地。大部分的城市国家只是一个或者几个城市而已。

这些城市国家虽然面积不大，人口也不是很多，却在意大利乃至世界的历史之中扮演了重要角色，因为正是这些城市国家促成了伟大的文艺复兴。其中最伟大的代表当然就是佛罗伦萨了，许多伟大的文艺复兴巨匠，如艺术的三大师——达·芬奇、米开朗琪罗与拉斐尔，还有文学的三大师——但丁、彼特拉克与薄伽丘，等等，都来自佛罗伦萨，所以其是文艺复兴的中心。此外还有米兰、那不勒斯、比萨、帕多瓦等等，为数很多。

这些城市国家之间为了争夺领土也互相争斗，甚至爆发战争，不过参战的主要是由雇佣军而不是城市平民，因为这些城市国家的领导者大都是些商人，城市本身也比较富有，因此他们都出钱请人帮自己打仗，这也是意大利城市国家战争的一大特点。

到1494年，意大利北面的强邻法国入侵了。

这次入侵实际上是意大利人自己导致的，当时统治米兰的卢多维科·斯福尔扎为了对抗日益强大的威尼斯人，竟然主动将法国人引入了意大利。1494年，法王查理八世率军进入意大利。对于这些小小的意大利城市国家而言，这是一支简直无法抵抗的大军，因此他们也就不加抵抗，任由法国人进入比萨、佛罗伦萨，甚至进入了罗马。

但唯有那不勒斯人不服气，杀了法王派来的使节。

为了报复，法国人包围了那不勒斯，攻克之并且将城中所有人都杀戮殆尽。

这激起了意大利人的极大愤慨，但他们又怕打不过法国人，于是以威尼斯人为首，联合了意大利各主要国家，还有神圣罗马帝国以及西班牙人，组成了一个大同盟，向法国人开战了。

最后，法国人被从意大利赶走了，查理八世劳师动众，结果一无所获。这是1495年7月6日的事。

但这只是漫长的意大利战争的序曲而已，此后这样的战争还爆发了多次，这里就不一一述说了。

长达百余年的意大利战争结束后，因为在意大利战争期间，欧洲的几大力量法国人、西班牙人与德国人（神圣罗马帝国、以奥地利为核心的哈布斯堡王朝）深深地介入了意大利，意大利已经不再是意大利人的意大利了，而成了大国角力的战场，也成了战利品，胜利者得之、失败者失之。

到1789年法国大革命爆发后，奥地利成为反对大革命最积极的国家之一，由于它统治着北意大利，因此从这里出兵攻击法国，使法国面临腹背受敌的被动局面，为了摆脱之，革命政府派出了军队进入意大利，一开始取得了一些胜利，但后来陷入了难以自拔的困境，既不能进、又不能退，骑兵没有马、步兵没有枪，甚至连吃的穿的都没有。正是在这种情形之下，拿破仑被任命为意大利方面军司令，前来处理这个烂摊子。

结果，拿破仑统领这支打扮得像叫花子、却士气高涨的队伍，大败了敌军，统治了意大利。

拿破仑于1799年11月发动了雾月政变后，兵不血刃地成了法国的统治者。

此后，拿破仑又把目光转向了他赢得荣誉的意大利。经过有名的马伦哥之战等，拿破仑不断击败奥地利大军，占领了几乎整个意大利。

拿破仑将意大利分成北南两部分，北部建立了所谓的“意大利王国”，他自己担任国王，并且是他所建立的法兰西帝国的一部分，南部建立了那不勒斯王国，他最亲信的大将之一、妹夫缪拉是国王。

后来拿破仑的命运我们也知道，1814年他因征俄失败而实力大损，最后在第六次反法同盟的大军压境之下，帝国崩溃了，不得不宣布投降。

根据这一年召开的维也纳会议，意大利要恢复原状，也就是奥地利将重新恢复昔日的地盘，包括威尼斯以及北意大利的大片领土。

但这时候的意大利已经不是过去的意大利了，意大利人民已经觉醒了，他们要求建立属于自己的国家！

于是，一场新的运动——统一意大利的运动——就开始了。

在统一运动之初起主要作用是著名的烧炭党人，这个组织成立于19世纪初，其参加者主要是一些中产阶级与知识分子，不但热爱意大利而且富有革命的浪漫主义精神，也非常勇敢。但由于他们总只是一小撮人，热衷于搞小规模的密谋暴动，因此总成不了气候。

原因不难理解：几十个几百个革命者面对成千上万的奥地利镇压者时，他们如何是对手呢？但不管怎样，他们在欧洲是很有名的，连拜伦也一度是积极的参加者，甚至准备和他们一起举行武装起义，不成功才跑到希腊去的。

除了烧炭党人之外，独立运动最重要也最有名的两个领导者就是马志尼和加里波第。

这两位都是历史上有名的人物，因他们对祖国的忠诚与无私奉献而一直受到广泛的崇敬。

马志尼建立了自己的革命组织，叫“青年意大利”，这个组织与烧炭党人不一样的是，烧炭党人总是想组织一小撮人搞秘密活动与起义，在马志尼看来这是不行的，在取得革命的胜利就要发动全体人民起来共同奋斗，他后来的起义活动也都是这样子的，不再是小规模的暴动而是大规模的起义。其目的当然是统一意大利，因此组织的目标是在意大利建立“统一、独立、自由的共和国”。

1848年时，欧洲许多地方都爆发了革命，这些革命与马志尼思想的影响是分不开的，在意大利当然也是如此，特别是米兰人民，发动起义，赶跑了奥地利人并且建立了自己的政府。马志尼听到这大好消息后，也赶到了米兰，但他在这里并没有受到自己意料中的欢迎，为什么呢？因为这时候已经爆发了第一次意大利独立战争，米兰就是战争的中心地之一，但这次战争并非马志尼所希望的一样将建立人民的政府，而是由当时的皮埃蒙特–撒丁王国的国王查理–阿尔伯特收获了革命的果实。

这时候他已经对奥地利宣战，发动了正式的国家之间的战争。

但后来查理–阿尔伯特被击败了，法国人也出兵支援教皇，进抵罗马，经过两个月的围攻，攻陷了罗马城。

后来，马志尼与独立的最主要力量撒丁国王以及他的首相加富尔发生了严重的对立，但结果是马志尼错了，他所反对的撒丁王国与法国的联盟已经发动了第二次意大利独立战争。

拿破仑三世派出了一支近20万的大军通过铁路开赴意大利北部——这也是历史上第一次大规模地通过铁路运送部队，撒丁王国也出动了倾国之兵，而且双方都是由君主亲自出马统帅部队。奥地利人则出动了近25万大军，由皇帝弗朗茨·约瑟夫一世亲自出马统帅。因此这可以说是一场真正的“三王会战”，也是西方历史上最后一次参战各方均由君主亲自出马指挥的大规模会战。

到了1859年6月，三位君主在意大利北部的索尔费里诺进行了大会战，这就是索尔费里诺之战。

这场战争规模很大，但并不精彩，因为并没有什么高明的战略指挥，而原因就在于主要的两个指挥者即法国和奥地利的皇帝都并没有直接指挥军队作战的经验，因此双方基本上是硬碰硬的遭遇战与阵地战：要么是在行军途中相遇，于是展开血战，要么就是向敌人的阵地发起猛烈的冲锋，然后又是一场血战。正因为这样，因此战场景象十分残酷，尤其是有许多战斗是通过双方的拼刺刀分出胜负的。我们可以想象：当成千上万人在战场上用刺刀的相互搏杀时，那是何等的残酷与血腥，那是比通过子弹与大炮的攻击要残酷与血腥得多的！

正是因为这样的血腥，导致了两个在历史上都产生了深远影响的结果，就是国际红十字会的建立。

第二次意大利独立战争后，到1861年，撒丁王国正式宣布成立意大利王国，撒丁国王伊曼努尔二世当然成了新的意大利王国的国王。

但这时候王国的领土只及于意大利的北部与中部。整个意大利实际上还是分裂的，有几个相互独立的政权，除了意大利王国外，还有依然占领着威尼斯的奥地利人、占领着罗马及其附近地区的教皇国、占领意大利半岛中部及南部广大地区以及西西里岛的“两西西里王国”等。

这几个地方最后都统一了，而导致了这种统一的人就是加利波第。

加利波第率领他的军队，叫“红衫军”，登陆西西里，不久占领了整个西西里岛。

占领西西里岛之后，他在英国海军的帮助之下，越过墨西拿海峡登陆意大利半岛，这时候的加利波第已经成了意大利人眼中的民族英雄，他到处受到了热烈欢迎，遇到的抵抗却要少得多，因此他一路势如破竹，到9月初已经胜利进入了两西西里王国的首都那不勒斯城。

1860年10月26日发生了这样一幕：加利波第和伊曼努尔二世在意大利西南部的泰亚诺的一座桥上相遇了，两人握手言欢，举行了友好的会谈，加利波第随即将他征服的广大领土全部奉献给伊曼努尔二世国王，自己则回到一座小岛上种粮种菜去了。

到了1866年，爆发了奥地利—普鲁士战争，根据意大利人与普鲁士人之间达成的协议，胜利后意大利人就可以收回威尼斯了。

于是，奥普战争爆发之后，意大利政府随即派军进攻奥地利，掀起了第三次意大利独立战争。

这时候发生了一场重要的海战，即丽萨之战。

之所以重要，是因为这时候出现了一种新型的战舰，即铁甲舰。

我们知道，此前的军舰都是木制的，用铁做是不可能的，主要并不是因为会沉——用铁做一艘不会沉的船相信古人也会的，而是因为动力。古代军舰或者说船只的动力来自风，风的力量是比较小的，一艘铁制外壳的船比木制的必然要沉重得多，这样的重量风帆是驱动不了的。但后来瓦特发明了蒸汽机，它所能提供的动力要远大于风帆，因此人们就可以制造用厚重的铁甲包裹起来的军舰了，也可以在上面装载重量更大、火力也更猛的大炮了。这些铁甲舰的首次大规模使用就是在丽萨海战之中。

在这次海战中，意大利舰队拥有12艘铁甲舰，此外还有10艘巡洋舰和4艘炮舰，总吨位近7万吨，奥地利舰队则拥有7艘铁甲舰，此外还有6艘巡洋舰以及12艘炮舰，总吨位只有5万吨左右。显然，双方的力量对比是大大有利于意大利人的，因为作战力量最强的铁甲舰他们比奥地利人要多得多。

战斗的具体情形大致如下，奥地利的舰队司令率领力量相对薄弱的舰队在亚得里亚海中主动出击，到处寻找意大利舰队。找到之后，立即将自己的舰队展开，他们也是分成三队，就像三个“V”形，但他的是一队接着一队，前后紧随，就像一把尖锐的刀子一样插向敌人。特别是当发现意大利人的舰队之间竟然有一个大缺口时，奥军立即毫不犹豫地插向这个缺口，然后集中火力围攻力量较弱的一队，特别是看到哪艘敌舰落了单，立即就用数舰将之包围猛攻，直到将之打沉。

海战结束之后，意大利人惨败，两艘强大的铁甲舰被击沉，奥地利人则只有一艘军舰受伤，还不是铁甲舰，死亡人数不及意大利人的十分之一。

虽然奥地利人在和意大利人作战之中胜利了，但在与意大利人的盟友普鲁士人的作战中大败，特别是在规模巨大、决定性的柯尼格拉茨战役中被普鲁士人击败了，只得求和。

这样一来，作为普鲁士的盟友，意大利人也属于胜利的一方了，而根据停战协议，奥地利人只得将威尼斯割让给意大利人。

这就是第三次意大利独立战争的结果了，意大利人虽然大大地丢了脸，但毕竟获得了威尼斯，在统一的道路上迈进了一大步。

第三次独立战争结束之后，统一意大利的最后一个障碍就是罗马了，这是意大利当仁不让的首都，也是所有意大利人的骄傲。但这时候依然属于教皇国，在教皇的统治之下，之所以不能攻击之。不是因为教皇的力量强大，而是因为拿破仑三世是教皇的公开支持者，派出大军驻在罗马，保卫教皇。这样一来，意大利政府当然不敢开战，因为无异于向法国开战，这是他们无论如何不敢的。

这样一直到1870年，爆发了普法战争，意大利人当然又站到了普鲁士一边。

战争爆发之后，拿破仑三世将驻扎在罗马的法国军队召了回去。这样一来教皇就没有靠山了，于是意大利政府派军进入了教皇国，兵不血刃地占领了罗马，最后统一了意大利。

统一的意大利很快成了西方大国之一，参与了以后的几乎所有西方重大历史事件。

其中最重要的就是第一次世界大战了。

第三十七章　大战前夕的西方世界

这一章我们又要进入硝烟弥漫的战场了。

在此之前，历史可能对大家还有些陌生，这章之后，陌生感就基本消失了。大家都听说过、甚至熟悉这场似乎近在眼前、且规模惊人的战争，对这里面发生的一切都像回忆，而非学习。

这场战争就是第一次世界大战，它的规模与死亡之众令西方漫长历史以来所有其他战争相形见绌。“尸横遍野，血流成河”在此前也许是一种夸张，但到了这里就成为不折不扣的事实了。

大家将会看到，这里的一次战斗死上十万人简直是小菜一碟，整个战争则死了上千万的人，够惊人了吧？如果把这些尸体堆起来，那会是多么大的一座山！如果把他们的血汇集起来，不成血河才怪！

在进入第一次世界大战硝烟弥漫的战场之前，我们来讲一讲大战前夕的欧洲各国，看看它们面对战争时的形态，想想为什么会有这场如此惨烈的战争？

这时候，西方有七个最强大的国家：英国、德国、法国、俄罗斯、意大利、奥匈帝国、美国。它们六个在欧洲，一个在美洲。其中意大利刚刚讲过了，已经统一了，将以强国的姿态站在西方的政治舞台。奥匈帝国实际上主体就是德意志的一个邦奥地利，虽然领土庞大，但无论文化与国力实际上并不强盛，也从来不能代表西方文化，我们也就略过了。下面只谈其余五国。

还有，我们前面分几章讲述了自拿破仑帝国灭亡后欧洲五个主要强国的百年历史，在这段时间里，最能激发我们想象力的事情——英雄与英雄崇拜——不见了，代之而起的是平凡，连战争，从普法战争到克里木战争，也仿佛是平凡的，再也没有法国大革命、没有拿破仑和他的战士们的浪漫气质。

但不管怎样，历史就是历史，事实就是事实，我们必须尊重它们，我们也要看到它们，看到在它们平凡的外表下深藏的烈火。在整整100年，从1814年到1914年之中，它们蛰伏着，但一旦冲天而出，将震荡整个世界。

前面我们已经讲过了这100年中诸国的大体情况，讲到了靠近第一次世界大战的时期，现在我们再来看看直到第一次世界大战爆发前夕它们是何模样。

日趋没落的英国　前面《变革中的帝国》一章中我们讲了英国的许多变革。如选举制度、文官制度、社会福利制度等，经过这些变革，英国的社会趋向了空前的稳定。我们看到，英国尽管有个宪章运动，但那根本谈不上是革命，目的也根本不是要推翻现存制度，而且这些目标都一一得到了实现。英国在这一系列和平的变革中得益良多。其中得益最多的是穷朋友们，他们从住房到医疗都得到了国家很好的照顾，甚至好于百余年之后我们的工人们所受的照顾——应该说这是个不幸的事实。

与英国政治的稳定与工人的好日子不同的是，这时候英国的经济却日渐衰落了。

当然这衰落指的不是英国的经济规模真的一天天缩水了，而是相比那些飞速发展的国家，如美国和德国，英国的经济渐渐落后了。例如在1870年，英国的工业产值还远远超过德国与美国，可到了1910年，它已经落后于德国，不到美国的一半了。

这是有原因的。英国是老牌工业国、工业革命的发祥地，它的大部分工厂是工业革命之初建立的，大量机器设备几十年上百年之后还是外甥打灯笼——照旧（舅），而这时技术已经再次大踏步前进了，那些后起之秀，像美国、德国，一开始就采用了新技术，因此它们就反过来先进了。后来欧洲诸国又纷纷用高关税来限制进口，保护本国的工业，英国对此也没有办法。这时已经同拿破仑进行大陆封锁时不同了，那时英国的产品其他国家不能不要，因为它们自己不能生产，现在好了，英国能产的它们也能产，当然用不着进口英国货了。

如此，几乎全靠外贸发展经济的英国的日子自然一天糟似一天了。

这并不是说英国人没钱花，相反，虽然这时英国的外贸连连逆差，但英国已经积累了巨额的资本，这些资本都投到了国外，每年能给英国带来滚滚利润，那广大的殖民地每年也能给英国送来数不清的钱，使英国人仍然是“别的没有，有的是钱”。甚至出现了大批社会寄生虫，他们被称作“食利阶层”，就是说一年到尾什么活也不干，全靠投资带来的利润过好日子。

这就是第一次世界大战前夕英国的大势：它富有，然而已经相对落后。

法国的衰落　此前的记述中大家可以看到，从1789年大革命以降，近一百年来法国几乎成了战争的大本营、革命的专业户——战争与革命是一对孪生兄弟。

在这些如火如荼的战争与革命之中，法兰西人饱享过胜利的喜悦，也尝尽失败的痛苦，他们那大无畏的革命精神将永远感动后来的人们。

但它同样使很多人思索这样一个问题：战争和暴力革命能给人类带来什么？是苦难还是幸福？

大家可以自己思索这个问题——从历史与理性的角度去思索。

此后的法兰西，似乎终于累了，它在满目疮痍的国土上躺下来，经过一百年的战斗，牺牲了数以万计的人民，它得到了什么？法兰西的国土甚至比大革命之前还要小，自古属于它的领土——阿尔萨斯和洛林的孩子们正被迫扔下他们优美的法语，学说德国人的话。

但法兰西真的累了，它不再像从前那样热衷于搞革命与战争，直到1914年，它被迫奋起抵抗妄图要消灭它的德国人。

我们下面就来简短地谈谈法国这段百年不断革命之后平静的几十年吧。

这段历史是一段颓唐的历史。

经济上，它被美国和德国超过，由世界第二成为第四。

原因相当明显：与英德等的大机器工业生产相比，这时法国主要还是一些小企业，技术落后，生产能力也小。普法战争的失败使法兰西山河破碎，被夺走的阿尔萨斯和洛林正是法国最重要的工业基地，地下埋藏着丰富的铁和煤，它俩是工业的粮食，没有了粮食的法国工业如何发展呢？

它还赔了普鲁士整整50亿法郎，这笔大得吓人的钱足以叫它的财政破产，为了还这笔巨债，它还有什么余钱去支持工业发展呢？

后面影响同样坏的是官僚机构的腐败。最突出的一件事是“巴拿马丑闻”：几个投机家说要开凿巴拿马运河，这当然是个好计划，为此搞了个公司，发行了几十亿的股票，但哪想得到，他们只是用这个好主意来骗钱——我不由想起，现在我国的一些所谓股份公司不也是这样？“巴拿马运河公司”是这样干的，弄到了大量的股金之后，便在1888年宣告破产。一下子法兰西人又损失了数十亿法郎，等于又输了一场普法战争。后来的调查结果表明，法国政府大量高官参与了这个阴谋。

在这样可怕的腐败之下，本来就穷困了的法国经济雪上加霜，如何再去发展？

经济上如此，政治上也好不到哪里去。

普法战争结束后，法国又面临着一场政治纷争，就是保王派和共和派之间的对立，保王派差点赢得了胜利，只是由于闹窝里斗才功亏一篑。后来又发生了布朗热事件，这个家伙妄图像林彪一样搞军事政变，虽然失败了，但对共和政府造成了很大的危害。

此外，这时的法国人又干了一件更蠢的事：排犹。

犹太人在法国的政治与经济生活中一直扮演着相当重要的角色，并且对法兰西忠心耿耿。然而法国这时却容不了他们，搞了个德雷福斯事件。

这事发生在1894年，一个犹太军官德雷福斯被无端怀疑成德国间谍，这在全国激起了冲天大浪，有的人赞成，并乘机排犹，正义之士则反对，群起抗议。这使法国社会发生了深刻的分裂。

再往后的法国，革命算是没有了，但值得记下来的事也没有了。稍微重大点的事情，一是彻底打垮保王派，把共和国稳定下来；二是在欧洲战争中没尝到甜头，反吃了苦头，便转到了亚洲非洲，欺侮那些比他们更不行的弱小民族，在那里搞了些殖民活动。

然而这一切都没有使法国强大起来，到1910年时，它的工业产值只有英国的一半，不到德国的一半，只有美国的1／5。

在以上可悲的现实之下，法兰西不可避免地衰落了，联想起它曾有过辉煌的历史，不能不使人有悲壮之感。

依旧落后的俄国　上一章我们已经说到了俄国1861年的农奴制改革是一场极不彻底的改革。从哪方面来说是这样呢?

无论从哪方面来说都是这样：

改革之后，农奴们的处境比改革前好不了多少，他们虽然有了人身自由，但他们能到哪里去？相反，现在他们有了自己的一点土地，反而被这点土地牢牢拴住了。而这又是什么样的土地啊，在分配土地的过程中，贵族们把最好的土地全留给了自己，把最差的留给了他们，而且他们还要为这些坏土地交付巨额的费用。整整49年，他们必须像牛马一样辛苦劳作，才可能付得清欠政府的债务。除此之外，他们还要负担沉重的税收，地主贵族们依然可以找种种借口压迫他们、欺侮他们。一句话，他们的日子几乎过得像从前一样苦。

改革之后，沙皇还是拥有绝对君权的沙皇，原来那帮腐朽的贵族官僚们还是俄罗斯的统治者。

改革之后，俄罗斯经济虽然有了一定发展，但仍远远落后于它想赶超的西方资本主义列强，技术上和产值上都是如此。

技术上，俄罗斯的工业技术完全是从英法德等国引进来的。想想看吧，这些老牌资本主义国家深知先进技术的重要性，哪会给俄罗斯呢？给的也是些过时的老技术，远不能让俄罗斯先进起来。

产值上，这时的俄罗斯同样远远落后于英法德美这些资本主义新老强国。

不单如此，这时候的俄罗斯在经济上已经沦为了英法德等列强的附庸，甚至成了经济殖民地。俄罗斯是个资源极其丰富的国家，石油、煤炭、金银铜铁等矿藏都很丰富，英法德美等便大量投资这些工业部门。但这样的结果是可悲的：一方面看似俄罗斯有了强大的工业部门，如冶金、石油、煤炭等，另一方面这些工业部门却被牢牢地控制在异国手中，而且挖出来的矿藏都被运到了外国做原料。一句话，俄罗斯已经成了西方列强的廉价原料供应国，这种地位与当时的印度中国也差不了多少。

改革以后这种趋势并没有停止，俄罗斯不是赶超西方列强了，而是越来越落后了，成了欧洲不折不扣的二流国家。到第一次世界大战时，昔日强大的俄罗斯军队已经不复存在——它只能替英法提供炮灰，为它们的胜利进军打掩护。

这种情形直到第一次世界大战爆发都没什么改变。

这时候的俄罗斯说得好听点，是大大衰落了，说得不好听，已经是欧洲的破落户了。

新土豪美国　　前面说起的第一次世界大战前夕的三个欧洲老牌强国英俄法有一个共同点——都衰落了。

但正像中国古话所说，三十年河东，三十年河西。强大了上百年的英法俄衰落了，那么谁又替而代之成了西方新强呢？

就是下面将要说的两个——美国和德国。

我们先说美国，这个超级暴发户。

在前面《美国之乱》中我们已经说到，1865年美国内战结束了。

内战结后，奴隶制被废除了。这激起了南方奴隶主们的无比愤慨，他们岂能善罢甘休，立即开始了报复：向林肯报复，因为是他主张并主持废除了奴隶制！

1865年4月14日，如果我们把罗伯特·李的投降看作内战结束的标志的话，内战结束才几天，一个奴隶制的疯狂拥护者刺杀了林肯总统。

这是美国历史上第一个被刺杀的总统，但绝不是最后一个。

奴隶主们没有想到，林肯的肉体虽然消失了，但他的精神却永存，甚至更加伟大，使他成了唯一能与华盛顿比肩的美国总统，受到后世美国人民的崇敬。

北方并没有因南方奴隶主们的新罪旧恶而虐待他们，相反，继任的总统约翰逊刚上台便赦免了所有参加叛乱的人。

事实上，内战结束之日也就是南方的重建之时，南方因祸得福，反而因此大发展起来。

南方如此，北方更是如此，一句话，整个美国都如此——整个美国的经济在内战后迅猛发展。

农业上，美国南方本来就土地肥沃、地势平坦，是发展农业的宝地。奴隶制被废除后，黑人们不要再在鞭子下劳动了。他们虽然没有自己的土地，但现在是佃农了，他们从白人地主那里租地，再把收获的部分，而且是一小部分，作为租子交上去，余下的全归自己。这样他们当然会卖力地干活了。

南方的前奴隶主们，由于没了奴隶干活，只好大块大块地把土地给卖了。那价钱不用说是很低的，几个美元就能买到一英亩肥得流油的黑土地。北方那些有钱的资本家们蜂拥而至，大块大块地买地，建立了许多规模庞大的农场，用很少的人种很多的地。这时候工业革命已经把成果推向了农业，出现了各种农业机械，如播种机、耕地机、收割机，等等。这些机器大大促进了农业的发展。而且这些新颖的机器都是美国人自己发明的，这时候的美国人可爱搞发明了，像当时一位惊奇不已的欧洲旅游者所言：

> 除美国人外，有谁发明过挤奶机、搅蛋机或擦皮靴、磨刀、削苹果和能做一百件事情的机器？而这些事情自远古以来就是其他人一直用十个指头做的。

有了黑人们的辛勤劳动、有了这些新机器，美国的农业得到了巨大发展，成了欧洲的粮仓，它满载粮食的巨轮驶向全世界。直到现在，作为世界第一大工业国的美国还是世界上第一大粮食出口国。

农业如此，工业更是如此。它的发展才真正叫人瞠目结舌呢。这里只用一些具体数据让大家看看美国佬这时候的发展有多快：

生铁产量：1870年是190万吨，1890年是1030万吨。

钢产量：1880年是120万吨，1900年是1020万吨。

煤产量：1870年是3310万吨，1900年则接近3亿吨。

石油开采：1870年是2亿加伦，1900年是20亿加伦。

到1893年左右，美国已经建设了超过22万公里的铁路！

这样的发展速度够吓人了吧？在整个世界历史上这也许是绝无仅有的高速。

早在1894年——直到今天，无论讲农业、工业，还是整个经济，美国已经高居世界第一了，到第一次世界大战爆发的1914年，美国的工业总产值已经超出全世界工业总产值的1／3（35.8%）。

为什么美国人能取得如此飞速的发展？原因一点也不复杂，首先是美国有极其丰富的资源，它辽阔的土地上——与中国差不多大，而且不同于中国有那么多的沙漠戈壁等不毛之地——什么矿藏都有、都丰富，这就为工业大发展提供了充足的原料。其次是美国人口众多，而且什么样的人都有，从了不起的发明家工程师到普通的工人农民，一样不缺。不但为工业发展提供了劳力人才，而且有足够的人来消费这些生产出来的产品。再次是资本充足，当时英国法国这些老牌资本主义国家的资本家们都不爱在利润率低的本国投资，而是把大笔大笔的资金投到美国，为美国经济的大发展增加了最后一个必要因素。

此外，由于美国孤悬美洲，欧洲频繁的战争打不到它，它不但没受战乱之苦，而且可以乘机发战争财。

如此下来，美国经济不坐上直升机才怪呢！

日益强盛的德国　前面我们已经讲到，1871年1月，在凡尔赛宫，威廉挟法兰西征服者的威风宣布成立德意志帝国，分裂了千年之久的德意志终归统一。

在统一德国之前，为了强大和统一，普鲁士政府也大力促进经济发展，并且取得了显著成效。

统一之后，以“铁血宰相”俾斯麦为首，德国立即着手建立了一个从内到外都统一的帝国。

首先是颁布了俾斯麦亲自起草的一部宪法。规定帝国的立法机关由联邦会议和帝国议会组成。帝国议会由普选产生，联邦会议由各个邦派代表组成，在这会议和议会之中，权力更大的不是名字听起来更吓人的帝国议会，而是联邦会议，它对于立法有最后决定权。但实际上的最后决定权还不属于联邦会议，而属于联邦会议的主席，这主席由谁当呢？不用说，由普鲁士的首相来当。皇帝执掌国家的行政大权，同时还是军队的最高统帅，并能自由解散联邦会议和帝国议会。

这样看来，权力最大的不是什么会议或者议会，而是两个人：普鲁士皇帝和首相。

这就是普鲁士政府与英美法政府的不同之处，它实际上是一个专制政府，国家大事并不是像英国、法国和美国一样决定于人民的代表，而是决定于少数统治者。

建立了统一的帝国之后，德国的下一步就是大力发展经济。从统一之日起，德国经济就插上了腾飞的翅膀。

农业上，德国的农业也逐步实现了机械化，各种农业机械和新型化学肥料等开始普遍使用。

不过，与美国不一样，它毕竟没有像美国那样肥沃广阔的土地，农业自然条件甚至也远不如法国，所以在国家经济中农业一直不占主导地位，现在还是如此。不过说到工业，德国人可就厉害了。

就具体产量来说，1891年德国的铁产量超过464万吨，钢产量超过235万吨，煤则接近1000万吨了。

就工业产值来说，1870年的时候，德国不到英国的一半，30年之后已经大体上和英国持平了，又过了10年，即1910年时，已经超过了英国，是全世界仅次于美国的暴发户。

德国的诸工业部门中，与战争有关的重工业得到了最快的发展，它积极引进和开发新技术，大搞新发明。结果德国许多工业技术在全世界都居于领先地位。当第一次世界大战爆发时，德国的武器是所有国家中最先进的，它的枪炮是发射得最快的，还有了许多新式武器，如天上的飞艇、水中的潜艇，等等。

德国的工业为什么也发展得这么快呢？它并没有如美国一样丰富的资源、庞大的本土市场啊。

这主要与德国的政策和国民的特性相关。

德国的政治家们，包括俾斯麦，深知经济发展是一切的根本，统一也好，维护统一也好，将来进一步扩张也好，没有强大的经济做后盾就是一句空话，就像邓小平所言："只有发展才是硬道理。"所以他们想尽办法发展经济，尤其是与军事相关的重工业。

为了向工业发展提供市场，德国政府一方面大力促进出口，同时却在本国大搞关税保护，不让别国产品占领本国市场。为了提供足够的资金，他们大力从英国法国引进外资，政府各部门也尽量节约，这是普鲁士政府的一贯传统，把钱都用来搞发展。

我们还不要忘了，普法战争后，德国割来了阿尔萨斯和洛林，这可是法国矿藏最丰富的两个省份。此外还有整整50亿法郎，这个天文数字赔款也为德国工业的发展提供了一大笔资本。

最后一个重要因素是，德国人一向是聪明、高傲而且热爱自己国家的民族，聪明使他们能成为优秀的科学家、工程师，高傲使他们不能容忍自己国家的弱小，爱国使他们为了自己国家的强大愿付出一切努力。

我认为这才是为什么德国历经两次世界大战的惨败而都能迅速崛起，至今都是世界主要经济强国的根本原因。

德国的走向强盛告诉我们，一个国家的强盛并不取决于它的自然资源，而是取决于其人民的素质与爱国精神。

不过，所谓物极必反，过犹不及，一个民族的高傲与过分的爱国精神——也就是成了民族沙文主义——并不是一件好事，甚至会把这个民族引向毁灭的边缘。德国两次发动世界大战，两次濒临毁灭就是血的教训！

第三十八章　世界大战的爆发

自从1814年拿破仑帝国崩溃后，欧洲平静下来了，享有了百年的和平。

当然这并不是彻底的和平，欧洲也仍有冲突，有的还挺大，像普法战争和克里米亚战争。然而这些战争较之拿破仑把整个欧洲都拖进去了的大战只能算是小打小闹，欧洲总体上还是平静的。

但像尼采所言，和平不过是两场战争间的间隙，是为了准备更大战争的一种手段。

拿破仑失败整整100年之后，1914年，欧洲终于爆发了另一场大战，一场比拿破仑的大战更大的大战。

这场大战就是第一次世界大战。

在正式讲述第一次世界大战之前，我先与大家一起探讨一下它爆发的原因。

第一次世界大战爆发的第一个原因是欧洲力量发展的不平衡，德国壮大成为欧洲首强，想得到一个首强所“应有”的一切，这种贪婪之心是第一次世界大战爆发的主要根源。

如意算盘　前面讲西方五强时，我们曾经讲过德国的迅速崛起。普法战争中打败法国后，它成了欧洲大陆第一军事强国。经济也是如此，1910年德国已是世界第二大经济强国。此后的德国仍在飞速发展，到第一次世界大战发生的1914年，德国的钢铁产量已经超过了英法两国的总和。就是在英国一向称雄的海上，这时候能造出最快最好的船来的已经是德国的造船厂了。

但德国毕竟是一个新兴强国，虽然强大，然而却没有殖民地，欧洲也没有人像曾经承认法国是欧陆老大一样承认德国是新老大。

我们在前面还讲过，德国人是一个比较聪明、高傲而且热爱自己国家的民族，并且把这种爱国之心发展到了不正常的高度，就是民族沙文主义。持这种观点的德国人认为，德国人，或者更广泛一点说日耳曼人，是世界上最优秀的民族，是“雅利安人”，应当成为全世界的统治者。倘若世上其他民族不肯服从的话，德意志民族就有权用武力去征服他们、屠杀他们。用哲学化的话来说，德国人认为自己是超人，而其他民族不过是劣等人，是“芸芸众生”，是“群氓”，超人有权统治他们、消灭他们。

这也是德国人接连两次发动世界大战的思想根源。

当然，第一次世界大战爆发时，德国人的民族沙文主义思想还没有第二次世界大战时那么明显强烈，还有点儿理性埋在骨子里。表面上德国人只是感到自己强大了，所以有权力得到更多。

如果别人不给他们，他们就有权力用武力来夺取。

这是第一次世界大战最根本的原因——不管我们还可以找出多少其他原因，但正是这个原因使德国人成为大战的祸首。在此之前，除了德国人，没有哪个国家想把世界拉入战争的旋涡之中。就连德国的铁哥们奥地利也不过是想在小小的巴尔干半岛捞点便宜而已。

当然，俗话说，一个巴掌拍不响，第一次世界大战之爆发也不能全部归因于德国人。德国人固然贪得无厌，然而其他欧洲国家，俄国法国英国奥匈美国就不贪吗？

当然不是，须知一个国家与民族之贪婪与一个个人之贪婪并无二致——举目所见，古今中外，有几个国家民族、甚至有几个人不贪呢——尤其是当这个民族、这个人强大到能贪之时？

所以，当德国人一心一意要搞扩张时，其他西方列强并没有闲着，它们也在想呢，都在打着自己的如意算盘。

我们现在就来看看列强各自的如意算盘吧，正是这些如意算盘打出了各国之间的重重矛盾，最终不得不通过战争来解决问题。

德国人的目标是要建立一个大日耳曼帝国，它的疆域应当包括所有德意志人和日耳曼人，其中有丹麦、荷兰、比利时、瑞士、奥地利等国，还要波兰以及整个巴尔干半岛甚至土耳其帝国做它的卫星国。这只是帝国的本土，它还想在全世界夺取足以与英国匹敌的殖民地。德国人想，当初你们英国人做老大时，可以猛抢殖民地，现在该轮到我们德国人了。

法国人想的自然首先是收复阿尔萨斯和洛林，其次要把北非的摩洛哥等地纳入殖民版图。并重新成为欧陆老大。

英国的目的则要“保守”一点，它只要保住自己已经夺得的殖民地就行了，对于欧洲大陆，只要不出现哪个国家强大得可以向它的霸主地位提出挑战，它就“各家自扫门前雪，不管他人瓦上霜”。

俄国人的目的还是彼得大帝的那个——在黑海找到“呼吸的窗口”，控制黑海和由黑海通向地中海的门户博斯普鲁斯海峡，进而占领君士坦丁堡，控制包括波斯（就是现在的伊朗）在内的整个波斯湾地区。它的另一个长远的目标是要把俄国变成一个“斯拉夫帝国”，这个帝国将包括所有斯拉夫人居住的地区，这样它首先就要控制整个巴尔干半岛。

还有意大利，它虽然统一了，但觉得自己还不够大，认为奥匈帝国占着它的领土，因为这些领土上面住着意大利人。

至于那个第一次世界大战的直接祸首奥匈帝国，主体就是德意志的大邦奥地利，现在它是奥匈帝国了，它的皇帝兼任奥地利和匈牙利两国的国王。它的长远目标是要把整个巴尔干都夺到自己的手中，近期目标则是把巴尔干半岛上几个小邻国，像塞尔维亚，弄到手中。

从上面西方列强的野心中，我们看到德国始终处于矛盾的中心：它想抢夺英国的老大地位；想保住阿尔萨斯与洛林，进一步削弱法国；它与俄国都想控制巴尔干和土耳其。

当然不只有德国与英俄法有矛盾，可以说任何两个国家之间都有矛盾。例如英法之间那矛盾就多着呢，英俄、法俄、法意、奥德之间，都有矛盾。不过矛盾向来有大有小，有主有次，后面这些矛盾比起前面的矛盾来，就是小的和次要的了。

第一次世界大战就是这些矛盾激发的结果。

合纵连横　这时的欧洲与中国战国后期的局势颇为相似，欧洲七雄像战国七雄一样，为了各自的利益合纵连横，结成不同的集团。

下面我就来绍介一下这些集团及其来源。

第一个大搞合纵连横的又是那个俾斯麦。他把法国打败后，知道法国不是那种久甘屈居人下的国家，他也知道法国想凭一己之力打败德国是墙上挂帘子——没门的事，它唯一的法子是找帮手，让它找不着帮手的最好办法就是把可能做它帮手的国家全拉进来。

俾斯麦到处穿梭活动起来，结果就是三帝同盟：1872年，也就是普鲁士打败法国才一年后，在俾斯麦策动下，俄国沙皇、奥匈帝国皇帝和德国皇帝的代表们在柏林会面，商议成立“三帝同盟”。规定三国有事互相商量，遇到威胁时互相帮忙。

但这个三帝同盟不久就冰消瓦解了。因为德国想做老大，想要把法国压得服服帖帖、想要把巴尔干变成它的势力范围，俄国如何能够容忍德国这个暴发户压在自己头上？何况巴尔干半岛早就是俄国梦想的斯拉夫帝国的关键之地，它如何会让德国和奥匈的德意志人占了去？

这样的结果就是：1875年，当德国想再打法国时，俄国说：“绝对不行！”而当俄国在1878年打败了土耳其，占领了保加利亚，把大半个巴尔干半岛变为自己的势力范围、它的斯拉夫帝国之梦终于有了曙光时，德国和奥匈帝国毫不犹豫地站起来反对。把俄国人气得两眼翻白、美梦成空。三帝同盟也完了。

这时还剩下德奥两帝。他们两兄弟可没什么好闹的，都是同文同种的德意志兄弟呗。虽然德国也想要巴尔干，但给奥匈帝国也差不多。至于奥匈帝国，如果德国成了欧洲老大，它很赞成，仅次于自己来当，但它知道自己永远没那个希望。

这样德奥两国不可避免地迅速接近了。1879年10月两国签订秘密条约，规定：如果它们谁受到俄国攻击，那么另一个要全力支援。而如果谁受到俄国之外其他国家的进攻，那么另一国则要保持“善意的中立”，这个意思挺含蓄的，大家可以意会。

过了3年，意大利也参加进来，它这样做是因为法国老欺侮它，把它当成自己的小兄弟，爱怎样就怎样，还在北非抢走了意大利认为属于它的突尼斯。现在统一了的意大利哪会还像从前一样默默忍受呢？

意大利参加的结果是得到了德奥的保证：如果法国打它，那么它们将全力支援，而如果法国向德国开战，那么意大利也要支援德国。

这就是所谓的“三国同盟”。

面对这样的情形，法国和俄国腿都吓软了，这等于在它们脖子上套了根绳子。为了摆脱孤立，它们迅速接近，到1892年终于正式签订了同盟协定，两国商定：如果俄国受到德国或德国支持的奥匈帝国的进攻，法国将动员100万以上的大军进攻德国。而如果法国受到德国或德国支持的意大利的进攻，那么俄国也将动员近100万大军向德国宣战。

这样欧洲大陆就形成了德奥意为一方，俄法为另一方的敌对局面。

与欧洲大陆只一水之隔的英国又怎样了呢？

一开始英国采取了所谓的“光荣孤立”政策，两不相帮，但后来的局势发展使它改变了主意。

原来这时候的英国已经发觉，德国人野心大着呢，它们所想的不只是在欧洲大陆称霸，还想在全世界称老大，要建立一个领地遍及全世界的殖民帝国。更可怕的是，英国人怀着恐慌之心看到：德国人还真有这个能力！

这时德国的工业产值已经高于英国、技术也更先进，英国所恃的唯有强大的海军，但德国人已经大造特造起了军舰，等英国人回过神来时，德国已经是世界第二大海军强国了，无论军舰性能还是水兵的战斗力，德国都殊不输于英国。

英国人大惊失色之下，立即与法国人接近，它与法国虽然也有矛盾，但比之德国这心腹大患来，那真是癣疥之疾。

1904年，英法签订了条约，条约解决了英法的一个主要矛盾：法国同意英国把埃及当作他们的殖民地，英国人则同意法国占领摩洛哥。此后两国便携手对付共同的大敌德国人了。

前面法国已经与俄国是盟友了，这时便只剩英国与俄国之间没有盟约了，这有什么难呢？俄英本来就没什么深仇大恨，要解决的主要问题只是波斯。

于是，1907年，英国与俄国也订了协约，把波斯一分为三，北面归俄国、南面归英国，中间则中立，交给波斯王去统治。

至此，第一次世界大战的双方——同盟国与协约国——形成了。德奥意是同盟国，英法俄是协约国。至于为什么称为同盟国与协约国，那只是个习惯。同盟与协约都是个表明“互相帮忙”的词儿。

欧洲诸雄如此这般合纵连横的结果就是第一次世界大战。

大战的爆发　现在我们来看看第一次世界大战到底是怎么爆发的。

我们知道，第一次世界大战是在巴尔干爆发的。为什么会在巴尔干爆发呢？这是由巴尔干这个地方的特殊性决定的。

巴尔干的特殊性有两个：一是居民十分复杂，有许多的民族和国家，这些民族和国家有的已经独立了，有的还处在土耳其统治之下，但正在为争取独立而奋斗。其中以独立了的塞尔维亚最为强大，也最有野心，它想建立一个包括所有塞尔维亚人在内的“大塞尔维亚”。

二是巴尔干地区归属尚未定。也就是说，只要有势力，谁都可以从中分一杯羹。这些想分羹的国家中以德国、奥匈帝国、俄国和塞尔维亚最为积极。前面两个国家和后面两个国家互相帮忙，因为前者都是德意志国家，而后者都是斯拉夫国家。

我们在前段时间美国轰炸南斯拉夫的过程中可以看到，俄国人还在一边倒地帮实际上就是塞尔维亚的南斯拉夫，其原因还是现在说的这个。

为了争夺巴尔干，西方列强之间爆发了好几次危机。

第一次危机发生在1908年，我们前面《合纵连横》一节中刚说过，1878年俄国曾打败了土耳其，本想大捞一把，结果反而吃了亏。在那一年处理巴尔干问题的国际会议上，土耳其的波斯尼亚和黑塞哥维那两省被交给了奥地利管辖，不过它的主权还属于土耳其。到1908年，奥匈帝国突然宣布正式把波斯尼亚和黑塞哥维那两省并入自己的版图。这下塞尔维亚人气坏了，因为那两省的居民大部分是塞尔维亚人，他们一直觊觎着这块领土。塞尔维亚向俄国人求助，沙皇便向奥匈帝国发出了战争威胁，听到这消息的德皇向俄国发出了最后通牒，要求俄国人不得干涉。由于这时俄国尚未从日俄战争失败的阴影中缓过劲儿来，不敢同强大的德国人干仗，只好忍气吞声，告诉塞尔维亚人：君子报仇十年不晚。

这次危机表面上以塞尔维亚人和俄国人的失败而结束了，但实际上只是旧恨之上又添了新仇。

平静了几年之后，1912年，巴尔干又爆发了新危机：第二次巴尔干战争。

这年，几个已经独立了的巴尔干国家塞尔维亚、保加利亚、希腊等国联合起来，向衰弱不堪的前领主发动了战争，以夺取土耳其在巴尔干半岛上的其他领土，他们在几周之内就取得了胜利。

然而战后瓜分胜利果实就没有战争那么顺利了。在战争开始前，参战诸国曾同意把马其顿和阿尔巴尼亚的一部分划给塞尔维亚。但在1913年为解决这个问题而举行的国际会议上，把塞尔维亚看作是自己在巴尔干扩张大敌的奥匈帝国反对把阿尔巴尼亚的土地交给塞尔维亚，并使阿尔巴尼亚成了一个独立国家。

这次事件，以及从前奥匈帝国对塞尔维亚的压制，激起了塞尔维亚人的极度仇恨。

正是这仇恨导致了对奥匈帝国皇太子的暗杀。

1914年6月28日是一个历史将永远记住的日子。

这一天，奥匈帝国皇太子弗朗茨·斐迪南大公来到了波斯尼亚的首府萨拉热窝，这里几年前才被帝国吞并。他选择这一天来是一个极大的错误，因为这一天正是塞尔维亚人痛心疾首的日子：1389年的这一天，中世纪的塞尔维亚共和国被土耳其人征服了，塞尔维亚从此过上了亡国奴的生活。在塞尔维亚的爱国者们看来，这不象征着奥匈帝国也想要让塞尔维亚人再做亡国奴吗？塞尔维亚人的新仇旧恨一齐涌上心头，他们决定不顾一切地杀掉斐迪南！

28日是一个阳光灿烂的日子，早晨10点左右，斐迪南遭受了第一次袭击，但只是擦破了点皮，大公仍然镇定地前往目的地，连路线都不改。这条路上已经埋伏了至少6批暗杀者。当大公的马车走到一个街的拐角时，一个青年冲了上来，朝大公就是一枪，大公的脑袋顿时开了花。

这只是一枪，然而它的声音立即震撼了世界。

失去皇太子的奥匈帝国做出了强烈反应。

7月23日，奥匈帝国向塞尔维亚递交了一份最后通牒，并要求在48小时内答复，这个通牒的条件不用说极其苛刻。

48小时后，也就是7月25日，塞尔维亚答复了，在总共11项要求中，塞尔维亚只拒绝了一项，按当时德国首相的话来说，这几乎是一份投降书。

但对于奥匈帝国，它的最后通牒只是在为宣战找借口，因为在庞大的奥匈帝国眼中，小小的塞尔维亚哪是它的对手？而只要打垮了塞尔维亚，整个巴尔干还不是它的天下了！

于是，奥匈帝国声称答复不能令它满意，28日正式向塞尔维亚宣战。

为了支持塞尔维亚人，俄国30日宣布全民总动员。

按照德国与奥匈帝国签订的协议，德国向俄国发出了最后通牒，要求俄国在12小时内停止总动员。对此俄国未予答复，8月1日，德国正式向俄国宣战。

与此同时，德国也向法国发出最后通牒，要求法国表明态度：是站在俄国一边打呢，还是怎么的？

法国人高傲地回答说：想打不想打是我自己的事！

8月3日，德国又向法国宣战。

还在宣战前的8月2日，德国已经向比利时发出了最后通牒，要求比利时让德国人经过边境进攻法国，比利时予以拒绝，8月4日，德国便派出了大军向比利时扑去。

这天，英国以德国进攻中立的比利时为口实，向德国宣战。

至此，第一次世界大战正式爆发了。

以后还有许多宣战：8月23日，日本向德国宣战。第二年5月，本来属于同盟国的意大利反戈一击，向德奥宣战。到了1917年4月，美国因为德国搞无限制潜水艇战，向德宣战。过了几个月，中国的北洋政府也向德国宣战。

到战争结束时，全世界共有31个国家宣了战。

世界历史上前所未有的大战爆发了，这就是第一次世界大战。

第三十九章　第一次世界大战（上）

从这章起我们正式迈入第一次世界大战血肉横飞的战场了。

为了使大家更好地了解以后的战局，我们先来讲讲战争之先同盟、协约各国的战争计划，尤其是德国的作战计划。

在参战诸国中，以德国的战争计划最为明确，也是最先制订的。

早在开战前10年，德军当时的总参谋长老毛奇和史利芬等就制订了一个细致无比的战略计划——史利芬计划。

这个计划制订之时，法国已经与俄国结盟，德国人看到自己将面对一个极大的困境：两面夹攻。我们从地图上可以明显地看到，德国东面是俄国——那时波兰尚不存在；西面是法国，德国与这两国均有漫长的边境线，法俄如果同时以巨大兵力从东西两线向德国发动大规模突击，德国势必顾此失彼，极为被动。因此史利芬计划的中心就是如何避免这个致命的被动局面。

计划的具体内容是这样的：德国先在西线进行决战。即在短时间内迅速集中兵力打败法国，再回师东线打俄国。之所以这样做是因为德国考虑到俄国国土十分辽阔，交通落后，短时间内难以集中大批兵力。而当他们的兵力集结完毕时，德国已经打败法国，并将主力集于东线了。

这个计划看上去很可行，可不可靠却必须取决于两个因素：一是德国能迅速打败法国，二是俄国兵力集结缓慢。不但如此，而且要在俄国缓慢地集结兵力以前不进攻德国。

德国的盟国和小伙伴奥匈帝国谈不上有什么作战计划，如果说有，那就是它的主要目标是在开战之初以主力对付俄国，防止它以大兵力攻向德国空虚的东线。

法国是协约国的主力，它的作战计划有两个基本点：一是与俄国协同，迫使德国东西两线同时作战，二是防守反击，它料想德国会在阿尔萨斯和洛林地区进攻法国，于是早早在那里构筑了坚强的防线，准备在那里与德国决战，并打败德军后乘势攻入德国。

英国的海军有一个简单的作战计划：用绝对的海上优势从海上封锁德国，陆军则谈不上有自己的计划，它只派出军队进入法国西部，与法军联合进击，作战计划由法军制订，交给英军，一起执行。

最后，俄国的作战计划是这样的：兵分两路，同时攻击德奥，不过先集中主力打败薄弱的奥匈帝国，而后再来解决德国。

我们知道，作战计划与作战不是一回事，就像人生计划一样，我们在青春之初都曾为自己的人生制订一个堪称完美的人生计划，但生活的真实似乎总爱与我们开玩笑，使我们的计划不能顺利地执行下去，于是，我们也就很难度过一个完美的人生。

我们将分三个阶段来讲述第一次世界大战的具体进程。

第一次世界大战并不像拿破仑战争一样，是一战而定乾坤的，它由一系列复杂的战争组成。甚至守与攻也是犬牙交错，是守中有攻，攻中有守，同样难于用它们来描述整个战争。

然而这场战争也有一个不是特点的特点：它共持续了4年，而且我们将会看到，这4年的战况也各有特色，我们不妨将战事按这个顺序来说。

由于整个战争都分成了两个战场：西线战场和东线战场，我们在介绍每一年的战争进程时将分别按东线和西线来说。

战争的第一年　我们在前面讲到，战争开始的第一枪是在比利时打响的。由于前一天比利时拒绝了德军让其过境的要求，1914年8月3日，德军大举侵入中立国比利时，比利时奋勇抵抗，第一次世界大战打响了第一枪。

西线　比利时军队虽然奋勇抵挡，但如何是强大的德军的对手？到8月20日，德军已经攻克了比利时首都布鲁塞尔，从21日起，德国主力便集中到了法比边境，准备从法国北部，也就是法军的左翼，向法军发动总攻。

这时的法军又怎样了呢？

前面讲过，法军料想德军会从阿尔萨斯与洛林的法德边境进攻法国，所以在那里修筑了坚固的工事，并把主力集中在那里。战争爆发后，法军便从这里向德军发动了进攻。德军并不与法军激战，而是缓缓地、秩序井然地退却。当法国人得意扬扬地冲进自己原先的领土时，发觉在他们的左翼德国已经发动了强大的攻势，巴黎危急，而这时退却的德军也顿时转入猛攻，把法军一下逐回了原先的防线。这下法军东西两线同时告急。更为急迫的是西线，法军现在已经知道了德军的作战计划，而且这计划完全出乎他们的意料之外。

法军只得把军队紧急调往西线。

我们再来看看法国西线的德军吧。

从21日起，集中到了法国北部的德军向法军发动了猛攻，展开了“边境战役”。由于德军准备充分、战略得当，兵力也较英法联军多，一路势如破竹，法军全线溃退，德军长驱直入，到9月3日前锋已距巴黎不过15公里了。

发觉局势危急的法军迅速调整兵力部署。把主力迅即从东线和法意边境调往西线，因为东线有坚不可摧的工事，德军不大可能突破，意大利虽然参加了同盟国，但一直保持中立，且大有可能与同盟国反目。到9月4日，法军的重新部署已经完成，在西线德军进攻的正面集中了6个集团军的庞大兵力。仅仅在巴黎东北的马恩河地区就集中了整整4个集团军，共达35个半步兵师和8个骑兵师的强大兵力，而它正面的德军只有第1和第2两个集团军，仅18个半步兵师、5个骑兵师，大约只相当于英法联军兵力的一半。

这时，一向行动神速、步调一致的德军犯下了一个致命错误：在第1和第2集团军之间出现了一个长达近50公里的空隙！

法军的飞机——这时，飞机这种在以后的战争之中将大显神威的武器已经开始进入战争之中，不过最初是用来搞侦察的——发现了这个致命的空隙。法军统帅霞飞立刻派出强大的英国集团军和法国第5集团军插入这一空隙。这样，德军的第1、2集团军陷入了被两面夹攻的可怕局面。

德军统帅部发现这个可怕局面后，立即命令第1、2集团军后撤，不过已经来不及了，因为战斗早已开始。

从9月5日开始，德军第1、2集团军与英法联军在马恩河地区展开了大会战。

这是一次人类历史上从来没有过的空前大战——它从两个方面讲是空前的，一是参战人数之众，二是战争之残酷。

就人数而言，交战双方共投入兵力约200万人，大炮6600余门。

就伤亡而言，双方共伤亡37万余人，其中德军的阵亡数是英法联军的2倍。

就是在人口比整个西方列强加起来都多的中国，此前也从来没有过如此大规模的战争。

这就是第一次世界大战中第一次超大规模的战役——马恩河会战。

战争的结果，开战以来气势汹汹的德军第一次遭受了惨重的失败，被迫迅速退往马恩河以北构筑防线。

接下来的战事是“向海跑”，德军和英法联军知道马恩河一带战事已暂停，于是把视线转向西边，双方都向着大海跑去，力图从西北部向敌军进攻，就这样一直跑到了大海边。

双方都从大海边直到马恩河修筑了坚固的防御工事，挖了深深的壕沟、前面还布上带刺的铁丝网、地雷之类。这时已经是1914年底。

从此，西线便由运动战进入了阵地战，由进攻战转入了防御战，双方都主要蹲在壕沟里向敌人开枪。当然也有跃出壕沟进攻的时候，不过那常常等于送死。

从这个结果，并结合以前双方、特别是德国的战争计划，我们看到，德国想通过迅速打败法军，结束西线战事再来对付东线的俄军，以避免东西两线同时作战，这个计划是彻底失败了，德军不得不面对一个现实：它已经陷入东西两线同时作战的被动局面了。

我们转过头来看东线的战况。

东线 东线从波罗的海一直延伸到罗马尼亚，长达1000余公里，不过主战场是德俄边境。

大战爆发不久，法军大败之下，急请俄军迅速进攻，俄国只得未等军队集结完毕便向德军发动了进攻。

这时德军主力尚在西线，东线只有一个集团军和一些地方防御部队，共约30万人，俄军则有两个集团军，兵力大超德国。

战争开始之后，俄军大举向德军进攻。它的计划是兵分两路，沿着马祖里湖进攻，从两侧展开钳形攻势，包围歼灭德军。

针对俄国的分军战略，德军决定集中兵力各个歼灭敌人。

8月17日，俄第1集团军向德军发动了进攻，东线战役开始。

一开始，由于俄军占有兵力优势，德军接连被打退，向西退却。与此同时，俄第2集团军也发起了进攻。

本来两个集团军之间没有什么间隙，彼此保持着密切的协同，但第1集团军接连打败德军后，便以为万事大吉，德军完了，竟然开始休整起来。

第2集团军本来要会同第1集团军搞钳形攻势的，这时也莫名其妙地偏离了战线，这样在第1、2两个集团军之间出现了一道宽达100多公里的缺口。

德军立即发觉了这个缺口，知道机会来了，随即向俄第2集团军集结兵力，取得了兵力上的优势。

德军先向俄军的两翼进攻，满以为自己仍处于优势的俄军并没有把侧翼的退却当作一回事，当他们终于发现情况不妙时，已经晚了，自己已经处于德军包围之中。从8

月26日开始，德军向第2集团军发动了猛攻，只用3天，俄第2集团军便彻底覆灭了。总司令萨姆索诺夫自杀，12万余俄军被歼。

第2集团军被歼后，俄第1集团军便落了单，这时德军从西线调来的2个军和1个骑兵师也到达了战场，加上原来的1个集团军，德军取得了兵力的决定性优势，也不搞什么侧翼迂回之类了，从9月7日起向俄军发动了强攻，俄军抵挡不住，第1集团军很快就被歼灭了。

这样，在10多天的时间内，俄军被歼灭整整两个集团军，损兵折将25万余人。德军的损失不到俄军的1／10。

但这并不是说在东线同盟国已经胜利了。在德军大胜的同时，它的小兄弟奥匈帝国却危机重重了。

前面说过，俄军把奥匈帝国方面作为主战场，开战之始，便集中4个集团军向奥匈帝国大举进攻，奥匈帝国军队不是对手，很快便土崩瓦解，损兵近40万。

在更东边，塞尔维亚战场上，打7月26日宣战后，奥匈帝国便集中了2个集团军向塞军进攻，并一度占领了塞尔维亚的首都贝尔格莱德。然而塞军虽然装备奇差，40万大军只有10万支步枪，但他们士气高昂，唱着歌、端起刺刀一次次冲向奥军阵地，不但收复了首都，到1914年年底时，据一个扬扬得意的塞军军官所言："在塞尔维亚领土上不再有一个自由的敌军士兵了。"

战争的第二年　第一次世界大战进行到第二个年头后，许多事情发生了变化。总的来说德国已经陷入了被动，因为它的战略计划遭到了重大挫折，被迫东西两线同时作战。

这一年的主力战场不再是西线，而是东线了。

东线　虽然在马祖里湖地区被歼灭了两个集团军，丢了25万人马，但对于俄国庞大无比的军队来说，这25万人算不了什么，他们仍准备再次发动大规模进攻，计划仍是兵分两路：一路从北面进入德国，另一路从南面进攻奥匈帝国，并迅速把这个计划付诸实施。

德国方面呢，由于马恩河会战失败，小毛奇被撤了职，接替他的是法尔根汉，他决定放弃施利芬计划的精髓，不再在西线，而是先在东线与协约国决战。因为他已经看到，这时候在西线的深壕巨堑之前是不可能取得决定性胜利的。而通过前面与俄军的大战，他知道这时候的俄军比英法联军好打得多。

1915年一开始，德国就大量从西线调兵到东线，最后东线的兵力已经占到了总兵力的一半以上。

从1月开始，同盟国军便在东线发动了全面进攻，它也分军南北两翼，南翼首先进攻，主要战场是奥匈帝国的喀尔巴阡山麓，但奥匈帝国的军队哪是俄军的对手，不久便大败而逃，12万人做了俄军俘虏。北翼的德军却取得了胜利，又歼灭了俄国一个整军。但德国人发觉这样不行，一胜一败，终究捞不到便宜。于是改变了战略，决定不南不北，集中主力向俄军的中央突破。

德军把这看作东线的决定性战役，进行了充分的准备，从西线调来了德军的精锐之师。这样，在俄军中央战线的对面聚集了德奥的两个集团军，另外还有两个集团军作为后援。可是俄军呢，却只有一个第3集团军，而且兵力分散，装备也远不如德国人整齐。

5月1日，德奥联军发动了闪电式强攻，俄军战线被迅速突破，德军长驱直入，到3日，俄国第3集团军已被全歼。

中央被突破之后，南北两线的俄军也防守不住，只得全线猛退，德军则全线猛攻，到9月份已经向东全线推进了300公里以上，占领了俄罗斯15%的领土、10%的铁路、30%的工业和20%的人口，至于军队，这一仗俄国共损失了约300万大军，从此一蹶不振。

除德奥战场外，东线还有两条小战线，一条是土耳其战线，这时候土耳其人已经加入了同盟国，为了打通黑海航道，往惨败的俄罗斯送去援助物资，英法联军决定组成舰队打通博斯普鲁斯海峡，但遭到了土耳其人的顽强殂击，被迫撤退——其实当英国舰队司令看到损失太重而决定撤退时，土耳其人的弹药已经快用完了，只要他们再冲一把，土耳其人就只能眼睁睁地看着他们穿过海峡，进入黑海，与俄国海军联起手来。

这样，俄国就能得到他们急需的援助——要知道现在的俄军已经连步枪也没有了，士兵们正穿着单薄的衣衫在雪地里发抖呢。如果俄军得到了充足的给养，他们就能重新站起来，从东线向德军发动猛攻，凭着俄国人特有的勇敢，再与西线的英法联军相互配合，说不定战争将是另一个结果。

但历史是不能假定的。1915年东线毕竟是协约国失败了。

看到协约国这幅败象的保加利亚急忙在这年10月加入了同盟国。这样可怜的塞尔维亚的命运就这么被决定了，它的三面被敌国包围，就在这个月，德国、奥匈帝国和保加利亚的70万大军从四面八方涌入塞尔维亚，塞军英勇抵抗，全军覆灭，只有少数一部分人爬过边境的阿尔巴尼亚山脉逃走了。路上又被仇恨他们的阿尔巴尼亚人杀了不少——这两个相邻民族之间的仇恨从这时起就深深埋下了种子——等到英国舰队把他们从亚德里亚海岸救起时，塞尔维亚的共和国大军就只剩下这么可怜的几个了。

西线　东线的战况如此凄惨，西线呢？好点儿，但也好不到哪儿去。

上面说到，马恩河会战结束后，战争由运动战转入了阵地战，双方都修筑深壕固垒，战场陷入了胶着僵持的状态。

这年春天和秋天的9月，英法联军想乘德军将主力投入东线，一度发动进攻，想乘机捞点儿便宜，然而在德军的固守之下一根毫毛都没捞着，相反吃了不小的亏，因为这年4月发生了一件战争史上有重要意义的事。

4月的一天，英军像往常一样在阵地前注视着对面阵地的德军，他们甚至看得清德军不时在壕沟里晃来晃去的钢盔，清凉的海风从德国人那边吹来。突然，他们看到对面德军阵地上飘过来一缕黄色的烟雾，有一两米高，他们好奇地看着，暗想这是啥玩意儿？是德国佬同他们开玩笑吗？谁也没把它当回事。

当这股烟飘到他们阵地上时，他们终于发觉有什么不对了，一触上这股烟，他们立即头昏眼花，眼泪鼻涕直冒，痛得在地上打滚。

后面的英军顿时像碰见了鬼一样撒腿就逃，只恨爹妈少生了两条腿。

这种黄色气体就是毒瓦斯。

从此，人类的武器库中便多了一样新式武器——毒气。它以后将在第一次世界大战的战场上大量使用，直到被禁用为止。

1915年的战事就这么结束了，对于协约国，这是悲惨的一年。英法联军加上前面俄军的损失，协约国共丢掉了近500万军队，同盟国的损失只有100万左右。

唯一的一个好消息是意大利终于决定抛弃与德奥的同盟，加入协约国了。

战争的第三年　1916年被称为决定性的一年，这一年发生了第一次世界大战中两个最大、也最残酷的战役——凡尔登战役和索姆河战役，它们的规模与残酷程度远远超过前面的马恩河战役。

我们先来看看凡尔登战役。

血腥的凡尔登　经过1915年的大战，同盟国虽然取得了一系列胜利，但远没有能彻底打败协约国。战争无限制地拖下去对同盟国肯定是不利的，因为德国必须不停地两线同时作战，我们在前面已经看见了，每当东线吃紧时，德军便只能赶紧把军队向东线调，西线吃紧时也是一样，这样调来调去，德军累也累垮了。

所以德军还得赶快在两线之一取得胜利。但哪一线呢？按理说是东线，因为俄军前年被德国人打得伤了元气，当然选它好。然而德国人没这个勇气——它不能不看到拿破仑的悲剧。德国统帅部深知，俄军尚未投降，如果要彻底打败它，必须深入俄国境内去追歼俄军，但俄罗斯的茫茫大地等于是一片无边的沼泽，谁踏进去都难免出不来！他们自问还不如拿破仑，如何敢冒那个险？

那么就只好在西线一决雌雄了。

德军再次把主力从东线调往西线，准备决战。决战地点定在凡尔登。

凡尔登是巴黎东面稍北的一座要塞，是法军整个防线的中枢，也是通向巴黎的大门。德国一旦打下了凡尔登，法军整个防线就被切成了首尾不能相顾的两段，同时巴黎也将危在旦夕。

但德国人选择凡尔登为决战之地的真实目的并非仅仅是据而有之，而是要在这里歼灭法军主力，并瓦解法国人的抵抗决心。这就是此时德军统帅法尔根汉的观点。他说，凡尔登将成为“碾碎法军的石磨”，法国人将在凡尔登“流尽最后一滴血”。

为了把法尔根汉的话付诸实践，德国人竭尽了一切努力。从1915年1月开始，德国人就着手进行大战的准备。由精锐的第5集团军担任主攻，它包括17个整编师、27万余人、1200余门大炮，司令官是德国皇太子。这时防守凡尔登的法军只有11个师、约10万人、600多门大炮，与德军相比处于绝对劣势。

到2月，德军的准备完成了，向凡尔登的法国守军发动了疯狂进攻。先是漫天风雨般的炮轰，持续了整整8个小时，发射炮弹200万发以上，又大放毒瓦斯，把整个凡尔登变成了寸草不留的人间地狱。法军大部分工事被摧毁了，许多士兵在炮火中变成了灰尘。德军这时才发动攻击，一下撕开了最初几道阵地，法军危在旦夕。

这时法军统帅部知道了德军的目的，果真如德军所料，他们大惊失色，立即调集可以调动的一切人力物力驰援凡尔登，又任命贝当担任凡尔登前线总指挥。

贝当知道一切取决于增援的速度，他以罕见的速度组建了一支包括近4000辆卡车、近万名人员的运输大队，把几万吨的物资、近20万名援军运往凡尔登，使凡尔登的法军在兵力上取得了优势，加上他们是凭险固守，德军再难以攻破。但德军既然把这儿当作整个战争的关键之点，只能孤注一掷，发动了一次又一次排山倒海般的炮轰加冲锋。下面就是当时一个亲历这场血战的人所做的描写：

> 当这些大炮向你开火时，你会说：“现在我知道什么叫炮击了。”整片树林被削得像割去谷穗的田地，所有覆盖物都弹痕累累，甚至堆着三层沙包的地方也是如此。所有十字要道都像雨淋过似的，所有道路都像翻耕过似的。到处都是各种残骸、被击毁的战车、大炮，碎成一块一块的尸体，几个月中都是如此。

虽然德军攻势如此凶猛，法军的守势也坚如磐石，他们边奋勇抗击，边高呼口号：“他们不可通过！”

如此残酷的血战一直持续到7月。7月之后，德军已经筋疲力尽，加上英军在索姆河、俄军在东线发动了攻势，德军被迫从凡尔登调兵驰援这两处，在凡尔登的攻势便缓了下来。法军一看这势头，立即发起反击，他们的兵力这时已经远强于德国，几战之下，德国人几个月来费了无数鲜血从凡尔登占去的一点土地一股脑儿丢掉了。

在凡尔登血战中，同盟国和协约国共损失军队约70万人，是马恩河战役的近两倍，双方的实际战果是“0”，当战役结束之时，在凡尔登战线上，德军和法军的阵地仍在原处。

不过，如果更深一步地看，是德军在这场战役中失败了，而且败得很惨。因为德军原来的目标是把凡尔登当作“碾碎法军的石磨”，想在这里彻底打败法军、歼灭其有生力量，但它远没能达到这个目标，甚至连便宜也没捞到，战役中德军的损失与法军一样大，我们要知道，同盟国这时的后备军力已经远不如协约国了，这样一比一地打下去，当德军牺牲掉最后一个士兵时，英法联军还有大量战士呢。又由于德军在凡尔登战役中损失了大量精锐之师，从此德军再也没有力量发动大规模的攻势，而协约国却开始频频反攻了。

这样说来，可以把凡尔登战役称为第一次世界大战的转折点。

在凡尔登战役进行得热火朝天时，为了缓解对法军的沉重压力，英法联军决定以英军为主发动一场新战役，地点选在索姆河。

大战索姆河　索姆河是法国北部德军的一条主要防线，其重要性就像凡尔登之于法军一样。所以英法联军决定选这里为突破口，向德军发动大反击。

为了把这场英法联军的第一次大反攻打好，协约军做了精心准备：准备了39个师的庞大兵力，上千万发炮弹，并且将在不到40公里宽的区域内运用它们。

战役从6月24日打起，像德国人打凡尔登时一样，先是长达一星期的猛烈炮火，把德军阵地像耕田一样翻了一遍又一遍。从7月1日起，步兵们发动了冲锋。

但德军在索姆河不但有地上防御工事，还有更为坚固的地下工事，被炮火摧毁的只是地表工事，当英法联军攻上来时，德国人像地下冒出来一般，他们手中的手枪步枪轻机枪重机枪嗒嗒作响，冲锋的联军士兵们像割草一般倒了下去。

结果是悲惨的，进攻的第一天，光英军就损失了整整6万人，更悲惨的是，英军失去了一半以上的军官，这是整个第一次世界大战中最大的军官损失。

然而战争还得继续，英法联军按既定的战略不顾伤亡地发动一次又一次冲锋，并且规模一次比一次大，援军源源不断，到8月份，进攻的英法联军已达51个师，防守的德军也有了31个师。结果呢，在最远的地方，英法联军的推进也不到10公里，这是以近30万人的伤亡为代价的。

以后战争规模还在扩大，双方都像着了魔似的往索姆河这个小地方投送兵力，到10月份，英法联军的规模竟达70多个师，兵力超过100万，还有近2000门重炮和大量作战飞机。用如此庞大的兵力发动的进攻之猛烈可想而知，然而德军也顽强得可怕，宁死也不后退一步。

到11月，天下起了大雨，本就被炮火打烂了的道路成了烂泥塘，不但汽车通不过，甚至人都没法走，在这样的条件之下，英法联军只得停止进攻。这样，规模空前的索姆河之战只好不了了之。

索姆河大战中双方的损失是这样的：英军40万、法军20万、德军50万，总共约110万，又是一项世界纪录。英法联军共往前推进了11公里。此后双方再筑壕沟，又打起了阵地战。

表面看来，英法联军付出了如此大的损失不过前进了这么一点，代价实在太大，颇为不值，这次进攻是失败的。然而从另一方面看，协约国又捞了便宜。因为他们毕竟在德军精心构筑的坚固阵地上推进了10多公里，这是德军的重大损失。而且经过此次大消耗，德军再也难以充分补足人力物力，而协约国相反，它可以源源不断地补充所有损耗。

这是因为一方面英法就国土面积和人口数量而论都要大超德国，另一方面英法还有广阔而富庶的殖民地，且牢牢控制着大海，可以从海上运来无限的战争资源。此外，由于制海权在手，协约国还可以通过和世界各国，特别是和美国做生意，买到大量的武器装备。可德国呢，不但本国土地人口远不如英法之广之众，还因为没有制海权，仅有的几块殖民地也被协约国夺去了，更不能通过与美国等做生意而买到所需的战争物质。国内储存的一点资源经得起几次凡尔登和索姆河这般的大战呢?

到这年年底时，协约国的军队总数已达425个师，而同盟国则只有331个师。更可怕的是，协约国背后的资源无以数计，同盟国却寥寥无几。

说到底，战争的最后较量是实力的较量，谁有最充分的战争资源，谁就能取得胜利。第一次世界大战如此，第二次世界大战同样如此。

对了，在索姆河大战中还有一件新式武器第一次登上了战场——坦克。有趣的是，这新式武器的制造者不是英国陆军，而是英国海军，英国陆军认为这玩意儿根本没用。

日德兰大海战 除了东线和西线的陆上大战之外，1916年在海上也进行了有史以来空前规模的一场大海战——日德兰大海战。

我们知道，英国的海军向称世界之最，其规模与力量无与伦比，德国人在陆上藐视英国人，但在海上却不能不有点儿怕。所以，虽然它已经有了一支庞大的海军，军舰的质量可能是最好的，但开战以来只偷偷派了一些小分队到海上游弋，专门找英国商船的麻烦。主力舰队一直待在港口里。这样制海权一直牢牢控制在英国人手里，德国的海岸也被牢牢封锁住了。

战争进行了两年之后，德国人感到资源的匮乏，而资源就在大海彼岸，它却像围着鸡笼转的狗一样，看得到吃不到。它自信强大的海军也只能待在港口生锈。为了摆脱这个令人羞耻的局面，德国海军决心放手一搏。

1916年5月的最后一天，德军庞大的“公海舰队”起锚了。这时大雾迷漫，德国舰队像一群巨大的恐龙游进了大海。在港口闷得头昏眼花的水兵们说不出有多兴奋了，他们摩拳擦掌，准备大干一场，把“天下海军第一”的称号抓到自己手中。

他们驶出没多远，就在丹麦的日德兰半岛附近海面碰上了英国军舰。它们怎能不碰见呢，自大战爆发后，英国军舰就在这一带密密布防，随时都有军舰监视海面。一看见敌方舰队，双方也不废话，立即就打将起来。

最先打起来的是双方开路的前卫舰队，一开始英国就吃了大亏，两艘庞大的战列巡洋舰被击沉。英国人赶紧撒腿就跑，一面向主力舰队求救，德国舰队一看敌人逃跑，大喜之下，猛追过来。下午6时左右，英国的主力舰队赶到了，双方立即以全部主力展开了规模空前的大海战。德国人努力战斗，开始击沉了不少英舰，但后来看到英舰越聚越多，简直像狼群一样围着数目少得多的德舰又撕又咬，德军知道寡不能敌众，只得退出战场。英国人得势不饶人，一路猛追，德国人且战且退，终于退回了基地。

这次大战中，英国一共投入了战舰150多艘，德舰只有约100艘。战斗结果：英国舰队损失舰只共14艘，计战列巡洋舰3艘、装甲巡洋舰3艘、驱逐舰8艘、海军士兵损失近7000人。德国损失了舰只11艘，计战列巡洋舰1艘、轻巡洋舰4艘、老式战列舰1艘、驱逐舰4艘，海军士兵损失约3000人。

从上面的数目看得出来，英国损失的军舰不但数目多，而且都是大型舰只，包括6艘巡洋舰，损失的士兵也有德国的两倍多。仅从这次海战来看，英国人无疑是败了，德国人无疑是胜了。但实际上呢，像前面的凡尔登和索姆河两战一样，英法联军损失的数量都大于德军，但实际上这次又是德军失利了。其原因也与前面一样，英法联军的损失是比德军大一点，但它们的战争资源比德国要大得更多！例如它的损失是德军的1倍半，但它的战争资源，无论人力还是物力，比德国人要大上2倍甚至3倍都不止。像军舰，德国人总共就这么几艘，损失一艘就少一艘，而英国呢，它有好几百艘，损失一二十艘根本算不了什么。

此役之后，英国舰队仍然牢牢控制着大海、牢牢封锁住了德国海岸，德国的军舰却再也不敢出去冒险了。

讲完日德兰大海战后，我们来讲几句题外话。前面，从这里直到古罗马或者更早，我们已经谈过了“两军”：陆军和海军，但第三军——空军——一直没有露面。到了这第一次世界大战时，空军也已经堂而皇之地登上了战争舞台，并且大显神通。

前面《工业革命》一章中说过，飞机是美国的莱特兄弟俩在1903年发明的，此后不久就被酷爱新技术的德国人拉上了战场，英国人法国人俄国人等也马上群起效仿。第三个大军种——空军诞生了。

一开始，空军主要用来搞侦察，或者替炮兵指引轰击目标，并不作战，当敌对国的侦察机在天上相遇时，彼此还说“Hello”呢！后来，有些爱国爱得糊涂了的飞行员就在飞机上放几块石头，看见敌人的飞机，不是说“Hello”，而是一石头就砸过去。这就是最早的空战。往后，飞行员们开始拿支手枪，看见敌人的飞机来了，“嘣”地一枪就打过去。再往后，飞机上开始装机枪手榴弹了，不但可以打敌人的飞机，甚至可以打敌人地面上的兵。还可以往下扔炸弹。这样逐步下去，飞机的功能就多样化了，产生了为各式各样专门用途而设计制造的飞机，如侦察机、战斗机、轰炸机，等等。

第一次世界大战开始之时，各国已经有了不少飞机，英俄德都有两百多架，法国也有一百多架。

飞机这时候在战场上已经发挥了不小的作用，而且注定在以后的战争中发挥更大的作用。

我们现在来总结一下1916年的战事，从上面的叙述可以看出，这一年总的来说是僵持状态，除了俄国人在加里西亚占了一大片土地外，其他地方双方基本上是原地踏步。

但这只是表面现象，实际上这时候同盟国，尤其是它的主体德国已经颓势明显了。主要表现在双方战略资源的巨大差距上，这差距将在以后的战争中起决定性的作用。

第四十章　第一次世界大战（下）

这一章我们要讲述的是最后两年的战况。

总的来说，1917年对于协约国是先悲后喜，悲是一开始作战失利，损失惨重；喜是终于等来了一个强大的帮手，这就是美国，这个超级暴发户，事实上的世界第一强国，至少经济上是如此。

战争第四年　　1917是第一次世界大战最奇特的一年，整个西方世界的战争乃至政治像万花筒一样不断地变幻着，同盟协约双方互相体会着危机与幸运交织带来的复杂局面。

三件大事决定了这一年的战局：协约国大反攻、美国参战和十月革命。我们来逐一叙述。

反击的悲剧　经过1916年的僵持以后，在凡尔登和索姆河战役中没有吃大亏的英法联军认为自己赢了，决定对德国人实施大反攻。领导者便是在凡尔登英勇奋战，挡住了德国人狂攻的尼韦勒。他认为现在法国人可以凭强攻打碎德国人的防御，所以这场反击战就被称为尼韦勒战役。

尼韦勒的具体计划是围歼两军阵地之间德军阵地的一块突出部。先由英军发动佯攻，再由法军发动主攻，然后两军会合，把围在突出部的德军消灭。

然而这时候德国人已经知道难以主动进攻，所以早做好了坚守的准备，他们建立起了一道坚不可摧的前沿阵地，史称兴登堡防线，静静地等待敌人来送死。

4月，英军首先按计划发动了攻势，几天后，法军开始了猛攻，先是长时间的猛烈炮火，再以54个师、加上100余辆新式武器坦克的庞大兵力向德军阵地发起了冲锋。

德军的阵地岂是容易突破的呢！无论是英军还是法军，迎面而来的是德军密如雨点的子弹炮弹。冲锋的军人们成片成片地倒下，德军阵地前很快就堆满了英法联军的尸体。然而尼韦勒不顾性命地发起一波又一波冲锋，士兵的尸体布满了阵地、填满了壕沟，他仍命令士兵踏着同伴的尸体继续冲锋。

到5月初，英法联军已经蒙受了40万的死伤，其中绝大部分是法军。却几乎没能前进一步，躲在壕堑里的德军损失要小得多。当尼韦勒还想要士兵再冲时，他们再也忍不住了，公开起来反对这种明显毫无意义的屠杀，甚至要举行起义。因此，尼韦勒被迫下台，由比他更为谨慎的贝当接职。

贝当深知这时法军面临军心动摇的危机，搞不好就全完蛋了，就对英军宣布法军需要休整，暂时停止作战。

此后，法军军心既乱，没法再战。为了避免整个战局的被动，英军于是单独发动了几次猛烈的进攻。

第一次在6月，英军先用新式高爆炸药对德军阵地进行了狂轰滥炸，一下就炸死了成千上万名敌军士兵。然后用坦克为前导，加上飞机帮忙开始了冲锋。这次比法军在整个尼韦勒战役的效果都要大，占领了德军阵地一个突出部。

第二次进攻在7月底开始，又以同样的方法进行。然而这次德军有经验了，进行了猛烈而有效的抵抗，这时天又下起了大雨，使英军的推进更加艰难。经过近4个月的战斗，英军的推进不过五六公里，却为此付出了30万士兵的代价。

接着英国又进行了一轮新的攻击，仍旧没多大收获。这次英军开创了一种将成为以后世界战争经典形式的新战术：坦克集群战。从此坦克不单为步兵冲锋打配合，自己也成了冲锋陷阵的主力在第二次世界大战中这种战略得到了希特勒和隆美尔等人的青睐，被广泛使用。海湾战争中也如此。

总的来说，这个阶段英法联军的大反攻算不上是胜利，它既没占领多少敌军阵地，自己又遭受了巨大损失。不过也有意义，毕竟杀死了许多德军，现在德国的战争资源已经日见捉襟见肘，士兵是死一个少一个。英法可不是这样，无论人力物力都多的是。

但这还不足以致胜，直到一个新帮手——美国人——的到来。

美国来了　第一次世界大战一开始，当时的美国总统威尔逊就宣布美国将严守中立。

不过，美国的这个所谓的中立很快就在事实面前变成了空话。我们来看看开战后的事实吧。

由于英国拥有强大的海军，大战一开始，它立即封锁了德国等同盟国的海岸线，德国一切需要跨过大洋的贸易就此中断了。

这时美国的商人们如果想做生意找谁呢？当然只能找协约国，协约国也开始大批大批地向美国购买几乎一切物质。我们知道，英国本土除了一些煤和铁之外，谈不上有什么资源，粮食都要进口。现在战争爆发了，各种战略物资用量庞大无比，要进口的也更多了。从哪里进口呢？当然首推美国，因为美国几乎拥有协约国所需要的一切东西，从枪支弹药到粮食布匹。

这样，大战开始之日也就是协约国特别是英国从美国大买特买之时，英国人先是支付现钞，现钞没了，就把原来拥有的美国政府的债券和各种股票全卖掉。后来还是不够，怎么办呢？好办，大把大把地从美国各大银行借钱就行了，再用这些钱向美国各家工厂大肆购买。这种购买对协约国的好处可不是一个，而是两个。第一个当然是得到了急需的各种物质，第二个呢，是借了美国人很多钱，这钱是要还的啊，怎么还呢？美国人可不傻，知道如果协约国失败了，它们的经济就会彻底崩溃，钞票将变成废纸。所以他们要想尽一切办法使协约国不败。

怎么让协约不败呢？除了提供大量的物质之外——那已经做得不可能再好了，最直接的办法是派兵直接打喽。

一般史书把这当作美国之所以要参战的主要原因。这诚然是对的，但几乎所有的史书都有意无意地忽视了一个事实：美国之所以要站在英国一边，另一个主要原因应当是他们同文同种，甚至可以说是同一个民族。

众所周知，美国是前英国的殖民地，它虽然有许多国家来的移民，然而主体无疑是英国人，即盎格鲁－撒克逊人。无论从语言、文化还是民族性等，英美之间即使有差别也是相当之小的。在通常情况下，虽然它们的国籍已经不同，一个英国人不会把一个美国人看成异族人，一个美国人也不会把一个英国人看成异族人——独立战争时不一样，那时其实主要不是民族的问题，而是压迫与经济利益的问题。

我们再来看看第一次世界大战中其他诸国吧，为什么俄国要向奥匈帝国宣战？因为奥匈帝国要打塞尔维亚，为什么俄国要帮塞尔维亚？因为他们都是斯拉夫人，所以直到现在俄国人还在帮。为什么德国人要同奥匈帝国结盟，而且同盟如此牢固？难道不是因为他们都是德意志国家吗？

所以我说，美国之所以要站到英国人一边，向德国宣战，一个更深刻的原因就是英美同文同种，基本上是同一个民族。

我们可以想象美国人会站到德国人一边，向与自己同文同种的英国人宣战吗？这是不可想象的，就像我们不可能当哪个国家杀向另一个华人独立国家——新加坡时，我们会站在与新加坡作战的国家一边向新加坡的华人宣战一样。

这是一个明显不过的原因，然而由于民族与种族问题在西方太过敏感，所以谁都不敢像我一样把这个明显不过的原因大大方方地说出来。

使美国正式向德国宣战的直接原因是德国在这年2月1日宣布进行的无限制潜水艇战。

当英国海军不可战胜时，德国人发明了一种足可以对英国的海上优势造成毁灭性打击的新式武器——潜水艇。这种潜伏在水面下的军舰对英国水面上的军舰是一个极大的威胁。因为它们看不见摸不着潜水艇，潜水艇不但看得见它，还击得沉它。军舰如此，航行在海上没有武装的商船更是如此，当潜水艇向它们冲来时它们几乎只有等着被击沉的份。这样的打击给协约国，尤其是英国造成了可怕的损失。

不过在2月1日以前，德国人所造成的损失还不足以切断英国人的海上生命线。主要是因为德国人不敢打中立的美国的商船，只能听任这些商船把粮食乃至武器弹药送往英国。

面对这种情形，德国人知道自己唯一打败英国的可能就在于用潜水艇击沉所有前往英国的商船，这样，得不到粮食和武器的英国必定坚持不了几个月。而英国一旦失败，法国的投降也就指日可待了。

于是，2月1日，德国正式宣布实行无限制潜水艇战，即对于前往英国等协约国的任何船只，哪怕是中立国的，也一律予以袭击。

那战果是惊人的：仅仅2月到4月，德国潜水艇就击沉协约国商船约1000艘，近200万吨。整个1917年被击沉的船只则达近700万吨。英国人再会造船也赶不上这个沉船的速度。

但由于搞的是无限制潜水艇战，有好几艘美国商船被击沉了，一些船上的美国人死了。

正是这个原因，促使1917年4月2日威尔逊在国会宣读了他的《战争咨文》。

两天后，美国正式向德国宣战。

这个宣战对于战局的影响有多大是显而易见的，只要想想美国那无穷无尽的资源和人口，还有世界第一的工业——早在大战之初的1914年已经占世界工业总产值的36%，是德国的两倍半。

这些现在都将投入对德国的作战之中。

对于德国，这可不是简单的危险，而是致命的危机，不可避免地决定了它及其盟友的命运。

不过，由于路途遥远，美国要组织一支百万大军、再把他们运过宽阔的大西洋可不是一件容易的事。所以美国虽然宣战了，但要让这宣战像一把利剑插到德国人头上还得等到明年。

俄国走了　对于协约国，1917年也不是什么都好。相反，有一件事也给了它们沉重的打击。那就是俄国发生了革命，并且在这一年退出了战争。

俄国发生的革命共有两场，分别是二月革命和十月革命。二月革命推翻了沙皇政权，不过新政府仍支持把对同盟国的战争打下去。十月革命后，在列宁的领导下，俄国立即退出了战争。同德国政府签订了《布列斯特—立托夫斯克和约》，根据和约，新建的苏维埃政府放弃了325万平方公里的国土，上面生活着6200万人口，有俄国一半的工厂、3／4的铁和煤。

签订如此丧权辱国的条约可能有三个原因：一是新的苏维埃政权无力再战；二是列宁认为同盟国必败，所以根本无法真的占有所得到的广大土地；第三个原因是那时俄国人民真的已经厌倦了战争，这场战争几乎把俄国彻底打垮了。所以新政府为了生存下去，必须倾听人民的声音，不惜一切代价地结束战争。

这三个原因哪个最重要我不知道，希望读者们自己去评定。然而这个决定对不对呢？我们看看此后的事实就知道了。

事实真如列宁所料，德国战败了，真的守不住俄国割让的土地。但此后却并没有如列宁所料回到俄罗斯手中，而是在那里建立了许多独立国家，如乌克兰、白俄罗斯、立陶宛、爱沙尼亚、拉脱维亚，等等，这些国家将保持独立直到几十年后斯大林在第二次世界大战开始前将它们重新纳入苏联版图。而现在，苏联崩溃之后，它们又一次独立了，它们中的许多，像乌克兰和白俄罗斯，可谓自古以来就是俄罗斯领土，其久远不亚于西藏和新疆之归并于中国版图。

俄国与德国签订和约、付出大片领土、退出战争对几乎要失败了的同盟国无疑是天上掉下来的馅饼，他们立即将军队从东线全调到了西线，这样德国人终于摆脱了东西两线同时作战、往往顾此失彼的窘境，可以集中力量在西线与协约军一战了。

而对于协约国呢，眼看胜利到手，却由于俄国人的投降，转眼间胜利的希望化作了又一次危机。

战争第五年　这年是第一次世界大战最后一年，一切都将在这一年见分晓。

年初，因为以胜利者的姿态与苏俄签订了合约。德国觉得又有了胜利的希望。立即将东线的40万大军调往西线，同行的还有一种叫“贝尔塔斯”的巨炮。这种巨炮一门就像一列巨大的火车，在铁路上行驶，据说口径达五六十厘米，一发炮弹有几吨重，是前无古人，后无来者的巨炮。

德国人也知道，在夏天到来之时将会有上百万的美军到达欧洲，一旦这支生力军到来，德军将无法抵挡。他们最后的希望是在美国大军登陆欧洲之前彻底击败英法联军，结束战争，就像拿破仑在滑铁卢之战中，唯一的希望就是乘英国人的援军尚未到来之前击败它一样。

德军这个想法是正确的，然而命运女神是否会再一次眷顾英国人呢？

隆冬过去之后，从3月开始，德军用所有力量孤注一掷，一连发动了5次攻势。

第一次攻势从3月21日开始，在70公里长的地段上，德军集中了62个师、6000门火炮、1000架飞机，分三波向英法联军发动了狂攻。德军人人被告知，德意志的光荣在此一举。这时对面的联军兵力只及德军一半，火力也处于劣势，在德军的狂轰猛冲之下，阵线不久便被突破，伤亡惨重。德军在英法联军中间撕开了一道长达15公里的缺口，从这里德军可以直抵亚眠，如果他们能控制这个战略要地的话，巴黎将在他们面前大门洞开。并且，由于这时英军与法军事实上各自为战、缺乏必要的协同，如果德军乘此机会投入所有力量，或者直捣巴黎，包围法国人的首都，或者从亚眠往西横扫，消灭从此直到海岸相当薄弱，并且已经被打得很惨的英军，那么战争的结果可能会不一样了。

然而，德军在这里再一次犯了兵家大忌，它竟然兵分三路，各自为战，我们知道，战场上的胜机就像棋盘上的胜机一样，往往转瞬即逝。受到挫折的英法联军立即看出了自己的错误，随即加以改正。一是建立了统一的指挥，法国总参谋长福煦被任命为联军统帅，统一指挥所有协约国部队。同时法军针对阵线的薄弱，立即调来重兵驰援，堵住了德军进一步攻击的通路。这时美军已经开始源源不断地到达，他们立即被派往西线，光3月份就有近10万名。这些都弥补了德军开始攻击所造成的损失。

从4月份开始，到7月份，德军先后又展开了4次攻势，每月一次，不过战果并不辉煌，反而损失了近100万的兵力。到最后一次攻势结束时，德军已经山穷水尽，再也无力进攻了。

对于将胜利建立在不停进攻之上的德军，停止进攻就意味着失败。

7月，就在德军最后一次攻势失败之时，协约国军立即准备进攻了。英法联军盼星星盼月亮般盼望的美国大军已经全部登陆法兰西，为数达百万之众。他们都是美军的精锐之师、养蓄已久、装备精良，战斗力之强可想而知。

联军决定第一步先攻占德军阵地的突出部。

8月6日，联军大反攻开始，英美法联军一齐出动，以法军为主力，在第一次世界大战发生第一次大战的马恩河地区向德军发动攻击，攻占了德军阵地的突出部，俘虏德军3万人。

两天后，联军向亚眠突出部的德军发动猛攻，由于联军此时无论就火力、兵力还是士气而言都已居于绝对优势，猛攻之下，德军在第一次攻势中费尽千辛万苦夺占的亚眠突出部两天后便失去了，又损兵7万有余。

到这时，协约国知道德军已经筋疲力尽，不堪一击了，但为了使它们不致全师退回国内——如果这样的话，即让德军全师回到国内，他们凭借尚存的仍相当庞大的兵力在国内与协约军拼死一战，甚至激起德国人民的爱国情绪，发动一场人民战争，那么协约国势必难以取胜，至少要付出惨重代价。为此，联军决定发动全线反击，将德军聚歼于前线。

9月26日，联军总攻开始，英美法联军在西线全面攻击，由于这时候联军的兵力已经数倍于德军，福煦可以命令联军随意攻击任何他想攻击的地方，而福煦所做的则是：全线攻击，进攻任何有德军的地方，在联军如此优势力量的打击之下，德军全线崩溃，号称固若金汤的兴登堡防线三天之内便被击破。

此后的战争是一幕猎人追逐逃跑的猎物的游戏，联军不停地追，从法国一直追到比利时，快要追到德国本土了。

这时的德军如此不堪一击，其实并非是他们不能战，而是他们不想再战了。自从7月份第一次攻势被打败后，德军士气急剧下降，士兵的厌战情绪像雨后春笋般冒将出来。到联军开始发动反击后，以前坚忍顽强，极少投降的德军士兵这时几乎是整营整团地投降，有时协约国几名在战线上游荡的散兵也能俘虏德军半个师——其实不是他们去俘虏的，而是这些德军主动找上门来投降的。至于没有投降的士兵们呢，他们也不打仗，回家去了。路上，当他们看到那些开往前线的新兵——大都是些十五六岁的少年或者五六十岁的老头——就大声地嘲笑他们，叫他们傻瓜，怂恿他们赶快往后溜。

这时候德国的盟友们呢？

9月30日，保加利亚宣布投降。

10月31日，土耳其宣布投降。

德国最重要的盟国奥匈帝国则更惨。我们知道，这个庞大的帝国是由许许多多的民族组成的，除奥地利人外，还有匈牙利人、捷克人、斯洛伐克人、塞尔维亚人等。这些民族本来就不服奥地利人的气，现在一看帝国完了，乘机揭竿而起，宣布独立。

11月3日，业已穷途末路的奥匈帝国宣布投降。几天之后，帝国皇帝放弃了帝位，欧洲最古老的皇室之一就此消失了。

面对如此现实，德国的领袖们知道打不下去了。其实早在9月底，德军统帅兴登堡就告知皇帝，德军已经无法再战，只能停战。皇帝也同意了，只是要求仍旧当他的皇帝，然而协约国是不会容许这样一个好战的家伙继续做皇帝的。仗便继续打下去了。

11月30日时，已经绝望的德军统帅部决定做临死前的一击：命令基尔港的水兵出海与联军海军决一死战。这时基本上保存完好的海军是德国最强大的军力。这种命令真是太荒唐了，谁都知道，这等于叫他们去送死！水兵们如何会答应，他们以起义来回答。这消息顿时传遍全国，激起了全德革命狂潮。德国一片混乱。

在这种情况下，德国首相强行宣布德皇退位。两天后，德国宣布投降。

第一次世界大战结束了。

以下是这场到目前为止人类最大悲剧的简短实录：

参战国家：31个。

参战国人口：15亿，占当时世界总人口的3/4。

战争损失如下：

死亡人数：1850万。

受伤人数：约2000万，大部分人终身残疾。

直接经济损失：1805亿美元。

间接经济损失：1516亿美元。

战争终于结束了，然而和平并未来临。

不过20来年之后，新的、更大更残酷的世界大战就将来临。

第四十一章　和会、和约、国联

第一次世界大战结束后的1919年1月，各战胜国代表在巴黎召开了和会，这就是所谓的“巴黎和会”。

巴黎和会　　巴黎和会有三个老大，分别是法国总理克里孟梭、英国首相劳合·乔治和美国总统威尔逊，另外有两个老二，即意大利和日本的代表，分别是意大利首相奥兰多和日本前任首相西园寺公望。

巴黎和会要解决两个大问题，一个是怎样惩罚战败国，二是怎样重建世界的新秩序。

但在第一个问题上五大国就产生了尖锐的分歧甚至对抗。

我们先来看法国。

法国是第一次世界大战最主要的参战国，也是最主要的战胜国，它的声音在巴黎和会上无疑是最洪亮的，而它对于战败国尤其是德国的主张简而言之就是毁灭。

自从百年前德意志人在拿破仑帝国的废墟上重新崛起之后，就成了法国人最主要的对手，法国不像可以在辽阔的大海横行称霸的英国，它的主要舞台就是欧洲大陆，而在欧洲大陆能够与法国相争的只有一个国家——德国。

早在第一次世界大战爆发前，它与德国在1870年就打过一场普法战争，法国人败得很惨，皇帝都当了德国人的俘虏，时隔近50年后，轮到法国人当胜利者了，它当然想狠狠地报仇雪恨。

因此，法国在如何惩罚德国这个问题上的态度最为激烈甚至残酷，首先它要收回在普法战争中失去的阿尔萨斯和洛林；其次，它要占领德国的萨尔，著名的产煤区；第三，它要德国支付巨额战争赔款甚至要肢解德国本身。

如果法国的要求一一得到满足，德国就真的会被不折不扣地毁灭了。

但英国可不打算这样干，不但不想德国被摧毁，还希望它保存一定实力，因为对英国而言，欧洲大陆最好形成一种相对的“均势”，法国与德国能够旗鼓相当。这样一来，由于德国与法国不可避免地要互相竞争，相互提防，专注于在欧陆争霸，也就没有多少剩余精力在欧洲之外的地方和英国争了，这就是所谓的“蚌鹬相争，渔翁得利”。

基于上面的考虑，英国断然不肯让法国人实现它毁灭德国的目标。

与英法比起来，美国有点儿不一样。

这次来参加会议的威尔逊总统既是政治家，也是教育家，是一个带有理想主义色彩的政治家，他在1912年当选为美国第二十八任总统，并于1919年获得诺贝尔和平奖，获奖原因就是他努力促成了第一次世界大战的结束。

早在1918年的1月18日，战争尚未结束之时，威尔逊就在美国国会发表演说，演说中提出了他著名的十四点和平纲要，其中包括这样一些条目，例如：

> 一切和平条约必须是公开达成的，不能搞秘密外交。
>
> 尽可能撤除各种经济障碍，在所有各国之间进行平等贸易。
>
> 必须公正地调整现存的殖民秩序，必须慎重地考虑殖民地人民的愿望与正当权益。
>
> 必须在特定的协约允许下成立一个国际联合组织，以期为不论大小之各国的政治独立与领土完整提供共同保证。

基于上面的立场，一方面他支持战胜国的一些正当要求，例如支持法国收回阿尔萨斯和洛林，支持奥匈帝国内各民族人民的独立与自由，支持波兰独立，等等，但对法国提出的想要毁灭德国的企图则坚决不答应。

这就是英美法三个最主要的战胜国在巴黎和会中的态度和要求，当然其他参会的国家也有各种各样的要求，为了平衡大国和小国们的要求，巴黎和会举行了无数次各种各样的会议和谈判，成立了无数个各种各样的委员会来做出各种各样的决定，这过程中所经过的钩心斗角、尔虞我诈之激烈是可想而知的，政治家们就像在舞台上唱戏一样，你方唱罢我已登场，将美丽的凡尔赛宫变成了十足的剧场，天天在这里上演闹剧。

凡尔赛和约　闹了几个月之后，各国代表总算就主要问题做出了决定。

关于德国的赔款，会议并没有真正做出决定，即先不提出具体的赔偿数额，这连同将来赔款的分配比例都留待一个专门委员会去讨论决定。

第二个大问题是德国的领土问题，法国收回了阿尔萨斯和洛林，但没能占有萨尔，只是占有了它的全部煤田，为期15年，在这15年内，萨尔的行政由即将成立的国际联盟管理，15年后在当地举行公民投票再决定其归属。

除萨尔外德国人还失去了许多领土，首先是波兰建国，将德国东部的整个波兹南地区划归波兰，上西里西亚、波拉美尼亚、东普鲁士与西普鲁士这些地区的一部分也被划归波兰。德国的固有领土东普鲁士被与德国的其他地区分割开来，成了德国的飞地，这里的重要港口但泽被从德国分割出去，成为自由市。其次，东普鲁士的梅梅尔地区、西里西亚南部的古尔琴地区、石勒苏益格-荷尔斯泰因分别被划归立陶宛、捷克斯洛伐克和丹麦。第三，同属德意志民族的奥地利则规定永远不得与德国合并。

总共算起来，德国失去了大战前整个国土的约1/8，人口的约1/10。

固有领土尚且不保，殖民地就更不用说了，德国被迫放弃了一切海外殖民地，由英法日等瓜分，例如日本收获了赤道北部德国的许多岛屿，包括马里亚纳群岛、加罗林群岛、马绍尔群岛。这些岛屿所分布的海域比整个中国还大。

以上的损失够惨了吧，但还不止于此呢。战胜国还规定，德国境内的几乎所有大河都成为国际河流，外国军舰与商船可以自由来往。莱茵河以西地区和巴伐利亚，相当于德国的整个西部和南部，由战胜国占领15年，占领费由德国负担。莱茵河东岸50公里以内被划为非军事区，不准许德国部署军队，连防御工事都不能有。战胜国甚至规定整个莱茵河地区必须永久地非军事化。

除了要钱之外，战胜国还要东西。他们要德国人先交出1600吨级以上商船的全部，1400吨级商船的一半和20%的内河船只。五年内还得为英法等国造20万吨商船，10年内还要向它们提供巨量的煤、机器、化工产品等。

最后一项是处理德国的军队与军备，战胜国最重要的目标之一就是要摧毁德国的军队，防止它东山再起。

和约规定，德国必须取消义务兵役制，必须撤销军队的参谋本部，不能建立军事院校。其陆军总数不得超过10万人，其中军官不得超过4000人。不准拥有坦克等重型武器，连重炮都不准有，只能保留280门野战炮。不得建立空军，海军则只准拥有铁甲舰和轻型巡洋舰各6艘，驱逐舰与鱼雷艇各12艘，海军总数不得超过15000人，其中军官不得超过1500人。

英法美等协约国制造出这枚苦果后，就召来了以外长伦卓为首的德国政府代表。在凡尔赛宫镜厅，就是1871年德国人在这里逼迫法国人割地赔款的地方，法国总理克里孟梭面对德国人，以胜利者的口吻宣布：

“清算的时间到了。你们向我们要求和平。我们同意将和平交给你们。我们现在就把这项和平的文书交给你们。”

事先伦卓已经得到了战胜国的命令：他不得当场进行口头辩解，只能在15天后用书面的形式陈述意见。但据说他还是忍不住说道：

“有人要求我们承认是战争的唯一祸首。如果我本人这样承认，那就是撒谎。”

将条约文本拿回德国后，德国人发现它的条款如此苛刻，甚至比当初它打败法国后使法国吃的亏还要大得多，不由悲愤交加，大家纷纷上街游行，抗议协约国的欺诈。德国政府便自己制订了一个修订意见书，几乎将原来的主要内容一概推翻。

协约国当然不答应，它们给了德国人一个通知，声明只能就原来的条约文本做出个别非实质性改动，基本内容丝毫不得变革，并要求在5天之内给予正式答复，否则将兵锋相向。

到第5天，看到德国人还没有接受，协约国军总司令福煦下令军队准备开战。德国当然知道战争的后果，为了避免更大的损失与耻辱，被迫全部接受条约。但他们公开宣布自己是在武力的压迫之下屈从的，也就是说，他们公开声明自己是口服心不服。这是1919年6月23日的事。

5天后，6月28日，还是在凡尔赛宫镜厅，举行了正式的签字仪式，条约文本就是《凡尔赛条约》。

《凡尔赛条约》共有440项条款及一份议定书，就内容而言分成两大部分：一是《国际联盟条约》，二是对德和约。第二部分就是我们前面刚说过的那些，不再赘述，这里简单说下第一部分。

这一部分是关于国际联盟的。

国际联盟　早在1918年，威尔逊在向美国国会发表的演说中就主张成立一个总的国际联合组织，为不论国家之大小之各国的政治独立与领土完整提供共同保证。他的这个倡议经过一番波折，最终得到了英法等国的认同。最后的国际联盟盟约就是基本上按照威尔逊的建议而制定的。盟约内容大致如下：

所有成员国，包括其殖民地与自治领在内，只有一个投票权。也就是说，英国虽然有大量殖民地与自治领，其中还有加拿大、澳大利亚、印度这样的大国，但它们总共也只有一张投票权。

国际联盟的最高机构是理事会，英美法意日五国为常任理事，由它的代表与大会所选出的其他四国的代表组成。将在理事会之下设立永久性的国际法庭并制订全面的裁军计划。如果国际联盟中任何一个成员提出要求，可以由国际联盟成立调查组对所要求的情况进行调查，以查明事实，并向理事会提出报告。同时还将向当事各方、国际联盟大会与各会员国提出处理建议。

国际联盟还设立常设秘书处，它类似于一个档案室，各成员国之间签订的所有条约必须在它那里备案才具约束力。

此外，国际联盟还将对许多更为具体的问题，如国际武器贸易、各国劳工待遇等进行协调或管理。

不过最为重要的也许是下面这一条：

国际联盟各签署国承诺彼此之间不以武力或战争作为解决争端的方式，如果有争执不能通过当事国之间的和平谈判得到解决，那么它们可以将争执递交国际联盟的理事会进行仲裁。同时所有成员国将视任何一国的安全为全体成员国的安全。

国际联盟的上述主张见于其盟约的第10、11、16条中，它们分别写道：

> 国际联盟会员国保证为尊重及维护所有国联各会员国的领土完整及现有的政治独立而对抗外来侵略。倘若出现这种侵略或有这种侵略的任何威胁或危险，理事会必须为履行这义务的手段提出意见。
>
> 任何战争或战争威胁，不论是否直接影响国联任何成员国，都将被宣布为与整个国联有关的问题。
>
> 如果任何国联会员国无视其盟约而诉诸战争，应依事实认为它已对国联所有其他成员国从事战争行为。

至少从字面上看，国际联盟是一个以世界和平为目标而建立起来的组织，无论它后来的表现如何，它最初的目的确乎如此，而且在后来，它真的在某种程度上做到了这点，并使得在第一次世界大战结束之后的国际社会，尤其是西方世界，享有了短暂的和平与有序。

当然，由凡尔赛和约与国际联盟所建立起来的和平是十分短暂而脆弱的，例如它的基础是对德国这个西方最强国之一的有失公允的严惩，必然招致它的不满与复仇。并且日本这个常任理事国所包藏的祸心——它怎么会尊重中国这个国联成员的“领域完整与政治独立”呢？况且威尔逊及其民主党这时在美国国内已经地位不稳，他所签订的凡尔赛和约从来没有能够得到美国国会的批准。而根据美国宪法，这样的条约只有经过国会批准才能生效。如此，孳生于凡尔赛和约之下的国际联盟当然也就不可能为美国承认了。事实上美国从来没有加入国联，作为国际联盟主要创始国的美国竟然不是它的一员，这简直是笑话，也使得国际联盟的力量必然十分有限了。

作为第一次世界大战之后国际政治新秩序基础的凡尔赛条约与国际联盟力量太过有限，使得第一次世界大战之后的和平从来是脆弱的，国际形势也从来没有真正消除紧张状态。事实上，几乎从第一次世界大战结束之时起，西方的形势就颇有些“山雨欲来风满楼”的样子了，西方列国也在这风雨之中飘摇不定，摸索着各自前进的道路。

这条路上绝不是如画的风景，而是饥饿、战乱与贫穷，最后它将走向远比第一次世界大战还要可怕的战争之海。

第四十二章　大战后的三国

规模空前的第一次世界大战造成了巨大的伤亡，也给参战各国造成了巨大的损失。因此，战争之后，参战国走上了不同的道路，由此决定了在此后相当长一段时间内的国际大格局。

法国的“疯狂年代”　第一次世界大战中法国遭受了巨大的损失，战争中死亡人数达160余万，约占当时法国总人口的1/10，受伤者更达300余万。法国的直接战费达240多亿美元，战前法国本来是债权国，但战争结束后，法国变成了债务国，欠下了美国和英国巨债。

战争也严重摧残了法国经济，大战结束时，法国工业品和农产品产量都只及战前一半多一点。

虽然损失巨大，但法国在战后较快地恢复了经济，总体来说，到1925年左右法国经济已经完全恢复到了战前的水平。到1930年，法国的工业生产比战前增长了近一半，法国在世界工业生产中占有的份额1930年时上升到了8%，超过战前。

但这段时期的法国社会却很不稳定、躁动不安，不安的主要原因是政治。

战后法国的外交政策很简单，就是要尽一切努力防止德国人东山再起，为此，他们严厉要求德国履行《凡尔赛条约》中所答应支付的战争赔款，甚至以武力相威胁，占领了鲁尔，但由于德国实在有心无力，法国政府也没有办法，这个问题最后不了了之。

外交方面，法国的主要方针是联合德国周围的小国对德国进行围追堵截。1920年起，法国先是与比利时、波兰、捷克斯洛伐克、罗马尼亚等签署了协议，共同对付德国。

为了打破法国人的包围策略，1925年初，当时德国的外长斯特莱斯曼公开提出了一个方案，说德国准备诚心诚意地与法国、比利时、波兰、捷克等搞好关系，包括开放边界、缔结仲裁条约等，决不以武力威胁任何一国。这年10月，德国、法国、英国、意大利、比利时、捷克斯洛伐克、波兰等七国外长在瑞士小城洛迦诺签署了多份协议，史称“洛迦诺公约”，实质是一个由多国共同保障安全的多边条约，总算让法国基本上对德国放了心。

最后，为了以防万一，在当时法国的国防部长马其诺倡导下修筑了巨大而漫长的防御工事“马其诺防线”，贯穿德法边境上最易受到德国人攻击的地段，长达200余公里。

至于内政，法国与英国和美国的两党轮流执政大不一样，国会党派林立，且相互之间并没有哪个占有优势，结果导致法国的政坛混乱不堪，政府更替异常频繁。例如从1920年到1940年区区20年间，法国的政府更替达40次之多，平均每年两次，最短的一届政府从上台到下台一个月都不到。因此，这个年代有时被称为“疯狂的年代”。

只有在普恩加莱联合左右两翼组成了“国民统一”内阁后，才使法国的政府稳定下来，社会也欣欣向荣，走上了稳定发展的道路。

损失惨重的英国　英国在第一次世界大战中也付出了惨重的代价，直接战费甚至超过法国，达350多亿美元，整个战争期间英军死亡人数达70余万，受伤200余万。在战争中由于德国的无限制潜水艇战，英国损失商船达2200余艘，约合800万吨，相当于英国所有商船总吨位的70%。总之，英国在第一次世界大战中大约损失掉了其国民财富总额的三分之一。战前英国是世界上最大的债权国，战后转而成了债务国，欠美国40余亿美元。

英国一向以贸易立国，长期以来是世界上最大的商品输出国，在第一次世界大战之后竟然成了贸易逆差大国，1919年时它的商品输出比战前要少近一半，而且以后再也没有恢复过来。

战争结束后的第二年英国便出现了第一次经济危机。危机期间，英国的工业生产下降了近一半。这次危机刚一复苏，不久再次陷入长期的萧条之中，到1930年时英国的工业生产已经成了次于美国和德国的老三。

第一次世界大战之后英国政治最大的亮点是工党的崛起。

英国工党成立于1900年，是由工联、费边社、社会民主联盟等一些左翼组织合并而成的。他们提出的主张是一种温和的“社会主义”，比自由党和保守党更加注重下层人民的利益，因此赢得了广大选民的支持，迅速成为英国的主要政党之一。在1922年的新大选中，工党赢得了142个议席。

这次选举后不久，保守党的邦那·劳首相因年老体弱而辞职，鲍德温没有努力寻求解决英国面临的经济问题的具体办法，只提出“信任、希望、友爱、工作”这些口号。结果在下一次的新大选中，保守党一下少了近90席，工党增加了近50席，自由党获得约160席。由于保守党与自由党之间长期互相倾轧，自由党根本不愿再与保守党合作，于是工党乘虚而入，与自由党联合起来占据了下院约350个席位，足可执政。

结果，工党首脑麦克唐纳成了新政府首相，这是工党第一次执政，也是西方世界第一个工人阶级的或者社会主义的政党执政。这是1924年初的事。

当然，工党的社会主义同我们中国的社会主义不是一回事，只是罩着一层温情的社会主义面纱，实际上还是资本主义。

工党当政之后替工人们做了一些好事，如通过了“惠特利住宅计划”，由国家拨款替穷人造了许多房子，又增加了养老金和残废退休金，并进一步加强了失业保险制度，增加了失业补助，还降低了一部分老百姓生活必需品的税率，像糖、烟、食品等。

但工党并没有解决英国面临的经济困境，其政策也遭到了许多人的反对，保守党乘势而起。结果，在1924年11月的新大选中，保守党竟然赢得了451席，工党只有151席，自由党更是只有40席。这标志着自由党开始退出英国政坛，英国政坛开始变成由保守党与工党轮流执政了，直到今天都是如此。

此后，保守党的鲍德温、工党的麦克唐纳又先后执政，但都未能解决英国面临的严重问题，麦克唐纳执政后期还组织了多党联合政府，称“国民内阁”，成员包括工党的麦克唐纳、保守党的鲍德温和内维尔·张伯伦、自由党的塞缪尔等。但同样无济于事。

到1935年6月，麦克唐纳终于辞去了首相之职，保守党党首鲍德温第三次担任首相。

就在鲍德温当上首相不久，英国发生了一件惊天动地的大事。

1936年1月，乔治五世国王去世了，他的长子继位，称爱德华八世。这位爱德华八世是个性情中人，当太子时便交游甚广。当上国王时他尚未结婚，不过已经有了恋人，这就是辛普森夫人，她魅力无边，本来堪为国母，遗憾的是离过两次婚。国王要娶这样一个妻子，当然遭到了大多数英国人的强烈反对，鲍德温就是其中一个，他认为这样做会令整个英国蒙羞，也于宪法不符。解决的办法只有一个：要么爱德华八世不娶辛普森夫人，要么他为娶辛普森夫人而退位。权衡再三，爱德华八世决定不要江山要美人。

1936年12月，爱德华八世宣布退位，这时他才当了325天国王。

继位的是他的弟弟，称乔治六世。他于第二年5月登基，不过十多天后鲍德温便辞职下野了。

鲍德温下野后，继任的是保守党的新党首内维尔·张伯伦。

张伯伦这名字我们听说过，他将在第二次世界大战中以其“绥靖政策”而闻名遐迩。

剧变的德国　较之英法，第一次世界大战后德国社会经历了更剧烈的变革。

我们前面说过，1918年底基尔港的水兵举行了起义，直接导致了德国的投降和君主制的终结，起义最后演变成了十一月革命，这次革命的重心是南部的巴伐利亚和首都柏林。

在柏林，已经无法控制局面的首相巴登亲王马克斯只得将权力移交给了社会民主党党首艾伯特，社会民主党早在1912年就成了德国国会里最大的党。

艾伯特出身工人，继倍倍尔之后担任社会民主党领袖，他是一个典型的德意志民族主义者，将德国的国家利益置于一切其他利益之上，曾经在第一次世界大战之初就公开表示支持政府的战争行为。虽身为社会民主党领袖，但他对社会革命、工人起义之类怀抱着恐惧与反感，认为这类行为将危害德国的国家利益。他甚至不想在德国推翻君主制，只想让它成为英国那样的立宪君主国。不过，当看到革命不可避免，君主制的灭亡亦不可避免时，他还是站到了革命一边，并且成了革命与德国的领袖。

这时，社会民主党内部分左右两派，右派以艾伯特为首，主张使德国成为一个西方式的民主国家，左派则以卡尔·李卜克内西和罗莎·卢森堡为首，主张德国走苏联式的社会主义道路。两派进行了血腥的斗争，由于军方的支持，艾伯特获得了胜利，罗莎·卢森堡与卡尔·李卜克内西遭到杀害。

1919年1月，德国举行了大选，社会民主党获得了全部选票的近40%。下月召开了国民议会，选举艾伯特为总统，由于会议是在小城魏玛举行的，因此新成立的德意志共和国也被称为魏玛共和国。

魏玛政府的第一件大事是被迫接受屈辱的巴黎和约。这导致了德国国内的政治、经济形势的日益恶化，不但工人纷纷起来罢工，极右分子们也乘机而起，甚至举行叛乱，德国风雨飘摇。

但艾伯特以他的铁腕一一镇压了这些纷乱，勉强令德国保持统一与发展。

但这时候另一个政党崛起了，并且迅速壮大，将成为左右此后德国政局的新势力——邪恶的新势力，这就是纳粹党。

第四十三章　俄罗斯的毁灭与新生

第一次世界大战中，俄罗斯军队表现低劣，这支曾经打败了不可一世的拿破仑的军队几乎不堪一击。

旧制度的毁灭　　战争的失败极大地打击了俄罗斯人的自尊心，也使他们对沙皇政府产生了强烈的仇恨心理，渴望推翻之。

这时俄罗斯的经济也濒临崩溃，战争一开始，沙皇政府就征召了1000余万士兵，为了支付巨额战争费用，不断增加赋税，使人民生活雪上加霜，被迫起来反抗。

从1717年开始，俄国先后发生了两次革命，即二月革命和十月革命。

二月革命发生在俄历2月22日，地点是首都彼得格勒。

这一天，当彼得格勒一家大厂普梯格夫金属加工厂的工人们上班时，发现已经大门紧闭，于是为数3万多的工人涌上街头，他们的行动得到了大批工人兄弟的支持，规模迅速扩大，到了2月25日，整个首都已经成了抗议者的海洋。为了镇压，沙皇政府派来了哥萨克，但士兵们不愿意向同胞开枪，甚至纷纷加入反抗者一边来。

到27日，原来的抗议者已经变成了起义者，他们用从军火库中夺来的武器武装自己。第二天起义者们控制了整个首都。

面对这样的局势，沙皇什么也没做，因为他什么也做不了，他成了地地道道的孤家寡人，没有人听从他的指挥，他的国民与大臣们都抛弃了他。绝望的沙皇以为人民恨的只是他，决心做出自我牺牲。他宣布退位，将帝位传给弟弟米哈伊尔大公。然而他又失望了，深知帝制已经不可救药的米哈伊尔拒绝继位，于是帝位空了，统治俄罗斯长达300余年的罗曼诺夫皇朝遽然而终。

沙皇的命运又如何了呢？他们全家先是被布尔什维克的秘密警察——即契卡——抓了起来，关押在乌拉尔地区的叶卡捷琳堡，于1918年7月16日晚上9点被集体枪杀在一间小屋子里。包括沙皇尼古拉二世、皇后、沙皇的4个女儿以及年仅13岁、已患不治之症的皇储，还有他们的医生、厨师、男女仆人等共11人，甚至连小孩的一只宠物狗都未能幸免。死后，他们的尸体被先用硫酸毁容再埋入荒地，上面弄平，以免留下任何痕迹。

尼古拉二世

如此对待在漫长的历史时期之内都是俄罗斯民族象征的沙皇家族，一直是俄罗斯人民心中难言的痛，寻找沙皇一家遗骸的行动多年以来就没有停止过。苏联崩溃后，1998年，遗骸终于被找到并被重新安葬于圣彼得堡大教堂，当时的俄罗斯总统叶利钦向沙皇遗骸鞠躬致敬。

俄罗斯东正教会于2000年8月20日在莫斯科举行隆重礼仪，宣布了一批新圣人，尼古拉二世一家也位列其中。

帝制被推翻后，俄罗斯有了两个政府：一个是由以前的俄罗斯杜马代表委员会建立起来的临时政府，它马上就被广泛承认为俄罗斯唯一的合法政府，另一个则是彼得格勒的工兵苏维埃，后者又分成了两个派别，即孟什维克和布尔什维克。

临时政府得到了孟什维克的支持，如果按临时政府的路线走下去，俄罗斯将逐步成为英美式的资本主义国家，但布尔什维克坚决不答应，决心起来斗争。

为了转移国内的矛盾，临时政府决心继续当时仍在进行的世界大战，1917年7月，俄军在前线发动了进攻。但这次冒险不久就以彻底失败告终，十几天之内俄军损兵折将6万余人。

听到这样的消息，工人们纷纷走上街头示威游行，要求推翻临时政府，全部政权归苏维埃，结果遭到临时政府镇压，布尔什维克被迫转入地下。此后临时政府也进行了改组，由克伦斯基任总理兼陆海军部长，但这并不能解决问题，俄国的局面迅速恶化，国家经济已经完全崩溃，城市里连面包都供应不上了，人民濒临饿死的边缘。到处是罢工，到处是愤怒的人们，他们要求推翻腐败无能的临时政府，建立苏维埃政权。

在这种情况下，布尔什维克举行了夺取政权的武装起义。起义在11月6日爆发，由于这一天是俄历10月24日，因此被称为“十月革命”。

俄罗斯的新生 起义者们很快占领了彼得格勒的主要桥梁、交通、政府建筑物等，眼看大势已去，克伦斯基只好藏匿在一辆美国驻俄大使馆的汽车里逃走了，几乎整个首都都已落在起义者们手中，只有冬宫仍在临时政府控制之下。

11月7日晚上9点40分，停泊在涅瓦河上的“阿芙乐尔”号巡洋舰响起了大炮发射的隆隆声，这是进攻的号角。数万名起义者从四面八方向冬宫发动了猛攻，这时守卫冬宫的只有3000来名士官生和哥萨克等，他们被一个个消灭，到深夜2点左右，临时政府的部长们被抓住了，冬宫被布尔什维克占领，革命取得了胜利。

就在起义者们向冬宫发动总攻之际，全俄工兵代表苏维埃第二次代表大会在斯莫尔尼宫开幕，大会通过了列宁的《告工人、士兵和农民书》，宣告一切政权归工兵农代表苏维埃。十月革命胜利了。

新生的布尔什维克政权面临的第一个大问题是如何稳定政局，他们在俄罗斯各地相继成立了苏维埃政府，苏维埃政府立即开始彻底打碎旧的国家机器，重建全新的苏维埃政府机构。例如废除了原来的等级制度、取消了帝俄的爵位，又废除临时政府各部，建立了具有浓厚苏维埃特色的各级政府机构，例如部称人民委员会，还创立了人民法院与人民警察。此外还成立了“全俄肃清反革命和怠工非常委员会”，简称“契卡”，实际上是一种秘密警察，第一任领导人是捷尔任斯基。契卡粉碎了许多反苏维埃的阴谋，然而，不可否认的是，它也滥用职权，错杀了大批无辜者。

经济上苏维埃政权也采取了一系列西方史无前例的措施，例如成立了最高国民经济委员会，集中管理国家经济，进行了大规模国有化，将银行、铁路以及许多大企业收归国有。把大地主、皇室和教会的土地通通没收，分给农民，等等。

1918年初，苏维埃政府宣布建立国家军队，因为红色象征革命，故称为红军。

外交上苏维埃政权首要的事是停战，1918年3月与德奥等同盟国签订了布列斯特和约，根据和约，俄罗斯的波罗的海诸省、波兰、白俄罗斯、芬兰、乌克兰、高加索等都被德国占领，它们包括了战前整个俄罗斯人口的1/3、耕地的1/3和煤田的9/10。

和约签订后不久，为了避开这时候已经活跃于距彼得格勒不远的反布尔什维克军队，苏维埃政府决定迁都莫斯科。

与德国人签订和约为苏维埃赢得了宝贵的时间，可以全心全意来对付更大的敌人了，这个敌人就是外国的武装干涉和国内的叛乱者们。

第一支大规模进攻苏维埃政府的是捷克军团。所谓捷克军团是第一次世界大战中俄军俘虏的奥匈帝国军队中的捷克人，苏维埃政权释放了他们，要他们经西伯利亚往东到符拉迪沃斯托克，再从那里乘船归国。1918年5月底，他们发动了叛乱，在俄罗斯的广大地区点燃了烽火。

捷克军团的叛乱像星星之火，迅速点燃了反苏维埃的烈火，且大有燎原之势，许多地方起来反对苏维埃政府，建立了各种各样的地方独立政权。

这时俄罗斯到处是反革命分子，彼得格勒和莫斯科也一样，他们采取暴动、暗杀等手段对付苏维埃，1918年8月30日，一个叫范妮·卡普兰的社会革命党人刺杀了列宁，虽然列宁没有死，但身负重伤。

面对严峻的形势，苏维埃政府决心以暴制暴，以牙还牙，实行“红色恐怖”，残酷镇压一切形式的反革命，许多人被经过简单审判甚至不经审判就处以死刑。

9月，苏维埃中央又宣布要将全国变成一座巨大的军营，“一切为了前线，一切为了战胜敌人”，将国家的一切资源用于战争，要求全国所有公民无条件服从国家，所有人都随时要响应国家号召上前线，自由贸易被废止，粮食和日常生活用品一律实行配给制，这就是“战时共产主义”政策。

为了打败叛军，苏维埃中央采取一切措施强大红军，红军人数迅速增长至近百万，列宁亲自领导新成立的最高军事机构工农国防委员会。经过艰苦卓绝的战斗，逐一平定了叛乱，除捷克军团外，还有高尔察克、邓尼金等旧沙俄将领统率的大规模叛军集团。

社会主义革命在俄罗斯取得了胜利。

俄罗斯从此开始了它的新生。

第四十四章　复杂年代

第一次世界大战以后的十年大抵相当于20世纪20年代，是美国历史上一个很有特色的年代，也是一个很复杂的年代。

繁荣与腐败　到第一次世界大战爆发的1914年，美国的工业总产值已经超出全世界工业总产值的三成，第一次世界大战爆发后，美国更是大发战争财，赚了个盆满钵满。

对美国来说，大战的结束是一个新的开始。

大战刚结束时，美国也经历过一段时期的萧条，主要是因为有成百万的军人退伍，使失业率剧增，还有战时兴旺发达的军火工业风光不再，等等。但这些转瞬即逝，经济很快复苏并更加繁荣起来，许多工业部门，如汽车制造业、电影业、航空工业等，一派欣欣向荣，其中最典型的例子就是汽车制造了。

1914年时，汽车还是有钱人才买得起的奢侈品，不过十来年之后，汽车制造业就成了美国最大的工业部门，汽车走进了寻常百姓家，汽车要在公路上跑，这样交通建设也大大发展起来，而交通又改变了城市的结构，为了使街上能够通行大批量的汽车，美国的城市们几乎进行了彻底重建。

与汽车工业相似的是电器制造业，这时候美国出现了许多人们从来没有过的新东西，这些也大大地改变了老百姓们的日常生活，例如收音机、电烤箱、真空吸尘器、电冰箱，等等。

总之，第一次世界大战之后的20年代是美国经济空前发展的时代，不但如此，它还深刻地、永远地改变了美国人的生活，让美国进入了一个汽车化与电器化的新社会。

与经济急剧发展形成鲜明对照的是，这段时间美国的政治越来越保守。

1920年，发生了一件貌似很荒谬的事，威尔逊总统签署了的凡尔赛条约却被美国参议院给打了回票。这年也是美国的大选年，竞争总统宝座的是共和党的哈定和民主党的考克斯，他们都是俄亥俄人，前者是俄亥俄州的联邦参议员，后者是俄亥俄州州长。当时共和党人提出的口号是“回到常态”，也就是说要使美国人民的生活回到第一次世界大战前的样子，保守、孤立而繁荣，民主党的考克斯却是威尔逊总统的忠实追随者，主张美国像威尔逊总统提出的一样积极参与欧洲与世界事务，在国内则积极进行改革。大选结果，共和党人取得了大胜，哈定入主白宫。

据说这位哈定总统仪表堂堂，口才出众，当过报馆老板，是个地道的保守派。他个人的主要特点是无能，智商比较低。

上台伊始，他就招募了一批他认为“最有才能”的人入阁，他们大都是一些大资本家或者大资本家的子弟，他甚至还将自己许多从前的酒肉朋友通通招揽到白宫，形成了一个小圈子，经常一边玩扑克、抽烟喝酒，一边决定国家大事。

结果，这帮“最有才能”的人造成了美国历史上最大的腐败，哈定的政府也被称为“腐败的博览会”，例如一个退伍军人局局长就贪污了2亿多美元，大概相当于现在的100亿美元。

1923年8月，哈定在一次旅行途中病死了，哈定死后，他的副总统柯立芝继位。

柯立芝学法律出身，没有大本事，却有好运气。他1923年继位当上总统后，又在下年竞选成功，一直执政到1928年。在他当政的几年美国历史上出现了少有的繁荣景象，被称为“柯立芝繁荣”。

外交方面，由于美国参议院否决了凡尔赛条约，为了在法律上结束与同盟国之间的战争，1921年8月，美国单独和德国、奥地利、匈牙利等原同盟国签署了和约，并得到了参议院的批准。对国际联盟，美国一开始不理不睬，后来还是派出了非官方的观察员，1924年后就正式派代表参会了。

美国外交的另一件大事是主持华盛顿会议。

华盛顿会议主要解决的是大国们在亚洲和太平洋地区的好处分配。第一次世界大战后日本的力量更强大了，特别是海军力量已经足以威胁到英美这些传统大国在太平洋上的利益，同时还骑在中国头上作威作福。

为了解决这两个问题，美国召集了九个国家的代表在华盛顿开会，会后英法美日四国签订了条约，规定了英、美、日、法、意之间海军的力量对比，例如主力舰的吨位数之比依次为5：5：3：1.75：1.75，等等。还签了《关于中国事件应适用各原则及政策之条约》，简称《九国公约》，条约宣称各国尊重中国的主权与独立，但要求中国“门户开放”，使各国在华“机会均等”。通过这个条约，中国收回了许多国家权利，例如日本人被迫同意把山东的租借地交给中国，还要从山东撤军，中国又收回了胶济铁路，英法也同意将山东威海卫和广州湾还给中国。

禁酒与爵士乐　20年代的美国社会也很有意思，和以前的美国社会大不相同，我们下面谈几个主要的。

最有意思的是禁酒令。

美国历史上就有禁酒的声音，因为最早的美国人是一些从英国跑出来的清教徒。所谓清教徒，简而言之是一些严守清规戒律的基督教徒，酒便是他们反对的东西之一，到了19世纪中期，由于美国社会醉鬼越来越多，一些州的居民开始想用法律手段来约束好酒贪杯，这就是最早的民间禁酒运动。这个民间运动兴起后就绵延不绝，终于在20世纪初掀起高潮并取得了辉煌胜利，使美国国会在1919年1月29日通过了美国宪法第八修正案，即《全国禁酒令》，从此在美国生产、出售、饮用各种酒类成了非法。

用修正宪法来达到禁酒的目的，决心好大，政府执法也竭尽努力，但历史证明这只是给美国法律开了个玩笑。一开始禁酒令便遇到了巨大的阻力，要知道在美国清教徒虽然地位高，但人数并不占美国社会的多数，社会上喜好杯中之物的人多的是，而且绝大多数人只是平时喝点小酒，不是酗酒，现在一滴也喝不成了，他们觉得政府实在太过分了。这些人一开始还忍着，后来就人做些小手脚，偷喝几杯，这样一而再，再而三，于是对酒的需求又大增起来，使得偷偷生产和进口酒就像今天的生产和进口毒品一样，暴利了，于是美国到处都是私酒，禁酒令形同虚设，害了的是老百姓，肥了的是私酒贩子和腐败的官员。

到1933年2月，美国国会终于通过了第二十一条宪法修正案，取消了关于禁酒的第八修正案，玩笑到头了。

20年代美国的另一大特色是爵士乐的产生和兴盛。

爵士乐我们是久仰大名了，它就起源于20世纪20年代的美国。

爵士乐起源于黑人音乐。

在美国南方有许多黑人，他们一年到头在棉田里辛苦，又没有白人那么多的消闲方式，只能在工作之余用唱歌跳舞等最简单方便的办法来消除疲劳、忘却生活的忧愁，而他们的舞蹈和白人们那些优雅造作的华尔兹大不相同，来自他们的非洲祖先，充满了原始的野性，也充满了原始的激情。

到了20年代，这样的黑人音乐对白人产生了巨大的冲击，那个时代还是一个经济大发展的时代，人民生活富裕，各种现代化家用电器的发明使大家有了更多空闲享受生活，那充满了激情与原始野性的黑人音乐正好符合这个需要。再加上禁酒令的颁布，使许多人特别是年轻人顿感失去了生活的寄托一般，原来他们可以通过痛饮几杯来放松一下，现在酒不能喝了，怎么办呢？最好的办法就是那些黑人的音乐了，要知道，喝不起酒的黑人正是通过这些舞蹈来宣泄自己的呀！它们对黑人的意义长久以来就像酒对于白人的意义一样呢！

这就是爵士乐诞生的理由，到20世纪初，爵士乐已经大大发展起来，当然，这时的爵士乐已经与原来的黑人音乐有了很大区别，加入了许多其他成分，例如美国的传统音乐、拉美音乐等，终于融合而成了独具特色的爵士乐。20年代就是这种爵士乐开始统治美国人的娱乐生活甚至精神生活的时代。

20年代美国社会的第三个特色是妇女的解放。

1920年8月，美国颁布了宪法修正案第十九条，正式给了妇女投票权。我们不要以为美国一直是很民主的社会，事实上，美国的民主在其历史的大部分时间里是只对男性白人而言的民主，至于女性与非白人则没有民主可言，连投票权都没有。

对女性而言，投票权对于她们更是一种象征，一种解放的象征，这些解放之后的妇女与解放之前的妇女大不相同。主要表现在以下几个方面。

首先是她们工作了。此前，美国的妇女沿袭欧洲传统妇女的生活方式，丈夫外出工作，她们则在家相夫教子，现在她们纷纷像丈夫一样投入工作。成千上万的美国妇女在各个领域工作，取得了有时甚至超过男性的成就，在政府与私人企业等部门出现了“女性主管”这种以前闻所未闻的角色。即使那些待在家里的妇女，由于大量家用电器像洗衣机等的出现，使她们从繁重的家务中脱出身来，有了更多的时间做自己想做的事，享受生活的乐趣。特别是那些未婚女性，由于她们也工作了，这使得她们常常成为社会上特立独行的一群，与以前女性的行为举止大不相同。例如她们浓妆艳抹，喝酒抽烟，打麻将，找许多男朋友，30岁了还不结婚，尽情享受生活，等等。

总之，占总人口一半多的女性的形象改变也改变了20年代的美国社会。

以上使20年代成为美国历史上一个非常独特的时代。当然，独特并不一定好，如有人所认为的，这是一个物质上丰富、精神上亢奋、放纵甚至堕落的时代呢！

第四十五章　经济大危机

1928年，已经成为西方世界领头羊的美国举行了新一轮大选，共和党人胡佛继柯立芝当选总统。

“黑色星期四”　当此之时，美国正处在历史上最繁荣的时期，经济空前发展，举国沉浸在一片歌舞升平之中，人人都理所当然地认为这种繁荣将永远持续下去，从大老板到打工仔都会越来越富，生活会越来越美好。胡佛也这么认为，他在1929年3月的就职仪式上踌躇满志地向美国的国民们宣称，“我对国家的未来毫不忧虑，它光辉灿烂，充满希望。”他又保证，他将带领美国人民“征服贫穷”。

1929年，美国的股市也一路狂飙突进，到了只要买到股票就能赚钱的程度，于是举国兴起了一阵疯狂的抢购股票风，几乎所有人都纷纷将倾囊之资投入股市。巨量的国外资金特别是英国资金也大量流入美国抢购股票，使股票进一步极不合理地疯涨，到夏天已经达到了疯狂的顶点。

然而，10月24日这天，股票突然暴跌，一泻千里。

由于这一天正值星期四，因此历史上称这一天为“黑色星期四”。

到11月中旬，整个纽约股票交易所的全部有价证券贬值了一半！此后数年股市一直这么跌着，到1933年，纽约证券交易所的股票平均股价由每股约250美元下降到了约60美元，不及当初的1/4。

股票下跌本身不过是数字的下降，可怕的是它背后隐藏着的一系列恶果。

首先是企业与银行的破产，由于企业股票价格急剧下挫，使得原来许多企业的股票成为废纸一张，这也就意味着企业本身也成为一张废纸了，而持有这些股票的美国人也由小康之家甚至百万富翁变得一无所有。

由于企业大批倒闭，原来贷款给企业的银行的贷款也成了死账，于是留给银行的路也只有破产，危机期间美国共有约5000家银行破产。

与企业和银行的破产联系起来的是失业，到1933年时美国的失业人口约1500万，当时的就业人口大概不到5000万，这也就意味着全美有近1/3的工人失业！

这一切结合在一起就是美国国家经济的全面衰退，到1933年，美国全国的钢铁产量比危机前下降了近90%，贸易总额下降了2/3以上，美国的国民收入1929年时约900亿美元，到1933年时只有约400亿美元，下降了一半以上。

但更可怕的是，这场危机的受害者并不止于美国，而是整个西方世界。

我们知道，美国在当时的西方世界经济中已经独领风骚，对西方各国有着举足轻重的影响，可以说这时候西方各大国就像《红楼梦》里的贾史王薛四大家一样，一荣俱荣，一损俱损。

美国的危机迅速波及德国、英国、法国、意大利等诸国，使它们的经济也一溃千里，特别是德国，甚至比美国更惨，柏林证券交易所干脆关门大吉。

这样，整个西方世界一片哀鸿，工厂破产、银行倒闭、工人失业，工业生产缩减了1/3以上，贸易缩减了2/3，数以万计的工厂、银行倒闭，失业工人更是无以数计。

总之，1929年的经济大危机是西方历史上空前绝后的巨大危机。

美国面临如此重大的危机，这时候执政的胡佛与共和党人又是如何行事的呢？

经济危机爆发时，胡佛执政，他采取的各种措施根本没有产生效果，因此在1932年的大选中惨败，他的竞争对手民主党人罗斯福则大获全胜，以绝对优势当选美国第三十二任总统。

罗斯福1882年出生在纽约的上流社会家庭，毕业于哈佛大学。1905年大学毕业时与同姓的远亲埃利诺·罗斯福结婚，她是西奥多·罗斯福总统的侄女。

1910年罗斯福进入政界，年仅28岁就成为州参议员，1913年威尔逊总统任命他为海军助理部长。

第一次世界大战爆发后，1920年，不满40岁的罗斯福被民主党全国代表大会提名为副总统候选人，但这次选举民主党大败，共和党上台。

竞选失败后，罗斯福成为平民，他投入了商界，在一些企业中担任高级行政职务。

1921年8月，罗斯福在加拿大的坎波贝洛岛上度假时，一场突如其来的小儿麻痹症袭击了他，导致他双腿瘫痪，从此终身必须靠轮椅行走。

灾难并没有打垮罗斯福，他仍活跃于政界。7年之后，罗斯福再次参加竞选，他到处发表演说，完全像健康的年轻人一样精力充沛，看不到一丝因身体残疾而在心理上留下的阴影。结果他取得了奇迹般的胜利，成为纽约州州长，成了世界历史上也极为罕见的残疾政治家。

这时候罗斯福已经名闻全美，成为最知名的政治家之一。1932年，罗斯福被民主党提名为总统候选人并在大选中大胜胡佛，成为美国总统。

这时，经济危机的阴影正像大山一样压得美国人喘不过气来，上台伊始，罗斯福立即开始实施他在竞选时就承诺了的“新政”。

他整顿银行业，只批准那些财务状况相对较好的银行继续营业；建立了联邦紧急救济署，救济署并不是直接给穷人钱粮，对于有劳动能力的年轻人，救济署建立了一支庞大的地方资源养护队，专门在各地从事植树造林与防汛工作。这项工作不但使失业的年轻人不致挨饿，而且能够使他们为国家做出贡献。这是福荫子孙的不朽事业，它令美国到处一片葱郁，环境优美，直至现在。他又促使国会拨款数十亿美元专门用来大搞公共工程建设，建筑了大批公路、铁路、桥梁、隧道、体育馆、美术馆、学校、医院等，有力地促进了美国经济的复苏，缓和了失业问题。

这些新政措施为美国摆脱经济危机做出了莫大贡献，到1934年秋，美国经济开始复苏，次年所有经济指标都开始稳步上升，1933年时美国的国民生产总值只有1400亿美元多一点，到1939年时已经超过2000亿美元。1933年时美国的失业人数高达1500万，到1939年时只有约800万。总之，通过罗斯福的新政，美国成功地摆脱了经济危机。

由于成功地帮助美国摆脱了空前的经济危机，在1936年的大选中罗斯福又以高票当选，连任总统。

英法的危机与混乱　1929年爆发的经济危机是从1930年开始影响英国的，1932年达到高峰，1933年起高峰过去，英国经济就进入萧条期了。

危机的影响主要表现在三个方面，即失业率升高、农业退步、贸易逆差加剧。

1929年11月，英国的失业人数为130万左右；第二年就上升了近一倍，达到250万，失业率近20%；1932年更达300余万，失业率超过1/4。

危机发生后，由于廉价农产品大量涌入英国，英国成为世界各国廉价农产品的倾销地，英国本土农业受到沉重打击，使本来就不发达的英国农业进一步萎缩。

危机发生后，世界各国都拼命扩大出口，希图通过出口来振兴经济，传统上对进口限制较少的英国就成了各国的商品倾销地，使英国的收支情况日益恶化，1931年时进出口贸易逆差达到1亿英镑。

为了应对上面的情形，英国政府也大搞许多公共工程建设，并且放弃了一直实行的自由贸易政策，实行贸易保护主义。

通过这些措施，经济危机得到了缓解，但总的来说，英国的经济状况自从大战结束后就一直比大多数西方国家都惨，注定要由一流强国沦为二流强国。

1929年美国经济危机爆发后，德国、英国等都很快遭到冲击，但法国却没有这样。不但如此，法国在1929年、1930年两年还是第一次世界大战后最繁荣的年份，一派欣欣向荣，各项经济指标成绩骄人。国民经济各个部门都发展良好，其银行的黄金储备从1929年5月的290亿法郎增加到1930年的550亿法郎。总之形势一片大好，志得意满的总理塔迪厄宣称他治理法国的方式是政治的最佳良策，是法兰西民族智慧的反映，普通法国人看到其他西方国家正处于经济危机的水深火热之中，自己却平安无事，也同样兴高采烈地认为法国是“危机世界中的繁荣之岛”。

但到1930年11月，法国的危机开始了。

危机开始的标志是一家大银行的破产，不久之后，许多其他银行和企业也纷纷破产，生产开始下降，失业人口大增，物价猛跌又使生产急剧萎缩，资本输出与对外贸易均急挫。到1931年，工业各部门的生产下降近20%，其中钢铁部门下降近30%，纺织工业部门1931年甚至比战前的1913年下降了70%以上。1931年3月的失业人数达45万多，到1936年更达80余万。总之，这次危机使法国的工业整体上倒退到1911年左右的水平。

这一切的后果是，虽然法国的危机来得最慢但是却最长。没有哪个国家，包括美国、德国、英国等，遭受的危机打击比法国来得长久，法国的经济复苏在受经济危机打击的各国中也是最慢的。

危机爆发后，法国的政坛也一片混乱，政府更替异常频繁，一届内阁通常只有几个月就下台。1932年5月的大选中，左派政党一度取得优势，但面对经济危机仍束手无策，这使得极右翼的法西斯分子乘虚而入。

我们后面会看到，这时候法西斯主义已经开始在意大利和德国盛行，法国现在也感染了这股逆流，他们甚至准备武力夺权。1934年2月，法西斯分子们举行了大规模的示威游行，最大的法西斯组织火十字团开始武装对抗政府，造成数千人死伤。

法西斯分子的猖獗激起了法国和欧洲正义之士的高度警惕，他们成立了国际反战委员会，欧洲各地的反法西斯志士们还在巴黎召开了欧洲反法西斯代表大会，使法国的反法西斯运动迅猛发展，有力地抑制了法国法西斯分子们的嚣张气焰。与此同时，法国几乎所有左派政党也联合起来，组成了对抗法西斯的“人民阵线”，为首的是社会党领袖布卢姆。在1936年4月举行的国民议会选举中，社会党大胜。大选获胜后，布卢姆成为法国历史上第一个社会党人总理。

但布卢姆政府依旧不能解决法国正面临的经济危机，不久就垮台了，属于激进派的达拉第重新掌权，他采取措施使资方增加投资以刺激经济发展，终于使法国的经济开始有了起色。到1939年7月，法国的经济又大体恢复到了危机前的水平。

第四十六章　法西斯与纳粹

“法西斯”一词来自意大利语“fascismo”，这个词又来自于拉丁语“fasces”。当古罗马执政官出巡时，会在一束榆木条或者桦木条中间插上一把斧头在前头开路，这就叫“fasces”。就像我国古代大官们出巡时前面有人举着牌子，上书“肃静”“回避”一样，是权力的标志。当墨索里尼建立他的政党时就用这样的图案作为法西斯党的党徽，他的党也因此被称为法西斯党，后来，当想法和他臭味相投的希特勒上台后，也被称为法西斯。

不管是什么法西斯，它们都有某些共同点，例如宣扬国家至上、个人意志要服从国家意志、个人利益要无条件服从国家利益，等等。实际上，这里的国家意志往往被用党的老大的个人意志来代替，这时要服从国家意志就转化成要服从党的领袖的个人意志了。另外，法西斯主义往往崇尚武力，主张用武力征服别的民族与国家，这时也可以叫作军国主义，日本人就是这样。

最有名的法西斯主义就是纳粹主义了，它起源于德国，早在1919年第一次世界大战结束不久，德国慕尼黑一个锁匠创立了德国工人党，第二年希特勒就取得了这个党的领导权，不久他就改党名为德国国家社会主义工人党，简称就是纳粹党。纳粹党认为，在所有民族中，德意志人是最为高贵的，叫嚣要用武力消灭“劣等民族”。由于它比一般法西斯主义更加崇尚武力，所以残酷程度也远非一般法西斯主义所能比拟。

以上就是对法西斯主义与纳粹主义的简介，现在我们来从法西斯主义的诞生地意大利入手，看看法西斯是如何在意大利与德国掌握政权的。

法西斯来了　我们在前面已经讲过了意大利的统一，统一之后的意大利也算得上是西方的强国了，因此它也渴望能像英法德等列强一样在海外开疆拓土，不久就在红海沿岸夺取了第一块殖民地，就是现在的厄利特里亚，后来又获得了非洲东北角的索马里并强迫埃塞俄比亚签署了不平等条约。1911年意大利又向土耳其人宣战，从土耳其获得了非洲北部的利比亚和爱琴海中的佐泽卡尼索斯群岛。第一次世界大战开始后，意大利加入了协约国并向德奥宣战，在一战中意大利损失军队超过一百万，比英国还多，损失比英法都要严重，所以战后的意大利大量企业倒闭、物价飞涨，国家一片混乱，陷于无政府状态。

就在这样的乱世下，一股新势力乘势而起。

这股新势力就是法西斯，它的领导者是墨索里尼。

墨索里尼1883年7月生于意大利布瑞达皮耶一个铁匠家庭，从小就酷爱打架，曾被学校开除，但他是一个颇不寻常的人，爱打架也爱读书，特别爱读哲学书，后来当上了记者，成为一个狂热的社会主义者。到1912年时，名气已经相当大的墨索里尼担任了一份重要的社会主义大报《前进报》的编辑，在社会主义者和工人大众中的地位不断上升，成为他们的领袖之一。第一次世界大战爆发后，墨索里尼突然变成了一个狂热的爱国者和好战分子，不断地发表文章与演说，鼓动意大利参战。他甚至投笔从戎，参加了军队，奔赴前线作战。

此时的墨索里尼已从一个极端的社会主义者变成了一个极端的反社会主义者，他创办了《意大利人民报》，1919年3月，他在报馆的办公室里正式建立了自己的组织——“战斗的法西斯”，“法西斯”这个词从此出现在西方政治舞台。

第一次世界大战结束后，意大利陷入无政府状态，墨索里尼的法西斯正是在这种局面之下浑水摸鱼，不久他进入议会，成为政治强人。

1921年秋，已经进入议会的墨索里尼正式宣布成立国家法西斯党，并且提出了一整套政治纲领，宣布要对国家实行大改革，还宣称要努力提高意大利的威望，使它成为真正的强国。

这时候法西斯党的党员已达十多万，还组成了一支强大的军队，1922年10月，墨索里尼正式宣布要夺取全国政权，并且号召党徒向罗马进军，他的十万党徒长驱直入罗马，把政府赶下了台，不久伊曼纽尔三世正式邀请墨索里尼到罗马组阁。

墨索里尼就这样在全意大利建立了极端独裁的法西斯政权，在政府里，墨索里尼不但是首相，还多次担任了政府其他7个部的部长，他还是法西斯党的党魁、法西斯武装力量的首脑，总之，墨索里尼集党、政、军大权于一身，是名副其实的独裁者。

与他的独裁一起进行的是侵略扩张，墨索里尼生平有两大目标：一是在意大利建立独裁统治，二是对外扩张，重新恢复昔日罗马帝国的光荣，甚至使地中海再次成为墨索里尼帝国的内湖——这是古罗马帝国极盛时期的标志，不久他找借口侵占了希腊的科孚岛，又成功地在阿尔巴尼亚建立了傀儡政权，接着又重新征服了本来已经从意大利获得独立的利比亚。

当墨索里尼的法西斯在意大利横行时，希特勒在德国也已经蠢蠢欲动了，而他所建立起来的德国纳粹是比意大利的法西斯更加可怕的恶魔。

纳粹恶魔的降临　1929年的经济危机对德国的打击比美国还大，使德国经济崩溃，数以千计的银行和企业倒闭，无数工人失业。

1930年，德国议会举行了新大选，选举结果令政客们大吃一惊，因为收获最大的是一个此前默默无闻的小党——纳粹党，它竟然获得了近二成的选票，成为国会中仅次于社会民主党的第二大党。

纳粹党的首脑希特勒也从此站在了德国政治舞台的前沿。

希特勒的崛起　希特勒是德意志人，但并不是德国人，而是奥地利人，1889年4月生于奥地利一个叫布劳瑙的小镇，3岁时父亲带着他移居到了德国南部的巴伐利亚，3年后又回到了奥地利，11岁时在林茨上了中学，他学习不认真，成绩不好，但很喜欢历史，据说老师中有个叫珀奇的是泛德意志主义者，主张所有德意志人应当统一在一个国家之下，他又是一个很好的演说家，上课时就像发表煽动性演说一般，这一切都给希特勒留下了深刻的印象，也为他日后的两个人生特征——极端民族主义与惊人的演说天才——打下了基础。

离开中学后，希特勒在1908年跑到了维也纳，想报考那里的国立艺术学院，但两次申请都没有被录取，他想成为艺术家的美梦就此破灭了。

度过了此后他自称“一生中最悲哀的时期”后，1913年时希特勒移居慕尼黑，第二年，第一次世界大战爆发了，他虽然体质孱弱，不适宜当兵，但他主动报名参军，随部队向比利时进击，在战斗中希特勒十分勇敢，被授予二级铁十字勋章，后来还因功被授予一级铁十字勋章，对他这样一个下士是相当罕见的荣誉。

虽然希特勒很勇敢，德国还是失败投降了，这对希特勒伤害极大，他发誓复仇。

战败后德国解散了军队，希特勒回到了慕尼黑，他怀着报仇雪恨的渴望，开始以雄辩滔滔赢得大批追随者。

1919年9月，希特勒的人生有了一个大转折，他加入了在慕尼黑出现的一个小党“德国工人党”，并进入了党的领导机构，在党内负责宣传工作。

这是他最擅长的工作，不久就取得了巨大的成功，到1920年2月，希特勒在一次讲演中提出了所谓的“二十五条纲领”，第一条中就宣称要联合所有德意志人建立统一的大德意志帝国，要废除《凡尔赛条约》等，还要不断开疆拓土。不久他还凭过人的艺术天赋为纳粹党设计了独特的标志，就是“卐”，完整的纳粹党旗帜是一块长方形红布上一个白圆心，中间画着这个“卐”。

希特勒是这样解释他的设计的："红色象征我们这个运动的社会意义"也就是"社会主义"，"白色象征民族主义思想"，黑色"卐"则"象征争取雅利安人胜利的斗争的使命。"

希特勒的这些动作取得了极佳的宣传效果，不久他的主要伙伴罗姆召集了一帮膀大腰圆的家伙，成立了一个准军事组织，叫"冲锋队"，他们身着褐色衬衫，佩带"卐"臂章，迈着整齐的步伐走过慕尼黑街头，这一切不但增加了纳粹党的威慑力，对于大批的年轻人更具有无限吸引力，使他们像蚂蚁闻到了蜜糖，纷纷加入，希特勒也成了纳粹党的主席，对党拥有"唯一和绝对的权力"。

以为自己已经拥有足够的力量后，希特勒的下一步就是要夺取全国政权。

虽然德国在第一次世界大战中被打败了，但它从来没有真正认输。他们的不认输也有道理，例如直到战争结束他们仍然站在敌国的土地上，协约国军队根本没有踏进德国本土一步！如此，他们怎么肯认输呢？德国的军方尤其如此，他们认为所谓失败只是政治家们的怯懦与阴谋罢了。而且，德国人一直认为凡尔赛条约中的惩罚性条款对他们德意志民族是极不公平的，反而使他们产生了深深的仇恨心理。当时这种仇恨与不平的情绪弥漫整个德国。更进一步地，许多民众都把这一切罪过归咎于通过十一月革命建立起来的魏玛共和国以及当时执政的德国社会民主党，认为是它们背叛了德国，称它们为"十一月罪人"。

当希特勒提出他的主张时，这些主张正迎合了当时德国人上述普遍的心理，因而获得了众多追随者。

希特勒正是在这种局面之下走上历史前台的，也正是这种局面让他跃跃欲试，想要夺权了，这样的结果就是"啤酒馆暴动"。

史上最邪恶的书　"啤酒馆暴动"是德国现代史上的著名事件，它的大致经过是这样的：1923年11月8日晚，包括当时巴伐利亚的地方行政长官卡尔、警察局长赛塞尔、当地驻军长官洛索夫等巴伐利亚的军政要人将在慕尼黑的贝格勃劳凯啤酒馆举行规模很大的集会。蓄谋夺权已久的希特勒认为这是一个天赐良机。那天晚上，当卡尔正在演说时，希特勒带着一帮冲锋队员扑进会场，他握着手枪，跳上一张桌子，朝天花板连开两枪，顿时大厅内鸦雀无声，希特勒向惊呆了的与会者们宣布"民族革命已经开始"，他声称：

"这个地方已经由六百多名武装人员占领。任何人不得离开大厅。……巴伐利亚政府和全国政府已经被推翻，临时政府已经成立，国防军军营和警察营房已经被我们占领。军队和警察已经在'卐'旗下向市内挺进。"

说完，他就将巴伐利亚的三巨头推进了一间房子里，在他的威胁利诱之下，巴伐利亚三巨头被迫答应与他合作，商定的结果是，由希特勒来担任全德国中央政府首脑，卡尔当巴伐利亚摄政，与他合作的鲁登道夫当德国国防军首脑，洛索夫为陆军部长，等等。不过这妥协只是烟幕弹而已，三巨头怎么肯与此时实力还根本不足以与政府相抗的希特勒为伍、甚至甘当他的手下呢！因此他们一从希特勒和冲锋队手里逃脱，立即开始反击，同时艾伯特总统也下令武力镇压。第二天一大早，巴伐利亚的陆军与警察大批出动，占领了慕尼黑市内大小交通要道和战略据点。希特勒的对抗策略只是示威游行，第二天，他带领3000多名纳粹党徒在慕尼黑市内开始游行，但遭到慕尼黑警察的迎头痛击，游行队伍很快被打得七零八落，溃不成军，很快作鸟兽散了。纳粹党的领导们不是跑到国外，就是被逮捕了。“啤酒馆暴动”以彻底失败收场。

希特勒乘乱逃跑，溜到一个叫乌芬的地方，不久就被警察抓住了。

1924年2月，巴伐利亚特别法庭开始审判以希特勒为首的暴动分子。不过这对希特勒而言与其说是一场审判，不如说一场宣传。在法庭上希特勒一口否认自己是叛国者，声称自己是“反对革命的革命者”，是“反对1918年的卖国贼”，他的目标是“做马克思主义的摧毁者”，等等。在持续20多天的审判中，希特勒将他那无与伦比的口才发挥得淋漓尽致，他的滔滔雄辩把官方控诉人说得哑口无言。最后，他“大义凛然”地说：

“你们可以不止一千次地宣布我们有罪，但是永恒的历史法庭的女神会一笑置之，把邦检察官的诉状和这个法庭的判决撕得粉碎。因为她会宣判我们无罪！”

审判的结果，希特勒大胜，鲁登道夫、罗姆等都被宣布为无罪，希特勒作为暴动头子只被判处区区5年徒刑，而且6个月以后就可以缓刑。

通过这次审判，希特勒一举成为全德国最有名的政治人物之一，在整个德国赢得了无数的支持者，他们将希特勒奉为德意志民族复仇与得救的希望之神。

判刑后，希特勒被关进兰德斯堡的监狱服刑。不过，希特勒在这里与其说是服刑，不如说是享受，此时的他已经在全德拥有了无数支持者，甚至监狱中的狱吏们也崇拜他。但希特勒并没有“养尊处优”，而是利用这难得的闲暇写了一本书。

这本书就是《我的奋斗》。

《我的奋斗》也许是人类历史上最邪恶的一本书——如果人类历史上有一本书能够称得上“最邪恶”的话。这本书我读过，只可以用四个字来形容——胡说八道。不过它的确也有一股力量，一股读来能让人热血沸腾的力量，也许这就是它的可怕之处，可以用一个比喻说，它就像是一剂毒品，如可卡因或海洛因，人不吸则已，一吸就难免中毒上瘾。那时的无数德国人甚至可以说是整个德意志民族正是因为吸了《我的奋斗》这剂毒品才掉进了万恶的深渊。

我们也来冒冒险，认识一下这剂毒品吧！它是这样开头的：

> 1924年4月1日，我受慕尼黑法庭判决，被关押在勒希河畔兰德斯堡要塞的监狱里。
>
> 早就想写些关于我对于本党的计划和意见，给诸位希望知道一些个中情形的同志们。
>
> 只因连年公私奔波，一直无暇握笔，现在既然有了这样一个闲暇机会，便乘此写下这本共分两卷的小册子，读者从这本小册子里当然不难窥见本党发展的经过和目的所在了。
>
> 当然，我也知道，要使一种主义获得人们热烈的信仰和拥护，口头阐述远比文字宣传有效得多，世界上许多次运动的成功，大都归功于一般能干的演说家，而不是许多有名的著作家。
>
> 但是，为了想把我的主义揭示得更加详细，更易使人了解，我觉得非写这本小册子不可。
>
> 因此，本书也可说是我日后行动的指南针，同时也是本党活动的一个基础。
>
> 著者写于勒希河畔，
> 兰德斯堡要塞狱中。

总的说来，这本书有三个中心内容，第一是种族主义，这可以说是希特勒思想中最显著、也最邪恶的一面。在书中有这样的话：

“假如我们把人类分为文化的创造者、保持者和破坏者三种，那么唯有雅利安人种方能有资格做第一种人的代表。”

“过去和现在的人类文化的传播者，大都是雅利安人。”

甚至说什么雅利安人才是“人”这个名称的典型代表，雅利安人是人类的普罗米修斯，永远点燃着知识的火焰，照亮了神秘的黑夜，推动人类走上征服地球上其他生物的道路。

与之相应，他认为犹太人与斯拉夫民族是劣等民族。特别是犹太人，他叫嚣犹太人“是一种瘟疫，一种精神上的瘟疫”。要与犹太人“誓不两立”。

从这些精神病人般的呓语出发，希特勒声称，既然雅利安人是优等民族，那么就有权扩展自己的生存空间、有权统治甚至消灭其他民族。就像动物界的物竞天择、适者生存一样。

他狂热地反对《凡尔赛条约》，声称条约的“每一点都在我们民族的心灵和情感中燃起了烈火，结果使共同的耻辱和共同的仇恨，深深地印入了6000万男女的心里。”因此，德意志民族要振兴，就必须撕毁《凡尔赛条约》。

希特勒另一个攻击的靶子是马克思主义，他认为马克思主义是犹太人的主义，说“马克思主义的最后目的是在毁灭一切不是犹太人民族的国家”。

贯穿于整本书的是希特勒对自己生平的回忆，他的种种谬论就穿插其中。

出狱后，希特勒试图重振纳粹党的雄风，不过这时候纳粹党已经在一个左派社会主义者的领导下了，经过一番钩心斗角，希特勒胜利了，重新夺回了党主席的宝座，这是1926年的事。

此后相当一段时间内希特勒并没有大作为，一是因为这时候纳粹党的势力经他在“啤酒馆暴动”中一番折腾，大受损失；二是因为他被禁止公开演讲，这等于夺走了他最锐利的武器。而且这时候由于“道威斯计划”等的实行，德国的经济已经稳定，人们的生活日益好转，哪里还有心思听希特勒的胡说八道。

这种情形到1929年就改变了。

掌握政权　1929年经济危机中欧洲受到打击最沉重的国家就是德国了，它使德国经济崩溃，民不聊生，社会一片混乱，这对于希特勒真是一个大好机会，他一把抓住了。这时候他已经能够全国到处讲演了，以他那极富煽动性的言辞将因赤贫而愤怒的德国人激励起来，对于那些工商大贾们，希特勒同样具有煽动力，他们也将希特勒看作是救星，纷纷给他及其纳粹党以大笔资助。

这样的结果就是，在1930年的新大选中，纳粹党一举获得近20%的选票，一跃成为国会中仅次于社会民主党的第二大党。

但希特勒并没有因此满足，他的目标不是第二，而是第一，绝对的第一。

1930年称得上是德国历史的一个转折点，它标志着希特勒与纳粹党已经堂而皇之地登上了历史舞台、甚至是舞台的中心。

1930年大选后，由德国天主教中央党首脑布吕宁当总理，仍是一个少数派政府，靠着颁布法令来进行统治。由于这时候德国经济一团糟，他用剧烈的通货收缩计划来对付，政府用一切办法减少支出以及货币供应量，这样的结果是许多人口袋里的钞票减少了，对政府的怨声四起。

面对希特勒及其纳粹党的嚣张，布吕宁也采取了强硬措施，1932年4月他下令解散冲锋队和党卫队。不过这对他并没什么好处，一是因为纳粹党这时候已经拥有了众多的支持者，他这样做只意味着得罪一大批选民；二是他这样做的同时也得罪了当时的总统兴登堡和他周围的一帮人。

解散党卫队后仅一个多月后，布吕宁自己也下台了，由巴本组成政府，还是一个少数派政府。不久国会被解散了，重新举行大选，结果纳粹党从108席猛增至230席，成为国会第一大党。

成为第一大党后，希特勒向兴登堡总统提出要求，由他全权组织政府，他不能再像前面一样组织软弱的联合政府。他的要求被兴登堡拒绝了，并要求希特勒仍然组织一个那样的联合政府。结果是巴本继续担任总理。然而现在他就是靠法令也不能统治了，因为国会中有了纳粹党这个最大的党，而且现在它常常与德国共产党联合行动，使得政府几乎寸步难行。没办法，几个月后国会又被解散，举行了另一次选举，但结果仍然差不多，巴本只得辞职了事。这是1932年11月的事。

接下来兴登堡选择了民族主义党的施莱彻尔当总理，但他所提出的施政纲领从工人到资本家都不喜欢，他只好灰溜溜地下台了。

不得已，兴登堡邀请希特勒出任总理。

直到1933年1月，希特勒才火中取栗，掌握了德国的政权。

至此，意大利与德国都由法西斯政党掌权了，但它们绝不会就此罢休，对于它们而言，掌权只是“万里长征走完了第一步”。

第四十七章　十月革命后的苏俄

前面我们说到，苏维埃红军打败了国内的叛乱与国外的干涉军，取得了革命的胜利。

那么，革命胜利之后的俄罗斯下一步该怎么走呢？

下一步就是如何使革命政府统治下的俄罗斯人民不致饿死。

惨景　我们知道，从1914年起，俄罗斯就没过什么安宁日子，先是第一次世界大战，战争给俄罗斯经济以致命打击，紧接着是十月革命，然后是革命者们镇压国内外的反革命分子。在总共7年之中，俄罗斯共有超过2000万人死亡，约占总人口的五分之一。

工业与农业都是一片凋敝。工业方面，1920年的工业产值大约是战前的1/10，这年的煤产量大约是战前的1/4，棉织品大约是战前的1/20，铁产量更是大约是战前的1/25。几乎所有的工业品，特别是日常生活用品，极度匮乏。农业方面，1920年的粮食产量仅为1913年的一半。由于农业直接关系到民生，它的凋敝带来的危害更大。

这一切的结果是，1921年起俄罗斯爆发了全面的饥荒，在伏尔加河沿岸，大群饥饿的男人、女人和儿童日复一日地等候有轮船将他们带离这片荒芜之地。他们在等候中大群大群地病了、死了，像苍蝇一样。

为了生存，有的地方甚至发生了人吃人的惨剧。

如此悲惨的生活的一个直接结果是人民的反抗。在彼得格勒、莫斯科等地，工人起来罢工，在全国许多地方，农民起来暴动。甚至在喀琅施塔特军港，这个布尔什维克一向最为可靠的基地，水兵们也举行了起义。

列宁的"新政"　面对这种情形，列宁为了挽救苏维埃政权，提出了"新经济政策"。

1921年三月，俄共（布）在莫斯科召开了第十次代表大会，在这次会议通过的决议中有一项就是《关于以实物税代替余粮收集制》的决议。这是"新经济政策"的第一项新政策，也是"新经济政策"开始实行的标志。

新政策的最大特点是大大减少了对农民粮食的征收数量。我们知道，在以前所谓的余粮征集制下，农民的大部分粮食，包括他们的口粮，都作为“余粮”被苏维埃政府无偿拿走了，这激起了农民们强烈的反抗。现在，在“新经济政策”之下，大大减少了对农民的征收。

苏维埃政府还规定，农民在上缴政府的征收后，其余的粮食可以自由处理，例如他们可以卖掉，也可以用来交换工业品。

这时的俄罗斯乡村由于人口大量死亡，许多土地无人耕种，或者有的家庭无力全部耕种自己的土地。针对这种情形，苏维埃政府又制定了《土地劳动使用法》，允许农民出租土地，期限最长可达12年，还可以雇人耕种自己的土地，不过雇主必须和雇工一起劳动。

这些措施的实行鼓舞了农民的生产积极性，促进了俄罗斯农业生产的恢复，使俄国能在极度的饥荒之下逐步恢复生机。

新经济政策的第二项主要措施是商品流通。马克思曾在其著作里说过，在社会主义社会里是不应该存在商品与商品交换的，列宁遵循了他的教导，在十月革命初期就将商品交换看作是资本主义的腐朽现象之一予以清除，内战时期更是废除了一切形式的商品交换与自由贸易，那时人们生活所需的东西都是凭证供应或者免费分配。后来这些政策被证明像余粮收集制一样是行不通的。于是，1921年，与余粮收集制一起被废除的就是这项措施。新措施规定，农民们在上缴完后可以自由处理余粮，其中包括可以将之当商品进行交换与出售。

新经济政策的第三项措施是工业方面的。

内战结束后，苏维埃政府曾把所有工业企业收归国有，那样做的结果被证明是灾难性的，那些革命者们怎么有能力搞好企业管理呢？只会越管越乱。新经济政策实行后，苏维埃政府就将一部分中小企业交给本国或者外国的资本家经营，至于关乎国家经济命脉的大型企业则仍由国家经营。1921年七月，苏维埃政府通过了《租借条例》，将一批中小型工厂、商店等租借给本国公民、合作社等。

新经济政策的实施是苏维埃政府在危机情形下被迫采取的权宜之计，由于它与俄罗斯当时的社会经济现实相符合，取得了相当成就，一方面使苏维埃政府赢得了更多的支持者，另一方面使政府能够在较短的时期内摆脱危机。

同克服经济与政治危机同样重要的是处理民族问题。

俄罗斯向来被称为“民族的监狱”，在这个国家里生活着大量民族，这些民族从人种、语言、宗教信仰、文化传统等方面都可能与俄罗斯人有极大的差别，在过去漫长的岁月里他们都受着沙皇的专制统治，但许多民族从未停止反抗。现在，新俄罗斯出现了，它也必须面对如何处理民族问题这个传统的大问题。

早在1917年十月革命胜利后不久，苏维埃政府就发表了《俄国各民族人民权利宣言》，宣称俄罗斯境内所有民族都享有同等权利，包括民族自决权，也就是说它们可以选择与俄罗斯脱离关系，建立属于自己民族的独立国家。

在这种思想的鼓舞下，原来俄罗斯帝国各民族纷纷建立了自己的独立国家。例如波兰、芬兰、爱沙尼亚、拉脱维亚、立陶宛等，它们的独立都得到了苏维埃俄罗斯的承认。

除这些独立民族外，其他民族大多数也建立了自治的苏维埃政府。例如乌克兰、白俄罗斯、高加索诸国，它们也有了相当大的自治权。

后来斯大林又提出了他的“自治化”方案。方案规定，乌克兰、白俄罗斯、外高加索诸国作为自治共和国加入俄罗斯联邦，俄罗斯的最高权力机构即是全联邦的最高权力机构。这个建议遭到了以格鲁吉亚为首的一些地方的反对，它们要求与俄罗斯完全平等的身份。列宁，这时他因为生病没有直接参与这项工作，听到这个消息后，立即写信给中央政治局，明确表示反对这个计划，因为它缩小了各民族的正当权利。

于是，根据列宁的建议，俄共（布）中央在1922年10月通过新决议，规定俄罗斯境内各苏维埃共和国在完全平等的基础上成立一个新联盟，这就是后来的苏联。

1922年底在莫斯科召开了苏维埃社会主义共和国联盟第一次苏维埃代表大会，通过了关于成立苏联的宣言和联盟条约，规定各国以平等身份加入苏联。后来各国也纷纷加入，建立了苏联。

应该说明的是，虽然苏联名义上是由各个主权完全平等的共和国联合而成，它们也有着国家的名称，但事实上并非如此，事实上的苏联与通常意义上的国家并没有太大区别，依然是一个高度中央集权的国家。

1919年时斯大林又成立了一个小规模的中央委员会政治局，中央政治局的领导人当然是斯大林。实际上，斯大林成了这个国家绝对的统治者。

斯大林统治下的苏联　1924年1月，列宁逝世了。它对苏联产生的影响之大是难以形容的，这从此后苏联及共产党内发生的巨大变化就看得出来。

其实，列宁早在辞世前就以他非凡的洞察力预见到了他之后可能发生的危机，包括党可能发生的分裂，为此尽力采取了一些措施。

但由于列宁久在病床，党的权力主要在斯大林手里，他的建议根本没有得到执行，代之而起的是在列宁死后党内一浪接一浪的争论、批判与迫害。

第一次争论是在斯大林与托洛茨基、加米涅夫、季诺维也夫等之间的。

争论的结果不用说是斯大林胜利了，其他三人都被撤了职。

此后斯大林加紧宣传他的观点，认为像苏联这样一个社会主义国家要在资本主义国家的包围之中独立生存就必须建成自己独立的工业体系。斯大林了解苏联已经建成权力高度集中的国家体系，认为可以利用这个体系通过行政命令、指令性计划等手段使工业高速发展。

在工业的各个部门之中，斯大林认为重工业是由国家完全控制的，而且直接涉及国家的经济与军事势力，因此要将发展重工业放在最优先的位置，其他如轻工业、农业等部门都是次要的。因此国家要采取各种手段尽量地筹措工业发展所需的资金，其中最主要的手段是牺牲农民的利益。并为此采取了一系列措施，例如大幅度提高工业品价格，同时抑制农产品价格，使农民们勒紧裤带做贡献。

斯大林的这些政策又遭到了不少人的反对，又爆发了大争论，1927年争论达到了高潮，坚信自己的观点得到了大多数党员支持的斯大林向全国党员公布了自己的观点，与反对派公开辩论，最后举行投票，投票结果斯大林再次大胜，反对他的布哈林等人遭到了清算。

为了达到这样高的工业增长率，就必须彻底牺牲农民的利益，这时斯大林采取了一个更加彻底地控制农民的办法——农业集体化。

通过前所未有的强制手段，苏联的农业集体化以极快的速度进展，例如1930年1月30日，苏联政府宣布已经有400万个农庄集体化了，仅仅10天后这个数字就达到了1000万！又10天后达到1350万。到1933年初，苏共中央宣布，把分散的个体小农经济纳入社会主义大农业的轨道的历史性任务已经完成。

在这些集体农庄里，农民们的生活又是怎样的呢？每天早上，农庄吹哨打钟，这是要农民们出工的信号，然后由集体农庄的头头分配一天的任务，种田种菜锄地栽秧等等。吃饭收工等也按固定的时间统一进行，最后的分配根据农民们“出工”时间的多少来定。

这样的生活我是有切身体会的，过去我们中国搞土地承包以前就是这样的集体农庄，称为生产队，这种生产的特点是：一年到头大家都有干不完的活，但到头来分的粮食总是不够吃。

苏联大规模强迫性农业集体化的直接后果就是农民的苦难与死亡，据统计，仅哈萨克地区，1930~1933年间被迫害致死的农民就有近200万。由于集体化导致的收成下降和政府的大规模征收，1933年北高加索与乌克兰地区暴发大饥荒，近400百万人活活饿死。据估计，集体化造成的死亡总人数高达1000万。

这些都是农业集体化短期的后果，农业集体化长期的后果是，十月革命前，俄罗斯被称为欧洲的粮仓，每年都有大量的粮食出口，但革命后，特别是农业集体化后，俄罗斯人再也没有粮食出口了，代之而起的是经常性的粮食短缺，1928年时苏联政府就不得不进口粮食了。这种局面一直持续到现在，即使现在，作为世界上拥有最多耕地的国家，俄罗斯仍然不能养活自己的区区1亿多人口。

完成农业集体化后，斯大林的第二个目标就是大发展工业了。

五年计划的主要目标就是要使苏联的重工业高速发展。为此苏联政府不惜一切代价，如巨额投资、努力开发新技术等等。应该说，斯大林在重工业发展方面基本达到了目标。1928年10月开始搞第一个五年计划，其目标4年就完成了，1933年至1937年又搞了第二个五年计划，1938开始的第三个五年计划因为第二次世界大战的爆发而中止。

在五年计划期间，苏联兴建了6000多个大型工业企业和一大批工业基地，像乌拉尔-库兹涅茨克的钢铁煤炭基地、伏尔加-乌拉尔的石油基地，等等。到1940年，苏联的工业总产值已经比战前的1913年提高了6倍有余，超过法国、英国、德国等，跃居欧洲第一、世界第二。

不过苏联的发展表现得十分畸形，毛病众多。例如片面发展重工业，忽视与人民生活息息相关的轻工业与农业，因此虽然重工业大发展，但农业却更加落后。例如在第一个五年计划期间，农业不但没有增长，反而下降近15%。还有就是由于片面追求产量，忽视质量，因此生产出来的大量产品无人问津，大量积压。还有就是之所以重工业能够得到快速发展，依赖的是苏俄几乎无穷无尽的矿产资源，是以矿产资源的大量消耗甚至大量浪费为基础的。

在这个阶段的苏联我们要讲的最后一个主题也是最悲惨的，就是斯大林的专制与个人崇拜以及他所发动的肃反扩大化。

前面我们刚说过，1924年列宁逝世后至1929年，斯大林把托洛茨基、加米涅夫、季诺维也夫、布哈林等所有反对派一一打倒，它给斯大林带来了两方面的好处：一是清除了反对派，二是通过这种“杀鸡给猴看”的法子使党内外再也没有任何人敢同他作对甚至稍有异议。不过这一切并没有满足斯大林的胃口，他越来越集权、越来越大搞个人崇拜、对他的“敌人”——这些人多半是想象中的——越来越残酷斗争、无情打击。

关于这段时期的历史，关于他的集权、个人崇拜与残酷镇压，人民出版社出版的《世界通史》现代卷第七章第五节中有精彩而精辟的论述，我这里长篇引用：

1936年11月25日，第八次苏维埃代表大会在莫举行，斯大林在第一天的会议上做了《关于苏联宪法草案》的报告，宣布苏联“建立了社会主义制度”。……根据斯大林的报告，大会讨论和通过了新宪法。

……

苏联新宪法的制定，宣告了第一个社会主义国家的建成，也标志着斯大林创建的经济政治体制的形成。

这一体制的特点是，权力高度集中于中央，集中于党中央的最高领导机构。共产党不仅领导一切，而且直接发布政令，管理国家事务。苏维埃不能真正发挥人民政权的作用，变成徒具虚名的权力机构。联盟制也是有名无实，少数民族的权益并无可靠保障，他们实际生活在中央集权的单一制国家里。民主法制被忽视。干部由上级委派，唯上是从。领导终身任职，基本不受群众监督。权力愈来愈集中于个人手里，最后形成个人高度集权。

经济方面的特点是，建成了一个以国家为核心的、高度集中的行政命令体制。它实行工商企业的国有化和集体农庄的准国有化，把其他一切不受国家直接控制的经济成分统统消灭掉。它限制商品货币关系，否定价值规律和市场机制的作用，用行政命令甚至暴力手段管理经济，把一切经济活动置于指令性计划之下。它用剥夺农民和限制居民生活改善的办法实行高积累多投资，发展粗放型经济。它片面发展重工业，建立准军事型的经济，并以此提高国力，赶超资本主义国家。

这一建设模式是在苏联外有帝国主义包围，内部文化落后的条件下形成的，它发挥了巨大的作用。斯大林通过它把苏联建成强大的社会主义国家。但这一模式没有解决社会主义民主政治建设和经济运行的一系列根本问题。它违背列宁关于把文化经济建设当作工作重心的指示，仍把政治斗争放在第一位。它忽视社会主义商品经济的要求，也不适应世界经济发展的集约化和全球化的要求。从长远看，它阻碍了经济的发展和生产力的提高。

在上述引文之后是一节《对斯大林个人崇拜的盛行和大清洗运动》。比较详细地介绍了20世纪30年代对斯大林的个人狂热崇拜以及斯大林对苏联党、军队和国家领导人的残酷清洗。

我们在这里说几句他在30年代大清洗中所造成的令人恐怖的后果，这是上述《对斯大林个人崇拜的盛行和大清洗运动》一节最后的统计：

由于存在对斯大林的个人崇拜，法制不健全且遭随意破坏，许多人无辜遭到迫害。西方材料估计有500万人受牵连，30万～40万人被处决。1936~1939年间，有一半以上的党员，即120万人被逮捕。第十七次全国代表大会是在打败托季联盟和布哈林之后的1934年召开的，被称为胜利者代表大会。大会的1966名代表中有1108人被捕，占56%；大会选出的139名中央正式和候补委员中有98名被逮捕和枪决，占70%。会后选出的17名政治局成员中有5名被害，1名自杀。军队的损失十分惊人。第一批被授予红军元帅军衔的5人中，有3名(图哈切夫斯基、叶戈罗夫、布留赫尔)被处死。15名集团军司令中，13名被杀。总共有4万多名营级以上的高中级军官遭迫害。乌克兰、哈萨克等少数民族的党政领导人几乎均被处决。许多著名学者、作家受害。著名生物学家瓦维洛夫，经济学家康德拉季耶夫、恰亚诺夫，喀秋莎炮的发明设计者朗格马克，喷气技术研究所所长克雷伊苗诺夫，坦克设计家札斯拉夫斯基等人遭杀害。著名的飞机设计师图波列夫，“火箭之父”科罗廖夫等人被捕入狱。一大批留驻苏联的外国共产党和共产国际干部被当作外国间谍受审查监禁。前匈牙利共产党领导人库恩·贝拉，波兰共产党中央总书记列申斯基–伦斯基，南斯拉夫共产党中央书记查皮克以及德国、保加利亚、伊朗等国共产党领导人被处死。

1938年末，大规模的逮捕处死浪潮逐渐平息。这场历时多年的大清洗给苏联社会主义事业和国际共产主义运动造成难以估量的损害。斯大林在1939年第十八次党代表大会上不得不承认，“在进行清洗时……犯过严重的错误”。

斯大林的这个错误在不久就要爆发的第二次世界大战中将由俄罗斯人民来付出沉重的代价。

第四十八章　走向世界大战

在这一章我们将讲述西方各国是如何一步步堕入第二次世界大战的深渊的。我们还得从意大利说起。

纳粹的大屠杀　　意大利这个最早的法西斯国家也最早开始了侵略行动，它第一次大规模的侵略行动始于对埃塞俄比亚的征服。

1934年底，意大利军队找机会在意属索马里——这是意大利在非洲东北角上的一块殖民地——与埃塞俄比亚军队发生了冲突。以这个为借口，意大利军队在1935年10月大举入侵埃塞俄比亚。埃塞俄比亚还是一个相当原始的国家，这样一场不对称的战争的结果可想而知，1936年5月，意大利军队攻入了埃塞俄比亚首都亚的斯亚贝巴，几天后墨索里尼宣布吞并埃塞俄比亚，意大利国王兼任埃塞俄比亚皇帝。

德意法西斯主导的下一场战争是西班牙内战。

1936年2月，由西班牙共和党、社会党、共产党等组成的人民阵线赢得了大选并组成了人民阵线政府，这是一个准苏维埃政府。但当时的军队总参谋长佛朗哥为首举兵叛乱，佛朗哥的行动得到了德意法西斯的鼎力支持，因为佛朗哥自己就是一个法西斯，他的组织长枪党也是一个不折不扣的法西斯政党，希特勒与墨索里尼一起派遣近10万大军援助叛军。

支持共和政府的则是苏联和国际纵队，所谓国际纵队主要是指世界各国那些反法西斯者与革命者，共达1万余人，他们为抵抗法西斯、捍卫共和政府做出了巨大的牺牲。

这场西班牙内战的结果是，凭着军力的优势与残酷，佛朗哥经过近3年血战，消灭了共和政府，建立了法西斯独裁。

面对日益猖獗的德国与意大利法西斯，美国采取了中立政策，这也是整个20世纪30年代美国的外交政策。至于英法，则采取了所谓的绥靖政策。“绥靖”的字面意思就是安抚、使保持平静之意。在西方历史上专指英法对德意法西斯初期的侵略——包括意大利对埃塞俄比亚和西班牙内战等——的纵容。

至于希特勒，当上总理后，1933年2月27日，也就是他当上总理不过一个来月之后，就策划了一个惊天大阴谋，就是国会纵火案，诬蔑德国共产党放火烧毁了国会，对之大加迫害，并乘机建立法西斯独裁。

为此，希特勒与国会中另一个大党天主教中央党达成协议，获得了支持，使希特勒在国会中成功掌握了2/3的绝对多数，有权修改宪法了。到1934年8月，当兴登堡总统逝世后，希特勒便将总统与总理职位合而为一，称为“元首”。为之举行了一次全德的公民投票，得到了绝大多数德国选民的支持，成了德国不折不扣的独裁者，拥有了德国的一切权力，连国会都成了他驯服的工具。

成为独裁者后，希特勒立即开始迫害犹太人。犹太人的财产被随意没收，犹太人团体被任意课以巨额罚款，犹太儿童被赶出学校……最后，犹太人被大批地赶进集中营，在那里等待他们的是比奴隶社会的奴隶还要艰苦的体力劳动，是饥饿与令人发指的折磨，最后他们被扔进焚尸炉化为青烟。

这些集中营中最大最有名的是奥斯威辛。从1940年6月开始，几乎每天都有火车把成批的战俘和无辜的平民犹太人从世界各地运到这里，所有人身上的黄金和贵重物品都立即被搜走。凡是有劳动能力的男人和女人从军用火车上下来后首先被送进消毒站。在那里每人都被剃去头发，随身携带的物品被全部没收，换上囚衣，然后被分送到各个工地上去做苦工。这些人的归宿只有一个，那就是毒气室。

成千上万的人就这样被屠杀了，从1940年第一批犯人被运到集中营到1945年1月奥斯威辛被苏联红军解放，这里被法西斯残酷杀害的人共有200多万。这些人都没有犯罪，他们被送往集中营的唯一理由是他们的民族与出身……

在奥斯威辛集中营死去的人们绝大多数没有给他们的亲人留下片语只字，但也有极少数人在他们死亡的前夕留下了绝笔，其中一个人这样写道：

> 在铁丝网后面，在这里，
> 令人毛骨悚然的骷髅成堆。
> 人们在焚尸炉中被烧掉，
> 撒向四方的是他们的骨灰。
> ……

整个第二次世界大战中被屠杀的犹太人总数在600万以上。犹太人在德国纳粹那里遭受到了史无前例的残酷虐杀，关于纳粹的罪恶，罄竹难书。

除迫害犹太人外，希特勒要反的第二大对象是马克思主义或者说苏联。

为此德意日三个法西斯国家还组成了同盟。1936年10月，意大利外交大臣、墨索里尼的女婿齐亚诺访问柏林，与希特勒及其外长举行了会谈，签订了一份秘密合作协议。

当德意渐渐相互勾结时，另一个法西斯国家日本也在蠢蠢欲动。1936年11月，德日签署所谓的“反共产国际协定”。协定中德日声言共产国际“威胁全世界和平”，因此双方要加强合作，协力阻止共产国际的威胁。一年之后，意大利也加入了《反共产国际协定》，德日意三个法西斯国家从此在反共的旗号下沆瀣一气、勾搭成奸，形成了柏林—罗马—东京轴心，世界法西斯同盟——即轴心国——正式浮出水面。

对于希特勒而言，与他前面这一切的行动，包括掌权、成为独裁者、建立法西斯专制国家、反犹、反共并肩而行的是他朝另一个主要目标的迈进。这个目标就是要摆脱《凡尔赛条约》的控制，扩军备战，以穷兵黩武。

世界大战的爆发　1935年3月，希特勒正式宣告将不再遵守凡尔赛条约中规定的有关裁军的条款，要求德国与其他欧洲国家享有平等的军备地位。

由于没有遭到英法的反对，希特勒得寸进尺，仅仅一年之后，他派出军队进驻了凡尔赛条约中禁止德国驻军的莱茵河西岸地区。

通过进驻莱茵非军事区，希特勒彻底抛弃了凡尔赛条约对德国的任何限制，从此可以随意武装自己了，这种武装的后果是不言而喻的，就是战争与侵略。他的第一个目标是他的祖国、同为德意志民族国家的奥地利。

1938年3月12日早晨，数十万德军开进了奥地利，两天后希特勒签署了一份文件，吞并了奥地利，奥地利成为德国的一个省，名东方省，由赛斯·英夸脱任省长。

吞并奥地利之后，希特勒立即将侵略的矛头指向了另一个国家——捷克斯洛伐克。

希特勒借口捷克斯洛伐克的苏台德地区有大量德意志少数民族，先设法挑起了德意志人的反政府暴乱，继则吞并之，这是1939年3月的事。

在希特勒吞并捷克的过程中，有意思的是英法的绥靖政策，为了将希特勒这股祸水引向苏联，英国首相张伯伦和法国总理达拉第对希特勒赤裸裸的侵略不仅没有制止，反而助纣为虐。1938年9月30日，英法德意四国签署了一个协定，名为《关于捷克斯洛伐克割让苏台德领土给德国的决定》，简称《慕尼黑协定》，公开纵容希特勒对捷克斯洛伐克的侵略。大大地助长了希特勒的侵略气焰，他们自己不久之后也将深受其害。

英法为什么这么纵容希特勒，苏联政府不会不清楚，深深知道他们的目的只是想将这股祸水引向苏联，于是，他们采取了这样的对策：1939年8月23日，社会主义的苏联竟然与法西斯德国签订了互不侵犯条约！这就是《苏德互不侵犯条约》。条约各款中规定：

1．“缔约双方保证不单独或联合其他国家在彼此间进行任何武力行动、任何侵略行为或者任何攻击”；

2．“如果缔约一方成为第三国敌对行为的对象时，缔约另一方将不给予该第三国任何支持”；

3．“缔约双方政府今后将彼此保持联系，以便对与他们的共同利益有关的问题交换情报，进行协商”；

4．“缔约任何一方将不加入直接或间接旨在反对另一方的任何国家集团”。

同一天苏德还签订了一份附属于《苏德互不侵犯条约》的《秘密附加议定书》，其中规定苏联控制波罗的海国家，波兰由德国与苏联共同瓜分。

《苏德互不侵犯条约》的签订对当时的国际局势所产生的影响之大是怎么说也不过分的，正是它确定了第二次世界大战爆发前最后的国际局势，使不用再担心东西两线同时作战的希特勒放心大胆地发动了战争。

就在《苏德互不侵犯条约》签订的第二天，但泽，这座第一次世界大战中归并波兰的城市就被当地的纳粹占领了，8月份的最后一天，希特勒向波兰发出了最后通牒，但这纯粹只是走走形式而已，希特勒甚至不等波兰的回答，就在第二天，1939年9月1日清晨，下令150万装备精良、早就厉兵秣马的德军向波兰发动闪击！

两天后，英、法对德宣战。

第二次世界大战爆发了。

第四十九章　第二次世界大战（上）

1939年9月1日凌晨，希特勒诬称波兰侵略德国，出动两个集团军共57个师约150万人的庞大兵力闪电入侵邻国波兰。

第一波侵略　波军总人数达180万，但装备极其落后，其精锐是骑着马的骑兵，如何与最先进的坦克装甲车武装起来的德军装甲集群对抗？再加上德军以从未出现过的“闪电战”先进作战理念，相对波军统帅仍是原始的阵地战布置，结果，到10月6日，最后一支波军投降，号称当时欧洲军事强国之一的波兰在短短一个月之内就被灭亡了。波兰的180万大军被消灭了，而德军只有约14000人阵亡，3万余人负伤。

希特勒视察入侵波兰的德军

消灭波兰的战争并不是单独由德军来完成的，苏联也扮演了重要角色，在《苏德互不侵犯条约》中苏德就已经商定瓜分波兰。因此，在德军进攻波兰不久，9月17日，两个苏联集团军从南北两个方向攻入波兰，由于波军接到不抵抗的命令，苏军没有遇到抵抗就俘虏了约20万波军，苏联按照与德国人签订的条约占领了波兰东部与中部地区。

本来，英法已经与波兰签约要保证它的安全，德国入侵波兰后英法也对德宣了战，但当德军正在猛攻波兰，波兰眼看就要覆亡时，英法却按兵不动、宣而不战，坐视波兰被灭亡。这种怪现象后来被称为“奇怪的战争”或“假战争”，它是英法一贯推行的绥靖政策的延续。

1939年发生的第二场战争是苏芬战争。

与希特勒一起灭亡波兰后，斯大林立即按照与希特勒签订的条约，向波罗的海沿岸三国展开了行动，苏联以保障安全为名，迫使爱沙尼亚、拉脱维亚和立陶宛先后同它签订了互助条约，取得了在三国境内驻军和建筑海、空军基地的权力。不久苏军对三国实行了军事占领，它们成了苏联新的加盟共和国。

在压服波罗的海三国的同时，苏联又向芬兰提出租借领土做军事基地，芬兰政府予以拒绝，于是苏联政府诬称芬军炮兵在卡累利阿轰击了苏联领土，侵入芬兰。但芬军英勇反击，以少胜多，重创苏军，后来苏军以更加庞大的兵力出战，众寡太悬殊的芬军终于战败求和，苏联又从芬兰割到了大片土地，苏联还以这样的方式从罗马尼亚弄到了大片领土。这就是斯大林的所谓“东方战线”。通过这些措施，苏联将自己的国界往西推移了200~400公里，扩大了防御空间。但这种赤裸裸的大国沙文主义、公然的侵略行为，与德国之侵略波兰、吞并捷克斯洛伐克并无二致。它严重地伤害了这些国家人民的民族感情，也损害了社会主义国家的形象。

对于希特勒而言，灭亡波兰只是战争的开始。

第二波侵略与法国的灭亡　1940年4月9日清晨，德军发动了第二波侵略，攻入丹麦，丹麦政府当天就不战而降。

早在进入丹麦前两天，德海军舰队已经向挪威开进了，这时挪威的陆军总兵力只有15000多人，以这样可怜的部队如何与德军抗衡呢，但勇敢的挪威军人坚持抵抗。到了6月初，希特勒已经在荷兰、比利时、法国等地击败英法联军，挪威才宣布投降。

早在完成对挪威的征服之前，希特勒就于1940年5月10日在西线对荷兰、比利时、卢森堡三个中立小国发动了大规模进攻。

最先遭到攻击的是荷兰。在这里德军实验了一种新战术——伞兵战术。

1940年5月10日，天还没亮，一队德军伞兵空降在荷兰海牙附近，迅速占领了重要的机场、桥梁、交通要道等。天亮后不久，大批德军乘坐运输机在这些机场降落，使荷兰军队的抵抗与调动都十分困难，荷兰女王威廉明娜与政府匆匆逃往英国。到5月14日早晨，德军向堡垒里的荷军发出了最后通牒，如果再继续抵抗，将以空军把荷兰的城市夷为平地。绝望的荷兰人当天就投降了。只用短短的4天德军就征服了荷兰，消灭了它的40万大军。

在进攻荷兰的同一天，德军开始进击比利时。

德军进攻的预定线路是往西穿过比利时北部的阿尔伯特运河与默兹河一线，然后攻击其西边的戴尔防线。但在这一线有个大障碍：坚固无比的埃本埃马尔要塞。如果从地面直接进攻要塞，德军将蒙受的损失是不可想象的。但这时候德军又采取了一种极高明的战法：他们用一些滑翔机和飞机朝要塞顶部飞去，降落在那里。伞兵和滑翔兵着陆后立即占领了要塞各个据点。第二天，被德军里外夹攻的这个“天下第一要塞”就投降了。埃本埃马尔要塞一失，阿尔伯特运河与默兹河防线也就不攻自破了，比军只好撤入后面的戴尔防线。

西线的德军气势汹汹，这使得法军相信法比边境就是德军的主攻方向，便将绝大部分兵力都派来这里防守，但他们不知道这只是德军的烟幕弹而已。

5月10日，德军的主力开始进攻法国了，地点根本不是西线，而是东线的阿登森林，这里是莽莽深林，法军完全料不到德军会从这里开始主攻，因此只布置了最弱的两个军团。现在，德军的主力，包括克卢格的第四军团、赖恩哈特军团、克莱斯特装甲军团、古德里安军团、布希的第十六军团，像一把尖刀插入阿登森林的崇山峻岭与茂密丛林中，朝法军扑去。其中隆美尔率领的一个装甲师在5月12日傍晚就进抵了默兹河畔，第二天便强渡默兹河，攻入法国。

进入法国后，德军并没有继续往南深入法境，而是往西赶去，强大的德军在法国境内从东往西狂冲猛进，直抵大西洋，与从荷兰南下的德军一起，将英法联军主力一举合围，成了瓮中之鳖。

到5月21日，英法联军主力40个师被压缩到了敦克尔刻附近一小片狭长的地区，而敦克尔刻是唯一的出海口。

德军正向他们压来，只要他们像往常一样不顾一切地猛冲，联军势必会被迅速打垮，他们的路只有两条：投降或者被消灭。

然而，这时候发生了一件几乎令人不可思议之事：5月23日这天，德军突然停止前进，停止了对前面几乎像等死的羔羊般的联军的攻击。而联军迅速向敦克尔刻海边退却，开始了名为“发电机作战”的敦克尔刻大撤退。英国、荷兰、法国、比利时等所有盟国都尽一切力量发动最多的船只来参与营救，既有驱逐舰、巡洋舰等庞然大物，也有渡轮、私人游艇甚至小舢板，总之只要能在水里航行的东西都用上了，共计近900艘。它们昼夜不停地在英吉利海峡的惊涛骇浪之中来回穿梭，经过8天奋战，将33万多名联军士兵，其中2/3是英军，运到了英国。

当德军在8天之后发起最后的攻势，一举拿下敦克尔刻时，只有担任后卫任务的4万法军被俘。这次大撤退被称为“敦克尔刻奇迹”。

当联军拼命从敦克尔刻撤退时，德军基本上在休整，其庞大的坦克军团正在准备发动一场消灭法国的空前大战。

法国人这时匆匆在敦克尔刻之南的索姆河—埃纳河一线建立了新防线。从6月5日开始，德军从东到西全线向法军防线发起猛攻，法军被迅速击退，德军很快就逼近了巴黎。

为了保护巴黎这朵法兰西之花，西方文化之都，使它免受战火蹂躏，法国政府宣布巴黎为不设防城市，这样，依据战争惯例，德军可以占领之，但不能对城市进行任何破坏。法国政府先往南迁至图尔，随即再南迁至波尔多。

6月14日，德军进入巴黎，不费一枪一弹占领了法国的首都。

德军继续往南推进，法国人绝望了，宣布投降，这是1940年6月17日的事。

几天后，双方签订了停战协议，条款对于法国是毁灭性的：包括巴黎在内的整个法国西部和北部划归德国作为占领区，占领费用全部由法国负担。这一地区占法国全部领土的60%，法国绝大部分的经济与工业产值都来源于这一地区。其余非占领区则建立傀儡政府，贝当元帅担任总理，首都设在中南部的一座小城维希。

法兰西，这个伟大的国家、西方文明之中心，拥有300万大军，号称欧陆第一强国，就这么在区区6个星期里被彻底击败了。这几乎令人难以置信，然而它毕竟是现实，是横亘在剩余的西方民主国家——英国与美国——面前的严酷的现实。

英勇抵抗　面对德国军队的节节胜利，英国人民不需害怕，因为他们有了一位伟大的领袖——丘吉尔。

丘吉尔

丘吉尔是英国最著名的政治家之一，一贯强烈反对张伯伦的绥靖政策，现在希特勒的所作所为证明丘吉尔是对的，张伯伦是错的，于是张伯伦倒台之后，最好的继任者自然就是丘吉尔了。

就职后，丘吉尔向下院发表了一次著名的演讲，他对议员们说：

我所能许诺给各位的唯有流血、流泪、流汗并劳苦地工作……你们问，我们的政策是什么？我会回答，我们的政策是在陆地、海上和空中作战，竭尽全力，毫不保留上帝所赋予我们的一切力量，和一个在人类可悲、罪恶的黑暗记录中绝无仅有的恐怖暴政作战。……不管路有多长、有多艰险都要赢得胜利，因为不胜利，我们就会灭亡。

不过说实在的，希特勒本人并不想与英国为敌，一则因为他对海洋不感兴趣，二则他也有些畏惧海战。因此他就多次表示可以与英国建立和平，但丘吉尔毫不客气地回绝了希特勒。于是，希特勒签署了代号为“海狮作战计划”的指令。

这个计划很简单，就是先用德国当时欧洲最为强大的空军把英国炸屈服，再用陆海军去征服之。

1940年8月9日，“不列颠之战”开始了，这天德国出动了大约300架飞机前往轰炸，到13日更发动了代号为“鹰日”的大规模轰炸，一天之内派出近1500架战机，对英国进行狂轰滥炸。大批英国城市被炸，许多无辜的英国平民被杀害。

在这些城市中受到损害最严重的是考文垂。11月14日这天，它遭到整整500架德国轰炸机的狂轰滥炸，几乎被完全摧毁。后来英语与德语中甚至有了一个直接来自考文垂这个地名的新词，英语是“Coventrate”、德语是“Koventrieren”，意思都是“夷为平地”。

在9月4日的一次广播演说中，希特勒还表现得对胜利充满了信心，他的演说中有这样的俏皮话：

在英国，人们充满了好奇，他们一直在问：‘他为什么还没来？’别着急，别着急，他就来了！他就来了！

面对德国人的疯狂滥炸，英国人民显示了大无畏的英雄气概，特别是英国的战斗机飞行员们，由于没有足够的飞行员，英国的战斗机飞行员们每天必须在天上作战好几个小时，甚至一天起降几架次。有时飞机被击落后，只要飞行员得以逃生，他当天就会登上另一架飞机起飞迎战，其所表现的大无畏精神令人钦佩，就像丘吉尔所言：

“在人类战争领域里，从来没有像现在这样，那么多人的生命全靠那么少的人。”

英国人之所以能够坚持下来，依赖的除了他们自己，还有强大的盟友——美国。

这时候，美国总统罗斯福岂不知道英国人的困境？他先设法绕过《中立法案》向英国提供了一批战机，接着又将50艘旧驱逐舰送给英国，英国则把世界各地的八个海、空军基地借给美国。此外，美国还给英国人送去了近100万支步枪、25万支左轮枪和近1000门大炮，罗斯福还告诉英国人说，今后他的原则是将所有在美国生产的武器与英国平分。

正在罗斯福急切地帮助急需帮助的英国时，他还在参加总统竞选。此时他已经两度当选总统，根据惯例，总统最多只能连任一次，但现在正当多事之秋，情形特殊，因此罗斯福第三次竞选总统，结果他史无前例地第三次当选美国总统。

连任成功后，罗斯福进一步加大了对英援助的力度，因为这时候的英国正如丘吉尔在给罗斯福的信中所言，几乎要“一贫如洗”了，他这样做一方面当然有血缘的因素在里面，美国毕竟脱胎于英国，他自己和绝大多数其他美国人一样，身上都流淌着英国祖先的血；另一方面，英国在全世界有广阔的殖民地，与美国山水相连的加拿大也是英帝国之一部分，倘若英国灭亡，这些地方势必成为纳粹的势力范围。可以想象那时候美国所面对的危机将是何等的大！

罗斯福经过努力，使国会在1941年3月通过了《租借法案》，授权总统援助那些与美国安全有关系的国家。

《租借法案》的通过标志着美国已完全放弃中立政策，转到了反法西斯国家一边，并且成了它们最强大的盟友。

第五十章　第二次世界大战（中）

征服法国后，希特勒将下一个目标瞄准了苏联，但在此前他先征服了巴尔干。

他先将被苏联强占比萨拉比亚的罗马尼亚拉入了德意日三国轴心，又不战而压服了保加利亚，接着三路大军直抵南斯拉夫。

1941年4月6日，庞大的德军机群将南斯拉夫首都贝尔格莱德炸为废墟，到10日，南斯拉夫军队的统帅希摩维奇将军承认他的军队已经被打散，再也不能组织起有效的反击，他的最后一道命令是：所有军队都要以自己的方式与敌人战斗到底！

又两天后，从距离贝尔格莱德最近的地方发动攻击的德军先头部队进入了南斯拉夫的首都。短短一个星期之内南斯拉夫就覆灭了。在整个征服中德军的伤亡总数不到600人，南斯拉夫军队的伤亡不计，仅仅被德军俘虏的就有近35万。

在南斯拉夫尚未投降之时希特勒已经向希腊开了战。德军兵分三路侵入希腊，希腊人在英军的支援下进行了顽强抵抗，然而他们的战斗力根本无法与德军相比，3天之后北部重镇萨洛尼卡被德军一举攻克，希腊第二军团投降。

西路德军迅速往南突击，在这里布防的英军被迅速击退，一路南逃，先撤往雅典，接着通过科林斯地峡逃往最南的伯罗奔尼撒半岛。德军一路猛追，4月27日占领了雅典，希腊灭亡了。

在占领希腊的过程中德军的伤亡总数只有约5000，而对方仅英军的伤亡就有约12000，至于希腊，它的40余万大军消失了。

入侵苏联　希特勒灭掉巴尔干诸国不过是牛刀小试，他真正的目标是苏联。

早在1940年7月，希特勒就开始制订对苏作战计划，他明确指出必须速战速决，决不能将战争拖到冬天。

到这年底，希特勒签署了第21号元首令，副标题是“巴巴罗萨计划”。到1941年初，这个计划已经制订得相当详细了，德军将兵分三路：北路勒布元帅、中路博克元帅、南路伦德斯泰特元帅。

1941年6月22日，凌晨，战争开始。

德军在北起波罗的海、南至黑海，长达1800多公里的战线上向苏联发动了闪电战，参加作战的德军陆军共148个师、其中19个是装甲师，有坦克3350辆、火炮7184门、汽车60万辆，总兵力305万。空军有飞机2500架。另外，伙伴国芬兰提供了50万陆军、罗马尼亚提供了25万，匈牙利、意大利、捷克斯洛克等也提供了部分军队。总之，规模之大，整个西方历史上绝无仅有。

三路德军高歌猛进，苏军几乎一触即溃。

面对亡国之虞，苏联在6月30日成立了国防委员会，斯大林担任主席，此后一切国家权力都被集中于此，集中在斯大林一个人手里。

7月3日，斯大林向全国、全世界发表广播演说，要求苏联人民起来抵抗法西斯，他表示欢迎西方国家的援助，要与他们团结一致对抗法西斯。斯大林提出的具体的抗战措施是“焦土抗战”，他说，他将不给敌人留下一台机车、一辆卡车，甚至一块面包、一升汽油，总之，苏军撤退时不能带走的一切都毁掉。

7月10日，斯大林成立了三个战略高级指挥部，负责指挥各个方面军。他还严厉镇压那些他认为没有尽力作战的指挥官，枪毙多位将军，尽管这种恐怖政策逼使苏军更加坚决地抵抗，德军仍在快速推进，到7月底8月初，北路德军已经进抵列宁格勒附近；中路德军在斯摩棱斯克附近又形成了一个新的包围圈，俘虏苏军10万；南路德军8月初在乌曼附近包围俘虏了苏军约20个师，还在第聂伯河巨大的弯曲部内消灭了数以十万计的苏军。

到8月中旬，德军第一阶段的作战计划结束了，从整体看德军取得了胜利，达到了预定的目标：将苏军歼灭于边境附近，勿使其退回苏联广阔的内陆再对德军进行迟滞作战。相对于德军，苏军损失惨重，大批部队被歼被俘，大批装备被毁或落于德军之手，使苏联形势十分危急。

但此后，希特勒开始接连失策。

第一阶段取得胜利后，希特勒没有同意将领们的意见将主要兵力置于中路，向莫斯科进军，以吸引苏军调重兵来防守，德军乘机聚歼苏军主力而歼之。而是将中央集团军群主力调离莫斯科去支援列宁格勒，以攻克之。但当大军已经进抵列宁格勒，大可一鼓而下时，又命令围而不攻，并将中央集团军群的主力兵团调往南方，这时大雨滂沱，德军将多达7个苏军集团军包围住，俘虏苏军达66.5万。

此时，希特勒的主意又变了，他不再以北路或者南路为主攻方向，又要打中路了，攻克莫斯科了。他从南北两路调集军队加强中央集团军，开始进攻，这时距上次中路进攻已过了整整6个星期。仅过了10多天，德军就将大批苏军包围在莫斯科附近三个巨大的包围圈中，在围歼这些包围圈的战斗中，德军又俘虏了超过60万的苏军。

虽然战果看上去很辉煌，但德军从这时候起已经陷入困境，而且这困境将持续到整个战争的结束！之所以如此，有三个原因：

一是这时已近10月，天气在一天天变冷，而天气越冷对德军就越不利。

二是在这段时期内苏联已经组建了大批新师，每天都有成师成师的新部队投入战斗。

三是这时候苏联开始从英美得到大批援助，苏军的武器装备越来越好，战斗力显著加强。

这些都意味着希特勒想在短时间内结束战争的愿望已经从希望变成幻想了。

这时俄罗斯的绵绵秋雨已经降临了，俄罗斯的道路绝大部分是土路，一下雨就泥泞不堪，德军的机械化部队在这样的道路上有如蜗牛。不过德军仍在泥泞中不顾一切地艰难推进。经常地，他们要从泥泞中将几乎被埋没了的大炮坦克挖掘出来，要成天在冰冷的泥水里行军。然而这一切苦难都没有阻住德军。他们甚至仍然能打胜仗，能占领一个又一个地方，到10月中旬先后占领了奥廖尔、布良斯克和佛雅马等地，一步步逼近莫斯科。

但苏联并不畏惧，11月7日，莫斯科红场甚至举行了传统的阅兵式，斯大林亲临红场，检阅红军。

到11月27日，德军的突击部队推进到离莫斯科只有24公里远的地方，德军指挥官从望远镜里已经能看到克里姆林宫顶端的红星。

至此，德军进攻苏联已经过了近5个月，在5个月的战争中，德军从数字上讲取得了辉煌胜利。截至1941年11月，德军已经深入苏联腹地850~1200公里，德国占领区内战前居住的人口约占全苏人口的40%，工农业产值占全苏的2／3。截止1941年12月，苏军共损失700多万人、坦克24万辆、飞机2.4万架。

然而此时的德军已是“强弩之末”了。

11月底，俄罗斯的气温已经降至摄氏零度以下，暴风雪肆虐，由于希特勒预计冬天之前结束战争，德军士兵根本没有准备过冬衣服，在这样寒冷的天气里只穿着单衣，在寒风中瑟瑟发抖，只能依靠着德意志民族惯有的顽强与对他们元首的无限崇拜与信任拼死战斗。到12月初，气温已经降到零下35℃。不但德军的坦克开不动，连大炮都发射不了，因为被厚厚的冰冻住了。如果一定要使坦克发动，那就得在坦克下面生一堆火，烤上整整4个小时！在这样的气候条件下，许多德军竟然还穿着单衣！仅仅在12月4日这一天，就有好几千德军被活活冻死在战壕里。

穿着厚厚的棉毛大衣，手握防冻武器的苏军官兵对这种形势当然清楚得很，他们立即展开了反攻。而此时的德军几乎没办法组织防御，因为寒冷已经将地面冻得坚硬如铁，甚至无法挖掘防御工事，他们所忍耐的艰苦已经超越人类可以想象的极限。

面对这种可怕的战场形势，德军将领们要求撤退，但希特勒严词拒绝，他认识到一旦撤退将招致毁灭，就像百年之前的拿破仑大军一样。

因此希特勒下了死命令：必须不顾一切地抵抗，任何人在任何时候都不许放弃阵地，要死战到底！

偷袭珍珠港　欧洲已经打得天昏地暗了，但对于第二次世界大战，它还只开始了一半，另一半也将在这一年开始。

1941年12月7日早晨，美国在太平洋上最重要的海军基地、夏威夷群岛瓦胡岛上的珍珠港一派祥和宁静。

7时零2分，美军雷达站忽然发现一群数目庞大的飞机正向这里飞来，听到报告，值班军官以为是从美国西海岸向夏威夷飞来的美军飞机，根本没当一回事。到了7时40分，华盛顿时间7日下午1时10分，这些飞机像群蝗虫一样扑到了珍珠港上空，随着一阵有如鬼哭狼嚎的尖啸，炸弹像冰雹一样落向了珍珠港内的大群美军舰只，随着冲天的火焰与惊雷般的巨响，一艘艘美军舰只腾起冲天大火，爆炸的巨浪使刚才还一派祥和的珍珠港变成了人间地狱。

这就是由山本五十六率领的日本联合舰队偷袭珍珠港。由于日本是不宣而战，美军完全没有防备，损失惨重，随着一声声巨雷般的爆炸声，一艘艘战舰沉入海底。在先后两次的攻击波中，美军有4艘大型战列舰被炸沉，其他大型舰只如巡洋舰、驱逐舰等被炸沉炸伤10艘以上，飞机被击毁260余架，美军死伤4500余名。太平洋舰队几乎全军覆没。相对来说，由山本五十六率领的日本联合舰队只损失了29架飞机、5艘小舰艇、一艘较大的舰艇。

幸运的是太平洋舰队的3艘航空母舰当时在外执行任务，未停泊在珍珠港内，幸免于难。

第二天，罗斯福总统向国会参众两院发表演讲，正式对日宣战。

同一天英国也对日宣战，接着英国的自治领澳大利亚、新西兰、加拿大等二十余国也相继对日宣战。第三天，已经与日本打了上十年仗的中国国民政府正式对日宣战。同时，日本的盟国德国和意大利也在12月11日对美宣战。不久，美国、中国、古巴、巴拿马、危地马拉、萨尔瓦多、哥斯达黎加等大小国家也对德、意宣战。第二次世界大战真正成了“世界大战”，规模之大，史无前例。

就在袭击珍珠港的同时，另一支日本舰队还袭击了菲律宾的美军，从航空母舰上起飞的轰炸机将86架美机炸毁在机场，香港的英军也遭到轰炸，几乎所有飞机都被炸毁。英国在东南亚最重要的军港新加坡，美国的关岛、中途岛、威克岛等地都同时遭到了日军的空袭。菲律宾最北端的巴坦群岛则遭到了日军两栖部队的袭击，成为最先被日军占领的地方。

12月8日，日军开始攻击香港，香港的英国守军抵抗到圣诞节后投降了。

12月9日，一支日本舰队装载2万余名陆军，穿过国际日期变更线，到达马来亚，在两小时之内登陆完毕，向这里的英军发动了攻击。

第二天，一群日本鱼雷轰炸机在马来亚海面遇见了英国巨大的战列舰“威尔士亲王”号，英舰不久就被炸沉了。

日本人一时横行太平洋。

反法西斯同盟　现在德国、日本、意大利三个法西斯国家已经完全勾结在一起妄图征服全世界，面对如此残暴的敌人，全世界反法西斯的国家与人民都明白——他们也必须团结起来，结成钢铁同盟。

于是，1941年8月12日，这天罗斯福与丘吉尔在停泊于加拿大纽芬兰外海的一艘军舰上举行了会晤，两天后发表了联合宣言，史称《大西洋宪章》。宪章有三项主要内容：

第一是提出了一种新型的国际关系，政治上，主张所有国家无论大小都要建立相互尊重、互相平等的关系，并且明确表示英美均不谋求任何的领土扩张。

第二是摧毁纳粹暴政、重建和平。

第三是表示要支援苏联抗击德国。

9月24日，斯大林发表声明，同意大西洋宪章的基本原则，但在不谋求领土扩张与尊重弱小民族正当权利这两点上持保留意见。

几天后，苏、美、英三国开始在莫斯科举行会议，讨论共同对德作战和有关援苏的具体问题，罗斯福宣布向苏联提供10亿美元贷款，随即正式宣布苏联也适用租借法案。

到1942年1月1日，美国、英国、苏联、中国等26国代表在华盛顿签署了《联合国家宣言》。“宣言”有两项主要内容：一是各国表示赞同《大西洋宪章》的宗旨与原则，二是各签字国政府均保证以其全部国家资源反对德意日法西斯国家及其仆从国，每个国家的政府都保证互相合作，不与敌人单独缔结停战协定或和约。宣言并且声明，其他凡在对法西斯的战争中做出过贡献的国家都可加入宣言，这实际上是在竭力扩大全球反法西斯阵线，不久又有21国陆续签字加入。

《联合国家宣言》的签署标志着世界反法西斯联盟的正式形成。这在1941年新年第一天签署的协议也标志着第二次世界大战一个新的开始——胜利的开始。

斯大林格勒之战　对于伟大的世界反法西斯事业，1942年是胜利的开始之年。

1942年1月，一向只进不退的德军已经开始在莫斯科退却，这打破了德国陆军不可战胜的神话，极大地鼓舞了全世界抵抗法西斯的战士们的士气。

这时希特勒第三次改变了他的进攻路线，前面说过，战争一开始德军以中路莫斯科为重点，后来又改为南北两路，再后又改为中路。现在希特勒再将战略重点转向南北两路，其中最重点则是南路，目标是斯大林格勒与高加索油田。

正在德军紧锣密鼓地准备开张大战时，苏军抢先了一步。

原来，在去年的冬季作战中，苏军不但抵挡住了德军的进攻，还反攻了，苏军最高统帅部想再次反攻，他们的计划很简单：在所有有苏军与德军正面接触的地方发动进攻。

5月12日，苏军由铁木辛哥开始进攻，但苏军像一头撞上墙，他遇到了希特勒准备用来再次进攻的大军，铁木辛哥向斯大林请求撤退，但遭到断然拒绝，铁木辛哥只得硬着头皮令军队继续前进，一头扎进了由强大的德军装甲部队布置好的陷阱，旋即被彻底包围，这支准备教训德军、为苏联红军赢得荣誉的大军就此覆灭了，德军又俘虏了多达24万的苏军。

6月底，德军开始了1942年的夏季攻势，又俘虏了上10万的苏军。

到7月23日，德军攻占了罗斯托夫，并开始准备攻击斯大林格勒，但同时却又从南线抽调出一部分军队，令他们转而向北，经过长途跋涉去支援攻击列宁格勒。

但不久，希特勒又决定将作战重心系于斯大林格勒，从西、南两面夹攻斯大林格勒。

现在已是1942年9月，适合夏季作战的最佳时间已经过去，再过两个月又要面临俄罗斯可怕的严冬，而此时苏军的兵力已经超过了德军的兵力。希特勒深深认识到，唯一可能制胜的办法是在斯大林格勒城下拼死一战，他命令德军加强对斯大林格勒的围攻，德军分别从斯大林格勒的南面与西面发动更猛烈的进攻，苏军死战不退，战斗惨烈异常。到9月12日，德军已经突破苏军南部防线，苏军被迫退守城区，第二天，德军攻入斯大林格勒市区，从而展开了最为残酷的巷战。

苏军担任斯大林格勒防卫的主力是六十二集团军和六十四集团军，由朱可夫与华西列夫斯基作为苏军最高统帅部的代表担任守城总指挥，朱可夫被称为苏军的“名将之花”，是苏军最著名的将领。朱可夫决定在斯大林格勒采取两步走的形式作战，第一步是组织顽强的防御，无论如何不能让敌人占领城市，第二步则是当久战不下的德军疲惫不堪时再实施强大的反攻。

战火硝烟中的斯大林格勒

为了守住斯大林格勒，苏军与德军打起了空前残酷的巷战。战斗中双方逐街逐楼地反复争夺，苏军誓死保卫每一寸土地，德军则不顾死活地争夺每一寸土地。几乎每一条街道、每一所房屋甚至每一个地窖都要经过多次易手。例如9月18日这天，仅斯大林格勒一个谷仓就遭到了德军10次进攻。还有巴甫洛夫中士和他的少数战友隐藏在一栋残破的大楼里与德军展开城市游击战，击退了德国步兵、坦克甚至飞机的轮番袭击，坚守了整整两个月！

德军仍在步步推进，9月27日，德军士兵占领了斯大林格勒共产党总部大楼。希特勒听到这消息，十分得意，他推测在一天之内就可以拿下这座城市，立即从文尼察飞回柏林，等待着向德国民众宣布胜利占领斯大林格勒。

然而他永远也没有这样的机会。11月19日，苏军展开了大规模反击。迅速击溃德军的南北两翼后，苏军继续西进，南北两路苏军会师于顿河，对包围斯大林格勒的35万德军实施了反包围。

希特勒一看形势不妙，试图组织救援，但根本无法突破苏军的包围圈。这时已经是1943年年初了，苏军已经进入了最擅长的冬季作战。

1月中旬，苏军以排山倒海之势攻击斯大林格勒城下的德军，德军土崩瓦解。1月30日，也就是希特勒上台10周年纪念日这天，保卢斯元帅率领军团残部向苏军投降。

这次投降是希特勒的奇耻大辱，因为保卢斯军团是他最精锐的部队之一，都是由“纯种雅利安人”组成的，一年前用闪电战迅速征服比利时与荷兰的正是这支队伍，现在成为苏军战俘的包括保卢斯元帅本人和24位将军。

众所周知，斯大林格勒是苏德战争，也是整个第二次世界大战的转折点，从此苏军转入了进攻，而德军基本上只有被动挨打的份了。

大战太平洋　现在我们要来看看1942年的西线了，看看茫茫太平洋上美军与日军的激战。

总的说来，太平洋上的战斗没有斯大林格勒那么规模庞大激烈，但却更加残酷。

日军偷袭珍珠港之后，立即向美国的殖民地菲律宾进军。这里设有美国的远东陆军司令部，麦克阿瑟为司令，有军队约13万，其中只有约14000是美军。

日军先炸毁了美军的空军基地，拥有了宝贵的制空权。1941年12月，日本陆军登陆菲律宾，其主力迅速扑向首都马尼拉。

麦克阿瑟兵力不够，很快败退，1942年1月率主力退入巴丹半岛。

几天后日军开始进攻，由于兵力明显强于美军，进展迅速。后来又采取围困的办法，将大批美军围困在半岛狭小的区域内，到4月9日，弹尽粮绝的巴丹半岛守军只得投降，12000名美军和65000名菲律宾军人成为战俘，麦克阿瑟则已经奉罗斯福之命乘飞机回到美国去了。不久整个菲律宾的美军也都向日军投降了。

与菲律宾战事几乎同时进行的是日军对荷属东印度群岛的攻击。

荷属东印度群岛就是今天的印度尼西亚，长期以来都是荷兰的殖民地，也是世界上最富庶的殖民地之一，丰富的资源早就使日本人垂涎三尺。由于这里荷兰守军很少，日军很快占领之。

荷属东印度群岛之北是已被日军占领的东南亚，之西是辽阔的印度洋，之南是澳大利亚大陆，日本人当然想占领之，不过实力还不够，因此他们将目光投向了东方，这里茫茫的太平洋中有许许多多岛屿，像珍珠般点缀在蔚蓝的海面。

距荷属东印度群岛最近的是新几内亚岛，太平洋中最大的岛屿之一，往东与东北是俾斯麦群岛，再往东是所罗门群岛。在俾斯麦群岛与新几内亚岛之间是俾斯麦海；从俾斯麦海往南，在俾斯麦群岛之南、新几内亚岛之东、所罗门群岛之西是所罗门海；再往南，过了新几内亚岛与所罗门群岛，在它们之南与澳大利亚之北则是广阔的珊瑚海。

在这片辽阔的海洋上，美日将要进行多场巨大规模的海战。

第一场是珊瑚海大海战。它最早发生在1942年5月3日，从航空母舰上起飞的美机向日舰发动了袭击，结果美军小胜一场。5月7日，93架美军战斗机和轰炸机像一群马蜂般围着“祥凤”号蜇了半个小时后，将其炸沉在大海里，这是日本海军丧失的第一艘大型军舰。

第二天一大早，美日大批飞机从航空母舰起飞，向敌人的飞机扑去，爆发了战争史上第一次完全以空军来打的海战。即交战双方的舰只并没有直接交火，完全靠各自航空母舰上的舰载机进行交战来打海战。它大体包括两部分战斗：第一部分是轰炸机对敌方舰只的进攻，第二部分是掩护己方轰炸机的战斗机之间的空战。

在这场海战中，日军取得了战术上的胜利，他们炸沉了美军的大型航空母舰“列克星敦”号，另一艘航空母舰“约克敦”号也受重创，日军则只被击沉了一艘大型航空母舰。但在战略上它粉碎了日本海军不可战胜的神话，大长了美军甚至整个反法西斯同盟的士气。

此后是中途岛大海战。

中途岛位于太平洋中部，是北美和亚洲之间的海上和空中交通要道。1942年5月26日，日军舰队从日本本土启航，预定在6月4日向中途岛发起进攻。由于美国海军破译了日军的密码，因此对日军的计划了如指掌，做好了充分的迎击准备。

6月4日，南云忠一率领日军主力开始向中途岛发动猛攻，战机乱炸一通，但并没能取得预期战果。这时早有准备的美军战机升空迎击，双方展开大战，许多日军战机还挂着鱼雷就在甲板上被美机击中，连飞机带鱼雷发生剧烈爆炸，使整艘军舰迅速被摧毁。

海战结果，日军损失航空母舰4艘、重型巡洋舰1艘、飞机332架、人员3500名。美军则只损失一艘航空母舰“约克敦”号，以及驱逐舰1艘、飞机约150架，人员只有约300名。如此沉重的损失令山本五十六难以承受，只得下令退却。美军便乘势追击，又击沉日军重型巡洋舰1艘，击伤巡洋舰、驱逐舰数艘，取得了中途岛海战的大捷。

中途岛海战是日本发动战争以来第一次惨败，经过此役之后，太平洋战区日美航空母舰实力对比转而有利于美军。日军开始转攻为守，美军则开始转守为攻。美军最先开始的大战就是著名的瓜达尔卡纳尔战役。

瓜达尔卡纳尔岛是所罗门群岛中一个较大的岛，中途岛失败后，日军开始加强在瓜岛的防卫，以之作为整个太平洋战线的重心。

1942年8月6日，美军开始攻击瓜岛，瓜岛上的两千多名日军在美军优势兵力打击之下，虽然拼命抵抗，仍被迅速击败，两天后美军已攻占了瓜岛最重要的战略要地机场。

此后日军不顾一切地想重占瓜岛，双方攻防激战，结果日军再次惨败，损失大量的海空力量，包括几乎所有航空母舰飞机，日军舰队也被迫撤退。但日本陆军仍负隅顽抗，到1943年2月，美军才终于攻克了瓜岛日军的最后一个据点，取得了瓜岛之战的胜利。

第五十一章　第二次世界大战（下）

1943年对于盟军而言是从防御走向进攻，从失利走向胜利的一年。

我们首先要讲的是非洲，尤其是北非的战事。

北非的战事是由墨索里尼引起的。

北非战事　意大利在北部非洲有一个相当庞大的殖民帝国，第二次世界大战爆发后，与在非洲也有广大殖民地的英国打上了，主要地点就在北非。但意大利军队根本不是英军的对手，从1940年12月到1941年2月短短的两个多月时间里，英军仅俘虏的意军就达13万余名。获得如此辉煌胜利的英军只是由奥康纳将军率领的被称为“西部沙漠部队”的第十三军，人数最多时也只有约3万人。

北非战事进行的同时，东非的战事也在进行着，英军同样如摧枯拉朽般将意军打得溃不成军，从1940年11月到1941年5月，意军损失近30万，而英军仅伤亡1000多人。

看到自己的轴心国伙伴如此不堪，希特勒真是又羞又恼，但又不能不管。于是，1941年初，希特勒决定成立“非洲军”，包括第五轻摩托化师和第十五装甲师，由隆美尔担任指挥官。

隆美尔

埃尔文·隆美尔是纳粹最著名的将领之一，甚至可以说是最著名的将领。直到今天，隆美尔在西方军界仍广受尊崇，《不列颠百科全书》的“隆美尔”条目中说他“身先士卒，智勇双全”。《美国百科全书》的“隆美尔”条目对他则有如下评语：“隆美尔是最勇敢的强人，光辉的业绩使他深受对手们的尊敬。”1939年，在德国国防军袭击波兰前不久，隆美尔担任了希特勒元首大本营的指挥官，第二次世界大战爆发后，希特勒任命隆美尔为第7装甲师师长，由于他那经常出乎敌人意料之外的闪电式攻击，使他的第7装甲师赢得了“幽灵师”的称号。

1941年2月，隆美尔成为中将并且被任命为非洲军团司令。

甫一抵达北非，隆美尔就拟订了作战计划，并迅速实施。他为了不让英军摸清虚实，事先命令部队做了几百辆假坦克，并在登陆场进行了“阅兵”，而真正的坦克则悄悄驶往预定地点锡尔特，并以迅雷不及掩耳之势发动进攻。

英军根本没想到隆美尔会这么快就发起进攻，因此隆美尔的攻击让他们措手不及，隆美尔从西往东横扫，英军全线溃退。攻陷班加西之后，隆美尔集中兵力攻打默基里，以截断英军第3装甲师的退路。在隆美尔的严厉督促下，德军不顾战斗减员，冒着英国空军的猛烈轰炸全速前进，甚至夜间也不停止，终于收拢了网口，将默基里要塞团团围住。经过激战攻克之。英军第2装甲师连同印度第3装甲旅被全歼。包括师长、旅长在内的3000多人成了俘虏。此前一天，隆美尔的一个侦察分队还抓到了英军第十三军司令奥康纳将军，他是英军最著名的装甲战指挥官之一，也是在整个战争中轴心国抓到的含金量最高的战俘。

到4月11日，德意军队已经进抵了巴第亚和塞卢姆并越过了地中海南岸最重要的军港之一托卜鲁克，从而在陆上将之包围。英军在要塞有坚固的防御工事，外面还有一条近60公里长的海岸公路。德军只要占领了要塞，便可利用这里储备的巨量军用物资，因此英军决心死守。

4月13日开始，隆美尔向托卜鲁克发起了猛攻。战斗异常残酷激烈，纵横交错的反坦克壕阻挡住了德军坦克的前进，满载武器弹药和给养的英国军舰源源不断驶进托卜鲁克港，英军给养充分，有恃无恐。不久展开反击，这时候英军兵力比隆美尔强得多，战斗在灼热的高温和令人窒息的沙尘暴中进行，由于英军不顾伤亡地连续冲击，又有兵力上的优势，隆美尔的整个防线面临崩溃。就在这时，英军由于其左右两路的进攻没有奏效，指挥官担心自己的侧翼受到攻击，放慢了推进速度。隆美尔立刻抓住这个机会，命令主力部队放弃正面阵地，在深夜时火速运动到英军侧翼并迅速攻击。好像从天而降的德军把英军吓呆了，一哄而散，远远地逃回了埃及。

1941年11月中旬，英军又开始进攻了，这时他们的兵力更加强大，但隆美尔则兵员损失严重又得不到补充，面对英军源源不断开来的精锐部队，隆美尔暂时全面后撤。

这时已经到了1942年，德国空军渐渐掌握了北非和地中海的制空权，由意大利开过来的补给船给隆美尔卸下了新型坦克和航空汽油等。隆美尔又悄悄地做着进攻准备了。1月21日，他发起了闪电般的反攻，英军措手不及，空前激烈的战斗从1942年5月27日开始，20万大军在北非的漫天黄沙中展开决战。

隆美尔以巧妙的战术打退了英军，德军再次包围了托卜鲁克。

6月20日凌晨，德军向被重重围困的托卜鲁克发动猛攻。这时英军已经士气低落，甚至对隆美尔和德军产生了恐惧心理，德军仅用一天时间就攻占了托卜鲁克港和城区并击沉了港湾里起锚欲撤的6艘英国舰只。第二天一早，托卜鲁克守军司令率3万余名英军士兵投降，还将港口内巨量的军用物资拱手送给了快要弹尽粮绝的德军。

隆美尔之所以如此狂猛地进攻，原因也在这里，如果他不用最猛烈的攻击硬压英军投降，再打下去他自己就危险了！

在德国，隆美尔的胜利又一次引发一场狂热的喧闹。德国广播电台喜气洋洋得意地宣布隆美尔攻克了托卜鲁克，希特勒也是得意忘形，立即晋升仅仅51岁的隆美尔为陆军元帅。

8月初，丘吉尔亲临开罗，撤换了大批将领，任命亚历山大为中东地区英军总司令，任命蒙哥马利为第八军团司令。英军的增援也源源不断而来，甚至大批美军也开始加入了北非战场，而隆美尔的部队却得不到任何增援，实力日衰一日。隆美尔此时的身体越来越差，后来只得回欧洲养病。他的非洲军团就成了被扔在敌人汪洋大海里的孤儿，到1943年5月13日，在英军、自由法国军队和美军的联合打击下，残余的德国非洲军团放下了武器。

北非战事到此结束。

在近3年的北非作战中，轴心国在这里共损失了近百万军队，绝大多数是意军，被击沉了240万吨船只，被击落了约8000架飞机，被击毁了6000余门大炮、近3000辆坦克和7万辆汽车，损失不可谓不惨重。

不过，这一切相对于德军在东线所蒙受的损失就是小巫见大巫了。

胜利的曙光　前面我们讲到，1943年1月31日，斯大林格勒战役结束，德军一败涂地，保卢斯元帅投降。

苏军仍在乘胜前进，由6个坦克军组成强大的波波夫集团军渡过顿涅茨河，到2月底眼看要将德军庞大的顿河集团军包围起来甚至整个歼灭。希特勒只能匆匆组织救援，取得了一定成果。他在1943年6月宣布“城堡作战”计划，其目标是消灭苏军在库尔斯克突出部的兵力。希特勒决心在库尔斯克再取得一场大胜。这场大胜，按他自己的说法，“将像一座灯塔照耀全世界”。

这场新的大战的另一个名称是“库尔斯克坦克大会战”。

战斗从1943年7月初开始，德军中央集团军和南集团军分别从北、南两面对库尔斯克突出部发动钳形攻势，由于苏军的顽强抗击，德军进展十分缓慢。从7月12日开始，苏军发动了强大的攻势。7月12日这天的坦克战之激烈在战史上是有名的，它甚至被称为整个二战中最为激烈壮观的一次战斗，双方约两千辆坦克，其中包括德军最新式的虎式坦克与苏军最新式的T–34坦克，在俄罗斯广阔的平原上混战厮杀，真是天昏地暗、日月无光。用当时参加战争的一个苏军将领的话来说：

“坦克像燃烧的火炬，大地被烤得黑乎乎的。”

战斗的结果，苏军损失超过了德军，但他们仍是胜利者，德军退却了，从此苏德战场的主动权完全掌握在了苏军手中。

从库尔斯克会战结束后，德军一直在不停地退。希特勒的总兵力加上老弱病残现在只有300万，而与他们对峙的却是近600万的强大苏军！这时又是冬天了，今年的冬天格外冷。总之，希特勒已经陷入绝境。

德军如此，与其一丘之貉的日军也好不到哪里去。

1942年，美日双方在南太平洋与西南太平洋进行了艰苦的战斗，在太平洋中星罗棋布、数都数不清的大小岛屿上，美军继续与日军展开逐岛争夺战，每一个岛上的战斗都异常残酷，日军宁死不退，美军则宁死也要进，伤亡惨重。如仅在小小的塔瓦拉岛，由于美军遇到了日军疯狂的自杀式抵抗，伤亡就达3000之众。

虽然现在还没有彻底击败敌人，但已经看到了胜利的曙光。

到1943年底，盟国无论在北非、东线还是太平洋战区都取得了大胜，法西斯的失败已经指日可待。这样一来，战争之外的另一些问题摆在了各大国面前：胜利之后如何处置战败国呢？如何安排战后的世界新秩序呢？……这些问题都必须先行设计解决方案。

于是就有了开罗会议和德黑兰会议。

开罗会议主要讨论如何处置日本的问题。1943年11月22日至26日，罗斯福和丘吉尔在前往德黑兰会晤斯大林的途中，与蒋介石在埃及首都开罗举行了美、英、中三国首脑会议，会后三国首脑签署了《中美英三国开罗宣言》。

开罗宣言明确指出日本必须放弃战前和战后侵占的一切领土，使朝鲜重获独立，并且必须无条件投降。

11月28日，美、苏、英三大国首脑罗斯福、斯大林、丘吉尔在德黑兰会晤，决定英美1944年5月在法国北部发动“霸王”战役，开辟第二战场。斯大林还同意在结束对德战争后参加对日作战，但他要求从中国获得许多权益，包括旅顺和大连港的使用权，中东和南满铁路，并要求实际上占领蒙古，这时候蒙古还是公认的中国领土，但苏联已经在这里树立了强大的实力。以后蒙古200余万平方公里将脱离中国而独立，主要就是苏联与斯大林活动的直接结果。

一切商定后三国公开发表了《德黑兰宣言》，声明将要“从陆地上消灭德国的军队，在海上消灭它们的潜艇，并且从空中消灭它们的兵工厂”，总之要毁灭德国。

墨索里尼之死　1944年与1945年两年的战事对于盟军是高歌猛进与彻底胜利。

在三个轴心国中，意大利无疑是最薄弱的一环，由于盟军在突尼斯消灭了德国的非洲军团，消灭了非洲大陆的轴心国实力，下一个目标就是与北非隔地中海相望的意大利了。

早在1943年5月结束北非战役后，英美盟军就开始准备攻入意大利了。7月9日盟军开始在意大利登录。以强大的兵力迅速推进，到7月底已经攻占了西西里岛。

此时意大利人已经深知大事不妙，连法西斯党都窝里反了，国会与国王的权力被恢复，墨索里尼则被免除一切职务。

新政府随即逮捕了墨索里尼，将他秘密关押，送到了一座山脉中海拔近3000米的一座孤峰顶上，藏在一家滑雪旅馆中。但这一切都瞒不过希特勒和他派出的拯救队的千里眼顺风耳。9月12日，由90名队员组成的德军拯救队利用一架小飞机和一些滑翔机悄悄降落在山顶，他们的行动是如此悄无声息，如此隐秘，当他们将墨索里尼救走时，250名精锐的意大利卫兵竟然毫无知觉！

后来希特勒在意大利北部为墨索里尼建立了一个新国家“意大利社会共和国”，在这里墨索里尼一直安全地待到1945年4月，直到4月27日在意大利北部被抓，第二天就被枪毙了，时年61岁，游击队员们还将墨索里尼的尸体运到了米兰，倒挂在街上示众。

墨索里尼下台后，意大利不久与盟军停战并且向德国宣战，三个法西斯国家之一覆灭了。

法西斯的覆灭　现在盟国对德的作战已经取得了重大进展，根据斯大林与罗斯福的协议，英美盟军必须在欧洲大陆开始第二战场，也就是说，必须进行大规模的登陆作战。

1943年底，艾森豪威尔被任命为盟军远征军最高统帅，并制订了一个庞大的进攻计划，名叫“大君作战”，或者译作“霸王计划”，英文名为“Overlord”。

初步的登陆时间选在了6月19日，这一天被称为“D”日，担任直接进攻的部队则是美军第一军团与英军第二军团。

由于天气变化无常，正式的登陆日期一再更改，最后艾森豪威尔指定为6月6日，这时，在艾森豪威尔指挥之下的盟军已经有包括美国、英国、加拿大、法国、波兰等11个国家的近300万大军，此外还有约5000艘舰艇、1万多架飞机，兵力之庞大，史无前例。

1944年6月5日晚上，盟军开始行动了，第一波进攻的是空军，大约1000架盟军轰炸机扑向诺曼底，在预定的登陆区域进行了极为猛烈的轰炸。

与此同时，一批滑翔机也启航了，几百名英军滑翔机部队作为最早登陆的盟军抵达法国的贝努维尔村，占领了附近的两座桥，它们是此次登陆部队必占的咽喉之地。此后不久，大批的盟军空降部队源源而来，一夜之间有近2万名伞兵降落在诺曼底。诺曼底登陆大战正式开始了。

6月5日夜，盟军庞大的入侵舰队启航了，这时候英吉利海峡中巨浪滔天，风速高达每小时近40公里，海浪高达近2米，但盟军仍然不顾一切地往法国海岸扑去，到6月6日凌晨6点半，第一批登陆部队率先抵达犹他海滩。盟军在这里遇到的抵抗意外地少，美军很容易就抢占了海滩，随后大批给养与后续装备也上了岸，到这天晚上共有约23000人在犹他海滩上了岸。

另一支美军在犹他海滩之东的俄马哈海滩登陆。在这里竟然隐藏着一个一直没有被盟军侦察兵发现的装备精良的德军步兵师，他们进行了极其顽强的抵抗，汹涌的海浪、复杂的沿海滩防御工事、顽强抵抗的德军，使美军寸步难行。经过几个小时的激战，美军仍然被困在滩头，伤亡惨重。

您还记得有一部好莱坞大片《拯救大兵瑞恩》吧？最前面那持续半小时之久的残酷血战的场面描绘的正是诺曼底登陆时在俄马哈海滩发生的事。那场面被认为是电影史上迄今为止最具真实感的现代战争场面。

后来，经过苦战，终于使美军冲过了德军的重重火网，到这天晚上已经有超过3万盟军士兵在俄马哈海滩上了岸。

到6月7日晚，盟军已经登陆的部队约为5个师近9万人，他们立即开始打通英美两军之间的通路并且扩大占领区。到7月1日结束了诺曼底登陆的第一个阶段，总计有约100万部队、50万吨补给、近20万辆汽车到达欧陆，后面还有更多的部队将要到来。

诺曼底登陆战役的最高潮是解放巴黎。

8月25日，一支法美联军开进巴黎，被德军占领了4年的巴黎回到了法兰西人民的怀抱。不久整个法国都被盟军光复。

占领法国后，盟军的下一个目标是法国北部几个小国比利时、荷兰、丹麦，当然还有最大的目标——德国本土。

1944年9月3日，蒙哥马利的军队冲进了比利时首都布鲁塞尔；9月10日，盟军占领了卢森堡；9月17日向荷兰南部的德军发动了进攻，这天大约有3个师的盟军空降在这里，这也是整个第二次世界大战期间最大规模的空降作战，不过荷兰的仗要难打一些，直到第二年3月盟军才解放了整个荷兰。

盟军的下一个目标是德国本土。

1945年2月初，盟军在莱茵河西岸发起攻击，一路向东推进，到3月已经有大批盟军渡过了莱茵河，继续高歌猛进，在各个地点都相当轻易地突破了德军防线，以前那么顽强的德军现在经常性地大批投降。

这时在艾森豪威尔指挥下的盟军已达400万之众，共85个师，其中有5个空降师和23个装甲师，与他对阵的德军只有约26个师。强弱对比一目了然。

西线最大的一场战斗是鲁尔区之战，由于鲁尔区是德国的心脏，莫德尔元帅率领德军决心在这里死战到底。

死战的结果当然是死，到4月中旬，盟军已经将鲁尔区的德军击溃。

据说，莫德尔带了三名军官和几个士兵逃到了杜依斯堡附近一座森林里。在那里他告知随从人员说，他要自杀，请求他们把他的尸体埋在他自己选定的一棵松树下面。

三位军官力劝他不要自杀。但莫德尔拒绝了，他说：

“我从来不相信我会这样地失望，我只效忠于德国。”

就在盟军肃清鲁尔区内的德军时，其他军团的盟军已经马不停蹄地一路往东杀去了，他们就坐在坦克外面、拖大炮的汽车里，甚至跨坐在的大炮上，一路就这么疾驰而过，沿途零碎的德军面对有如洪水般的盟军，绝大部分只是作抵抗的样子或者根本不作抵抗。德国的平民们大都在自己的屋顶插上白旗，它们有气无力地在风中飘摇。

不久盟军已经进抵易北河畔了，汉堡这座著名大城和德国最重要的港口不战而降，再往东不远就是柏林。

1945年4月25日，在易北河西岸的莱克维茨村附近，一个美军军官带着他的部下正找吃的，迎面遇上了一队士兵，乍一看就发觉不是德国兵，再仔细一看，原来是他们期盼已久的苏军士兵。

东西线的盟军就这么在易北河畔胜利会师了。

这意味着几乎整个德国，除了已经被彻底包围的孤城柏林外，都已在盟军的占领之下。

东线苏军这时候比西线盟军还要庞大得多的兵力早已经在距柏林不到50公里的奥得河畔整装待命，可以在他们选定的任何时候占领之。

希特勒之死　1945年1月，此前不停地在东西两线来回奔波指挥的希特勒坐火车去柏林了，旅途中，他对一个随从说：

"柏林作为我们的指挥部是最实用的：我们很快就可以乘电车从东部前线到西部前线。"

3月11日，希特勒从柏林到奥得河去视察了柏林最后一道防线的建筑情况，回到柏林后他再也没有离开。

4月20日，这时希特勒已经由地上转向了地下，在坚固无比的地下指挥中心里，他庆祝了56岁生日。虽然盟军飞机不停地在天上撒炸弹，希特勒还是乘轰炸的间隙搞了一次"阅兵式"，阅兵的对象是些希特勒青年团的十五六岁少年，他们刚刚加入军队。希特勒还留下了面带笑容的照片，表情轻松。这时候希特勒用来保卫柏林的军队大都是这样的孩子了。

26日，包围柏林的苏军开始强攻，他们的战术很简单：从四面八方猛扑过来。由于苏军绝对优势的兵力与火力，他们根本无需什么路线或者战术。第二天苏军已经突入柏林市中心，29日开始进攻柏林的心脏与象征：国会大厦。

也就在这一天，早晨和上午，希特勒在他的地堡里写他的"遗言"，在遗言中，希特勒说他要与一直陪伴他的爱娃·勃劳恩结婚，他还指定了继承人，由邓尼茨任总统、戈培尔任元首。

4月30日，下午，希特勒用完午餐后，向这时候还同他站在一起的人，包括对他最为忠诚的宣传部长戈培尔，告别，然后与爱娃·勃劳恩一起进了卧室。其他人静静地在门外等着，不久，他们听到一声枪响。

希特勒自杀了，情妇也服毒身亡。

他预先嘱托过的部下们将两人的尸体抬出了防空洞，放在元首府的院子里，然后淋了大量汽油，点上火。

在熊熊烈火里，两具尸体渐渐化成了青烟。

同一天，苏军士兵将红旗插上了国会大厦主楼圆顶。

5月8日，柏林时间22点43分，莫斯科时间5月9日0点43分，德国代表弗里德堡在柏林签署了无条件投降书，主持仪式的是朱可夫元帅。

德国覆灭了。

无条件投降　三个轴心国中，日本是最后一个完蛋的，但他们的苟延残喘并没有维持多久。

在南太平洋，美军的攻击十分顺利，不但占领了南太平洋上的岛屿，到1945年1月，在被日本人赶走两年之后，美军又重新占领了菲律宾。

但对北太平洋和中太平洋的美军而言，他们的战斗更加艰苦凶险，他们的攻击路线大体是这样的：吉尔伯特群岛→马绍尔群岛→马里亚纳群岛→硫磺岛→冲绳岛。

在这些地方，美军虽然也取得了胜利，但也付出了惨重的代价，战斗之残酷令人瞠目结舌。这里只举一例，就是1945年6月的塞班岛之役。

在塞班岛，日军面对绝对优势的美军，被困于一个孤岛之上，毫无胜利之可能，但仍然个个殊死战斗，一旦到了绝望的时刻，他们便采取自杀式攻击：操起刺刀朝美军阵地扑去，全部倒在美军的枪林弹雨之下。塞班岛的日军司令斋滕继嘉受伤后，用典型的武士道方式结束了自己的生命：切腹自杀。甚至生活在这里的日本平民也是如此，在塞班岛有2万日本平民，其中8000名参加了战斗并被打死，另外4000人选择了自杀：有的母亲抱着孩子跳悬崖而死，有的蹈海而死，如此等等。

塞班岛之战在7月9日结束，战斗中美军死伤13000，3万余名日军全部被歼。

类似血腥的情形其实更早就开始了，例如在1944年5月，当美军进攻威克岛时，岛上的800名日军全部死亡：战死或者自杀。

塞班岛之役后的硫磺岛和冲绳岛的战斗之激烈残酷有过之而无不及。

特别是在冲绳岛之战中，日军伤亡近10万，损失飞机千架以上，岛上普通居民也大批伤亡。美军则伤亡7万余人，损失飞机700余架，被击沉击伤舰艇数百艘。此战是美日两军在太平洋战争期间规模最大、损失最重的战役。也是第二次世界大战中美日最后一场大战。

在冲绳岛之战中日军还进行了一种特殊的攻击方式，这就是“神风敢死队”的自杀性攻击。

“神风敢死队”的战斗方式很简单，就是在飞机上装载烈性炸药，从几百公斤到1000公斤不等，置于飞行员座舱之前，一旦发现攻击目标，驾驶员便开着飞机撞下去，以求与目标同归于尽。

冲绳岛之战中，日军最多在一天就派出了355名神风敢死队员，驾驶355架神风特攻飞机向美军袭击，击沉了美军5艘军舰，击伤多艘。

整个战役中神风敢死队总共向美军发动了大约2000次袭击，共击沉了美军约34艘战舰。

冲绳岛之战后，盟军面临的下一个问题是，如何才能彻底征服日本？

按正常的逻辑而言，征服日本这样一个甚至比德国人还要顽固的民族非得像对待德国一样进行本土的彻底的征服。

然而，如果要这样做的话，盟军将面临巨大的伤亡，因为这时候日本虽然屡败，但仍拥有巨大的军事力量：陆军有为数约2000万的庞大军队、空军仅储存的战斗机就有8000架。日军的不怕死前面我们都知道了，征服这样一支准备保卫每一寸国土的军队——更遑论日本上亿的民众都准备为国牺牲——将付出的牺牲之大可想而知。美军估计自己的死亡至少是100万，英军至少是50万。

即便如此巨大的伤亡英美盟军也准备承受，为此还制订了庞大的侵入日本本土计划，计划将于1946年3月在本州岛登陆。并且将从欧洲调入大批军队来实施这些计划。

然而，一件特殊的武器很快决定了日本的命运，这就是原子弹。

二城之毁　关于原子弹的制造原理与诞生契机我们在后面的科学卷中讲爱因斯坦生平时会比较详细地讲。在那里我们可以读到1939年时爱因斯坦给罗斯福总统所写的那封信，第二年，爱因斯坦又给罗斯福写了一封信，终于使罗斯福下决心制造原子弹。

1941年12月6日，美国正式制订了代号为“曼哈顿”的绝密计划。罗斯福总统赋予这一计划以“高于一切行动的特别优先权”。由于这项工作之巨大与复杂，它成了全美国甚至全世界科学家的熔炉，在“曼哈顿”工程管理区内，汇集了以奥本海默为首的一大批来自世界各国的科学家。

在这些科学家中最核心的是总指挥奥本海默，他后来被称为“原子弹之父”。

为了使原子弹研究计划能够顺利完成，根据奥本海默的建议，建立了一座新的快中子反应堆和一个原子弹结构研究基地，后者就是著名的洛斯阿拉莫斯国家实验室。到1945年时它已经拥有2000多名文职研究人员和3000多名军事人员，其中包括1000多名科学家。由于这些科学家有许多获得过诺贝尔奖，使洛斯阿拉莫斯被称为“诺贝尔奖获得者集中营”，奥本海默就是这个集中营的“营长”。

“曼哈顿”工程在其顶峰时期曾有超过50万人为之服务，总耗资高达25亿美元。

经过全体人员的艰苦努力，原子弹的许多技术与工程问题得到了解决。

1945年7月16日，在美国南部新墨西哥州一个叫阿拉莫戈多的地方，一朵巨大的蘑菇云腾空而起，世界第一颗原子弹试验成功了，它名叫“胖子”，美国这时候共成功制造出三颗原子弹，另外两颗分别叫“瘦子”和“小男孩”。

拥有原子弹之后，正在负隅顽抗的日本理所当然地成了最好的靶子。

此前，美国、英国和中国发表了《波茨坦公告》，敦促日本投降。7月28日，日本政府拒绝接受《波茨坦公告》，日本失去了免受原子弹残酷打击的最后一次机会。

丘吉尔、杜鲁门和斯大林在波茨坦

1945年8月6日，早晨，3架B-29轰炸机从高空飞入广岛上空，其中一架上装载着原子弹。

8点15分，那架装载着原子弹的轰炸机上的视准仪对准了广岛一座桥的正中，接着，一个自动装置打开了。60秒钟后，原子弹从打开的舱门落入空中。

45秒钟后，原子弹在离地约600米的空中爆炸，发出了令人眼花目眩的强烈的白色闪光，随之传来震耳欲聋的大爆炸。顷刻之间，广岛市中心上空卷起一朵巨大的蘑菇状烟云，接着便竖起几百根火柱。

整个广岛市瞬间化为一片火海。

在广岛投送原子弹的这架飞机的驾驶员是蒂贝茨上校，武器操作员是帕森斯上校，具体执行投弹任务的是刘易斯。

这位刘易斯还对这次飞行做了飞行记录。这份飞行纪录2002年在纽约佳士得拍卖行以35万美元被拍卖。

据说这份飞行纪录也是关于广岛原子弹爆炸的唯一一份第一手资料。

下面是从这份记录中摘录下的几句话：

“我们杀了多少人？”

“天哪，我们做了什么？”

“爆炸发生后15秒，出现了两个无比奇怪的气旋，我们也感到剧烈震动。”

“我们调转方向，想看得清楚些。毫无疑问我们所看到的景象会让一个最棒的爆炸手瞠目结舌。”

“没有人知道接下来的数分钟还会发生什么，爆炸的火光是如此可怕。”

“浓烟覆盖了广岛90%的土地。”

“我敢肯定，我们的经历比一切想象更恐怖，这真不可思议，我们杀了多少人？”

“就算我活100岁，这可怕的记忆也不会离开我的脑子，哪怕是一分钟。”

这枚原子弹的名字叫“小男孩”。

从来没有任何爆炸如此具有毁灭性。

原子弹爆炸的强烈光波瞬间使成千上万人双目失明；几百万度的高温把爆炸中心及附近的一切都化为灰烬；冲击波形成的狂风又把爆炸范围内的所有建筑物摧毁殆尽。

市中心近13平方公里的地方、6万余幢建筑物被彻底摧毁。据不完全统计，广岛当天就死了约9万人，两周后达到近10万人。更多的人由于受到致命的核辐射的照射，将会慢慢地在痛苦中死去，到1986年，这样的死亡者约有14万。

还有许多人失踪，这些失踪者大部分是在爆炸中心消失的，他们在瞬间被几百万度的高温汽化，不是变成了碎片甚至灰尘，而是变成了气体，甚至被分解成了原子……

悲惨的大结局　广岛的悲剧并没有使日本马上接受盟军的最后通牒，立即无条件投降。他们又抓住了一根救命稻草，幻想仍没有对日宣战的苏联会进行调停。然而，8月8日，日本从苏联领导人那里得到的最终回答是：苏联政府宣布从8月9日起对日宣战。200万苏军杀入中国东北，对日军最精锐的部队70万关东军进行了毁灭性打击。

就在苏军杀向关东军的同一天，天刚亮，一架B-29重型轰炸机载着已经生产出来的最后一枚原子弹“瘦子”又飞到了日本上空。它本来的目标是工业城市小仓，但当飞到小仓上空时，发现它被笼罩在工业烟雾中，无法选择投放点，因此飞离。由于当时飞机上的指挥员得到的指令是只要他轰炸一个看得见的目标。他便往西南方飞去，他知道那里有另一个工业城市长崎。

到了长崎上空，投弹员找到一个目标点，将原子弹扔了下去。

后果不言而喻。

当晚，得到长崎又被毁灭的消息后，日本天皇在他的防空洞里召开了御前内阁会议。他这时候已经不相信他的军部能够带领日军抵抗住盟军，主张接受《波茨坦公告》，但却提出了条件，就是公告“不含有任何损害天皇陛下作为日本最高统治者的特权”的内容。美军拒绝了这个条款，不过同意举行谈判。同时，美军轰炸机仍在大规模轰炸日本。

到8月14日，美国也做出了一点让步，同意不立即废除日本的天皇体制，但天皇必须受到盟军指定的最高统帅部的控制。当时的美国国务卿也向日本正式复文说，天皇必须向盟国最高统帅部投降，他的最后地位将由日本人民的自由选举来决定。

这样的答复可以说是半推半就地同意日本要求保留天皇。因此日本当即宣布无条件投降。

这天午夜，所有日本人毕恭毕敬地站在收音机前倾听天皇的“玉音”，天皇的讲话大意就是说：由于敌人使用了一种“无比残忍的新炸弹”，其毁灭性“简直无法估量，已经夺去了许多无辜的生命”，因此，他被迫接受《波茨坦公告》。

在纳粹德国投降3个多月后，最后一个轴心国投降了，第二次世界大战就此结束。

关于这场战争我写得已经太多，不想再说更多，只想借用美国著名战地记者、1945年4月18日被日军打死在太平洋一座小岛上的厄尼·派尔的一首诗来表达对这场战争的感受：

> 死者不愿成为加在我们颈上的重负。
> 但是活人永远忘不了那惨无人道的景象——遍布世界
> 各地山坡上和沟渠里的冰冷的尸体。
> 日日月月，岁岁年年，从一国到另一国，大量的人死去。
> 冬天死人，夏天死人，
> 死人如此司空见惯地乱七八糟地躺着，令人厌倦。
> 死人如此之多，骇人听闻，几乎令人憎恨。

第五十二章　走向分裂的新世界

第二次世界大战结束了。

不可承受之重　第二次世界大战规模之大，人类历史上迄今为止绝无仅有。先后有60多个国家卷入了战争，参战国人口17亿，占当时全世界总人口的80%，被战火直接蹂躏的区域的总面积达2200余万平方公里。

参战国家动员的兵力之众也史无前例，苏联在尖峰时期的兵力总数达1250万，美国、英国、中国、法国这一数字分别是：1230万、512万、500万、500万。轴心国的德国、日本、意大利这一数字分别是：1020万、610万、375万。

第二次世界大战给人类造成的损失之惨重同样史无前例，远高于第一次世界大战。

例如苏联，仅作战阵亡的军人数目就达到了不可思议的750万，此外还有成百万的战俘死亡，再加上数以百万计平民的死亡，苏联在第二次世界大战中损失的人口总数达2000万！更有数字说苏联军民的死亡总数为2700万，苏军的死亡总数近900万。至于轴心国，其中德国损失最大，战死的军人约350万，在盟国的轰炸中死亡的平民约30万。

至于财产损失，则有许多数字，例如《中国大百科全书》称第二次世界大战“直接军费开支11170亿美元，参战国物质总损失价值40000亿美元，仅中国的物质财产损失和物资消耗即价值约1000亿美元”。《世界通史·现代卷》则称第二次世界大战“直接军费开支总计约1.3万亿美元，占交战国国民收入的60%~70%，参战国物质总损失价值达4万亿美元。”

我们不评论哪个数字更准确，也许《美国百科全书》在进行这些统计前说的一段话很贴切：

> 第二次世界大战所带来的死亡及破坏遍及世界大部分地区，其范围之广前所未有。死亡的人数只能做概括的说明；企图以金钱表示所破坏的财产及生活将徒劳无功；计算所得的总数将达到天文数字，几乎没有任何实质意义。

国际新秩序　战争现在是结束了，死者已矣，对于活着的人，最重要的是如何安排战后的生活；对于政治家们，则是如何安排战后的世界秩序。

早在战争结束前，斯大林、罗斯福、丘吉尔等大国领袖已经在安排战后的国际事务了，为此开了两次重要的会。

1945年2月，美、英、苏三国领袖在苏联克里米亚半岛上的小城雅尔塔举行了会议。当时德国法西斯败局已定，经商议，三位领袖大致得出了以下一些结论：

一、必须彻底击败德国并迫使其无条件投降，并支付巨额战争赔偿。

二、波兰建国，原来属于德国的大片领土将被划归波兰。

三、远东问题。苏联同意在欧洲战争结束后两三个月内对日作战。为此美英两国答应苏联提出的下列条件：维持外蒙古现状——当时还是中国固有领土的外蒙古已经在苏联的实际控制之下；苏联重新取得1904～1905年日俄战争中丧失的俄国的权益，库页岛南部及邻近一切岛屿交还苏联；大连港国际化，苏联租用旅顺港为海军基地，并设立苏中合办的公司以共同经营中东铁路和南满铁路；苏联从日本获得千岛群岛。

四、建立联合国，它将是奠定战后国际新秩序的关键一环。

安排战后国际新秩序的第二次重要会议是波茨坦会议。

波茨坦会议是1945年7月，美、英、苏三国政府首脑在柏林郊外波茨坦举行的一次国际会议。

一开始参加会议的是斯大林、杜鲁门和丘吉尔，从7月28日后转由艾德礼代表英国政府参加。这是怎么回事呢？原来，1945年4月12日，罗斯福总统去世了，由他的副总统杜鲁门继任。丘吉尔则是在1945年7月的英国国会选举中，由于工党大胜，保守党失利，工党的艾德礼成为新首相，不再是首相的丘吉尔当然也失去了继续参加波茨坦会议的资格。

会议制定了两个决议，分别是《苏美英三国的柏林（波茨坦）会议议定书》和《柏林（波茨坦）会议公报》，两者通称《波茨坦协定》。

关于对德国的处置，原则是将德国进行彻底的非军国主义化、民主化和肃清纳粹主义，其领土将由美、英、苏、法四国共同分区占领。

关于对日本的处置，协定敦促日本政府立即无条件投降，并且重申《开罗宣言》中规定的各条款必须执行，日本主权只限于本州、北海道、九州、四国及由盟国决定的其他岛屿。日本军队必须完全解除武装，永久消除军国主义，将战犯交由盟国进行审判。

雅尔塔和波茨坦两份协定奠定了第二次世界大战后国际政治的基本秩序。尤其是雅尔塔协定，它具体制定了战后国际政治新秩序的基本框架，而且此后国际形势也的确是按照这个基本框架去发展的。因此第二次世界大战后国际关系总的格局常被称为“雅尔塔体系”。

这个体系的核心是成立联合国。

1944年8月，美英苏代表在华盛顿附近的敦巴顿橡树园举行会议，签署了《关于建立普遍性的国际组织的建议案》，建议把未来的国际组织定名为“联合国”，提出了联合国的宗旨与原则、会员国的资格、联合国大会和安全理事会等主要机构及其职能，等等。

雅尔塔会议决定在1945年春召开一次联合国家会议，正式讨论拟议中的联合国宪章。

联合国家国际组织会议于1945年4月25日开始在旧金山举行，有50个国家近300名代表出席会议。到6月25日的全体会议一致通过了联合国宪章。

第二天，代表们在旧金山退伍军人纪念堂举行了签字仪式。中国代表宋子文第一个签字，接着是苏联、英国、法国的代表，然后是各国代表依其国家英文名称第一个字母的顺序签字。美国作为东道国最后签字。参加签字的共有50个国家的代表，后来波兰代表也在宪章上签了字。这51国被称为联合国的创始会员国，6月26日也就被定为联合国的“宪章日”。

10月24日，在美、苏、英、法、中五大国和其他大多数签字国递交批准书后，宪章开始生效，联合国正式成立。这一天后来被定为“联合国日”。

凡申请加入联合国的国家必须声明接受联合国宪章，经安理会推荐，由大会三分之二多数票通过，此后即被接纳为会员国。到1995年联合国成立50周年时，共有会员国185个，其中大多数为发展中国家。

联合国的主要机构有六个：联合国大会、安全理事会、经济及社会理事会、托管理事会、国际法院和秘书处。联合国总部设在纽约，日内瓦设有欧洲办事处。

联合国大会由全体会员国组成，每年定期举行一届常会。应半数以上会员国或安理会的请求，还可于15天内召开特别会议或24小时内召开紧急特别会议。大会有权讨论宪章范围内的任何问题或事项，并向会员国和安理会提出建议。据宪章规定，每一会员国均有一票表决权。重要问题的决议需有会员国三分之二的多数票通过。

联合国安全理事会简称安理会，由美、苏、英、法、中五个常任理事国和六个非常任理事国组成，非常任理事国后增为10个。非常任理事国由联合国大会选出，任期两年，不能连选连任。

安理会是联合国负责维持国际和平与安全的主要机构，也是整个联合国内甚至全世界最有权力的国际机构。它有权调查和调解任何国际争端；有权判断威胁、破坏和平或侵略行动，并采取经济、外交或军事等制裁行动，简言之，它在法律上有权向世界上任何一个国家——常任理事国除外——发动战争；有权拟定军备控制制度，向联合国大会推荐新会员和秘书长，等等。安理会每年举行两次定期会议，但如果安理会主席认为必要，或经大会、秘书长、任何理事国的请求，可随时召集会议。安理会主席由各理事国按国名的英文字母顺序按月轮流担任。安理会除程序问题外的一切决议都必须由包括五个常任理事国在内的九个理事国投赞成票才能通过，即五个常任理事国在实质问题上有否决权。因此安理会的行动是以“五大国一致”为基础的。但是，若有七个非常任理事国反对而得不到九票多数时，该项议案也不能通过，这被称为非常任理事国的“集体否决权”。

经济及社会理事会由联合国大会选出理事国组成。从1973年起共有54个理事国。理事国任期三年，每年改选三分之一，可连选连任。

国际法院是联合国的司法机关，设在荷兰海牙。它由大会和安理会选举出来的15名不同国籍的法官组成。法官不代表任何国家，不得接受本国的任何指示。法官任期九年，每三年改选五名，可连选连任。按惯例，美、苏、英、法、中五国应有人被选为国际法院法官。国际法院对受理的案件做出判决后，当事国双方均应遵守。

联合国秘书处负责处理联合国的日常行政事务，执行各机构交付的任务。秘书处设秘书长一人，为联合国的行政首长，由安理会推荐并经联合国大会任命，任期五年。秘书长在大会、安理会、经社理事会和托管理事会的一切会议中行使其职权，主要是向联合国大会提交关于联合国的年度报告和必要的补充报告，以及有权把认为可能威胁国际和平与安全的事件提请联合国安理会注意。副秘书长、助理秘书长等官员经各会员国向秘书长推荐，由秘书长委派。宪章规定，秘书长和秘书处工作人员只对联合国负责，不得接受任何会员国政府的指示。

分裂的世界　除联合国外，在第二次世界大战后还成立了一些对战后世界——尤其是世界经济——有重要影响的机构，主要是三个，即国际货币基金组织、世界银行和关税及贸易总协定。

组建关贸总协定之后不久，美英法等发达的资本主义国家又在1950年组建了一个特殊的机构：输出管制统筹委员会，其任务就是控制西方国家对苏联等社会主义国家的战略物资出口。输出管制统筹委员会因总部设在巴黎，一般又称它为巴黎统筹委员会。它将军用武器装备、尖端技术产品和稀有物资定为受控制的物资，先后规定了一千多种禁运物品，禁止输入社会主义国家。

1951年，美国取消了苏联的贸易最惠国待遇，并宣布对向苏联提供禁运物品的国家停止一切援助。世界银行和国际货币基金组织则宣布不向非成员国提供贷款，从而停止对苏联的贷款。与此同时，苏联也不允许美国的许多商品进入社会主义国家。这样，世界经济就被人为割裂，出现了两个相互平行的市场。

冷战的铁幕也随之拉开。

所谓冷战，简言之就是不打仗的特殊战争。第二次世界大战后，世界的政治格局发生了巨大的变化。由过去的英法美苏德意等诸雄并驾齐驱变成了美苏两强独大，它们成了所谓的超级大国，其他诸强瞠目其后的局面。按毛泽东的说法，美苏成了第一世界，其他欧美资本主义列强则是第二世界。与此相应，主要的国际矛盾也由过去的资本主义诸强争霸变成了美苏两个超级大国之间的争霸。而且，这不但是两个超级大国之间的争霸，也是资本主义和共产主义两种意识形态之间的争霸。当然，与意识形态冲突同样重要的是利益的冲突，利益关系是国与国之间永恒不变的关系。

这两种冲突，即意识形态的与利益的冲突，主要表现在一些历史事件如东欧问题、东西两德的分立、北约与华约两个军事集团的建立，等等。正是这些事件使以美国为首的资本主义阵营与以苏联为首的社会主义阵营之间发生了许多摩擦与冲突，正是这些摩擦与冲突最终导致了铁幕的拉开。

例如东欧问题，二战后，东欧的波兰、罗马尼亚、匈牙利、保加利亚、捷克斯洛伐克等都处在苏联的军事占领之下，苏联想将它们建成苏联一样的社会主义国家，纳入自己的势力范围。美国则希望它们成为美国一样的民主国家。对此苏联自然绝不会同意，虽然斯大林曾在雅尔塔会议期间签署过一个声明，同意在这些地方实行民主制度，但那只是说说而已，他可从来没有打算履行承诺。这些都可以说是意识形态方面的问题。

此后，苏联独自在所占领的东欧诸国建立了社会主义政府，也成了苏联的卫星国与仆从国，也成了铁幕最前沿的国家。

导致铁幕正式建立的是一场关键的演说。

1946年3月5日，杜鲁门总统亲自陪同前来美国访问的丘吉尔到了美国中部密苏里州的富尔敦，在那里，丘吉尔发表了一篇著名的演说，正是在这次演说中，丘吉尔提出了他著名的“铁幕”理论，他说：

> 从波罗的海的斯德丁（什切青）到亚得里亚海边的的里雅斯特，一幅横贯欧洲大陆的铁幕已经降落下来。在这条线的后面，坐落着中欧和东欧古国的都城。华沙、柏林、布拉格、维也纳、布达佩斯、贝尔格莱德、布加勒斯

持和索菲亚——所有这些名城及其居民无一不处在苏联的势力范围之内，不仅以这种或那种形式屈服于苏联的势力影响，而且还受到莫斯科日益增强的高压控制。只有雅典放射着它不朽的光辉，在英、美、法三国现场观察下，自由地决定它的前途。

……

请不要把不列颠帝国和联邦的坚持能力加以低估。……如果在美国的人口之外，再加上英语联邦的人口，再加上这种合作关系所涉及的在空中、海上、科学和工业各方面的合作，那就不会出现不稳定的、靠不住的力量均衡，致使野心家和冒险家情不自禁。……倘若英国所有道义上、物质上的力量和信念，都同你们的力量和信念兄弟般地联合在一起，那么，就将不仅为我们、为我们的时代，而且也将为所有的人，为未来的世纪，带来一个广阔的前程，这是明确无疑的。

富尔敦演说之后，冷战的铁幕便徐徐拉开了。

完全拉开冷战铁幕的契机则是北约与华约的建立。

北约是北大西洋公约组织的简称。1948年3月，英、法、荷、比、卢等国代表在布鲁塞尔开会，签订了有效期为50年的布鲁塞尔条约，并建立了布鲁塞尔公约组织。布鲁塞尔公约涉及经济、文化、社会等领域，更重要的是涉及军事领域，它实际上是一份共同防御条约，条约第四款规定，若任何一个缔约国受到其他国家的侵略，其他缔约国将提供包括军事援助在内的一切形式的援助。并由各签约国的国防部长组成西方防御委员会，还在巴黎郊外的枫丹白露设立了一个联军司令部，由蒙哥马利担任最高统帅。这就是所谓的西欧联盟（WEU）了。

对西欧联盟的建立，美国极表赞同，不久开始谈判也加入之并达成了协议，其中心内容就是在符合联合国宪章的原则下，签约各国将积极合作，共同抵御可能发生的对缔约国的侵略。这就是《北大西洋公约》。其第五条明确规定：

缔约国同意对欧洲或北美洲之一或两个以上之缔约国之武装攻击，应视为对缔约国全体之攻击。

北大西洋公约于1949年4月4日在华盛顿正式签署，签约的有美国、英国、加拿大、法国、比利时、意大利、丹麦等12国。这标志着北大西洋组织的正式建立，英文简称“NATO”，我们简称北约。

北约成立后，苏联立即感受到了大威胁，强烈谴责北约的建立是为了准备新战争。它先是与北约协商，想使之软化甚至消失，在没有效果后，便以牙还牙，建立了一个相抗衡的性质相同的组织——华沙条约组织，简称华约。

1955年 5月14日，华沙条约组织有关条约正式在华沙签订，条约全称为《阿尔巴尼亚人民共和国、保加利亚人民共和国、匈牙利人民共和国、德意志民主共和国、波兰人民共和国、罗马尼亚人民共和国、苏维埃社会主义共和国联盟、捷克斯洛伐克共和国友好合作互助条约》，简称《华沙条约》。同年6月5日条约生效，有效期20年。

《华沙条约》由序言和11项条款组成，其中最重要的是军事互助条款，它规定：

> 如果在欧洲发生任何国家或国家集团对一个或几个缔约国的武装进攻，每一缔约国应根据联合国宪章第51条行使单独或集体自卫的权利，个别地或通过与其他缔约国协议，以一切它认为必要的方式，包括使用武装部队，立即对遭受这种进攻的某一个国家或几个国家给予援助。

华约各常设机构均位于莫斯科，联合武装部队总司令和总参谋长均由苏联人担任。

华沙条约组织成立后，立即与北约在欧洲形成了军事对垒，完成了“铁幕”的最后一幕。

从此，欧洲甚至整个世界在第二次世界大战的“热战”刚过就陷入了长期的冷战。以美苏两个超级大国争霸为主要特色的冷战时代开始了，这将是未来30余年欧洲与世界新秩序的最主要特色。

第五十三章　法兰西的蜕变

从前面第二次世界大战的经过我们看到了，1944年6月盟军在诺曼底大登陆。就在当天，戴高乐发表演说，号召法国人民起来解放祖国。大批他所领导的“战斗法国”的正规军也迅速在诺曼底等地登陆，参加解放祖国的战斗。法国本土的游击战士们经过整编组成了内地军，他们也开始大规模地袭扰德军，他们英勇战斗赢得了英美盟军的尊重，盟军迅速将所解放地区的政权移交给戴高乐的临时政府。

戴高乐的大改革　1944年8月25日，戴高乐率领他的战斗法国正规军雄赳赳气昂昂地进入了巴黎。戴高乐走在第一个，他那像一棵树一样高耸的身材真是太引人注目了，他这时已经成了全法国人民心目中的民族英雄。

9月，戴高乐将临时政府从阿尔及尔迁到了巴黎，不久他建立了“举国一致”内阁。

第二次世界大战中，法国遭受了很大损失，遭受最大打击的是经济，1944年光复后的法国工业生产只及战前1938年的1/5，农业只有一半，法郎已经贬值5/6。因此新政府的第一要务就是复兴经济。

与经济改革同样刻不容缓的是惩办法奸。先后有几万人遭到清洗，有近千人被处死。

由于清洗是相当仓促地进行的，其中有不少是冤假错案。最冤的是一些女人，她们因为与德国人有过肉体关系，被剃了光头甚至脱了上衣拉到大街上游街，胸前挂着牌子，上书“破鞋”“婊子”等字样。

另一件戴高乐最重视的事是重拾法国的大国地位。

由于在第二次世界大战中被迅速打败，英美颇有些看不起法国，认为不配享有大国地位。这大大地伤害了戴高乐的自尊心，他奋起捍卫法国的大国地位，获得成功，使法国成了联合国安理会常任理事国，享有了完全的大国地位。

1945年10月，法国举行战后第一次国民议会选举，法国共产党成了最大赢家，获得约150个席位，其次是人民共和党和社会党，不过三党的席次差别都不大。

戴高乐则不属于任何政党，但由于他享有的崇高威望，议会仍一致推选他担任新政府的总理。

然而，这次的总理戴高乐当得一点也不痛快。由于他在议会中没有政党支持，而在法国的政体中政府首脑的权力又十分有限，他的政府提出的各种议案经常被国民议会否决。即使在政府内部，各政党的阁员也经常与他作对。

这些都使心高气傲的戴高乐极感难受。1946年1月，他终于忍无可忍，愤然宣布辞职。他说：

“我的任务结束了，从属于政党利益的排他性制度又重新出现，我反对这个制度。”

他回到了故乡的乡下旧居，在那里专心撰写《战争回忆录》。

戴高乐辞职后，政府便由共产党与社会党这两个左翼政党控制了，同时他们还控制了制宪委员会，要为法兰西制定一部新宪法。

1946年8月初，终于制定了新宪法草案，在10月中旬举行的全民公决中获得通过。新宪法产生后，原来成立于普法战争后的第三共和国就结束了，继之而起的是法兰西第四共和国。

根据这部新宪法，法国仍然是议会制国家，几乎一切大权都归国民议会，它掌握立法大权，并能任意解散政府，相对国民议会而言，总统与政府的权力都十分有限。

但新宪法的通过并没有使法国政局得到安定，相反，此后法国的政局依然一片混乱，国民议会内党派林立，没有任何一个党能够占据压倒性优势，各个党几乎就像玩游戏一样，今天我联系你组成一个联合内阁，没多久内阁就分裂了，因为又有某几个党联合起来在议会里占据了优势，又可以倒阁组阁了。例如1947年11月，所谓第三力量政府成立，负责组阁的是人民共和党，但不久便倒台了，第二年8月新内阁又倒台，到1952年2月，不到4年的时间里，法国内阁竟然更替了9次，平均半年不到就换一届。

1953年，以戴高乐为首的法国人民联盟分裂了，其成员纷纷加入政府中去，愤怒的戴高乐在这年6月再次宣布退出政坛。

这时候法国面临的重大问题是阿尔及利亚的独立问题，由于当时的政府同意和谈，反对和谈的殖民者们在阿尔及利亚首都阿尔及尔公开举行叛乱，并成立了以伞兵司令马絮为首的“救国委员会”，马絮公开呼吁戴高乐站出来挽救法国于危机之中。

戴高乐立即响应，不久来到巴黎，开始了组阁工作，他在国民议会发表演讲，要求不但要负责组阁，还要求国民议会授予他为期6个月的独裁权。他的要求得到了国民议会的同意，还特别授予他解决阿尔及利亚问题和制定新宪法的全权。

成为独裁者后，戴高乐第一件着手的事是用最快的速度制定新宪法。1958年9月28日，就新宪法举行了全国公民投票，结果以80%的支持率获得通过。

这部新宪法最大的特点是总统不再是徒有其名的虚位元首，他将成为最有实权的人物。他是国家元首和三军最高统帅，总理由总统任命，总统还根据总理的提名任命各部部长，并可签署法令以及与各国签订条约。他还可以无需内阁的同意单独采取某些重大措施，例如解散国民议会、举行全民公决。此外，在某些特殊的情况下，准许总统有更多的特别权力，成为类似于“独裁者”的人物。

新宪法的通过也就意味着第四共和国的消失和第五共和国的诞生。

新共和国诞生后，这年11月举行了第一届国民议会选举，这时候戴高乐不再超脱于党派了，他的支持者们组成了“保卫新共和联盟”参加竞选，结果大胜，成为国民议会第一大党。12月，由国民议会议员、参议院参议员、市长和市参议员组成的总统选举团进行了总统选举。戴高乐以绝对优势当选法兰西第五共和国首任总统。

阿尔及利亚的独立　戴高乐在1959年1月就职，这时他首先处理的就是阿尔及利亚问题。

阿尔及利亚自1850年以来一直是法国殖民地，由于它同法国本土只隔着地中海，又辽阔而富饶，一直是法国最主要的殖民地，更被认为是法国本土的延伸，是法国本土的一部分。但阿尔及利亚人可不这么认为，他们像所有殖民地的被压迫人民一样，要求独立与自由。而在阿尔及利亚境内的法国人则坚决反对独立，双方展开了激烈的斗争甚至战斗。

到1962年3月，戴高乐与阿尔及利亚独立运动的领袖签订了《埃维昂协定》，根据协议，阿尔及利亚在7月1日举行全民投票，结果绝大多数人赞成独立，法国旋即承认。

阿尔及利亚的事情完成后，戴高乐下一步要做的是总统直选，以使之有更加强大的民意基础，这次他又获得了成功，这是1962年10月的事。

坐稳了总统之位后，戴高乐便大刀阔斧地推行自己的国内与国外政策，尤其是经济政策了。

虽然法国的政局一向不稳定，然而令人感到意外的是，法国的经济形势却一向不错。

法国的经济发展特色是制定四年计划，它与苏联的五年计划大为不同，法国的经济计划是全面的，不但强调经济的增长率，而且强调经济增长的效率，还强调第一、二、三产业的平衡发展，使人民的生活更加幸福。

从1958年到1970年，法国经济年均增长率近6%，成为仅次于美国、日本、西德的西方第四大工业国。而且，法国十分注重一些尖端工业，其航空、电子、宇航、核电以及整体的军事工业部门在全世界仅次于美苏。不但工业，法国的农业也得到了大大的发展，例如从1960年到1970年，法国农业每年增长超过2%，是美国的两倍。1960年法国的粮食产量比二战前的1936年提高了一半多，单产更提高了80%以上。总之，法国成为西方第二大农业生产国和世界上最大的粮食出口国，如果考虑到法国的面积与人口，这是一项了不起的成就呢！

因此，就整体而言，第二次世界大战后法国经济的繁荣程度超出了人们的预期。

较之内政，至少表面上戴高乐更加关心外交，他将内政主要交给总理去处理，自己则亲自主持外交。

早在1958年，戴高乐就向当时的美国总统艾森豪威尔提出要改组北约，建立英法美三国的联合指挥核心，并说如果美国不同意法国就不再与北约合作。

美国当然不会同意这样的要求，戴高乐就采取行动了。1959年3月，他宣布收回北约对法国地中海舰队的指挥权，紧接着又拒绝美国在法国领土部署核武器。从1963年起不再参加北约的军事演习。到1966年，法国正式退出北约并将所有在法国的美军和美军基地赶了出去。

与此同时，戴高乐加强了法国的国防建设，尤其是核力量。1960年2月，法国成功地爆炸了第一颗原子弹，并且抵制美苏的部分禁止核试验条约。

戴高乐另一个重大举措是不顾美国的巨大压力，于1964年1月与中国建立正式的外交关系。当有人问戴高乐为什么要与中国建交时，据说戴高乐这样回答：因为它是如此古老，如此巨大，如此多灾多难。

戴高乐外交的另一项核心内容是建立“欧洲人的欧洲”，就是要欧洲人而不是美国人来领导和主宰欧洲人自己的命运。为此他主张与德国联合并视这种联合为欧洲大联合的基础。他与德国的杰出领导人阿登纳建立了良好的私人关系，共同建立了“法德轴心”，这个轴心的后续延伸就是欧洲共同体以至今天的欧盟。

虽然在戴高乐的治理下法国人过上了比较好的日子，但由于他的专权，不少法国人开始心生不满，因此在1965年的总统大选中戴高乐只得到了约45%的票，最后由他与密特朗进行再选，结果还是戴高乐胜利，连任总统。

法国的“文化大革命”　戴高乐任内最后一件大事是“五月风暴”。五月风暴是一场与我们以前讲过的革命都截然不同的新型革命，发动它的不是工人或穷人而是大学生，革命的动力不是贫穷或者战争而是思想。

这些学生大都是些比较激进的左派，受当时社会主义国家领导人和一些左派思想家，例如切·格瓦拉、马尔库塞等特别是毛泽东思想的影响，希望在法国也来一场造反运动。当然，直接的原因则是学生们不满当时僵硬的教育制度、学校不合理的管理制度、政府对学校干预过大以及教学条件太差、校舍拥挤，等等。

1967年11月，五月风暴首先在巴黎郊区的农泰尔文学院爆发，到次年5月初已经扩展到了著名的巴黎大学，警察前来驱散校园里的学生，双方展开激烈搏斗，许多学生被捕。这些更激起了学生们的一腔热血，全法国的大学生甚至中学生都动员起来了，他们从全国各地拥向巴黎的大学区拉丁区，在那里设置路障，用汽油瓶和自制炸弹与警察的催泪瓦斯和警棍展开战斗。战斗在5月10日的夜间特别激烈，因此这一夜又被称为“第一个街垒之夜”。

5月13日，80万学生走上街头，他们挥舞着代表无政府主义的黑旗和代表共产主义的红旗，有的还举着毛主席语录的“红宝书”，高呼口号游行示威。

此后几天，示威游行的规模更加巨大，因为工人们也开始罢工了，全法国一半的工人约1000万参加了进来。工人们提出了缩短工时、提高薪资、增加退休金等要求，还要求在工厂的管理上有发言权。工人罢工使得整个法国陷于瘫痪状态：工厂停工、商店罢市、银行、邮局关门、电话中断、交通停顿、剧院停演、报纸停刊，甚至法新社、法国广播电视公司这些主要新闻媒体的职员也加入了罢工行列。

全国一片混乱。

面对这种局面，戴高乐先答应进行改革，尽量满足工人和学生们的要求，但没有取得任何效果，学生们的造反、工人们的罢工愈演愈烈，社会一片混乱。

5月29日，戴高乐突然“失踪”了，他坐飞机去了德国的巴登巴登，找到了法国驻德武装力量总司令马絮，他得到了马絮支持他的保证。

5月30日，戴高乐回到爱丽舍宫，并在下午发表了极为强硬的讲话，声明在当前的形势下，为了维护宪法和共和国的安全，他决不辞职，同时宣布解散国民议会，举行新大选。

在如此强硬的声明发表之后，原来他以为会发生更大规模的暴乱甚至革命，然而令他大感意外的是，这些都没有发生。相反，这天晚上，数十万人上街游行，表示对他的坚决支持。一场法国当代史上最轰轰烈烈的革命就这样被戴高乐的一席讲话迅速平息。

解散国民议会后的新大选在1968年6月举行，结果戴高乐再度胜利，与其友党一起赢得了自从法国建立共和国以来最大的国民议会多数。

胜利使戴高乐的自信心爆棚。1968年秋，他宣布了另一项重大的改革措施：将参议院改成仅有咨询权力的机构，把政府的行政权扩大到地方并使地方具有更大的自治权。他公开宣布，如果投票后自己未获过半数民众支持，他将辞职。

1969年4月27日投票结果出来了，只有约48%的选票支持他。

4月28日一大早，戴高乐就发表了声明：他将停止行使共和国总统的职务，这个决定当天中午起就生效。戴高乐随即再度引退回到科隆贝，从此彻底断绝了和政治的一切联系。

1970年11月9日，因为心脏病发作，戴高乐猝然去世。

戴高乐去世后立即举行了新的总统选举，结果，戴高乐的前任总理蓬皮杜当选。

从蓬皮杜到德斯坦 蓬皮杜在竞选总统时，发誓“要以戴高乐将军为榜样，并忠于他那崇高的教诲”。他的政策基本上沿袭戴高乐并总的来说取得了成功。他巩固了法国的经济，他在职的5年里，法国经济平稳发展。他与戴高乐的不同之处主要是不再拒绝英国参加欧洲经济共同体，他还在1973年访问了中国。

蓬皮杜的健康状况一直不大好，1973年4月2日，因患血癌猝然去世。

蓬皮杜去世后立即举行了新大选，在戴高乐时代当过财政部部长的德斯坦和由左翼共同推出的密特朗是主要竞争对手，结果德斯坦以微弱优势击败密特朗，成为法兰西第五共和国第三任总统。

德斯坦只当了一届总统，上任初期，他踌躇满志，想使法国从此进入“先进的自由社会”。他进行了许多改革，不过由于他的许多政策与法国的天主教传统相违背，因而备受争议，他的政府不久就陷入了麻烦。首先是1974年的世界性经济危机，法国出现严重的通货膨胀，使他疲于应付。其次，他不断受到国民议会的最大党戴高乐派的挑战。他不得不选择了戴高乐派的希拉克当总理，然而希拉克却几乎是公开地表示看不起德斯坦。两人之间的矛盾迅速激化，到1976年8月，希拉克终于拂袖而去。

1981年，德斯坦的第一个任期完了，法国又开始了总统竞选，这次竞选主要又是在德斯坦和密特朗之间进行。德斯坦的竞选口号是“安定、团结、未来”，密特朗的是“就业、和平、自由”，德斯坦声称选择社会党就是选择共产党，密特朗则鲜明地标榜自己将实行与德斯坦不同的“另一种政策”。

第一次选举结果都没有达到50%，又要进行第二轮选举了，这次密特朗时来运转，赢了，成为法兰西第五共和国第四任总统。

走向新“社会主义” 密特朗1916年生于法国雅内克，是火车站站长的儿子。密特朗天资聪颖，在巴黎大学获得了法律与政治学两个学位。1940年德军入侵法国后，他参军上了战场，但不久就被德军俘虏，给关进了战俘营。但密特朗是个机灵鬼，第二年成功地逃了出来。

逃出来后，他先为卖国的维希政权效劳了一段时间，1943年时参加了地下抵抗组织。第二次世界大战结束后，他被一个温和的左派组织民主社会反抗同盟提名并当选为国民议会议员。1947年他进入了当时的多党联合政府担任退伍军人部部长，年仅31岁，是法国百余年来最年轻的内阁阁员。从这时候起直到1958年，11年里他担任过11个政府的部长。1958年，他公开反对戴高乐，声称戴高乐主义意味着不断的军事政变。

密特朗相貌堂堂，组织能力强，演讲才能一流，渐渐成了左派的领袖人物。1965年，一个由中间偏左的政党组成的联盟“民主社会左派联盟”提名密特朗为总统候选人，与戴高乐竞选，逼戴高乐进行第二次决选才失败，可以说虽败犹荣。此后作为左派不二的领袖的密特朗联合社会党和激进党组成了一个“影子内阁”。1971年，密特朗当选为社会党总书记后，对之进行了重大改组，大大增强了它的力量，他通过许诺胜利后给予多个内阁席位又联合另一个大党共产党，为左派蓄积了很大的力量。在1974年总统大选中，他卷土重来，可惜的是以1%的微弱差距败给了德斯坦。

不过密特朗一点也没有气馁，他看到了自己的力量在不断壮大，坚信自己下次一定能赢。结果在1981年总统选举中他真的赢了。不但如此，他在1988年的大选中又赢了，一直当到1995年，整整干了14年总统，在现代法国历史上无与伦比。

密特朗深知自己之所以能够上台，重要原因之一是到1981年为止，偏右的政党已经连续执政23年，这些政党的措施都大同小异，换汤不换药，因而人心思变，才使得他上台。因此他上台之后，起初采取了与原来的右派政党截然不同的施政措施，这些措施归结起来可以用密特朗早在1965年竞选总统时就提出来的“法国式的社会主义”形容。它主要包括以下内容：

第一，它接纳了共产党加入政府，密特朗内阁中有4名共产党阁员，这是1947年以来共产党首次入阁。

第二，大规模国有化。密特朗将国有化当成社会主义最基本的特征，掀起了法国历史上最大规模的国有化运动。1981年12月，国民议会通过了国有化法案，将5家大工业集团，两家大金融公司，以及36家拥有10亿法郎以上存款的银行实行国有化。而且，政府还逐渐以国家参股的办法将一些重要企业掌握在手中。这些措施使得法国成为西方国家中国有化程度最高的国家。

第三，增加社会福利，扩大就业。强调社会福利无疑是社会主义的另一个基本特征。密特朗上台后大幅度提高了社会福利，例如把最低工资、最低养老金、残疾人补贴等提高了20%，把贫困家庭住房补助提高了50%，实行每周39小时工作制，工人每年享有5周的带薪假期，还减免低收入者的所得税。在增加穷人福利的同时，密特朗政府增加了对富人的征税，例如对有300万法郎以上财产的人还征收特别的大宗财产税。

第四，下放权力。即把原来属于中央的一部分权力下放给地方。

第五，提出“社会宽容”，改革司法制度，最主要的是取消了死刑。

这些措施看起来挺不错的，至少是穷人的福音。然而它实行之后产生的效果却可怕得很：一年之后，政府财政赤字急剧扩大，通货膨胀日益严重，外贸出现巨额逆差，法郎17个月内三度贬值。法国的经济一下子处在了第二次世界大战结束后最为困难的境地。

在这种情况下，密特朗不得不承认错误，改弦更张，以后经济方面采取的措施就与前面相反了，例如削减社会福利、政府紧缩开支等。总之到了第一个七年任期满时，除了“社会主义”的名字之外，密特朗已经取消了他原来的所有社会主义经济措施。

密特朗时期政坛的另一道有趣的风景线是出现了“左右共治”的局面。

什么是左右共治呢？就是总统是左翼的，总理却属于右翼。这是怎么发生的呢？

原来，在1988年3月举行的国民议会选举中，由德斯坦和希拉克领导的右派联盟获得了超过一半的议席。根据惯例，密特朗只得任命右翼代表希拉克为总理，从而形成了奇特的“左右共治”局面，这在西方世界也许整个世界的政权结构中都是绝无仅有的。

希拉克上台之后采取了与密特朗相反的措施，最显著的表现就是私有化，他将密特朗上台时期已经公有化的许多企业银行等又都私有化了。不用说，他们的关系不可能很和谐。

第二次左右共治的局面出现在1993年，这年3月举行的国民议会选举中，社会党一败涂地，只得到了50多席，而右翼联盟竟然获得了近500席，这次担任总理的是希拉克的干将巴拉迪尔。

与左右共治一样独特的是，密特朗还在1991年5月任命过一位女总理克勒松夫人，她是法国历史上迄今为止绝无仅有的女政府首脑。

外交上，密特朗的外交政策也就是第二次世界大战以来法国人一起沿用的政策，那就是“追求法国的伟大”。

在他的时代，法国仍然是西方世界中唯一敢向美国说“不”的国家。我们知道，法国的经济实力一向以来在西方世界中只居第四，比日本和德国落后得多，只能算二流国家。然而，密特朗外交政策两个总的方针却是：在欧洲，它要牢牢压制住德国，充当老大；在西方世界，它要牢牢守住仅次于美国的老二之位，甚至于在许多领域内要与美国人分庭抗礼。

总之，法国人竭力要凭着二流国家的实力扮演一流国家的角色，对此，许多人，特别是德国人，揶揄说法国人是“持二等车票，却硬要坐头等车厢”。

不过，密特朗真还做到了这一点，他在外交事务上的表现堪称杰出。

总之，经过从戴高乐到密特朗的大改革，法国产生了巨大的蜕变，从一个二战中被德国轻易灭掉的弱国变成了西方世界最强大的力量之一，而且是一股独立而自由的新力量！

第五十四章　德国的新生与统一

对于德国而言，战后的第一件大事就是其挑起第二次世界大战的战犯受到审判。

纽伦堡大审判　1945年8月8日，苏美英法四国政府在伦敦缔结了关于控诉和惩处欧洲轴心国主要战犯的协定，并通过了国际军事法庭宪章。宪章共30条，对设置法庭的目的、任务、法庭的职能、机构、管辖权等一系列问题都做出了明确规定。四国据此在德国东南部的纽伦堡组成国际军事法庭，公开审判纳粹德国的首要战犯。

纽伦堡国际军事法庭由8人组成，苏美英法各派一名法官和一名助理法官，4名法官有表决权，法庭以多数票做出决定，判决和处刑则需要至少3名法官的多数票，英国大法官弗里·劳伦斯担任审判庭庭长。

有关受害国的起诉代表组成起诉委员会，起诉委员会确定被告名单并共同签发起诉书。起诉书共66页，副本于审判开始前交给各被告，人手一份。被告有权亲自申辩，也有权选择律师为自己辩护。

盟国对审判进行了严肃而充分的准备。1945年10月上旬，所有被告都被押解到纽伦堡监狱候审。

11月20日上午10时，欧洲国际军事法庭在纽伦堡法院的正义宫开庭，21名纳粹德国被告坐在一侧的被告席上，整个世界都在注视着对他们历史性的大审判。

11月21日，各国检察官宣读起诉书，起诉书以破坏和平罪、战争罪、违反人道罪和共谋犯罪对24名德国纳粹分子和6个德国纳粹组织或集团提出指控，被告也有充分的权利自己或聘请律师进行辩护，有权否认任何原告、证人或法庭对自己的任何指控。

审判历时10个月，公开审判400余次，200多位证人出庭作证，140多人提供调查记录。20多名德国辩护律师向法庭提交了30多万条书面证明材料，法庭英文审判记录长达近2万页。

1946年9月30日，法庭宣读了长达250页的判决书。判决书全面地、系统地、有理有据地揭露了各纳粹首要战犯的反动历史、反动理论、残暴手段和罪恶目标，历数了他们惨无人道的野蛮行径和十恶不赦的滔天罪行。据此，法庭宣判处12人以死刑。它们中包括臭名昭著的纳粹政权第2号人物、希特勒的法定继承人、罪恶的程度也仅次于希特勒的戈林；还有里宾特洛普，纳粹德国外交部部长；还有希特勒最宠信的凯特尔陆军元帅，等等。

也有一些人虽不那么著名，但罪恶同样滔天，如德国保安总局局长卡尔滕布龙纳、“纳粹思想家”罗森堡，等等。他们被处死的方式不是枪决，而是更为痛苦的绞刑。

盖世太保、党卫队等被宣布为犯罪组织。

也有沙赫特、巴本、弗里切等3人被宣布无罪释放，其中巴本曾任德国总理。

宣判完毕后，庭长随即说明，所有人如不服判决均可以提出上诉。

由于所有上诉均被驳回，1946年10月16日，执行了法庭的判决，里宾特洛普等被枪决，凯特尔等相继被绞死，只有戈林在行刑前两小时，瞒过看守，成功地吞服氰化钾自杀身亡。

纽伦堡审判的意义与特点有很多，例如它的规模，这就如代表美国的首席律师罗伯特·H. 杰克逊所言：

> 在法律史上，从来不曾做过这样的努力，即把10年间涉及整个欧洲大陆、20多个国家、无数的个人、无数的事件归结到一次起诉中……在法律史上，这个案子的范围远远超过了我所知道的任何案件所做的努力。

两个德国　德国无条件投降后，领土由苏、美、英、法四国分区占领，东区由苏联占领，西北区由英国占领，西南区由美国占领，西区由法国占领。至于处在苏联占领区内的首都柏林则由上述四国分区占领，并由四国总司令组成盟国管制委员会负责统一管理。

不难想见，这四个国家占领德国之后的行事必定不同，而且这差别必会出现在社会主义的苏联与其他三个资本主义国家之间。

经济上，在西部，一开始英美法也按照原计划惩罚德国，包括索取赔款、瓜分德国的财产等，并将占领区内的工厂拆除运走。但不久他们就于心不忍了，这时候的德国已经被战争摧残得满目疮痍，城市、工厂大批沦为废墟，工农业生产几乎彻底停顿。由于大片领土被割让给波兰、苏联等国，生活在那里的大批德意志人，为数近千万，被赶往仍属于德国的地区。此外，在第二次世界大战中有约700万德军士兵被俘，他们也开始回到德国。所有这些人都要吃饭，使本来就已经陷入极度贫困与饥饿之中的德国人处境更加不堪。在这种情况下，为了避免出现大规模的饥荒，美国人率先宣布停止从德国索取赔偿，不久英国与法国也跟着这样做。不但如此，1948年开始美国还向德国提供了大笔援助，以复兴其经济，养活其人民。

在东部，苏联人却不是这样，他们想尽办法从德国人那里榨取一切，包括原材料、铁路上的全部机车、汽车、船舶，等等。在英美法等宣布停止从德国索取赔偿后，苏联还在继续从它占领的德国东部运走能够运走的一切。例如世界著名的光学企业蔡司，它整个工厂的所有设备被装在桶里、技术人员被像犯人一样押着，通通用火车运到了俄国。据后来的估计，苏联从德国等被其占领国家掠取的财富要远远超过它在协议中规定应得的份额。

政治上，英美法一方面肃清占领区内的纳粹残余势力，另一方面鼓励民主政治，成立了三个有力量的民主政党，即基督教民主联盟、社会民主党和自由民主党，并举行了自由的大选，在这些选举中产生了一些出色的政治领导人，其中最优秀的是基民盟的阿登纳，他以后将领导德国从废墟中重新崛起。

在东部，苏联也搞选举，但不是真正的民主选举，这时候苏联已经迫使它占领区内的社会民主党和共产党合并，形成了一个新党——社会主义统一党，它是苏占区内最大的党，事实上也是唯一能够自由竞选的党，其他党，像基督教民主联盟或者自由民主党的活动则受到严格限制。到1948年，苏联已经成功地在德国东部进行了社会主义改造。这年3月，由社会主义统一党主持召开了“人民代表大会”，并于同一年为苏占区制定了一部新宪法。

从这里可以看出来，无论在经济上还是在政治上，英美法的西部占领区与苏联的东部占领区实行了一套几乎完全不同的制度，使德国的东西部之间产生了巨大差距，造成了实质上的两个德国。

1948年2月，美、英、法、比、荷、卢六国在伦敦举行会议，决定原来英美已经合并的双占区与法占区协调经济政策，共同管制对外贸易，在西部区建立了一个半独立国家。

为了抗议英美的做法，苏联在3月份宣布退出盟国管制委员会，甚至还采取了一个极端措施——封锁柏林。我们知道，英美法所控制的柏林西部是处于苏联占领区内的一个孤岛，所有补给全部要通过苏军控制的铁路与公路运输。为了对抗英美，从这年4月起，苏联人对从西部占领区通往西柏林的铁路与公路加强了控制，西柏林所需的物品只有经过特许才能运送。

到6月，英美等六国伦敦会议结束并签署了条约，根据条约，将在英美法西部占领区以西方民主为标准建立新政府。为了对抗这个条约，苏联人采取了最厉害的一招。

6月24日，准备从西部占领区前往东柏林的火车汽车司机们发现，他们前面的路已经被苏军的坦克堵住了。这就是“柏林危机”。

西方盟国的对策是大规模的空运，用巨型运输机每天将西柏林所需要的一切，包括煤炭、汽油甚至水泥等平时不可能空运的东西，全部用飞机运来。

苏联本来想用这个釜底抽薪的法子来让对手屈服，想不到反而弄巧成拙，大失人心，因为他们的行动只会让西柏林的老百姓挨饿。

至此，美苏的关系已经彻底闹僵，统一的德国再也不可能产生了。

1949年5月，西部占领区选举产生的国会制定了一部“基本法”，继而根据基本法举行了国会选举，基督教民主联盟获胜，不久基民盟领导人阿登纳组成了联合政府，由阿登纳担任总理。

9月21日，英美等正式宣布结束西部占领区军管政府，成立德意志联邦共和国。

10月7日，苏联也宣布在东部占领区成立德意志民主共和国。

统一不到七十年之后，德国再度分裂了！从此一道铁幕将德国从中间剖开：在西部是资本主义的德意志联邦共和国，简称西德；在东部是社会主义的德意志民主共和国，简称东德。

两个德国之中西德远比东德重要，因为它行将成为西方和世界的主要大国之一。

我们首先来看西德的历史。

走向繁荣的西德　西德的历史是一部德意志民族复兴的历史，当然只是一部经济而非军事复兴的历史。

西德的崛起是与阿登纳联系在一起的。阿登纳1876年生于德国科隆，1917年成为科隆市长。当科隆市长期间，阿登纳为科隆港的发展做出了很大贡献，政绩卓著。

1933年纳粹上台后，由于不与纳粹合作，阿登纳被免去了一切职务，1944年甚至被关进了集中营。正所谓塞翁失马，焉知非福，这些迫害在第二次世界大战结束后成了阿登纳的政治资本。

早在大战结束以前，反纳粹的德国人就组成了一个新的政党——德国基督教民主联盟，简称基民盟。阿登纳对基民盟的组成贡献很大，在英法美决定将三个占领区合而为一，建立一个新国家时，阿登纳成了这个拟建中的国家的议会委员会主席，负责为即将诞生的国家制定一部临时宪法。

1948年9月新宪法起草完毕，并在1949年8月举行了第一次联邦选举，这时候阿登纳已经是基民盟主席了，他联合宗旨相似的几个小党取得了议会中的多数，组建了联合政府。阿登纳成为联合政府总理，也是战后德国第一任总理，社会民主党成为主要反对党。

阿登纳上台后面临两个同样重大的任务：一是恢复经济，二是恢复主权。

第二次世界大战后的德国满目疮痍、百废待兴。大片工厂不是被毁就是被战胜国作为战利品拆下运走，失业工人极多。怎么养活这么多人成了头号大问题。由于战后不久东西方之间拉开了冷战的铁幕，西德是铁幕之后的第一个国家，是西方盟国对付苏联的第一道屏障，加强这道屏障当然是有必要的。于是，战后不久，西方盟国就由削弱德国变成帮助它强大了，特别是美国给了大笔的贷款与援助，帮助德国迅速走上了经济复兴之路。

除阿登纳外，对德国战后经济起飞贡献最大的是他的经济部长艾哈德，他被称为第二次世界大战后西德经济复兴的总设计师。他采取了许多重大而正确的经济政策，如发行新马克代替旧马克，实行了税收改革以促进投资，等等。此外由于这时候西德劳动力充足、优秀而廉价，又适逢1950年朝鲜战争爆发，美国需要大量战略物资订货，便取消了原来对西德工业的管制，使西德能够尽力发展钢铁、造船、化工、电子等等，这些本来就是德国的强项，于是德国工业得以飞速发展。

到1950年，西德的工业生产就已经恢复到战前水平，并且在此后继续高速发展。从1950年到1961年间，西德的国民生产总值增长了123%，工业产值增长了162%，人均国民收入增长了152%。增长速度远远高于同期除日本外的其他西方国家。德国已经稳稳地成为西方第三大经济强国，仅次于美国和日本，工业之发达远非英国法国能够相比。

阿登纳将经济交给艾哈德，自己则专注于外交问题。

阿登纳外交的目的是明显的——恢复德国的主权。

二战后，美英法在西德享有最高权力，西德政府仅有部分主权。盟国还在西德新政府内建立了盟军最高委员会，它就像太上皇一样对西德的各项政策有最后的决定权。

后来，随着与苏联摩擦的不断升级，美英法三国迅速放弃了在西德的大部分权力，他们这样做的目的主要是想利用西德成为反苏的前哨基地。对此阿登纳明白地表示：他领导的西德将成为反苏堡垒，将是他们可靠的战斗伙伴。

这下英美法放心了，于是，1952年5月，三国与西德签署协议，终止了对西德的绝大部分控制权。

阿登纳还知道，要使德国能够充分拥有的主权和军事力量，另一个基本条件就是让法国绝对放心。于是阿登纳全力支持戴高乐的主张，建立“欧洲人的欧洲”，终于导致了法德轴心的确立，为欧洲的进一步联合奠定了基础。

1953年7月举行了战后的第二次联邦选举，阿登纳获得了更大的胜利。

1954年10月，德国终于与北约国家在巴黎签署了一系列协定，根据之，西德将以独立完整的主权国家身份被接纳为北约成员国，并允许德国拥有约50万人的独立军队。

到1955年5月，西德已经正式成为独立国家，原先的占领军现在仅仅是北约驻西德武装力量，就像它们也驻在英国、比利时等其他北约国家一样。

1957年5月，西德成为欧洲经济共同体和欧洲原子能联营的六个创始国之一，作为欧洲一个完全独立的大国迅速迈入了欧洲一体化进程。

这年举行了第三次国会选举，由于阿登纳的政策得到了大部分选民的赞同，再次获得胜利。

由于阿登纳的政策受到广大民众的欢迎，1957年选举后，社会民主党大幅修改了党纲。党纲称社会民主党是一个“人民的政党”，不再提马克思主义，只说信奉民主社会主义、基督教理论、人道主义。关于党的任务，党纲不讲阶级斗争，只说用“文明、和平”的手段，建立一个“人人机会平等”“能够伸张正义”的社会。关于经济政策，党纲不强调国有化，提出要保护私有制、保护自由竞争。在对外政策方面，党纲表示赞同参加西方防务、实行义务兵役制，等等。

这个党纲比以前更对选民胃口，因此在1961年9月举行的第四次国会选举中，社会民主党力量大增，获近200席，基民盟失去了国会中的多数席位，这时阿登纳已是87岁高龄，便乘势退休了。

阿登纳退休后，联合政府由盛誉卓著的艾哈德领导，在1966年的州选举中，社会民主党获得了巨大胜利，艾哈德在基民盟内部的压力下宣布辞职。

下一届政府被称为“大联合政府”，因为它是由基民盟和社会民主党这两个议员中最大的党派组建的，基民盟的基辛格任总理，社会民主党领袖维利·勃兰特任副总理兼外长。

在1969年9月的国会选举中，基民盟的席位减少，社会民主党却增加了，于是它联合了自由民主党，顺利拿到了国会中的多数席位，出面组织联合内阁，由勃兰特任总理。

勃兰特1913年12月生于德国吕贝克一个普通工人家庭，1930年加入德国社会民主党，1933年希特勒上台后，他因为反纳粹流亡北欧。第二次世界大战结束后他任社会民主党执行委员会驻柏林代表，1949年当选联邦议员，1957年当选为西柏林市市长。期间因妥善处理了“柏林危机”而声名鹊起。1962年他任社会民主党副主席，1964年任主席，他曾在1961、1965两度竞选总理失败，到1969年终于得偿夙愿。

勃兰特最有名的政策是“新东方政策”，其基本思维是：立足西方阵营，同时全面缓和、改善同苏联和东欧国家的关系，特别是改善同民主德国的关系。

1970年8月，勃兰特访问莫斯科，并签署了条约，条约规定两国在中欧与东欧的边界不容侵犯。

1970年12月，勃兰特访问华沙，签订了《波德条约》，承认了波德现有边界。

勃兰特上任后不久就宣布承认东德并接受东德边界，随即开始与东德直接对话。1972年11月9日，东德与西德签署了条约，互相承认对方。

1973年12月西德与捷克斯洛伐克签署了捷德条约，至此完成了与东欧国家的一系列条约，在东欧建立了和平。

对于第二次世界大战期间纳粹德国所犯下的滔天罪行，勃兰特没有一味委过于纳粹与希特勒，他承认德意志民族在这场浩劫中的民族责任，并且衷心忏悔、诚挚道歉，甚至虔诚地双膝着地、跪倒在被纳粹虐杀的犹太人纪念碑前。

勃兰特的东方政策给西德带来巨大好处，它标志着西德得到整个国际社会的承认，使西德享有适当的国际地位，不再是“经济巨人、政治侏儒”了。

勃兰特的“新东方政策”赢得了选民们的支持，因此在1972年11月举行的议会选举中，他的执政联盟大获全胜，勃兰特连任总理。

1973年两德同时被联合国接纳为成员国，勃兰特的声望更上层楼。

然而勃兰特没有能够继续他辉煌的政治生涯，一件间谍案毁了他。

原来，勃兰特最为信任的人之一、他的机要秘书纪尧姆，竟然被发现是东德派过来的间谍。事件曝光后，勃兰特只得辞职，这是1974年5月的事。

勃兰特的继任者是施密特。

施密特也是社会民主党人，曾当过国防部长和财政部部长，他的对外政策基本上沿袭了勃兰特的东方政策，强调东西方之间的对话。经济上则采取了紧缩开支的政策，以降低通货膨胀，同时努力提高政府效率，使他领导下的德国顺利走出了70年代的经济危机。

这些政绩使施密特在1976年和1980年的选举中都赢得了胜利。但到了1981年，德国经济又陷入了危机之中，产生了创纪录的高失业率和预算赤字，他的政府受到了严厉批评。在1982年10月2日的议会信任投票中，施米特以235票对256票败北，被迫下台。

议会随即批准科尔任总理，结束了社会民主党13年的执政生涯，西德历史又进入了基民盟时代，或者说进入了科尔时代。

科尔是德国当代史上的重量级人物，因为德国正是在他当总理期间统一的，他甚至被称为是“德国统一之父”。

科尔1930年生于莱茵河畔的路德维希港，17岁就加入了基民盟。1959年，29岁的科尔就进入了州议会，10年后当选为州总理。1969年，科尔成为基民盟全国副主席，4年后任基民盟全国主席，1976年他曾竞选总理，然而没有成功，1982年终于成为总理。他连任总理直到1998年才在大选中败给社民党的施罗德。

科尔上台时，西德的经济问题已经相当严重了。科尔的政策是有选择地削减了部分社会福利开支以减少预算赤字，并增加了国家的工业投资基金以创造就业机会。科尔政府的这些努力取得了相当成效，使联邦德国经济迅速摆脱了80年代初的危机。

由于成功地解决了经济问题，在1983年、1987年的两次国会选举中，科尔的执政联盟都获得了胜利，继续执政。

到1989年，德国——无论是西德或东德——都发生了翻天覆地的变化。不过，在讲这个变化之前，我们先来简单地看看另一个德国——东德。

保守的东德　我们前面说过，1949年10月7日，苏联宣布在它占领的德国东部地区成立德意志民主共和国，简称东德，它成为苏联在东欧的仆从国之一。

1949年10月，苏军正式将东德的行政权力移交给德意志民主共和国政府，很快其他共产党国家都承认了东德政府。1950年7月，东德政府与波兰、苏联签署了格尔利茨条约，根据这个条约，东德政府承认以奥得-尼斯河作为其东部与波兰的永久边界。这样，第二次世界大战后被波兰和苏联占领的原德国在奥得河与尼斯河之东的大片领土就正式被东德从法律上割让出去了。

1950年，东德加入经互会，成为东欧社会主义国家集团的一员。1956年初，东德又加入了华约，于是东德原来称“军营中的人民警察”便正式成为东德的国家人民军。

东德自成立之日起就面临很大的经济困难，这主要是由于苏联对东德肆无忌惮的盘剥造成的，苏联几乎将东德所有能够拿走的东西都拿走了。这种掠夺给东德经济造成了极大困难。

东德的第一代领导人是乌布利希，他善于权力斗争，1953年、1956年、1957年先后成功清洗了多名政治对手，牢牢地控制着东德。

不过东德的局势并不稳定，主要不是因为抗议与暴乱，而是因为大量人民的外逃。当东德经济萎靡不振之时，西德却在飞速发展。同一个民族，一边是相对贫穷而没有自由，另一边则是自由而富裕的生活，一边怎么不往另一边跑呢！于是，大量东德人纷纷通过种种方式逃往西德，这些人中主要又是年轻人以及专家技术人员和熟练工人等，他们都是德国经济的精英，这些人才的流失更加加剧了东德的经济危机。

于是，1961年8月12日夜间到13日早晨，乌布利希下令在西柏林周围修建了一道封锁线，这就是著名的柏林墙了，东德政府称它为“反法西斯防卫墙”。

柏林墙的修建大大减少了逃离东德的人数，稳固了东德政权，人们开始将积极性投入到国家建设中，东德经济开始发展。到1968年，东德已成为苏联集团最为发达的国家，就是在全世界而言也是一个重要的工业国，然而由于受到苏联的严密控制，在世界上毫无地位可言，承认它的也只有几个共产党国家。

到1969年，勃兰特的社会民主党政府实行新东方政策，开始与东德合作，1972年11月，东西两德签署协议，宣布互相承认。此前的1971年，乌布利希的位子已经被昂纳克占据了，东德从此开始了昂纳克时代。

昂纳克任职的前10年走的是务实的保守主义路线，即在意识形态上坚持正统的苏联路线，同时也采取一些灵活措施发展经济、提高人民的生活水平。

从80年代开始，东欧的局势开始出现动荡，包括波兰、苏联等在内的几乎所有东方集团国家开始出现严重的经济困难，在这种情况下，东德政府加强了与西德的经济关系，得到了西德政府的大批援助，东西德关系日渐进展。到1987年9月，昂纳克成功地访问了西德，东西德关系由此跃上了新台阶。

不过，虽然这时候苏联和其他东欧国家都在改革，逐步走上政治与经济的自由化、民主化、公开化，东德统一社会党政府却坚决反对这种改革，使东德政府越来越孤立。

这时候，东德人民站起来了，1988年初，东德人开始上街游行抗议，要求进行改革。由于匈牙利等国家已经实行了改革，于是有上百万的东德人经过这些国家去了西德。他们看到了与西部德意志同胞的生活水平有多么巨大的差距，他们再也不愿默然忍受了，掀起了更大规模的、有组织的反抗。1989年9月，一个倡议改革的政治组织“新论坛”在东德出现。

10月，戈尔巴乔夫来东德参加东德建国40周年的庆典，他明白地敦促东德领导人进行改革，他说出了这样的话：“谁跟不上形势，谁就要受到现实生活的惩罚。”

苏联老大哥的话在东德领导层内造成了分裂，最后改革派占了上风。不久，东德政治局以多数票要求昂纳克及其两个顽固的同僚辞职，由克伦茨接替他担任东德党和国家的领导人。

克伦茨的上台没有平复东德动荡的局势，各地人民要求改革的呼声更加高涨，到处都有人在游行示威，要求实行自由大选。

终归统一　戏剧性的一幕出现在11月9日，这天东德政府突然开放了柏林墙，这也是德国统一的前奏曲。

对于东西德的人民而言，开放柏林墙更为重要的意义也许是，它突然使德国人认识到，统一祖国也许不用经过几十年或者几个世纪，也许像这堵柏林墙在一夜之间倒塌一样，他们的祖国也能够在短时间内统一起来。

东德彻底的改革已经不可避免，11月13日，改革派代表莫德罗当选为相当于总理的部长会议主席。他随即发表施政演说，强调要建立“民主社会主义”，要进行经济、政治体制改革，主张思想多元化和经济私有化。

12月1日，民主德国人民议院通过宪法修正案，修改宪法第一条，删去民主德国是“受工人阶级及其马列主义政党领导”的内容，废除了统一社会党对国家政权的垄断。

12月8日晚，德国统一社会党举行特别代表大会，翌日选出了由100人组成的执委会，41岁的律师居西当选为统一社会党新主席，莫德罗为副主席。不久东德政府与各个党派举行了“圆桌会议”，决定在1990年5月6日举行大选，以成立一个合法的新政府来治理国家并与西德政府商讨国家统一的问题。

1990年1月，东德政府同各个党派再度举行圆桌会议，决定将选举提前到3月18日。

这时候两德的统一已经是大势所趋了，问题变成了以什么方式统一。

3月18日，民主德国第一次自由公正的选举开始了。参选的政党和组织中最主要的有三个，即由统一社会党改组而成的民主社会主义党、由东德基民盟等组成的德国联盟、社会民主党。

这些政党中“德国联盟”无疑与科尔的基民盟是一致的，是它在东部的“姊妹党”，因此获得了科尔的大力支持和资助。结果德国联盟获得了近50%的选票，这说明了东德人民渴望尽快实现祖国统一。

不久德国联盟、自由民主解放党、社会民主党三党组成了大联合政府，在议会中拥有2/3以上的绝对多数。

1990年4月12日，在新选出的人民议院第二次会议上，基民盟主席德·梅齐埃被任命为东德的部长会议主席。

德·梅齐埃积极主张全盘引进西德的政治、经济与社会制度，尽快实现两德统一，具体做法很简单——东德直接申请加入西德。

要做到这一点需要分两步走：第一步是两德建立货币和经济联盟，即进行经济统一；第二步则是建立政治联盟，即东德加入西德。

两德政府不久就开始了有关建立经济联盟的谈判，到1990年5月，两德政府就建立“货币、经济和社会联盟”的各项条款达成一致，不久两国代表正式签署了相关的条约。

经济统一条约签订后，两德随即开始就政治统一进行谈判，最后达成了多项协议，如东德于10月3日加入西德、确定1990年12月2日为统一后的全德第一次大选日，等等。

关于统一德国的国名、国体、国旗和国歌等问题比较好办，都采用原西德的就是了。比较棘手的是定都问题，大多数人认为应该定都德意志历来的首都柏林，但也有人不同意，于是决定留待统一之后再由全德议会去决定。

解决了上述问题后，1990年8月31日，东、西两德政府在柏林的菩提树下宫签订了两德第二个国家条约，即《德意志联邦共和国和德意志民主共和国关于实现德国统一条约》，也称“政治统一条约”。

至此，两德统一已经完成了法定程序。

接着，两德政府努力求得了苏联、美国、英国、法国四大国的同意，扫除了统一的最后一道障碍。此后就只有一些程序上的事务了。

全德国甚至全世界的人们都在屏声息气地等待着10月3日的到来。

10月1日，西德基民盟召开第38届代表大会，东德各州的基民盟组织宣布加入。科尔在这次代表大会上以98.5%的高票再次当选为基民盟主席，并再度被推为统一后将于1990年12月2日举行的全德首届大选的总理候选人。

10月2日，东德人民议院举行了最后一次会议。议长、基民盟的贝格曼·波尔女士在完成议会各党团按比例加入联邦议院的人数分配后，宣告人民议院已完成“以自由方式实现德国统一的任务”。

10月2日下午7时，东德领导人和各界代表在柏林剧院举行加入西德庆祝大会。西德总统魏茨泽克、总理科尔、前总理勃兰特等大批政要应邀出席。

东德部长会议主席德·梅齐埃在讲话中说，德国的统一使德意志民族的梦想变成了现实，“从此我们将可以在统一的德国共同塑造未来”。之后东德乐队演奏贝多芬第九交响曲中的《欢乐颂》，当和声唱出席勒《欢乐颂》中的歌词“四海之内，亲如兄弟”的一刻，欢乐的气氛达到了高潮。

与此同时，两个德国的广播电台和电视台都播发了德·梅齐埃和科尔分别就两德统一发表的电视讲话。德·梅齐埃说，德国人民“应该认真地、满怀责任感地去加以分析，以避免今后产生新的分裂”。科尔则强调德国虽然统一了，但还面临着艰苦的路程，希望从此两部分的德国人民能够彼此相容、互相支持。

23时55分，东德的国旗从勃兰登堡门、所有国家机构、政府机构的建筑物上徐徐降下，西德的国旗随即升起。同时降下的还有东德在联合国的国旗，所有东德驻外机构也被关闭。

到24时，准点，东德存在近41年后和平地从欧洲和世界舞台消失了。

10月3日，两个德国宣告正式统一。

第五十五章　从社会主义到撒切尔主义

英国第二次世界大战之后的历史仍然是一部衰落史，就像它在第一次世界大战之后一样。

英国式的社会主义　丘吉尔虽然领导英国人民在第二次世界大战中与强大的德国进行了艰苦卓绝的战斗并取得了辉煌胜利，然而英国人民并不领他的情。1945年7月，英国国会改选，结果工党大胜，保守党失利，丘吉尔只得按照惯例立即辞职，由工党领袖艾德礼继任首相。

艾德礼1883年1月生于伦敦，是毕业于牛津大学法律系的名律师。1935年他成为工党领袖，1940年他参加了丘吉尔的战时联合内阁，担任过掌玺大臣、副首相等要职。第二次世界大战结束后，1945年 5月，艾德礼拒绝再参加丘吉尔内阁，导致下院解散，在7月份举行的新大选中，工党获胜，艾德礼当上了首相，一直做到1951年。

1945年的选举可以说是开启了英国政治的新时代，就是由工党与保守党轮流执政的时代，原来曾经与保守党轮流执政的自由党已经沦为一个无足轻重的小党。

工党执政后，立即采取了一系列与保守党迥然不同的政策。

工党的主要政策是推行国有化和社会福利。政府先后将英格兰银行、煤业、运输、瓦斯及电力等部门收归国有，不过不是无偿没收，而是给企业原先的所有者以相当优厚的补偿。到1951年工党政府下台时，国有化企业占全国企业总数的1/5左右。

工党的第二个主要政策是增加社会福利。一是保证充分就业，二是给人民提供足够的社会福利。例如使所有人都享有医疗保健服务，死亡时国家还可以给予安葬，这就是著名的“从摇篮到坟墓”的社会福利政策。

工党政府促进经济发展的另一个重要举措是加强对外贸易。战后，世界上许多国家都闹“美元荒”，愿意尽量多买英国货，使英国的外贸发展迅速。1951年英国的出口额达26亿英镑，比战前的1938年增加近80%。

外贸特别是出口贸易的发展有力地促进了英国工业生产的恢复和发展，如果以英国1937年的工业生产指数为100，那么到1951年达到了131。

外交上，艾德礼政府与美国保持高度一致，这就是所谓的“英美特殊关系”。

总的说来，当艾德礼执政之时，西方各国中，英国的国民生产总值仅次于美国，比其他各国都好，在全世界也仅次于美苏居第三。然而令他大跌眼镜的是，在1951年10月的大选中，工党失利了，艾德礼只得辞职。

工党下台后，保守党领袖丘吉尔又一次当起了首相，这时候他已经快80岁了。

保守党与工党　保守党上台后，其政策与原来工党的并无太大差别，工党的两大主要政策国有化和普遍的社会福利制度保守党都没有做根本性的改变。

但这些政策后来导致了相当大的恶果，英国人由于即使贫穷或者失业生活也会比较舒适，这就使他们工作和找工作的积极性难免要打折扣。特别是1955年以后，英国国内经济一度繁荣，导致工人薪资提高和进口增加，于是贸易逆差剧增，外汇储备减少。在这种情况下，政府便以严厉的财政限制来处理过热的经济，导致经济活动减少，失业加剧。过热的经济便冷下来了，原来的问题便都消失了。到这时，政府便放松管制，又让经济热起来，于是又一个繁荣期开始，不久后原来的问题再次出现，政府又用老办法去解决，如此周而复始。这使英国经济患上了著名的“英国病”，也就是说，经济走走停停，停停走走，就像老旧不灵的钟一样。在高的年份，经济增长率能达到近6%，低的年份只有不到1%。

外交上，丘吉尔这段时期最重要的事务是处理英联邦。英国这个“日不落帝国”拥有极其广大的殖民地，它们的地位各不相同，有的由英国直接统治，有的是保护国，最主要的是自治领。第一次世界大战后，英国实力衰退，自治领却在壮大，他们不甘心再受英国政府的领导，于是便有了1931年的《威斯敏斯特法》，它确认了自治领与英国的平等地位，它们之结合在于都奉英国国王为国家元首。此后英国便与诸自治领组成了“英联邦”。整个英联邦则包括英国本土及其自治领、保护国、直辖殖民地、国联及联合国的托管地，等等。英王被称为“联邦首脑”。

后来，当英国的殖民地独立后大部分都选择留在英联邦内，1965年开始在伦敦设立了“联邦秘书处”，负责促进英联邦的合作以及安排英联邦总理会议。

现在英联邦成员国已经发展到50多个，遍布全球。全世界近三成约17亿人口均属英联邦，他们来自不同种族、有不同的文化传统、经济发达程度也相差悬殊。然而他们也有许多共同点，例如英语都是他们的共同语言，他们的政府架构、教育、司法和法律系统等都是相似的。

从1951年起，保守党连续执政13年，一个政党能连续执政这么久，自从英国开始政党政治以来都是罕见的，期间保守党共换了4任首相。第一位是丘吉尔，他又干了4年，到1955年，已经81岁的他虽然仍精神矍铄，但还是辞了职，直到10年后丘吉尔才去世，享年91岁。

丘吉尔任期内另一件大事是英国新王——伊丽莎白女王——继位。

伊丽莎白女王是约克公爵的长女，她本来是没有希望继承王位的，1936年，她的伯父爱德华八世国王为了与离过婚的辛普逊夫人结婚，退位了。伊丽莎白的父亲继位为乔治六世，作为长女，她成了假定继承人，也就是说，如果乔治六世没有生儿子，她便将继承王位。

1947年，伊丽莎白与她的远房表兄希腊和丹麦王子菲利浦结婚。

1952年，她正在去澳大利亚和新西兰访问的途中得知父亲去世，立即回国继承了王位，称为伊丽莎白二世。

丘吉尔辞职后，由他的外交大臣艾登接任，由于1956年同法国和以色列一起入侵埃及，失败后不得不在1957年初辞职。

接替艾登的是外交大臣麦克米伦，他当了6年首相。任内，麦克米伦在国内致力于发展经济、提高就业率，还裁减军队、削减军费开支，用有限的资金去发展经济和社会福利，他的这些举措都取得了不小的成效。

到1963年6月，他的国防大臣普罗富莫卷入了一桩大大的性丑闻——他同一个妓女睡觉，这个妓女是苏联间谍，普罗富莫被迫辞职，麦克米伦也称病辞职了，并推荐他的外交大臣霍姆接替。这个霍姆却是个贵族，不是下院议员，按惯例首相是要下院议员出身的，于是他便放弃了自己的伯爵爵位，参加下院选举，顺利当选。这是1963年10月的事。

但霍姆在第二年的大选中就失利了，由工党首脑威尔逊接任首相。这个威尔逊虽然当了两届8年的首相，但在英国当代史上似乎没多大影响，这也许同他的政策没有什么新意，在内政与外交上均没有多大建树有关。

1970年1月举行了大选，工党被击败，保守党又上台了，由爱德华·希思担任首相。

这个希思总共只担任了3年多的首相，从1970年6月到1974年3月，他在任内致力于解决两大问题，即北爱问题和加入欧共体。

北爱问题，即北爱尔兰问题，由来已久，它是英国历史上长期存在的爱尔兰问题的延续，也是一个典型的民族与宗教问题，既是英国人与爱尔兰人的冲突，也是信仰属于新教的英国国教的英国人与信仰罗马天主教的爱尔兰人的冲突。后来爱尔兰共和军以大规模的暴力求独，酿成了英国政府所面临的最紧迫的问题。虽然希思想了许多办法，但大都无果而终，北爱问题到现在还是没有解决。

关于欧共体，前面英国曾经两次申请加入欧共体，但都被戴高乐拒绝了，到了希思这里，他深深认识到，英国毕竟是欧洲国家，与欧洲大陆诸国的联系千丝万缕，经济上更是离不开它们，当欧共体这些年来经济一直迅速发展时，英国之所以落在后面，主要原因就是没有加入欧共体，变成了欧洲经济的孤岛，他必须改变这种情况。为此，希思代表英国政府第三次提出了加入欧共体的申请。这时候戴高乐已经故世，继任的蓬皮杜总统没有为难英国人。这样，在欧共体成立16年之后，欧洲最主要的国家之一英国终于加入了。这是1973年1月的事。

第二年，英国举行了大选，保守党失败，希思只得辞职，让位给工党的威尔逊。

威尔逊在4年之后第二度当上首相，上台后，他面临着英国异常严峻的经济危机，虽然努力，但成效不彰，失望之下，1976年3月，威尔逊以年迈和健康为由宣布退休，把职位让给比他还大4岁的卡拉汉。

卡拉汉有个绰号——“快活的吉姆”，他运气好，这时候英国在北海发现了储量巨大的石油，1970年英国的石油产量只有8万吨，到卡拉汉上台的这年达到了1000多万吨，后来更达近8000万吨。这时候国际油价正在疯涨，使英国的经济得到一定恢复和发展。但卡拉汉的位子坐得并不稳。1979年3月国会下院举行了一次对政府的信任投票，结果政府以一票之差败北，卡拉汉被迫辞职。

撒切尔主义　在接下来的大选中，保守党轻易取胜，它的党首撒切尔夫人成为首相。

撒切尔夫人是英国当代史上地位仅次于丘吉尔的政治家，是西方第一个女首相，是当代西方乃至全世界最著名的女政治家，她连任英国首相11年之久，是1827年以来英国任期最长的首相，她任首相的时代由于深深打上了她的烙印，被称为“撒切尔时代”。

撒切尔夫人生于1925年10月。原名叫玛格丽特·罗伯茨，家乡是英格兰的林肯郡，她是家中的次女。

女子学校毕业后，玛格丽特进入了牛津大学萨默维尔学院学习化学，这时她只有17岁。

从这时候起，玛格丽特就对政治表现出了极大的热情，她将全部业余时间都花在了牛津大学的保守党俱乐部里，三年级时她更当选为学校保守党俱乐部主席，她是担任这个职务的第一个女生。

1947年玛格丽特从牛津毕业，获理学士学位。本来她想立即投身政治，可那需要大笔资金，她没有，只得先工作挣钱。1950年，一个很偶然的机会使她成了保守党达特福市的国会议员候选人，虽然她为保守党赢得了比原来多一半的选票，但还是被工党候选人击败。第二年她继续作为达特福市的候选人参加大选，再次失利。

于是她参加了法律专业的学习，顺利获得律师资格，当上了律师。对撒切尔夫人来说，当律师不过是通向议员的一条更好的路。从1954年11月开始，她先后参加了几个地方的补缺选举，但都失败了，不过她毫不气馁。

1959年，撒切尔夫人时来运转，芬士利区的保守党国会议员宣布不再参加下次大选。撒切尔夫人顺利成为候选人并当选，这年她34岁。

撒切尔夫人在下院发表的第一次演说就为她赢得了声望，由于这次她的提案对报界有好处，报界从此也特别关注她了。

在1970年的大选中，保守党赢得胜利，希思首相任命她为教育科学大臣，成为保守党历史上第二个女阁员。

撒切尔夫人在教育大臣任上最大的举措是废除了原来免费供应全国350万名小学生牛奶的政策，这件事当时引起了工党的激烈批评，报纸一度称她是“夺去孩子牛奶的撒切尔夫人”，对此撒切尔夫人回答道：

> 我认为大多数家长付得起他们子女的牛奶钱。政府的任务是承担家长不能付出的用于教育方面的经费，例如建立新的小学。前工党政府曾取消了在中学免费供应牛奶。当时尽管工党内有人反对，但没有引起大的骚动。保护教育事业极其重要，我们也是这么做的。实际上我们不但保护了教育事业，还扩大了教育事业。

撒切尔夫人这话不是吹牛，她大力加强学校建设、改善教师待遇，因此备受称赞。

1975年2月，撒切尔夫人击败希思当选为保守党领袖，她成了保守党、也是英国甚至整个西方历史上第一个主要政党的女性领袖。

1979年3月，工党首相卡拉汉在下议院的信任投票中失败，5月，保守党在选举中获胜，撒切尔夫人便成为英国乃至整个西方世界第一位民选的女政府首脑。

此后撒切尔夫人共当了三届首相，从1979—1983年是第一届；1983—1987年是第二届；1987—1990年是第三届。

在第一届首相任内，撒切尔夫人上任后不久就爆发了一次经济危机，撒切尔夫人立即采取了与前面的工党政府大不相同的措施来应对。例如控制货币发行量、提高银行利率、大力削减政府开支以减少财政赤字，等等，并且减少了政府对经济的干预，为此实行了大规模的私有化。

撒切尔夫人这些经济政策取得了一定成效，英国国民经济从1982年开始回升，通货膨胀率显著下降，国际收支也大为好转。她的这些思想与政策被称为“撒切尔主义”，对她之后西方社会的政治走向产生了相当大的影响。

虽然撒切尔的政策取得了相当的成就，但与此同时，失业率剧增，为此她遭到许多选民的反对，1981年秋的一次民意测验表明她是1940年继张伯伦之后最不受欢迎的首相。不过撒切尔夫人仍然在1983年的大选中赢得了胜利。这并不是撒切尔夫人经济政策的成功，而是英国在马岛战争中的胜利。

马岛是马尔维纳斯群岛的简称，阿根廷人称为福克兰群岛。1982年4月2日到6月14日，英国与阿根廷在这里进行了历时74天的英阿马岛之战，这是一场未经正式宣战的战争，也是20世纪第一场现代化战争。

战争的结果，英军只死亡了250人，却打败了14000名阿军，另外还俘虏了近万名，如果考虑到英军是在距本土万里之遥的地方、在敌人的家门口与之作战，这胜利就更了不起了。

马岛之战的胜利令英国举国狂欢，乘着这股气势，撒切尔夫人领导保守党在第二年举行的大选中获得大胜，开始了第二个任期。

撒切尔夫人在第二次首相任内继续推行她激烈的经济改革，她进一步削减公共支出和减少预算赤字，把国有企业卖给私人，政府都大赚了一笔。

在对外政策上，她更强烈地亲美，几乎支持美国的任何行动，哪怕世界上其他所有国家反对，她也坚决支持。例如在1987年4月美国轰炸利比亚时，西方国家中只有她不但大声叫好，还同意美军飞机从英国军事基地起飞去袭击利比亚。

与特别亲美一起的是特别反苏，还在1976年1月，她就发表了一篇有名的演说，演说中她以一贯的直率说：

> 俄国人不是为了自卫，一心一意称霸世界才是他们的目的……他们把大炮放在黄油之上，而我们则几乎把一切置于大炮之上。他们知道，他们只在一种意义上——军事意义上——才是超级大国。他们在人道和经济方面遇到了失败。如果我们不从他们在葡萄牙以及当前在安哥拉的企图中吸取教训，我们必将——用他们的话来说——要被抛进“历史的垃圾堆”。

她的这番话把苏联人气疯了，苏联官方的喉舌塔斯社立刻称她为“铁女人”“冷战专家”。当撒切尔夫人听到俄国人称她是“铁女人”时，十分高兴，称这是他们给她最好的称赞。从此她真的有了这个称呼，汉语里我们有时称为“铁女人”，有时称为“铁娘子”。

她第二个任期外交上最重要的工作是与中国谈判解决了香港问题。

经过艰苦谈判，1984年12月19日，中英两国政府首脑在北京正式签署了中英关于香港问题的联合声明；1997年香港顺利回归中国。

1987年的大选中，撒切尔夫人再次取得胜利，开始了她的第三个首相任期。

在第三个任期里，撒切尔夫人宣称要“继续革命”，就是要更大规模地取消社会福利和实行更大规模的私有化，这样下去的结果将使英国变成另一个美国，一个基本上是弱肉强食的社会，但也许会是一个更加富有、更加强大的社会。

不过她遇到了强大的阻力，她的人头税政策，即政府将按人头来征一笔税，以增加地方政府的收入，遭到了极其强烈的反对，几乎引起了英国的社会动乱，然而撒切尔夫人就像真正的铁娘子一样，丝毫不愿退缩，甚至将整个政治生命押在了人头税之上。这种做法在保守党内部也引起了很大的争议，与其他保守党重量级人士产生了争执，使她在保守党内势力日衰。

结果，1990年11月，在保守党举行新的党首选举时，赫塞尔廷宣布参加角逐，并在第一轮选举中取得领先。于是撒切尔夫人在11月21日宣布辞去首相一职，把保守党领袖和首相的职位都传给了她一手提拔的梅杰。

英国当代史上最重要的一个时代——撒切尔时代就此结束了。

在最后，我想引用撒切尔夫人的一段话，这既是她的政纲，也是她的理想：

> 所有生活在这个社会里的人，都要自食其力和自重。我认为，如果每个人都经常帮助别人，并且自己也努力工作，以此来提高生活水平，如果每个人都自觉而不是被迫地争做社会的良民，如果每个人都随时准备为自己的行为负责，为自己的家庭负责并且尊重别人的权利，那么，我们就能建立起一个极其美好的社会。

在我看来，撒切尔夫人不但是了不起的，而且称得上是伟大的，是现代世界称得上“伟大”二字的极少数的政治家之一，她坚定如钢的意志与正直廉洁的品格，还有超乎寻常的远见卓识永远值得我们尊重与铭记！

第五十六章　从斯大林到赫鲁晓夫

苏联在第二次世界大战中遭受的损失实在太严重，战后，斯大林的当务之急是要恢复国家的经济。

斯大林统治后期的苏联　斯大林时期苏联的经济表面上得到了比较迅速的恢复，但这种恢复是片面的，给国家与人民带来了深重的灾难。

战争刚刚结束的1945年8月，苏联中央制定了新的五年计划，即1946—1950年计划。这个五年计划的基本任务很明确，就是“使我国受害地区得到恢复，使工农业恢复到战前水平，然后再大大超过这个水平”。

为了刺激经济的发展，苏联在全国广泛开展了“斯达汉诺夫运动”。

斯达汉诺夫运动简而言之就是提高工作效率的运动，这位斯达汉诺夫先生是位煤矿工人，设法在5小时45分钟的工作时间里采煤102吨，超出当时普通定额的13倍，随之便在苏联掀起了类似的提高工作效率的运动，称为“斯达汉诺夫运动”。其实这种做法在西方资本主义世界早就有了，例如开始于20世纪初美国的“泰罗制”就是如此。

用如此种种办法，战后第一个五年计划得到了迅速的执行，提前近一年，在1950年初就完成了。

这时，苏联工业总产值比战前的1940年增长了70%以上，增长幅度大大超过了原定计划。这时苏联的生铁年产量达1920万吨、钢2730万吨、采煤26100万吨、原油3800万吨、发电910亿度。这些指标都已经全面超过了第二次世界大战前的水平。

在国防工业上苏联也取得了重大成就，1946年就建成了第一个原子能反应堆，3年后爆炸了第一颗原子弹，成为世界上第二个拥有原子弹的国家。

不过，苏联经济的恢复与发展存在着严重的片面性，上述发展指的仅仅是重工业的发展，对于同人民生活息息相关的轻工业与农业的发展则要滞后得多。

在这个五年计划中，苏联的轻工业只比战前增长了22%，其中与老百姓生活关系最密切的食品工业甚至还不如战前。

比轻工业更惨的是农业，虽然苏联拥有全世界最多的耕地，却无法养活自己相对土地面积而言并不多的人民。沙皇时代的俄罗斯是欧洲的农业大国，农产品除了能够满足本国需要外，每年还有大量出口。但自从对农业进行社会主义改造后，特别是在斯大林实行集体农庄制度后，农业就没有好过，从来没有能够恢复到沙俄时代的水平，缺粮也成了令苏联领导人头疼的头等大事。

虽然苏联政府采取了种种激烈措施的提高农业生产效率，但效果仍然很差。集体农庄的农民被强迫集中在不属于自己的土地上劳动，干好干坏与自己的利益没多少关系，他们的生产积极性怎么可能高呢？农业生产怎么能够发展呢？——就像他们的生活一样，不但没有发展，反而在倒退。

直到斯大林逝世的1953年，苏联全国粮食总产量甚至还低于第一次世界大战前的1913年，这是对斯大林实行的所谓社会主义集体农庄制无情的总结与有力的讽刺。

第二次世界大战结束后，斯大林的个人专制较之于战前有过之而无不及。1946年2月苏联举行了最高苏维埃选举，原来的人民委员会改称部长会议，斯大林又担任了部长会议主席，相当于政府总理。这样，斯大林将苏联国家的党政军大权绝对地集于一身，共产党原来的民主集中制遭到彻底破坏。党的最高权力机关党代表大会在第十八次与第十九次之间竟然有13年没有举行过，党中央委员会应每四个月召开一次，可是在1947年到1952年长达5年间竟然一次也没有召开过。1941年10月曾试图召开一次中央委员会全体会议，当时已经把全国的中央委员会委员都召集到莫斯科来了。他们等待召开全体会议却白等了两天，斯大林甚至见都不见中央委员们，遑论其他了。

虽然已经极度专制，但斯大林还在进一步加强其专制，甚至将矛头对准了苏联人民的思想。他在各行各业，特别是学术界与思想界，大搞批判运动，他首先对文学发难。

《星》和《列宁格勒》是在苏联颇有影响的两家大型综合性文学期刊，都在列宁格勒出版。1946年8月14日，联共（布）中央通过了《关于〈星〉和〈列宁格勒〉两杂志的决议》。谴责这两份杂志刊登崇洋媚外的、反苏维埃的作品，责令停刊《列宁格勒》，改组《星》杂志编辑部，任命联共（布）中央一个官员为主编。

对于当时的著名作家左琴科和阿赫玛托挂，苏共中央对两人做了极其野蛮粗暴的人身攻击，称左琴科是“文学的无赖和渣滓”，将他开除出苏联作家协会，禁止他发表作品。左琴科曾写信给斯大林，说自己1918年自愿参加红军，1921年开始从事文学创作，总是怀着满腔热情、希望以自己的创作来造福苏联人民，从来没有反对过苏维埃。他在信中说：

> 我讽刺的是遗留在人们身上的不良品质。如果说，有时在我的作品里能

审查出一些观点模糊和不明确的地方，这可能是偶然的巧合，我本人并没有恶意。

……

如果您把我看作一个文痞流氓、一个卑微的小丑或是地主财阀的走狗，这是我最大的痛苦，这样看待我是不公正的。

对一个著名作家如此真诚的表白，已经妄自尊大得失去了理性的斯大林不屑一顾。

这还只是一个开端。

以后，许多其他作家和杂志，如麦尔尼科夫、卡察科维奇、《旗帜》等都遭受了严厉的批判，一顶顶大帽子扣到了他们的头上，直到苏联文坛被打哑为止。

在矛头指向文学界的同时，哲学界、电影界、音乐界、艺术界等都在遭受相似的命运，甚至科学界也逃避不了这样的命运。

1949年秋，苏联内务部部长贝利亚和苏联国家保安部部长阿巴库莫夫掌握下的保安部门突然逮捕了苏共中央政治局委员、部长会议第一副主席、国家计划委员会主席沃兹涅辛斯基等一批苏共中央高级官员，此后，贝利亚对他们进行了惨绝人寰的折磨，被可怕的酷刑折磨得求生不得、求死不能、生不如死的原高官们只求速死，纷纷在承认自己犯有“叛国罪’的供词上签字画押，不久被判处死刑。

后来，赫鲁晓夫当政后，经过调查，发现他们的罪行完全是莫须有的。

这一时期另一个大迫害事件是所谓的“医生间谍案件”。

1953年1月，负责苏联中央高级官员医疗工作的维诺格拉多夫、沃西夫等15位医生，他们都是苏联最知名的医学权威，突然被捕，继而受到令人发指的酷刑折磨，被迫承认是“帝国主义的间谍”，旋即被处死。后来证明这也是彻头彻尾的冤案。

在苏联，甚至儿童也能被判处死刑。早在1935年4月7日，苏联政府就颁布了一条世界文明史上前所未有的法令。法令规定，12岁以上的儿童若犯了扒窃之类的罪行将与成人同样论处，直至判处死刑。

这些政府要对付的犯扒窃罪的儿童是怎么回事呢？原来在30年代，由于强迫搞集体农庄，苏联各地经常发生大规模的饥荒。例如1933年的斯塔大罗波尔饥荒。许多村子的村民饿死了三分之一甚至一半。有的人家成了绝户。直到战争前夕，那些破烂不堪、没有主人的农舍仍然孤苦伶仃地留在村子里。

在大饥荒中许多父母饿死，成千上万的儿童成为流浪儿，当他们饿得实在没办法时，就扒列车或者去集体农庄的粮库里弄点吃的，新法令要处死的正是这些儿童！

除了这些范围相当“窄小”的迫害之外，斯大林还有其他规模大得多的迫害，迫害的对象不是几个、几十个、几百个，也不是几千个，而是几万、几十万、几百万，是整个的民族。

斯大林自己虽然是一个格鲁吉亚人，并非俄罗斯人，然而他却是一个彻头彻尾的大俄罗斯主义者。当时，在苏联境内俄罗斯人并不占有人口的多数，斯大林就想尽一切办法将其他民族“俄罗斯化”，包括禁止其他民族的本民族语言、文字、风俗习惯等，对于那些稍有不驯甚至只是他看不惯的民族，则大加迫害，最普遍的做法是将他们从土地肥沃的故乡发配到遥远寒冷的西伯利亚。斯大林先后将多达500万的少数民族赶离他们的家园，迁往西伯利亚。这些民族中包括鞑靼人、日耳曼人、犹太人、某些高加索民族，等等。 如今在西伯利亚还生活着相当多的德意志人和犹太人，在与中国东北紧邻的地方有一个犹太自治州，里头生活着上10万的犹太人，他们就是这么来的。

少数民族中特别是犹太人受到最多的迫害。迫害犹太人最典型的例子是对“犹太人反法西斯委员会”的迫害了。这个委员会是斯大林在第二次世界大战期间亲自创立的，目的是向西方进行亲苏宣传，为苏联赢得国际支持，这个目的的确达到了。第二次世界大战结束之后，这个委员会失去了利用价值，于是等待他们的就是另一种命运了：迫害与死亡。到1948年11月，委员会的几乎所有成员都被逮捕，其中包括当时的苏联外长莫洛托夫的犹太人妻子，包括党中央委员、苏联外交部副部长洛佐夫斯基在内的大部分人被处死。

在“万岁”中死去　一边大搞专制与迫害，一边还要为自己歌功颂德，这是斯大林晚年的另一面。早在第二次世界大战之前，对斯大林的崇拜已经盛行了。其实，早在斯大林称之为“大转变的一年”的1929年，那年他打败了所有政敌，全面开始了第一个五年计划，就是从那时候起，对他的个人崇拜就开始了。从此，书刊、报纸上连篇累牍地对斯大林歌功颂德，在党内生活、国家生活中，实行权力垄断，斯大林遂成为一个拥有最高权力、绝对权威、无所不在、无所不能的“神”。

二战后，对斯大林的个人崇拜更是盛行。这时候，对斯大林的崇拜开始达到一个前所未有的程度：歌曲、诗歌、打油诗、墙报、街道标语、广播节目、电影、戏剧，都对斯大林歌功颂德。

虽然无数苏联人都在欢呼“斯大林万岁”，遗憾的是斯大林还是没有活到一万岁，只活了74岁，死于1953年3月5日。这时他住在莫斯科西北30公里的孔策沃别墅。

他死时的情形是这样的：由于斯大林总猜疑有人想谋害他，因此晚上就寝时他的卧室是没有人敢进去的。1953年3月1日，他一直没有出卧室，等了很久，他的警卫员被迫进去，发现他已经倒在了地板上。后来医生诊断是脑出血突发，经抢救无效，在3

月5日去世。

如果大家想知道斯大林迫害运动更多的事实，可以去参考《赫鲁晓夫自传》“附录二”里的《赫鲁晓夫秘密报告》，中国广播电视出版社1988年12月第一版。

斯大林死后两天，马林科夫成为斯大林的接班人，斯大林最主要的打手、在斯大林迫害期间残害了无数人的内务部长贝利亚则掌握最大的实权。但不久贝利亚就垮台了，1953年苏共中央全会决定开除叛徒贝利亚的党籍，不久他被以组织叛国集团的罪行判处死刑。

贝利亚被处决后，马林科夫的权力也被迅速架空了，另一个人的地位则迅速上升，那就是赫鲁晓夫。

赫鲁晓夫统治下的苏联　赫鲁晓夫1894年4月生于乌克兰，长期在乌克兰工作，第二次世界大战后致力于恢复乌克兰正常的政治与经济秩序，成绩卓著，他特别重视农业，斯大林晚年时他已经进入苏共中央，对斯大林的种种残酷迫害十分反感而愤怒，只是他成功地隐藏了自己，没有使斯大林对他有所怀疑，并让他成为苏联权力最核心的人物之一。

1953年斯大林死后，赫鲁晓夫依靠着敏锐的政治头脑和圆滑无比的政治手腕，地位迅速上升。1955年，马林科夫“自愿”辞去了部长会议主席之职，赫鲁晓夫推荐布尔加宁取而代之。布尔加宁威望既不高，又没有政治野心，于是这时身为党中央第一书记的赫鲁晓夫就成为事实上的苏联领导人。从这时候起，直至1964年，赫鲁晓夫一直是苏联的最高领导人。

赫鲁晓夫成为苏联领导人之后，推行了与斯大林完全不同的政策。在国内，他做了三件大事：一是全面否定斯大林，二是为斯大林时期的冤案大平反，三是实行大规模经济改革。

1956年2月，苏共在莫斯科举行了第20次代表大会，这也是斯大林死后的第一次党代表大会。会上公开与斯大林的某些观念决裂，例如认为斯大林“只要帝国主义存在，战争就不可避免”的论断已经过时，不同社会制度的国家完全可以和平共处，等等。但大会最突出的标记是大会闭幕后赫鲁晓夫所做的《关于个人崇拜及其后果》的报告，即通常所说的“秘密报告”。

这个报告作于2月25日，很长，赫鲁晓夫当时讲了4个多小时，译成汉字有大约4万字，我这里不做引用，但我相信只要您读了，绝不会感到是在浪费时间。

至于秘密报告更详细的全文您可以参考《赫鲁晓夫回忆录》之“附录二”《秘密报告》，中国广播电视出版社1988年12月第一版，将它们合在一起也就是对斯大林一生的总评。

清算了斯大林时期的错误后，赫鲁晓夫立即着手拨乱反正，为大量斯大林时期的冤案平了反，几乎所有在大清洗中被杀的人，包括前面提到的“列宁格勒案件”和“医生间谍案件”，都得到了平反昭雪，因为那些全都是冤案。苏联政府还取消了“人民敌人”的罪名，解散了大批集中营。据统计，1956—1957年间，有七八百万人被释放，五六百万已死的人得到平反。还为车臣、印古什、卡尔梅克、德意志等少数民族恢复名誉，允许他们从被流放的东方返回故乡居住，重建他们的自治共和国、自治州。在文化方面，政府也放松了书报检查。在爱伦堡的小说《解冻》发表之后，出现了“解冻文学”和“集中营文学”，专门揭露苏联内部的矛盾和问题。这些作品中最有名的是《日瓦戈医生》，帕斯捷尔纳克因之获得1958年的诺贝尔文学奖。

赫鲁晓夫执政时期，对苏联的工业与农业都进行了大改革。赫鲁晓夫一向重视农业，1953年9月，他在苏共党中央全会上做了《关于进一步发展苏联农业的措施》的报告，指出农业的基本问题在于违背物质刺激的原则。不久政府采取了一系列措施来减轻农民负担，刺激农民的生产积极性。例如提高了农产品的收购价格，使农民的收入有了大幅度提高。改变了原来农业纯粹的计划体制，农业生产主要由农庄自行安排，并且鼓励庄员发展副业经济。同时大量开垦荒地，并且在苏联的广阔土地上大量采用机械化耕作，政府将拖拉机等农业机器卖给农民和集体农庄。

以上这些措施大大地促进了苏联农业的发展，使苏联农业克服了长期停滞不前的状态，取得了比较迅速的发展。

不过，赫鲁晓夫在农业的改革中也出现了许多严重问题，给苏联国家与农民都造成了重大损失，例如由于耕作方法不当，许多地方盲目滥垦，没有注意环境保护的问题，加之垦区的气候不利于长期耕作，使垦区土壤肥力迅速下降，风沙侵蚀日益严重，数十万公顷新开垦的土地被风沙破坏，造成了巨大损失。

同时，由于赫鲁晓夫在搞这些农业改革时，基本上都是以“运动”的形式进行的，一窝蜂、欠考虑、好大喜功，提出了许多过大的目标，根本无法实现，使他的威信大为下降，遭到了党和政府内许多人的反对，使他在苏联的领导地位受到严重挑战。

工业上，自从苏联建立以来，绝大部分工业就由国家集中管理，企业毫无主动性，这对工业的发展是很不利的。赫鲁晓夫上台后，把一万多个中央直属企业交给各加盟共和国管理，并扩大了加盟共和国的管理权限。后来，苏联部长会议又通过决议，扩大了各厂厂长的权限。

赫鲁晓夫还采取了一些办法来强调经济活动中价值规律的作用，例如改革银行的贷款制度，银行可以拒绝贷款给那些经营不好的企业，也可以加大对经营状况好的企业的扶持。还改革了工资制度，以刺激工人的生产积极性。

通过这些改革措施，苏联的工业在赫鲁晓夫执政时期有了比较明显的进展。第六和第七个五年计划都相当的成功，从1951年到1965年间，苏联工业的年平均增长率超过了10%，各主要工业产品的产量大大增加，工人工资也大幅增长。

不过，这场改革像农业一样，有成功，但也有许多失败之处。例如中央统一管理被削弱后，各地滋生了严重的本位主义，彼此矛盾重重，互相扯皮，对专业化的大企业打击很大。后来，管理工业的机构不仅没有像原来设想的那样有所精简，反而扩大了两三倍，多头管理、效率低下的毛病更甚往日，这也使赫鲁晓夫遭到了党内外许多官员或明或暗的反对。最终导致了他的下台。

外交上，赫鲁晓夫大大改善了与西方国家特别是美国的关系。1955年7月，他到了日内瓦，与当时的美国总统艾森豪威尔举行了美苏首脑会晤。9月，赫鲁晓夫还邀请西德总理阿登纳访问苏联，与西德建立了正常关系。

1956年2月的苏共二十大上，他公开否定了斯大林关于“只要帝国主义存在战争就不可避免”的论调，强调在现代世界战争是可以避免的，还强调社会主义的苏联是爱好和平的力量，表示苏联“决不干涉或者准备干涉那些保存资本主义制度的国家的内政”。

赫鲁晓夫这些表态与斯大林的好战姿态有很大区别，也在很大程度上缓和了与西方的紧张关系。

在社会主义阵营内部，赫鲁晓夫也推行缓和政策。他首先恢复了在斯大林时期断绝的与南斯拉夫的关系，1955年5月还亲自访问了南斯拉夫，并为斯大林对铁托的错误批判道歉，使苏南关系正常化。

对于与东欧各国的敏感关系，赫鲁晓夫的态度则比较复杂。

我们知道，东欧国家在第二次世界大战之后就成了苏联的后院，成了苏联与美国、东方与西方、华约与北约对抗的前沿。当赫鲁晓夫对斯大林展开大批判之后，在东欧人民心里激起了极大的波澜。于是，各东欧国家开始试图脱离苏联的掌控。首先发生事端的是波兰这个苏联最重要的卫星国，工人们在1956年6月举行了示威游行，赫鲁晓夫没有镇压，他亲率苏共代表团到了波兰，与波兰共产党举行对话。结果同意了波共的独立要求，并保证不干预波兰的内部事务。此后，波兰由改革派哥穆尔卡执政，他执行了一条独立自主的社会主义道路，扩大了人民的自由与民主，但仍坚决奉行与苏联友好的方针，并且留在华沙条约组织内。

匈牙利一开始发生了与波兰相似的情形，赫鲁晓夫甚至同意了苏军撤离匈牙利，想让匈牙利成为第二个波兰。但不幸的是其领导人进一步想对抗苏联，并宣布要在匈牙利建立多党政府，匈牙利要退出华沙条约组织。这就走出了赫鲁晓夫可以容忍的底线了。于是，1956年11月1日，7.5万名苏军和2500多辆坦克从苏匈边境隆隆开进匈牙利，开始镇压了，结果在镇压中有约2.5万名抗议者遭到屠杀。

此后，匈牙利在卡达尔的领导下成了另一个波兰，赫鲁晓夫同意匈牙利有权选择自己的社会主义道路，虽然站在苏联一边，留在华沙条约组织内，但仍保持国家的独立。

以后，在卡达尔的领导之下，匈牙利成为世界上最开放和经济搞得最好的社会主义国家。

在当时冷战的局势之下，应该说赫鲁晓夫处理波兰与匈牙利事件的方式没什么大错，他对两个国家提出的要求并不过分，也没有损伤他的威信。不过，下面两件事他就处理得不那么恰当了。这两件事的第一件是古巴导弹危机，我们后面讲美国时再说。在这件事上，赫鲁晓夫被肯尼迪打了个灰头土脸，令全苏联人都感到丢脸。另一件事则是与中国的争执。

1956年苏共二十大赫鲁晓夫批判斯大林之后，中苏关系就开始恶化了，赫鲁晓夫反对个人崇拜的主张遭到中国的反对，后来，在许多重大问题上，例如赫鲁晓夫认为资本主义可以和平过渡到社会主义，与资本主义国家可以和平共处等都与毛泽东的观点产生了冲突，毛泽东认为赫鲁晓夫是在搞修正主义，是右倾。赫鲁晓夫在许多问题上也开始公开反对中国与中共。例如在中印边界冲突中公开支持印度，还批评毛泽东搞的“大跃进”与“人民公社”都是斯大林式的错误政策。

对苏中终于公开决裂产生最大影响的是两件事：一是1958年，赫鲁晓夫要求在中国建立长波电台和中苏联合舰队，毛泽东坚决拒绝。二是1960年7月，苏联突然单方面决定在一个月内撤离所有在中国援助的苏联专家，单方面撕毁了几百个中苏之间的协议与合同。这样，中苏两国便由意识形态的分歧演变成了国家利益的对立。

被迫的“自愿辞职” 以前在农业与工业改革中的失误、中苏的公开论战、在古巴危机中的大丢其脸，都使赫鲁晓夫威信大降。他在苏共二十二大后大规模更换干部的做法以及过于重视战略核威慑、忽视常规军队建设的战略则进一步使他失去了支持者，日益孤立。苏联政府和苏共内部渐渐涌起了一股反赫鲁晓夫的暗流。终于，这股暗流在1964年10月爆发了。

具体情形是这样的。1964年10月，当赫鲁晓夫和他最坚定的支持者米高扬等在黑海海滨度假时，勃列日涅夫等人乘机秘密串联，策划对赫鲁晓夫采取行动。10月13日，赫鲁晓夫回莫斯科参加由勃列日涅夫等人策划的党中央主席团会议。会上赫鲁晓夫遭到大多数中央主席团委员严厉的谴责，只有米高扬仍然支持他。最后赫鲁晓夫被迫表示愿意自动辞职。10月14日苏共举行了中央全会，苏斯洛夫在会上做了关于撤销赫鲁晓夫职务及其原因的报告，着重强调了他在农业政策和经济政策上的错误，还指责他滥用职权和制造对自己的个人崇拜。全会未经讨论便通过决议："鉴于年迈和健康状况恶化"，满足赫鲁晓夫本人的"请求"，解除他的苏共中央第一书记、苏共中央主席团委员和部长会议主席的职务，并选举勃列日涅夫接任苏共中央第一书记。

于是，苏联当代史开始了一个新时代——勃列日涅夫时代。

第五十七章　从勃列日涅夫到末日

把赫鲁晓夫赶下台后，勃列日涅夫成了苏联的新统治者。

勃列日涅夫统治下的苏联　　勃列日涅夫担任苏联首脑的时间比赫鲁晓夫长得多，达18年之久，从1964年直至1982年去世。

列昂尼德·勃列日涅夫像赫鲁晓夫一样出生在乌克兰，俄罗斯人，生于1906年。1957年他成为苏共中央主席团成员，次年更成为主席团副主席并兼任最高苏维埃副主席。1960年，勃列日涅夫取代伏罗希洛夫成为最高苏维埃主席团主席，这是苏联名义上的国家元首。1964年7月，他辞去该职并出任中央委员会第二书记，成了赫鲁晓夫的副手和苏联第二号人物。但仅仅3个月后他就发难了，率领一批中央主席团成员逼迫赫鲁晓夫下台，随即继赫鲁晓夫后成为苏共中央第一书记。

勃列日涅夫执政的总特征是保守。他不但没有对苏联的体制动大手术，而且把原来赫鲁晓夫的一些改革措施取消了，使之重回原状。

农业上，勃列日涅夫政府采取了各种办法来推动农业的发展。

一是增加农民收入，刺激农民的生产积极性。政府提高了农畜产品的收购价格，并且降低了政府的谷物收购指标。例如仅1965年和1973年就两次大幅度提高收购价达75%左右。政府还鼓励农民大搞副业，农民可以在“自留地”上种植果树、栽培蔬菜、饲养牲畜等，一部分自己吃，另一部分则可以拿到市场去卖。

勃列日涅夫发展农业第二个方面的举措是扩大农业投资，提高农业技术。勃列日涅夫将农业投资占到政府总投资的20%左右，使集体农庄能够大量购买各种新式农业机械，大大提高了生产效率。还建立了许多农工综合体，将生产农产品的农庄同加工农产品的企业、销售农产品的商场联合成一体，相互间共同合作，将农产品的生产、加工与销售联成一体，生产效率比普通农庄高，经济效益也更好。

这些措施都使苏联的农业在勃列日涅夫时代仍得到了一定程度的发展，不过最显著的发展只是农民收入的增加。苏联的粮食产量在绝大多数年份仍满足不了需要。

1963年起苏联就必须从美国购买粮食，不卖给苏联粮食甚至成了美国对付苏联的一大筹码。

在工业上，勃列日涅夫更开放了原来的计划体制，现在，国家给企业下达的指标由原来的几十项减少到了产品销售额、工资基金、利润额、赢利率等八项，其余都由企业自行确定。甚至在一些行业，如汽车行业，国家只提出一个指标即上缴的利润，其他都由企业自主决定。勃列日涅夫还十分强调物质刺激对提高工人劳动生产率的作用，强调多劳多得。

但总的来说，苏联经济仍是彻头彻尾的计划经济，而不是市场经济。在70年代前，苏联工业一度增长较快，但进入70年代后直到勃列日涅夫去世，苏联的改革与苏联的经济都停滞不前——这个阶段后来被戈尔巴乔夫谴责为“停滞时代”，正是这种长期的停滞使苏联人民极为不满，甚至对社会主义制度产生幻灭，为苏联最后的崩溃埋下了种子。

勃列日涅夫军事与外交政策最大的错误在于它们所损害的是苏联的长远利益，正是这些错误动摇了苏联立国的根基，为以后苏联的覆灭埋下了伏笔。

勃列日涅夫将国家资源主要投入到军备扩张，大幅提高国防开支，加紧同美国搞军备竞赛。这样投入工业农业等其他部门的经费就有限了，这不仅严重阻碍苏联经济整体正常、平衡的发展，同时也耗费掉了苏联本来十分巨大的经济资源，使苏联在经济发展的表面现象下，人民的生活不但得不到改善，反而日益下降。

与军事力量扩张联系在一起的是外交的扩张，这“扩张”二字就是勃列日涅夫时代外交政策的基本特征。对于苏联的后院东欧，勃列日涅夫提出了一种“有限主权论”，他允许东欧各国有一定自由，可以进行一定程度的经济甚至政治改革，然而不能无休止地改革下去，甚至像以前的匈牙利一样要改革到脱离华沙条约组织的程度。东欧国家必须满足苏联两个起码的要求：一是保留在华沙条约组织内，二是必须由共产党掌权。如果这两条中有任何一条遭到违反，苏联将出兵干涉。

勃列日涅夫这种“有限主权论”最大的实践是1967年底到1968年初的“布拉格之春”。

从60年代开始，捷克斯洛伐克由于照搬苏联模式，经济不断滑坡。在捷克斯洛伐克共产党总书记、改革派领袖杜布切克的领导下，开始进行被称为“布拉格之春”的大规模改革。结果，1968年8月20日的夜间，数十万装备现代化武器的苏联和华沙条约其他成员国的军队，采用突然袭击的方式，一夜之间侵占了捷克斯洛伐克的首都布拉格。从此，苏联武装占领的漫漫长夜，降临到了这个欧洲小国的土地上。

在亚洲，针对不同的国家，苏联采取了不同的政策：敌视与威胁中国、重金援助印度与越南、侵略阿富汗。

勃列日涅夫上台后，对中国更是采取了直接的威胁与敌视政策。首先是大量增加中苏边境的驻军，从赫鲁晓夫时期的10多个师增至40多个师。1966年2月，苏联与蒙古签订了具有军事同盟性质、专门针对中国的《友好合作互助条约》，苏联军事力量向中蒙边境推进，并在蒙古境内建立大规模军事基地和导弹基地，对中国直接构成巨大的军事威胁。

在中苏边界，两国也开始出现了直接的军事冲突。例如1968年1月在乌苏里江上的七里沁岛，到1969年3月更发生了著名的“珍宝岛事件”。

对于印度与越南，勃列日涅夫则不惜代价地搞好关系，给了这两个国家巨额的经济与军事援助，在中国与印度、印度与巴基斯坦的争执中都偏袒印度，还援助越南侵柬反华。他这样做当然有其目的，是想将这两个国家拉入自己的势力范围，在印度洋与南太平洋建立基地，以进一步扩张。例如帮助越南的条件是要越南让苏联海军在金兰湾建立军事基地，最终酿成了中国与越南的冲突。

勃列日涅夫在亚洲最大的一场军事行动当然是阿富汗战争了。

1979年底，阿富汗总理阿明被杀，苏联随即以应新政府的“邀请”为名，派大批苏军入侵阿富汗。

苏军的入侵激起了阿富汗人民举国的顽强抵抗，在长达10年的时间里，阿富汗成了血腥的战场，10万苏军与游击队在阿富汗的崇山峻岭中战斗。苏军使用了除核武器以外的所有先进武器，每年耗费数十亿美元，牺牲了数万军人的生命，却始终打不垮顽强的游击队战士，还在国际社会遭到了广泛的谴责。阿富汗战争成了苏联沉重的包袱，成了苏联的“越南战争”。

在非洲与拉丁美洲，苏联也像在亚洲一样积极扩张。结果，在苏联取得成功的这些国家，例如埃塞俄比亚、安哥拉、莫桑比克等，如今还是非洲与全世界最贫穷的国家。

经过18年统治，勃列日涅夫死于1982年11月。继任的是安德罗波夫，关于他和在他之后的契尔年科，我在这里都不准备说了，他们上台时前者68岁，后者72岁，都是年老力衰，老态龙钟，很快就入土为安了：安德罗波夫在1984年2月去世，只当了15个月苏联领导人，契尔年科在1985年3月去世，只当了13个月，都来不及在苏联历史上留下自己独特的印记，我们也就不说了。

戈尔巴乔夫的改革　契尔年科去世的第二天，戈尔巴乔夫当选苏共中央总书记。

戈尔巴乔夫是俄罗斯人，生于1931年3月，很早开始他就平步青云。在1971年苏共第24次代表大会上，戈尔巴乔夫当选为苏共中央委员，成为中央级的领导人物，年仅40岁。

由于在主持农业工作时有出色的成绩，1978年戈尔巴乔夫当选苏共中央书记，1979年成为苏共中央政治局候补委员，次年成为委员。

当安德罗波夫执政时，戈尔巴乔夫已经是最活跃的政治局委员之一了，安德罗波夫一死，契尔年科上台，戈尔巴乔夫已经隐隐然是契尔年科的接班人了。其原因之一是政治局的人都认识到，继续这样搞老人政治、领导人更替过快是很危险的，因此要挑选一个年轻人来当领导，戈尔巴乔夫无疑是最佳人选。于是，在契尔年科去世的次日，1985年3月11日，戈尔巴乔夫便当选为苏共中央总书记，成了苏联的新一代领导人。这年他只有54岁，在一贯老人当权的苏联政界是前所未有的。

戈尔巴乔夫上台后我们要讲的主要只有一件事，那就是苏联的解体。

戈尔巴乔夫上台时，苏联已经面临着深刻的危机，经济裹足不前甚至倒退、综合国力不断下降、人民怨气冲天。戈尔巴乔夫也强烈地意识到了这种危险，他决心对苏联国家原有的体制来一个根本性的大改革，以扭转颓势。

戈尔巴乔夫采取的第一个措施是改组权力机构，对苏联的干部队伍进行了大规模调整，解除了对自己有威胁的人，提拔了许多自己信得过的人，其中包括任命坚决支持大规模改革的叶利钦为莫斯科市委书记。在军队和地方上，戈尔巴乔夫也新提拔了大批专业化、年轻化的干部。

此后，戈尔巴乔夫就开始他的大改革了，他的改革其实可以称为“革命”，因为它所进行的改变是一种对苏联体制的根本性大变革，与普通的改革很不一样。

戈尔巴乔夫改革最核心的一步是在苏联实行民主，其最重要的步骤是建立了一个全新的最高国家权力机构——人民代表大会。

人民代表大会的代表中2/3须通过公开竞选产生，人民从远多于代表数目的候选人中选举人大代表。人民代表们再从代表中选出两院制的最高苏维埃，其主席在处理国内和国际事务方面将拥有最广泛的权力。

1989年3月，苏联进行了人大代表的选举，这是苏联历史上第一次真正的自由选举，结果，在当选的代表中，20%不是共产党员，观点最激进的莫斯科市委书记叶利钦得到了近90%的选票。1987年，他由于观点太过激进已经被戈尔巴乔夫撤销了莫斯科市委书记并且赶出了中央政治局，而许多反对改革或对改革不热心的共产党领导人，尽管没有反对者，仍然由于选票未过半数而落选。

1989年5月26日，人大选出了最高苏维埃，戈尔巴乔夫被选为最高苏维埃主席。现在的最高苏维埃不再像以前一样是橡皮图章、举手机器，而是对每个被提名的部长进行详细的讨论与辩论，还否决了其中的九名成员，这一举动显示了最高苏维埃作为苏联立法机构将不受政府与共产党的干涉而独立地行使立法大权，几乎完全相当于美国国会的参众两院。

与民主联系在一起的当然是多党制。这时有一个问题就最为突出地显现出来，那就是如何对待苏联宪法中的第六条。这第六条规定："苏联共产党是苏联社会的领导力量和指导力量，是政治体制、国家和公众组织的核心。"如果有这一条，那么多党制就是违宪的，如果要实行多党制，就要取消第六条。

于是，在1990年2月5日开始举行的苏共中央全会上，通过了《走向人道的民主的社会主义》的决议，正式宣布苏共将"放弃政治垄断地位"，将"不再独揽国家大权"，并建议修改宪法第六条。接着在3月份举行了一次非常人民代表大会，通过了《关于设立苏联总统职位和苏联宪法修改补充法》，决定删除宪法第六条，正式从法律上取消了苏共的一党专政。

实行多党制后，各种各样的政党如雨后春笋般冒了出来，1990年就有100多个政党和政治团体成立。其中一个称为地区间议员团的势力特别大，它由最高苏维埃的260名代表组成，叶利钦是它的领袖。

在这些声势浩大的新政党间，原来的共产党怎样了呢？它在急速地衰落，首先是大批党员退党，余下的党员也士气低落，这时共产党在苏联已经没有多少威望可言，人民将原来对它的积怨统统发泄出来，将原来社会的一切弊病，如贪污腐化、贫穷失业等，都算在苏共头上。在苏共内部也出现了许多派别，互相攻讦，苏联各共和国的共产党组织也逐渐独立，与苏共中央分道扬镳。

总而言之，苏联民主化的结果是共产党一党专政的终结，苏联成了一个西方式的多党制民主国家。

与民主化联系在一起的是公开化与自由化。

公开化就是将国家政治生活全面向公众开放。公开化的口号早在戈尔巴乔夫上台之初就开始喊了，最初最有名的公开化是对1986年切尔诺贝利核电站爆炸这一可怕灾难的公开。

1986年4月28日，距苏联乌克兰切尔诺贝利14公里的核电厂的第四号反应炉发生了一次可怕的爆炸，造成重大伤亡。其放射云甚至在几千公里外都测量得到，并且其后果的严重性不是很快就可以看出来的，可能在几年甚至几十年后才会显现出来。

就是这样一场灾难，苏联政府一开始声称绝无此事——这是以前惯常的做法，不过很快他们就意识到再这样下去断乎不行，只得将切尔诺贝利事件公之于众，并借此打开了公开化的大门。

公开化的大门打开后，苏联的社会政治生活面貌一时大变。以前，苏联人民从新闻媒介里听到的唯有对现政府的歌功颂德，报喜不报忧。现在他们才看到了真实的苏联，他们国家的真实面貌：从中央高层的政治活动到低层的社会百态，从现在到过去，都一下敞开在他们面前，这给苏联老百姓们带来巨大的震撼。

他们看到了什么呢?

他们看到，在1988年5月举行的苏共中央全会上——这次全会破天荒地向全国电视直播，叶利钦与利加乔夫这样的高官公开对骂。

他们看到，报纸上充斥着记者们的社会调查报告，看到苏联社会到处充斥的是官员贪污腐化、老百姓赤贫、男人酗酒、女人卖淫，还有无处不在的有组织犯罪，等等。

他们看到，以前在报纸或历史教科书上称之为坏人的人，从托洛茨基、布哈林、到加米涅夫等，都被公开平反。

他们也知道了，在他们最引以为自豪的赢得伟大胜利的第二次世界大战中，死亡的苏联人达2700万！他们还知道了，在卡廷森林中杀害数万名波兰军官的不是德国纳粹，而是苏联的领导人！到1991年6月17日，他们还会从克格勃公布的档案中得知，在斯大林历次肃反与强制农庄集体化期间，共有4200万苏联公民“失踪”。

这样的公开化的后果是可想而知的，谁愿意再生活在一个这样的社会里、受这样恶劣而残酷的政府与政党的统治呢！

在民主化、公开化的同时，在经济上戈尔巴乔夫政府实行了自由化。

早在1986年党的第27次代表大会上戈尔巴乔夫就提出了要对企业进行“分权、自负盈亏、更新价格体系”，把企业的经营决策权全面地从原来的政府计划委员会下放到了企业，而企业也必须自负盈亏。并且制定法律允许苏联公民拥有包括矿藏、设备、企业股份甚至整个企业在内的私人财产。

走向末日　不过这一切根本没有能够扭转苏联经济的颓势，苏联经济仍在持续不断地恶化，甚至重新出现了对某些生活必需品的配给制度，这时候的报纸明确地宣布苏联有近4000万人，约占总人口的20%，生活在贫困线以下。人民的不满也更加强烈了，苏联社会渐趋动荡不安之势。

动荡不安最显著的表现就是各地的罢工斗争风起云涌，参加罢工的人数动辄数十万，各部门的工人都卷入了罢工浪潮，罢工给本来就已经很糟糕的苏联经济造成了严重后果，并引起了社会秩序的大混乱。

苏联社会的动荡不安还表现在犯罪案件的空前增多，各种犯罪呈恶性膨胀之势。特别是带黑社会性质的犯罪集团简直是横行无忌，在许多地方有了足以与政府对抗的庞大势力。这些黑社会集团在许多大中城市里与政府官员相勾结，欺压百姓，大肆侵吞国家财产，无恶不作，引起群众强烈不满。他们到处举行群众性的集会游行，即所谓的“街头政治”，据不完全统计，仅1989年就有近200座城市举行了5000多次群众集会，参加者达1600多万。到1990年，仅头两个月全国就举行了2000多次群众集会，参加者达800万人。这些频繁的集会游行不但给苏联国家造成了巨大的经济损失，还产生了严重的政治后果，使得这时候的苏共与政府似乎成了过街老鼠——人人喊打。

总之，到1990年年中，苏联国家已呈明显的风雨飘摇之势，就像一座在12级狂风里摇晃的大厦、一艘在几十米高的惊涛骇浪里颤抖的巨轮一样，随时有倒塌与倾覆之虞。

就在苏联国家已经风雨飘摇的1990年7月，苏共召开了第28次代表大会。在这次大会上，戈尔巴乔夫做了题为《走向人道的民主的社会主义》的政治报告，并通过了苏共新党章等，大会宣布苏共的指导思想是“全人类价值和共产主义理想”，奋斗目标是“人道的、民主的社会主义”，其基本特征是，人是社会发展的目标，要在多种所有制形式和经营形式的基础上确保劳动者成为生产的主人。人民的自主意志是权力的唯一源泉。大会重申苏共“坚决放弃政治上和意识形态上的垄断主义”，在多党制条件下，苏共将同其他党派及社会组织平等竞争，通过竞选争取政治领导权。新党章规定苏共中央政治局不再是苏联最高决策中心，其主要职能只限于提出有关苏联内外政策的建议，并指导苏联共产党的活动。

这一次大会在党内激起了空前规模的争论，左右两派壁垒分明，互相攻讦，苏共遭到了雪上加霜似的打击，党组织日趋涣散。

与苏共一样，苏联中央政府也面临着空前的挑战，各加盟共和国的离心倾向越来越强烈，其中以叶利钦为首的俄罗斯联邦的威胁最大。为了使苏联不致崩溃，戈尔巴乔夫采取的对应措施就是正式向最高苏维埃提交了酝酿已久的新联盟法案。

新法案的原则是中央政府拥有最高权威，但各共和国可从中央政府获得比原来更大的经济权力。叶利钦强烈反对这一新法案，因为新法案里看不到增加各共和国实质性权力的新内容，他便提出了一项与戈尔巴乔夫法案内容针锋相对的关于俄罗斯联邦的新宪法草案。

为了挽救联盟，戈尔巴乔夫做了大量工作，甚至开始与保守派结盟，撤换了一批改革派的部长，严厉禁止各加盟共和国想脱离苏联中央控制的行为。

面对戈尔巴乔夫开始执行的强硬路线和独揽大权，叶利钦的反应是将其应当向中央政府提供的财政贡献削减90%并威胁说要建立俄罗斯联邦自己的军队。到2月下旬，叶利钦甚至在电视直播节目中公开谴责戈尔巴乔夫。

到了这个地步，戈尔巴乔夫和最高苏维埃决定以全民公决的形式来决定是否保留苏联，即是否有必要将原苏维埃社会主义共和国联盟保留为平等的主权共和国组成的新联盟。公决在1991年3月17日举行，结果，近80%参加投票的人赞成保存联盟。

不过后来的事态发展表明它的结果根本没有得到重视，那些反对这个结果的人仍然在我行我素，特别是叶利钦，他公开呼吁投反对票，更有三个共和国，拉脱维亚、爱沙尼亚和格鲁吉亚干脆宣布独立。叶利钦也在6月份当选为俄罗斯联邦总统，表明苏联的支柱俄罗斯联邦已经在走向独立了。

为了保留苏联，戈尔巴乔夫决定做出最大的让步。7月29日，戈尔巴乔夫、叶利钦和哈萨克斯坦共和国总统纳扎尔巴耶夫3人会晤，讨论新联盟条约的具体内容，并达成了一致看法，确定8月20日正式签署这一条约。条约将苏维埃社会主义共和国联盟改名为苏维埃主权国家联盟，并规定：每个共和国都是主权国家，苏联为邦联制民主国家。各共和国有权决定本国大事，在共和国职权范围内，共和国的法律至高无上。联盟设总统、副总统、联盟内阁和最高苏维埃。

显而易见，这一条约的签订意味着各共和国几乎成了独立国家，苏联中央再难成为全联盟真正的权力中心，这在苏联中央内部引起了极大的震撼，特别是保守派把它看作是将苏联引向死亡的导火线，它不久便真的成了另一根导火线——“8·19”事件的导火线。

与叶利钦等商定好联盟条约后，感到筋疲力尽的戈尔巴乔夫便赴克里米亚的旅游胜地去度假，他在1991年8月5日出发，计划于19日返回莫斯科，签署新联盟条约。

但就在8月19日凌晨，苏联副总统亚纳耶夫突然发布命令，宣布接管政权，试图用武力将苏联恢复到过去的一党专政状态。这时候，戈尔巴乔夫已经被软禁在遥远的克里米亚，能够对付政变的力量唯有俄罗斯联邦总统叶利钦了。

叶利钦决心与政变者全面对抗。他发表《告俄罗斯公民书》并签署了四个命令，宣布紧急状态委员会是违反宪法的组织，实行紧急状态是右派反宪法的反动政变，该委员会的一切命令在俄罗斯领土上无效。他呼吁“俄罗斯公民对叛乱分子给予应有的回击”，号召举行无限期总罢工。还要求召开苏联非常人民代表大会，要戈尔巴乔夫在会上发表讲话。

叶利钦的话在民众中产生了广泛的反响，苏联人民开始自发行动起来反击紧急状态委员会。叶利钦也登上白宫前一辆坦克发表演说，呼吁人民起来反抗，同时积极寻求西方的支持。

叶利钦这些活动卓有成效，赢得了国内民众的广泛支持，也赢得了西方国家的普通声援。19日美国总统布什发表声明，不承认苏联新领导人，要求恢复戈尔巴乔夫的权力。

在国内，形势迅速向不利于政变者的方向转化，首先是各加盟共和国领导人先后起来声明不支持紧急状态委员会，苏联各地的绝大多数政权机关也没有认真执行紧急状态委员会的命令，更重要的是军队表示不支持紧急状态委员会。例如第106空降师本来奉命去抓捕叶利钦，却临阵倒戈，转而支持叶利钦，精锐的塔曼摩托化师的部分部队也掉转枪口，用坦克和装甲车保卫白宫。

这样，国家紧急状态委员会的失败就成为必然了，到8月21日下午5时左右，国家紧急状态委员会的几名成员亚佐夫、克留奇科夫等飞往克里米亚，要求会见戈尔巴乔夫，但戈尔巴乔夫拒绝了。通讯得到恢复后，戈尔巴乔夫首先同叶利钦、哈萨克斯坦总统纳扎尔巴耶夫和其他共和国的领导人通了电话，又与美国总统布什通了电话。稍后，俄罗斯最高苏维埃非常议会派出由俄罗斯联邦总理西耶拉夫和副总统鲁茨科伊率领的一组人来到了总统别墅，戈尔巴乔夫与他们进行了长时间的会谈。戈尔巴乔夫随即在克里米亚休假地发表声明，宣布他已经完全控制了局势，将在最短时间内返回首都履行总统职务。

8月22日凌晨，戈尔巴乔夫返回莫斯科，重新掌握了政权。

至此，历时仅三天的政变遂告彻底失败。

大崩溃　政变失败后，8月23日，戈尔巴乔夫宣布建立一种新领导机制，一旦联盟总统或俄罗斯总统两人中有一人陷入无法下达命令的境地，另一人就将立即接过他的权力和职责。

对于苏共，戈尔巴乔夫认为它是这次政变的总后台，于是，8月24日，戈尔巴乔夫宣布辞去苏共中央总书记的职务，建议苏共中央自行解散，各共和国和地方党组织则自行决定其前途。戈尔巴乔夫还发布命令，停止各政党和政治运动在武装力量、内务部、克格勃以及其他国家机关的活动。叶利钦更下令中止俄罗斯共产党的活动，并查封苏共中央大楼、俄共中央大楼及列宁格勒等市的党委机关大楼。25日，叶利钦下令没收苏共和俄共全部动产和不动产。

8月29日，苏联最高苏维埃非常会议通过了《关于政变后国内形势的决定》，决定暂时停止苏共在苏联全境的活动，由内务部负责管理苏共的财产和档案，责成检察院对苏共领导机关进行审查。与此同时，各共和国的共产党有的被禁止活动、有的自行宣布停止活动、有的则改了名。

总之，由列宁创立的、在苏联执政70余年、党员人数数百万的苏联共产党顷刻间土崩瓦解。

更令人感到不可思议的是，不但俄罗斯普通人民对它的毁灭毫不同情，它自己的几百万党员中竟然没有一个有分量的人站出来反对：有的公开赞同对自己党的毁灭，有的则闭口不言，默默地接受了毁灭的命运。这不能不令人深思。

苏共覆灭了，由苏共建立起来的苏联的覆灭也就指日可待。

苏联灭亡的直接起因是各加盟共和国的独立。波罗的海三国早就宣布了独立，不久，乌克兰、白俄罗斯、摩尔多瓦、阿塞拜疆、乌兹别克、吉尔吉斯等相继宣布独立，苏联从中央到地方的各级行政管理机关已全部处于瘫痪状态。

1991年12月7日，俄罗斯总统叶利钦、乌克兰总统克拉夫丘克、白俄罗斯最高苏维埃主席舒什克维奇在白俄罗斯首都明斯克会晤，8日签署了《关于建立独立国家联合体的协议》，宣布苏联作为国际法主体和地缘政治实体将不复存在。

12月25日，戈尔巴乔夫发表电视讲话，宣布辞去苏联总统职务，同时还辞去苏联武装力量最高统帅职务，并把武装部队和核按钮的控制权移交给俄罗斯总统叶利钦。

12月26日，苏联最高苏维埃举行最后一次会议，并通过宣言，从法律上终止了苏联的存在。

世界上最大、最早的社会主义国家就此寿终正寝。

第五十八章 世界新霸主（上）

第二次世界大战中美国虽然也有重大损失，伤亡上百万军队，开支了巨额军费，然而总的来说美国大有收获，成了西方世界的新霸主，也将成为整个世界的新霸主。

其原因很明显：当德国、法国、英国、苏联的国土正受着熊熊战火焚烧蹂躏、损失惨重时，美国本土远离疆场，安然无事。当欧洲国家的工厂城市等被敌国的大炮飞机炸成一片废墟时，美国的城市工厂毫发无伤。不但如此，战争爆发使工厂订单数量大增，生产规模不断扩大，利润滚滚而来。

这一切的结果是，到第二次世界大战结束时，无论经济还是军事实力，美国已经成为全世界无与伦比的强国，经济方面是唯我独尊。例如1947年，美国的工业生产竟然占到整个西方资本主义世界的60%以上。

从朝鲜战争到麦卡锡时代　这时候的总统是杜鲁门。杜鲁门1884年生于密苏里州，1919年他与从小青梅竹马的女友伊丽莎白·华莱士结婚，婚后他在堪萨斯州的独立城开设了一家男子服装店，3年后因为经济萧条关门，欠下了3万美元债务，对于那时的他简直是天文数字。但杜鲁门拒绝用破产来赖掉债务，他咬牙慢慢地还，一直还了15年。从这里我们可以看到杜鲁门最好的品质之一：诚实守信。

也就是在这年，杜鲁门开始投身政治，到1926年，杜鲁门当选堪萨斯城首席法官，任内他以绝对的清廉而赢得了选民们的尊敬。

1934年时，完全由于偶然，杜鲁门成了密苏里州民主党的参议员候选人，更让人吃惊的是，在政坛还是默默无闻的杜鲁门竟然竞选成功，当上了联邦参议员。

在参议院，杜鲁门全心全意地支持罗斯福的新政，后来他担任了调查国家防务活动特别委员会的主席，对战争期间从国家牟取暴利的公司或个人进行调查，他的调查极为成功，为国库节省了约150亿美元，也为自己赢得了公正无私、一心为国的清誉。

1944年，罗斯福第四度竞选总统时，杜鲁门又意外地成了民主党的副总统候选人，这次竞选中罗斯福第四次当选总统，60岁的杜鲁门成了副总统。

1945年4月12日，才做了几个月副总统的杜鲁门因总统去世而成了美国第33任总统。

杜鲁门接任后立即面临一大堆重大事务要处理。第一个就是接任几天后就要在旧金山举行的联合国筹建会议，不久后又接受了德国的投降，7月初再到波茨坦与斯大林和丘吉尔举行会晤，在那里向日本发出了最后通牒。在波茨坦时他接到国内的报告，得知原子弹已经成功试爆，立即决定投放日本以促使其早日投降并在8月14日接受了日本的投降。如此等等，这一切的重大事宜都是杜鲁门在继任后短短的4个月之内完成的。

此后他又做了许多同样重大的决定，例如二战胜利后紧接着与苏联打起了冷战，揭开了将笼罩东西方几十年的铁幕，主持建立联合国和北约，等等，每一事件都是划时代的，都是由杜鲁门作为美国总统领导完成的。

除了上面这些，杜鲁门任内还有三件事情也值得一说，一是他的“公平施政”，二是朝鲜战争，三是麦卡锡主义的横行。

公平施政中最重要的内容是充分就业法。根据此法，联邦政府必须负责协调和利用一切计划、政策、职能和资源，使那些能够工作、愿意工作和正在寻找工作的人找到适当的就业机会，甚至规定为此国家可以适度干预经济。

杜鲁门的这些措施得罪了许多人，特别是有钱人，但对普通劳工大众较为有利，因此在1948年的总统竞选中获胜。

朝鲜战争在中国称“抗美援朝”，它的经过我们都知道，这里就不说了。朝鲜战争结束后，在美国国会举行的听证会上，当时的美国参谋长联席会议主席——这也是美军的最高军职——布雷德利对朝鲜战争做了这样的总结：

> 这是在错误的地点，错误的时间，同错误的对手，打了一场错误的战争。

但我们也不能不承认这场战争使中国人民遭受了太大的损失：估计有100万中国人在朝鲜战死。此外其他国家的死亡数目是：130万韩国人；50万朝鲜人；54246名美国人，其中包括美军第八集团军司令沃克中将。

对于中国人民，另一个难以承受的损失是台湾。本来，共产党占领大陆后，美军已经决定不再支援蒋介石，以国民党军当时的力量根本不足以抗衡解放军的进攻，然而，志愿军入朝后，美军派出强大的第七舰队封锁台湾海峡，阻挡人民解放军攻打台湾，共产党就此未能统一中国，直到今天。

麦卡锡是威斯康星州人，从海军退役后他代表共和党参加威斯康星州参议员竞选成功。1950年2月9日，他讲演时在听众面前挥舞着一张纸片，声称纸片上有渗入美国国务院的205名共产党员的名单。麦卡锡的话在广大美国公民中激起了巨大的反响，使反共成了时髦的社会潮流，人人都要把它挂在口头上才表明不是共产党，联邦调查局的特务在大学校园里到处游逛，窥视共产党的同情者。

在麦卡锡和他的主义横行的几年里，美国也许处于历史上最黑暗的时期，它后来被称为“麦卡锡时代”。在这个时期，美国全国处于一片恐怖气氛之中，人们相互猜疑，一听到“共产主义”字样就发抖。成千上万的各色人士受到迫害，他们的亲戚和朋友遭到株连。

麦卡锡这股逆流直到1954年才被扼制。这年12月，美国参议院通过一项决议，正式谴责了麦卡锡。

麦卡锡的时代就这么过去了。

这时候美国的政坛已经是艾森豪威尔时代了。

名将总统　艾森豪威尔1890年生于美国南部的得克萨斯州，1910年进入著名的西点军校，1925年又在美军参谋学院深造，毕业成绩名列第一，再被送往美国陆军学院深造。1930年至1939年，他担任了陆军参谋长麦克阿瑟的助理，并随麦克阿瑟去菲律宾组建军队。

第二次世界大战爆发后，艾森豪威尔成为第3集团军参谋长，1942年2月被任命为美军参谋部作战处处长，负责拟订欧洲盟军的联合作战计划，次年他成为盟国远征军最高司令。统领盟军对德作战，功绩卓著。

1948年，艾森豪威尔退役，次年受聘担任了著名的哥伦比亚大学的校长，再次年又应杜鲁门总统之请恢复军籍，出任北大西洋公约组织最高司令。此前他已经几次拒绝民主党与共和党两党请他担任其总统候选人的邀请，直到1952年，他才被温和派的共和党人说服，辞去军职，参加于当年举行的总统大选。选举结果如人所料，他轻轻松松便大胜对手，1953年1月宣誓就任美国第三十四任总统，1956年竞选连任成功。

艾森豪威尔就任总统后的情形与杜鲁门大相径庭。那时候，当杜鲁门匆匆上任就有许多历史性的重任压在他相对脆弱的肩膀上，而到了艾森豪威尔，虽然他的肩膀坚强如铁，但落到这铁肩上的担子却比杜鲁门要轻得多。原因很简单：那些对战后的美国甚至世界历史有重要影响的事情有的已经发生了，由杜鲁门做出了决定，有的还没有发生，要等到艾森豪威尔的后任总统们去做决定。

不过我们也不要轻视艾森豪威尔在8年总统任内所做的工作，它们实际上起到了承前启后的作用，他的工作就像一条纽带一样，不但最后完成了一些杜鲁门未曾做完的事，而且为他以后的美国总统开启了多扇大业之门。

艾森豪威尔上任后完成的几件大事一是完成朝鲜战争的停火协议，二是公开谴责麦卡锡，结束了麦卡锡时代。

艾森豪威尔在其任内开始但未完成的历史性工作也有两项：一是黑人民权运动，二是开始了美苏之间的高科技尤其是太空科技的竞争。这些我们都等到后面再说。

1960年，艾森豪威尔完成了第二个任期，他推荐的候选人尼克逊在竞选中以微弱差距败北，美国历史在8年之后又走进了民主党时代，这次执政的民主党总统是肯尼迪。

史上最迷人的总统　在美国历史上有许多著名的家族，有的以富有闻名，有的则是以政治家辈出闻名，肯尼迪家族就是如此。然而，肯尼迪家族之所以如此著名，不仅在于其成就，而且在于其悲剧性。即使它不是美国最著名的家族，也是最悲剧性的家族。

家族始祖约瑟夫的九个成年子女中，先后有四人死于非命：长子小约瑟夫战死，次子约翰·肯尼迪总统被刺杀，三子爱德华亦被刺杀。当爱德华被刺杀之时正在参加总统角逐，以当时之形势，如果不死，他几乎肯定将赢得选举，成为美国总统。次女凯瑟琳死于空难，其夫婿哈廷顿侯爵亦战死。而肯尼迪总统的独子小约翰·肯尼迪于1999年7月死于空难。这些死者中年纪最大的也不过46岁。

在肯尼迪家族中，最著名的当然是约翰·肯尼迪总统了。他1917年5月生于马萨诸塞州，是约瑟夫·肯尼迪的次子，还在哈佛大学时就写出了论文《英国为何酣睡？》获得专家们的高度评价，后来出版并成为畅销书。这时他还只有23岁。

第二次世界大战爆发后，肯尼迪申请入伍，但因为有背伤被拒绝，后来走父亲的“后门”方获准进入海军，在太平洋战区与日军作战。以其非凡的勇气而被授予紫心勋章、海军及海军陆战队勋章。

1946年，肯尼迪作为民主党候选人竞选波士顿的联邦众议员并大胜，这年他未满29岁。

1952年，35岁的肯尼迪又进一步竞选成功参议员，他的竞选口号是“肯尼迪将为马州做更多的事。”

第二年，肯尼迪结婚了，对象是杰奎琳，著名的美人，《华盛顿时代先驱报》的采访摄影师，他们举行的盛大婚礼轰动一时。

几乎从进入参议院起，肯尼迪就在思考着他的未来之路了，对于他以及他的家族而言，那条路是早就明白如画的——成为美国总统。

1960年7月，肯尼迪成为民主党总统候选人，在接下来的总统选举中，他击败了共和党的候选人，艾森豪威尔的副总统尼克松，成为美国第三十五任总统，时年仅43岁，是美国历史上最年轻的总统，而且由于他长得英俊，又极富魅力，也可以说是美国史上最迷人的总统。

肯尼迪只当了3年多总统，然而这三年给美国乃至人类历史留下的印记却相当之深，在这个时代发生了几件影响美国当代史的大事，如猪湾事件、柏林危机、古巴导弹危机，等等。

猪湾事件就是1961年4月古巴流亡分子在美国的支持下在古巴的猪湾登陆，试图推翻卡斯特罗政府，结果以流亡分子的惨败而结束，肯尼迪政府也大丢其脸。

柏林危机我们前面讲东西德时说过了，这里不再多谈，这次肯尼迪赢了，令苏联人丢了脸。

与柏林危机相似但更为严重的危机发生在1962年，这就是古巴导弹危机。

1962年l0月中旬，美国情报官员发现苏联正在古巴修建基地，部署导弹和运载核武器的重型轰炸机，这些基地发射的导弹将直接威胁美国的每一座城市，这等于把整个美国放在了古巴与苏联的枪口之下。

肯尼迪做出了强烈的反应，一方面公开向苏联发出警告，要求苏联从古巴撤出导弹与核武器，同时宣布三军进入战备状态，强大的海空军力量在加勒比海广大海域对古巴设立了海上封锁线，进行“隔离”，用武力拦截一切前往古巴的船只。

在危机之初，苏联也做出了强硬的反应，苏联和华沙条约组织的武装力量，包括战略火箭部队，也进入戒备，世界一时好像走到了核大战的边缘。

但最后还是赫鲁晓夫让步，从古巴撤出了导弹，肯尼迪取得了辉煌胜利。

1963年11月22日，肯尼迪总统伉俪来到了属于得克萨斯州的达拉斯。当总统车队浩浩荡荡地开过来时，达拉斯街头早已是万人空巷，人们挥舞着星条旗，发出热情地叫喊，欢迎美国历史上最年轻的、也是最潇洒的总统和他身边那位美国历史上最美丽的总统夫人杰奎琳。

12时30分，当车队驶进中央大道、豪斯顿大街、埃尔姆大街的交叉口时，在西北角的得克萨斯教科书仓库大楼六层的一扇临街的窗户打开了，出现了一名拿着枪的男子。

车队向西南方急转弯，驶上了埃尔姆大街，肯尼迪仍在愉快地微笑着，挥着手。

传来沉闷的枪声。

只见肯尼迫总统的身体突然抖了一下，脸上显出一种奇怪的神色，像迷茫或者沉思，他举起右手颤抖着似乎想抓住后脑勺，但很快就无力地落了下来。瞬间，鲜血伴随着白色的脑浆像喷泉一般向四处喷射而出，溅到杰奎琳的脸上、身上，溅到康纳利夫妇和前面开车的特工身上。一位儿，肯尼迪上身的西服已经浸透了鲜血。

这一切太突如其来了，谁都没有反应过来，杰奎琳先是手足无措，然后本能地俯到肯尼迪身上，她突然喊出声来：

“我的天哪，这是怎么回事？我的天哪，他们杀死了杰克，他们杀死了我的丈夫。杰克！杰克！”她拼命摇晃着总统已经僵直的尸体。

这一个瞬间像被电影镜头定格一样，刹那间成了永恒。

不久，一个消息像狂风暴雨一样传遍了美国：

“肯尼迪总统遇刺了！”

顿时，达拉斯、整个美国、甚至整个西方世界都沉浸在巨大的悲痛中，很多人都流下热泪，许多妇女和儿童失声痛哭……

肯尼迪死时仅46岁，留下了34岁的年轻妻子和6岁的女儿、3岁的儿子，还有许多其他东西，包括未完的总统任期。

肯尼迪的尸体被空运回华盛顿，同机的有杰奎琳和副总统林登·约翰逊。

国不可一日无君。在飞机上，由一位联邦检察官萨拉·休斯主持，经过一个简短、严肃而悲怆的仪式，约翰逊宣誓就任美国第三十六任总统。

飞机抵达华盛顿后，约翰逊告诉等候着的人们：

“我们遭受了无法估量的损失。我会尽力而为。这也是我所能做的全部。我需要你们的帮助，需要上帝的帮助。”

在这种充满悲伤的气氛中，美国当代史默默地走进了约翰逊时代。

革命的年代　在美国诸位总统中，约翰逊不是一个我们常常能听到的名字，这也许是因为肯尼迪就像太阳，他的光辉将身后的约翰逊这颗星星掩盖了。不过，对于美国当代史而言，约翰逊仍是一位重要人物，在他的任内，他通过了许多重要法案，做了许多重要事情，而他所在的时代也是美国现代史上一个相当特别的年代，我们甚至可以说这是一个“革命的年代”或者说“反抗的年代”。

约翰逊生于1908年8月，得克萨斯州人，他们家有从政的传统，他的祖父、外祖父与父亲都是得克萨斯的州议员，但在美国当官不意味着发财，所以他家里还是十分穷。

他的小学和中学都是在最普通的公立学校就读，大学期间就完全靠自己养活自己，1930年大学毕业后当了中学老师。

大约两年后，一个众议员请他到华盛顿去当了秘书，他从此步入了政坛。1937年约翰逊当选众议员，1948年约翰逊当选参议员，1952年他成为参议院民主党的领袖，时年44岁，是有史以来参议院中最年轻的领袖。

当上党的领袖后，他鲜明地主张“党派政治应当对人民负责”，因此，对于总统的提案，他完全根据人民与国家当时的需要来赞同或反对。于是出现了这样有趣的局面，在参议院，当共和党总统艾森豪威尔的许多政策在共和党参议员中遭到反对时，民主党参议员却起来支持他。

作为政治家，约翰逊最大的特点是有出色的政治斡旋能力，他有一句著名的口头禅："让我们一起来研究研究好吗?"

1960年，约翰逊当了肯尼迪的搭档竞选副总统，并且取得了胜利。

三年后，1963年11月，当肯尼迪被刺时，约翰逊成了总统，时年55岁。

1964年5月22日，约翰逊就在密歇根大学发表演说时宣布：

> 美国不仅有机会走向一个富裕的社会和强大的社会，而且有机会定向一个伟大社会。

这"伟大社会"可以看作是约翰逊的治国纲领，具体而言包括五大方面：

一是消除贫困；二是为所有人提供适当的教育；三是为所有老年人提供医疗照顾；四是为美国人民建设一个更加优美的人居环境；五是民权立法。

这五点约翰逊都做了不少工作，例如消除贫困。约翰逊认为，一个伟大社会首先应当尽量消除贫困，而消除贫困最好的办法就是让贫困的人们能够找到工作，要他们能够找到工作的最好办法就是为贫困的人们提供适当的就业培训，让他们能够拥有一技之长。因此约翰逊把职业训练和就业后地再训练计划从青年扩大到所有成人，从失业者扩大到在职工人，经过他的努力，有近40万长期失业者因此找到了工作，也克服了贫穷。

伟大社会的五大方面里最深刻地影响了美国当代社会的是民权运动。

民权运动简单的含义是20世纪五六十年代美国一些团体与个人为替一直以来受到歧视的黑人争取选举权、公共设施使用权及更好的教育与工作机会而发起的一系列运动。

虽然美国是民主国家，但黑人一直没有足够的公民权，甚至受到社会公开的歧视，于是黑人们及同情他们的白人采取了各种各样的措施来反对种族歧视，如示威游行、静坐抗议等。

在黑人的民权运动中有两个杰出的象征性人物，一个是女黑人罗莎·帕克斯，另一个是黑人牧师马丁·路德·金。1955年12月1日，在美国南部亚拉巴马州蒙哥马利市一家百货公司工作了一天的黑人女裁缝罗莎·帕克斯登上了回家的公交车。那时在亚拉巴马州的公共汽车实行严格的种族隔离制，也就是说，在车厢里白人要坐前半部分，黑人只能坐在后排。可是那一天黄昏正值下班高峰，上车的人越来越多，黑人这半区的座位已经坐满了，而白人那半区却还有许多空座，罗莎·帕克斯便坐在了属于白人区的座位上。当白人驾驶员命令她离开时，她拒绝了。她旋即被逮捕，理由是蔑视蒙哥马利市关于公共汽车上实行种族隔离的法令。

这个消息传开后，当地一位年轻的黑人牧师马丁·路德·金愤怒了。他站出来告诉大家："美国民主的伟大之处是为权利而抗议的权利"，号召黑人弟兄拒乘公共车。蒙哥马利市数千名黑人扶老携幼、互帮互助，或乘小车或步行，决不乘公共车。不久，一场由拒乘事件引发的波澜壮阔的民权运动开始了。

黑人们的行动一开始遭到了迫害，许多人因此被白人老板解雇，罗莎·帕克斯在多次接到白人种族主义者的暗杀恐吓后，不得不迁往北方的密歇根州。但黑人们反种族歧视的脚步并没有因此停顿，在蒙哥马利，黑人拒乘381天后，没有生意、面临破产的公共汽车公司被迫取消公共汽车上的种族隔离。

这一结果感染了其他许多地区，使这些地方的学校与公共汽车等上面的种族隔离也遭到了抵制，有的也被迫取消，反种族歧视行动取得了重大的胜利。

至于马丁·路德·金，他从此成了黑人民权运动的领袖与象征，领导美国人民采取非暴力的方式反对种族歧视，赢得了越来越广泛的支持。特别是1963年8月，他领导了约25万黑人与同情黑人的白人向首都华盛顿进军，要求废除种族隔离制度，使民权运动达到了高潮。

而约翰逊一直以来都坚定地支持黑人的民权运动，他采取的办法是不断督促国会通过反对种族歧视、给予黑人平等权利的法案。例如1965年3月15日，他在国会发表了"他们的事业就是我们的事业"的著名演说，要求国会"不拖延、不犹豫、也不妥协地"通过保障黑人选举权的立法。

通过约翰逊的努力，从法律上摧毁了美国种族隔离制度，在事实上也解除了美国社会曾经广泛存在的种族隔离制度。

上述政策使约翰逊赢得了广大选民普遍的支持，他在1964年的总统选举中赢得了空前的大胜：在50个州中他赢得了44个州的胜利。

诚然有如上的功绩，约翰逊通常并不被认为是一个伟大的总统，这同他在对外政策上的失败有关。他最大的失败是全面投入越南战争，使美国陷入了这个可怕的泥潭。

1968年，新的总统选举又开始了，约翰逊宣布他将不竞选连任，他推举自己的副总统汉弗莱为总统候选人，但汉弗莱失败了，击败他的是曾经被肯尼迪击败的另一个副总统——艾森豪威尔的副总统尼克松。

尼克松时代是美国当代史上一个比较特殊的年代，这就像尼克松自己是美国历史上一个非常特别的总统一样。

第五十九章　世界新霸主（下）

尼克松是一个独特的总统，但独特并不意味着好。

被迫下台的总统　尼克松1913年出生于加利福尼亚州，尼克松有五个兄弟，他是第二，在当地的公立学校读小学和中学，中学毕业后进了惠蒂尔学院。他不但成绩好，而且十分活跃，当过学生会主席，毕业后进了著名的杜克大学法学院深造，1937年以优异成绩毕业。

毕业后，尼克松当了律师，第二次世界大战爆发后，他参加了海军，战争结束时已经是少校了。1945年的一天，有个朋友告诉他加利福尼亚州共和党正在物色一名众议员候选人，问尼克松愿不愿意担当这个角色，尼克松同意了，于是在次年的选举中，默默无闻的他凭着唇枪舌剑击败了对手成为新议员，时年仅33岁。

1950年，尼克松参加了加利福尼亚州的参议员选举，获得了胜利，时年仅37岁，用的主要武器又是反共。

这时候尼克松已经以擅长演说闻名，并赢得了越来越多的支持者，其中包括纽约州的共和党州长杜威，他将尼克松推荐给了艾森豪威尔，成为他的副总统候选人并顺利当选，时年仅39岁。

由于工作勤奋，他赢得了艾森豪威尔总统的喜爱。多年后他们甚至成了亲戚：尼克松的女儿朱莉嫁给了艾森豪威尔的孙子。当副总统时，尼克松经常作为年老的艾森豪威尔的代表到世界各地作亲善访问，当副总统8年间他到过多达56个国家。1958年，当他在委内瑞拉首都加拉加斯访问时，当地的共产党对他这个著名的反共分子进行了围攻，甚至企图掀翻他的座车将他杀死。在这些威胁面前，尼克松表现得勇敢而镇定，没有给美国人丢脸，这更增添了他的声望。1959年他访问莫斯科并在那里举办美国国家展览会，他在带领赫鲁晓夫参观厨具展览时同他就民主政体与共产主义政体孰优孰劣的问题进行了一场有名的公开争论，并且占得了上风。

到1960年，艾森豪威尔的第二个总统任期结束了，尼克松便成了共和党的总统候选人，结果是肯尼迪当选，尼克松以微弱的差距落败。

这对于尼克松不啻是致命一击，他旦夕之间从副总统变成一介平民，从胜利者变成失败者。他灰溜溜地回到了加利福尼亚，在洛杉矶一家大律师事务所当律师。

后来他又搬到了纽约，勤勤恳恳地帮党内的其他人士竞选，提高了他在共和党内的声望。

到1968年，尼克松又一次站在了总统竞选的台面上，他击败了约翰逊的副总统汉弗莱，当选美国第三十七任总统。

尼克松得以成功的主要原因之一是反对越南战争，他将陷入越南战争泥沼的原因归咎于对手，并且公开表示一旦当选将很快使美国退出战争。

越南战争的失败　越南战争是两场战争的总称：先是法国与越共之间的战争，然后是美国与越共之间的战争，其中又以后一场战争为主。

1945年第二次世界大战结束，日本投降，越南从日本侵略军的占领之下获得了解放。这年9月2日，胡志明宣布越南独立。但越南的原殖民宗主国法国不予承认，称越南只是法兰西联邦内的一个自由邦，由此在越盟与法国之间产生分歧并且越来越尖锐，终于爆发了战争，这是1946年12月的事。

战争初期，法军凭着现代化的武器装备取得了一些胜利，但越南人民是正义的反殖民战争，又得到了中国强有力的军事援助，越来越强大，取得了一次又一次的胜利。特别是在以韦国清将军为首的中国军事顾问团的帮助下，1954年3月发动了著名的奠边府战役，歼灭法军1.6万余名，迫使法国在同年7月20日签订《关于恢复印度支那和平的日内瓦协议》。根据协议，法军撤至北纬17°线以南，越盟撤至北纬17°线以北，17°线成为军事分界线。

此后法军从越南撤离，不久，南北越就爆发了战争，南越如何是久经战争考验的北越的对手！在这种情况下，南越请求美国政府的支持，由于担心共产党势力在亚洲进一步蔓延，美国答应了南越的请求，当时的总统肯尼迪派出了大批军事顾问进驻南越。

肯尼迪被刺后，约翰逊决定使美军更大规模地、真正地参加了越南战争并成为战争中的一方，越来越多的美军被派往越南，到1964年底已有2.3万名，到1965年6月更增至5万。

但战场形势并没有因美军的介入而迅速改观，南越军队仍在节节溃败。在这种情况下，为了不使南越迅速被共产党占领，唯有派出越来越多的美军直接参战。到1965年底，在南越的美军已达18万，到1967年更增至近40万，虽然他们的武器装备十分精良，有绝对优势的火力，有直升机和燃烧弹，但是无法消灭战术灵活、勇敢不屈并具有坚定信念的共产党游击队，游击队员们巧妙隐蔽的突然袭击令美军伤亡惨重。美军只有不断增兵，到1969年4月，在越南作战的美军已经达到惊人的54.3万，并且使用了除原子弹之外的一切先进武器，包括化学武器，但仍无法取得胜利，反而一天天陷入泥淖。

早在此前，随着战争的拖延和伤亡的增加，越南战争在美国国内激起了猛烈的反战新浪潮，使约翰逊腹背受敌，决定不再竞选连任总统。于是，尼克松以反对越南战争为口号赢得了胜利，他上任后，虽然初期仍往越南增兵，但却渐渐减少了战事。紧接着便开始大规模撤军了，同时与越共展开了谈判，终于从越南战争中脱身。

1975年3月，越来越强大的北越军向没了美军支持的南越军发动总攻，南越军迅速溃败，4月21日，南越总统阮文绍辞职，逃往台湾，30日，南越政府宣布无条件投降。

越南战争给越南、也给美国造成了巨大损失，美军在战争中阵亡达57605人，另有31.3万人被打伤，直接军事开支达1650亿美元，如果把间接开支和其他有关款项计算在内共达约3500亿美元，约翰逊的“伟大社会”计划也因这场战争而在前进中被中止。更长远的损失是，越南战争后，在相当一段时间内，美国被看作是一个不足以依赖的军事和政治伙伴而受到轻视。

越南战争外，尼克逊任内完成的另一件大事是登上月球。1957年10月4日，苏联发射成功第一颗人造地球卫星，1961年4月12日，苏联宇航员加加林又第一个实现了人类的太空漫步。这让一直以来科技水平天下第一的美国人大丢面子，他们感到美国在科技方面已经有了一个强大的对手，美国必须迎头赶上，否则将落后于人。为此艾森豪威尔和肯尼迪两任总统都加紧了太空科技的发展，特别是肯尼迪总统，他在1960年7月提出了他著名的“新边疆”理论，这个新边疆就是茫茫太空。1961年5月，肯尼迪正式宣布要登上月球，这就是“阿波罗登月计划”。

这一计划耗资达200亿美元，其规模与制造原子弹的“曼哈顿计划”不相上下，为此美国全国上下，从国民、国会到政府，从国家航空与宇宙航行局到国防部都合成一体，还专门成立了月球研究联合执行委员会、月球研究联合办公室等来负责协调管理。

1969年7月16日，美国东海岸卡纳维拉尔角的肯尼迪航天中心发射场，只见在巨大的轰鸣声中，白色的土星5号火箭把阿波罗11号送上了太空。参加这次登月飞行的是阿姆斯特朗、奥尔德林和科林斯。

在茫茫太空飞行4天之后，7月20日下午4时40分，离开指挥舱的“鹰”号登陆舱在月球表面成功着陆。美国东部夏令时间下午10时56分，指挥长阿姆斯特朗走下了登陆舱的舷梯，在月球上踩下了人类第一个脚印。他当时说了一句意味深长的话：

“对于一个人而言这只是一小步；但对整个人类而言这是一大步。”

这时的总统已经是尼克松了，他通过无线电与远隔约30万公里的月球上的人们通了话。

他怎能不高兴呢！几任美国总统辛苦得来的果实，让他这个当总统不过半年的人坐享其成了！

两年多之后，尼克松又一次享受了他戏剧性的成功：他到了中国！

我们知道，自从中华人民共和国成立后，中国一直是美国的敌人，然而这对敌人在1972年2月却几乎是突然地成了朋友——至少不再是敌人，因为尼克逊戏剧性地访问了中国，还与毛泽东举行了著名的会谈。

这件事成为尼克松整个任内、甚至整个一生中的标志性事件，也是美国当代外交史上最出人意表的杰作。不论对于他个人还是对于整个国际局势，其影响都是深远的——它使世界上人口最多的国家与经济最发达的国家、使最大的资本主义国家与最大的社会主义国家之一、使最大的第一世界国家与最大的第三世界国家，走到了一起，从此不再是敌人，这结果就像尼克松后来有些得意地说的：

中国之行的这一周是改变世界的一周。

访华使尼克松走到了他人生辉煌的顶点，使他在这年举行的总统选举中以绝对优势击败了民主党对手，连任总统。

然而他的第二个任期就没那么光彩了，不仅如此，对于他，第二个任期是他政治生涯的“死期”，置他于死地的是“水门事件”。

被迫辞职　“水门事件”发生在首都华盛顿特区的水门办公住宿综合大楼内，因而得了这个名字。

1972年6月17日夜间，设在这栋大楼里的民主党全国委员会办公室的保安抓住了5个窃贼，在他们身上搜出了窃听器。

一开始，尼克松坚决不承认自己与此事有关，但纸包不住火，不久，越来越多的证据表明尼克松参加了此案，目的是要盗窃民主党下届总统选举的竞选资料。

尼克松一开始采取蛮横的、明显藐视法律的做法试图掩盖事件的真相，激起了全国民众的公愤，人们开始要求他辞职或对他进行弹劾，众议院也拟出了弹劾程序。

到1974年7月，众议院司法委员会在全国电视节目里就弹劾总统的条款举行公开辩论，29日以28票对10票同意按弹劾条款中的第二款，即滥用职权和违背总统宣誓的誓言对尼克松进行弹劾。第二天委员会又以21票对17票同意按弹劾条款中的第三款，即藐视国会，对尼克松进行弹劾。

而同时，水门事件的关键证据白宫录音带，尼克松一直借口“行政特权”拒不交出，但7月24日，美国最高法院以8票比0票裁决总统必须交出。

结果，在8月5日公开的一部分录音带的内容表明，1972年“水门事件”后不到一周，尼克松就曾指示他当时的首席顾问霍尔德曼阻挠联邦调查局对“水门事件”进行调查。

至此尼克松是否在“水门事件”中有罪已经真相大白，共和党国会领袖明白地告诉尼克松说，不仅众议院要弹劾他，参议院也一定会定他的罪。

事已至此，为了避免成为美国历史上第一个被正式定罪、被罢免总统职位、甚至被投入大牢的总统，尼克松只能成为另一样美国历史上第一的总统——第一个被迫辞职的总统。

1974年8月8日，尼克松对全国发表了电视讲话，宣布辞职。他说，他决定辞职是因为“我已清楚地看到，我在国会中已经不再有起码的政治支柱了”，只字不提致使他辞职的“水门事件”。

8月9日，他的辞职正式生效，尼克松回到加利福尼亚的老家，过起了隐居生活。

他的副总统福特继任总统，尼克松辞职一个月后，1974年9月8日，福特总统宣布：

“完全、彻底、无条件地赦免前总统在任期内所犯的一切过失。”

对于美国现代史而言，福特几乎是一个可有可无的人物，他以副总统而接替了尼克松之位，当上总统后，他却奉行了几乎是全套的尼克松政策，因此在1976年的大选中就被选民抛弃了，民主党的卡特继任总统。

这位卡特也没多少东西可说，简而言之是：这段时间的美国有如一个病夫，处于休养生息的时代。

卡特在美国总统之中也是一个异类，他是少数未能连任的总统之一，他当总统几乎是一个意外，或者说是一个例外，是美国尼克松与福特之后的特殊历史状况才将他推上了总统的宝座。由于任内政绩平平，使民主党与共和党两党都批评他，在普通选民中他的口碑也很差。因此，在1980年的总统选举中，他被共和党人罗纳德·里根打得惨败，只得到了49张选举人票，里根得到了489张，几乎是他的10倍，美国现代史在1980年进入了里根时代。

小演员，大总统　里根称得上是所有美国总统中最受欢迎的人物之一，如果讲在职时受到民众普遍欢迎与喜爱的程度而言，在所有美国总统中他几乎无有出其右者，这一方面要归功于里根出色的政绩，另一方面也要归功于他那天生讨人喜欢的品质，甚至还要归功于他出众的相貌。

里根1911年出生于美国中部偏东的伊利诺伊州，他不同于大多数是英格兰血统的美国总统，他是半爱尔兰半苏格兰血统。大学毕业后他凭着出众的外貌与口才，被一家电台聘为播音员，专播体育新闻。

1937年，里根有一次去美国加利福尼亚州报道棒球的春季训练，被著名的华纳兄弟影片公司相中，从此步入影坛，影艺生涯中他共出演过约50部影片，不过从来没有成为大明星，奥斯卡奖的边都没沾上，只是一个小演员。

第二次世界大战爆发后，里根从了军，为美国陆军制作训练影片，战后开始涉足政坛，当上了电影工会主席，代表好莱坞的演员们与美国全国工会、政府等打交道。

1952年里根娶了南希，她也是个电影小明星，里根此前还娶过简·怀曼，名气和年纪都比里根大，曾得过奥斯卡奖，两人在1949年离了婚。

里根本来是民主党人，但后来发现共产党是美国自由的主要威胁，而共和党更反对共产党，因此便在1962年加入了共和党。

里根一入政坛就立即显示了过人的政治天赋，例如出众的演说才能、善于赢得民心的领袖气质，等等，在共和党内的政治地位迅速蹿升。1966年他以绝对优势当选美国第一大州加州的州长。

当上州长后，里根采取了措施来发展经济、增加政府收入、提高人民福利，取得了相当成效，因此1970年时得以连任。

1974年里根从加州州长职位上退下来，便开始准备竞选总统。六年后，他终于成了共和党的总统候选人，结果大胜，成了美国第四十任总统。这时他已经快70岁了，比艾森豪威尔当总统时还老，是美国历届总统中最老的一个。

里根上台之时的美国就像一个痼疾缠身的巨人，步履维艰，老态龙钟，外交活动中屡次三番失败乃至受辱，国内经济也一团糟。

因此，里根上台之始就提出了一整套力图振兴美国经济的计划，被称为“里根经济学”。其主要目的就是解决美国所面临的“滞胀危机”，解决经济停滞与通货膨胀并行的悲惨局面。

一开始，里根经济学使美国经济好像更糟糕了，而不是更好了，但慢慢地它的好处就显现出来了，美国的国民生产总值在1983年增长达3.4%，1984年更达近7%，是第二次世界大战后最高的年经济增长速度，与此同时，通货膨胀率大为下降。

由于取得了这些成果，里根在1984年的大选中取得了辉煌无比的胜利，在所有50个州中赢得了其他49个州，只在竞选对手的家乡输了，这也是美国有史以来总统选举中最大的胜利。

里根对于美国最大的贡献就在这里：他将美国从衰落的经济中拯救出来，使美国重新成为一个富有的、受人尊敬的、举世无双的强国。

星球大战　里根任内另一项最为重要的政策是“星球大战”计划。

什么是“星球大战”呢？简言之它就是在太空部署核武器拦截系统，在敌方来击的导弹到达美国本土之前在太空就将之击落。

这个计划如果成功实施，将可以拦截99%的敌方来袭导弹。这个计划如果完全实施需要多少资金呢？——约1万亿美元。

里根之所以要弄这个庞大无比的计划，其目的远非看上去那么简单。它不仅仅是要建立一个庞大的防御体系，而是另有深层次的两个目的，一是要大力发展美国的科技，二是要激化与当时的主要对手苏联的军备竞赛，将对手拖垮。其中第二个更是真正的核心目标。

苏联人果真上当，倾尽国力与美国竞争，发展与军事相关的工业，因此无暇顾及人民生活所需要的工业与经济领域的发展，使其经济结构严重失衡，人民生活水平步步滑坡，怨声载道，这是苏联最后走向崩溃的主要原因之一。

到1988年，里根已经任满两届总统，这时候他已经78岁高龄，是美国有史以来最年长的总统，但这时候他远非老态龙钟的模样，而是精神抖擞、容光焕发，被美国人民视为山姆大叔的化身，受到美国广大人民的衷心爱戴，可以毫不夸张地说，没有哪位总统在世退职时受到过美国人民如此的厚爱。

甚至里根的副总统也从人民对他的厚爱中得到了好处。1988年，他的副总统乔治·布什在他的鼎力支持之下当选为美国第四十一任总统，送给他一件最好的告别礼物。我们不要忘了，以艾森豪威尔当初得到美国人民的拥戴，他任满后想使自己的副总统尼克松上台的愿望也没有实现呢，使他在感情上受到很大的伤害。

这里的布什当然是指老布什总统，他的儿子、长得和父亲一个样的小布什总统不在本书的讨论范围之内。

富二代总统　老布什是马萨诸塞州人，生于1924年，他的父亲是富有的银行家。第二次世界大战爆发时布什只有18岁，但他也参了军，成为美国海军中最年轻的飞机驾驶员，服役于太平洋战区，他曾驾机参加过近60次战斗，被击落过一次，但他命大，被一艘潜艇救了。

第二次世界大战结束后布什进入耶鲁大学，学业优秀，在体育上也打出了成就，是耶鲁棒球队队长，还是耶鲁有名的学生秘密社团“骷髅社”的成员。据说这个社团十分神秘，极难加入。

离开耶鲁后，布什到了得克萨斯州，先打工，后来自己开公司，1964年他开始从政后，将公司卖了，赚了一大笔钱。

1966年布什竞选成功，成为休斯敦的众议员，两年后连任。1970年他尝试竞选参议员，但失败了，主要是因为他没有自己明确的政见，这也是布什的老毛病。在共和党内部布什也是个观点很模糊的人，常常在共和党的两派，即保守派与温和派之间，摇来摆去，像墙头草。

不过布什官运亨通，尼克松总统看上了他，任命他为美国驻联合国大使，这是一个很重要的职位，在美国外交部门仅亚于国务卿，“水门事件”发生后，尼克松又任命他当上了共和党全国委员会主席，到处替尼克松辩护。

尼克松辞职，福特上任后，布什被福特任命为美国驻北京联络处的主任，当时中美尚未建交，这也是一个重要职位，就像中美关系是重要的双边关系一样。布什在中国共待了14个月，在这段时间里他与中国领导人相处很好，使美国与中国的关系有了很大发展，也因此布什一直被称为“中国人民的老朋友”，在所有美国总统中只有他有这个称号。

1975年，福特把布什召回美国，任命他为中央情报局局长，当时中情局因为卷入了“水门事件”正士气低落，布什去后大力整顿，使中情局风气为之一变。

1976年福特没能竞选成功，民主党的卡特上台了，共和党的布什待不下去，他回到休斯敦担任了第一国家银行的主席。1980年大选来临前，布什又出马了，当上了里根的竞选伙伴，胜利后成了副总统。

当上副总统后，布什与里根相处很好，经常代表年老的里根总统出国访问，里根结束任期时布什也已经名扬天下了。

1988年，里根总统两届任期满了，根据惯例，布什成为共和党的总统候选人。不过他根本不被看好，因为自从1836年以来就没有副总统能够直接当选总统，连艾森豪威尔的副总统都不能。但有深受选民喜爱的里根总统的全力支持，使他在1988年11月揭晓的大选中大胜民主党对手，成为美国第四十一任总统。

布什只当了短短四年总统，与卡特一样是美国现代史上仅有的两位竞选连任不成功的总统，如果考虑到布什就职时欣欣向荣而卡特就职时一片萧条的局面，布什之没有能够连任只有一个解释：那就是他个人太不行，美国人民实在忍受不了他。之所以如此，与布什将国内经济搞得一团糟有关。

本来，里根执政时期，美国经济一直以较高速度增长，到1990年国内生产总值已达近54000亿美元。但布什上台后，美国经济开始恶化，从1990年到1992年美国经历了一场严重的经济衰退，使经济一举由增长变为下降，使对里根时代的经济繁荣记忆犹新的选民们极为不满。还有，布什在竞选时声称不会加税，但由于联邦预算赤字猛增，1990年他就被迫宣布增税，这更让选民们愤怒，尤其使共和党的传统支持者——

那些需要纳税的有钱人的愤怒，他们感到如果再让布什当总统，说不定又会回到卡特当总统时那种糟糕的局面。因此他们毅然丢掉了布什，选举了克林顿。

这次美国选民们十分明智，他们的选择将使美国走向一个比里根时代更加富裕繁荣的克林顿时代，但这已经不是我们在本书中要讲的内容了。

海湾战争　布什在任时所做的最重要的一件事是发动海湾战争。

科威特是海湾地区一个小国，面积不到2万平方公里，人口不到200万。但科威特虽小，却是世界上最大的产油国之一，也是世界上最富有的国家之一，国库充盈，仅海外投资就有上千亿美元，这就是它遭到强大的邻国伊拉克侵略的原因。

1990年8月2日凌晨，当时的伊拉克总统萨达姆派遣10万大军兵分两路闪电般入侵科威特，长驱直入，一举攻下首都科威特城。

伊拉克如此无视起码的国际准则公然入侵一个主权国家，在国际上激起了强烈反对。8月3日联合国安理会通过决议，要求伊拉克“立即和无条件地”撤出科威特。连美国与苏联这对意见几乎从来不一致的老冤家也凑到了一起，反对伊拉克的侵略。

8月6日，联合国正式宣布对伊全面制裁，联合国及安理会先后通过了11个决议，宣布伊拉克对科威特的吞并无效，对伊拉克实行全面制裁，对伊拉克实行空中封锁。特别是678号决议，有类于最后通牒，要求伊拉克必须在1991年1月15日前撤出科威特，否则将使用一切手段将伊拉克赶出科威特。在如此短的时间内，安理会顺利做出这么多决议，没有遭到一个常任理事国的否决，是联合国成立以来前所未有的。

对国际上如此强烈的反对之声，利欲熏心的萨达姆已经利令智昏，全然听不进去，悍然宣布伊科两国“永久合并”，“科威特国家永远消失”，科威特成为伊拉克的第十九个省。

萨达姆的嚣张早就使英美等深知除战争不能解决问题。8月7日，美国实施代号为“沙漠盾牌”的军事行动计划。8月13日，英美战舰开始在伊拉克近海游弋，实施联合国的制裁措施，更大的军事行动随之到来。1991年1月12日，美国国会参众两院通过决议，授权布什采取一切必要的措施将伊拉克军队赶出科威特。这也是第二次世界大战结束之后美国国会第一次正式同意政府参战。不但美国如此，其他许多国家也同意派兵。当战争爆发时，美国派往海湾的军队达42万余人，其他国家也提供了大批军队，包括沙特的4万余人、埃及的3万人、英国的2.5万人、叙利亚的1.7万人、法国的1.5万人，等等，共计有29个国家派出了军队或提供了后勤支援，组成了强大的反伊联盟。这情形就如曾参加过第二次世界大战的英国历史学家富特说：

他们来自各个大陆，有着不同的宗教信仰，不同的政治和社会文化，他们当中既有基督徒和不可知论者，也有马克思主义者和穆斯林，既有拉美人和盎格鲁–撒克逊人，也有阿拉伯人和斯拉夫人。那些纯粹外国习惯(例如妇女穿半透明的裤子和驾驶机动车辆)的异乡人来到沙特，给沙特社会造成了不安，但这种不安被当时将入侵者赶出科威特的紧急战争目标所压倒。在将战士们及时送上战场之前，军需人员付出了巨大的努力，为他们配备了足够的弹药、燃料和食品。

与反伊联盟相较，萨达姆指挥着当时人数居世界第4的武装力量，伊拉克军队人数达100万人，其中58万人驻守在科威特前线，他们中的大部分是在两伊战争中经过考验的战士。

由于伊拉克拒绝了联合国与美国的最后通牒，1月16日，代号为“沙漠风暴行动”的战争爆发了。

这场战争的最大特点是它基本上是一场空战，更具体地说，是空袭。反伊联军数以百计的轰炸机对伊拉克全境进行猛烈轰炸，战争爆发后的头24小时里，伊拉克防空体系的通信系统便遭盟军的猛轰，全部被摧毁。

经过一个多月的猛烈空袭，联军摧毁了伊拉克绝大部分指挥系统和通信设施、发电设备、机场和防空系统、化学武器及核研究设施，等等。到2月中旬，联军将打击重点转向伊拉克的前沿阵地，这些部队分布在科威特和伊拉克南部，空袭摧毁了伊军的地面防御工事、地堡、武器库、坦克和其他装甲车等，但萨达姆仍拒不从伊拉克撤军。

2月22日，布什向萨达姆发出了最后通牒，要求他在第二天晚上5点之前撤出科威特，否则将面临联军部队的地面打击，但萨达姆直到这时还愚蠢地执迷不悟。

于是，2月24日，在美国的最后期限过去8小时后，多国部队在联军总司令、美军四星上将斯瓦茨科普夫的率领下兵分四路向伊拉克发起全面进攻。在多国部队绝对优势兵力的严厉打击下，伊拉克军防线迅即被突破，伊军迅速溃败。

在这种情况下，萨达姆被迫在2月26日通知联合国安理会，伊军将无条件从科威特撤军。至27日凌晨，伊军已经全部从科威特撤出，被伊军占领七个月的科威特获得解放。28日，美国宣布停火，多国部队中止战斗。海湾战争基本结束。

若就损失而言，海湾战争也许是人类历史上迄那时为止战争双方兵力损失最悬殊的战争：在短短42天的战斗中，伊拉克军队阵亡约10万人，还有近20万军人成为战俘，武器装备的损失更是不计其数。相对而言，联军在战争中损失仅230人，其中还有相当一部分是被友军的“友好开火”误伤的。如此悬殊的战斗在过去的战争中是不可想象的，它只说明了一个问题：

现代高科技彻底地改变了战争的形式，谁掌握科技，谁就掌握了胜利！